物价水平的确定及经济政策协调

——基于DSGE模型的分析与实证

The Determination of Price Level and Coordination among Economic Policies:
Empirical Evidences and Analysis Based on DSGE Models

刘斌 著

中国金融出版社

责任编辑：王效端　王　君
责任校对：张志文
责任印制：陈晓川

图书在版编目（CIP）数据

物价水平的确定及经济政策协调（Wujia Shuiping de Queding ji Jingji Zhengce Xietiao）/刘斌著．—北京：中国金融出版社，2014.6
ISBN 978-7-5049-7492-1

Ⅰ.①物… Ⅱ.①刘… Ⅲ.①物价水平—研究 Ⅳ.①F714.1

中国版本图书馆 CIP 数据核字（2014）第 070382 号

出版发行　中国金融出版社
社址　北京市丰台区益泽路 2 号
市场开发部　（010）63266347，63805472，63439533（传真）
网上书店　http://www.chinafph.com
　　　　　（010）63286832，63365686（传真）
读者服务部　（010）66070833，62568380
邮编　100071
经销　新华书店
印刷　保利达印务有限公司
尺寸　169 毫米 ×239 毫米
印张　20
字数　352 千
版次　2014 年 6 月第 1 版
印次　2014 年 6 月第 1 次印刷
定价　46.00 元
ISBN 978-7-5049-7492-1/F.7052
如出现印装错误本社负责调换　联系电话（010）63263947

前　言

长期以来，宏观经济学和货币经济学一直关注的一个问题是，物价是如何确定的。物价的确定包括两个方面，一是物价增长率（通胀率）的确定，这主要用来把握物价趋势的变化；二是物价水平（Price Level）的确定，这主要用来把握物价的运行平台或基准。现有的理论和实证研究绝大部分主要关注于通胀率的确定，特别是盯住通胀率（Inflation Targeting）的货币政策体制在制度设计和技术运用方面已经较为成熟，近二十年来的实践也表明，该体制在控制通胀率方面取得了较大的成功。可是仅仅确定通胀率并不足以确定物价，物价水平的不确定同样会对物价稳定产生不利影响。

在一般均衡的框架下，确定经济的均衡状态包括对实体和价值均衡状态的确定。由于价值的变化决定于价格水平的变化，因而价值均衡状态的确定与实体经济均衡状态的确定有密切的联系，但也有不同之处。一个最明显的不同之处是实体经济的均衡状态通常与相对价格有关，而价值的均衡状态除了与相对价格有关外，还与绝对价格水平有关。为此，要确定经济的一般均衡状态就需要寻找一个名义锚（Nominal Anchor），使其能够确定物价总水平并进而确定所有名义变量的均衡值，从而使我们不仅能够把握实物的变化，而且还能够把握价值的变化。现在的问题是，由谁来选择和确定名义锚？或者进一步说，由谁来确定物价水平？

名义锚的选择对中央银行来说尤为重要，因为中央银行的一个重要目标（对某些中央银行来说可能是所有最终目标中最重要的目标）是保持物价的稳定，而物价的稳定需要中央银行选择合适、可靠的名义锚。中央银行过去尝试使用过各种名义锚，如盯住货币供应量、盯住名义汇率、盯住通胀率等，有的名义锚使用比较成功，如盯住通胀率至今仍然被主要工业化国家和一些新兴市场国家的中央银行推崇和使用，有的名义锚使用并不成功，如盯住货币供应量目前在工业化国家已经很少使用。无论选择何种名义锚，最终的目的都是一个，即达到稳定物价的目标。

弗里德曼曾经说过，通货膨胀几乎处处表现为一种货币现象。虽然这种观点仅仅表明物价变化与货币变化（包括数量和价格变化）息息相关，但这种观点近半个世纪以来一直被货币学派所倡导和推崇，而且在此影响下，传统的货币理论长期以来始终认为调控物价是货币当局或者中央银行的事情，与其他政府部门的政策决策无关。特别是在实际中，近二十年来采用盯住通胀率体制的国家的实践表明，只要赋予中央银行货币政策操作的独立性，中央银行在保持物价稳定方面的表现是非常出色的，似乎中央银行完全能够保持物价的稳定。

那么仅靠中央银行一个部门能够确定物价水平吗？或者说，物价稳定是否仅靠货币政策而不需要其他经济政策就能保证呢？除了中央银行使用的名义锚外，是否还有别的名义锚同样能够确定物价水平？如果物价水平的确定不是一个部门的事情，那么不同部门间是如何分工和协调的？这些问题正是本书需要探讨的内容。

本书对物价水平的决定理论进行了详细的介绍，这不仅包括传统的物价水平的货币决定理论，还包括近年来人们比较关注的物价水平的财政决定理论（Fiscal Theory of Price Level，FTPL）。其中，在物价水平的货币决定理论中，我们分别从中央银行采用利率规则和盯住货币供应量规则两个角度对物价水平的决定因素进行了详细的分析，而在物价水平的财政决定理论中，我们详细讨论了李嘉图体制（Ricardian Regime）和非李嘉图体制（Non-Ricardian Regime）下的财政政策在物价水平确定方面所扮演的角色以及两种体制下物价水平决定机制的不同特点。虽然货币和财政两种决定理论在物价水平的决定机制上具有明显的不同之处，但无论物价水平是由货币理论决定的还是由财政理论决定的，都需要货币政策和财政政策的协调和配合才能稳定物价，试图仅仅通过一种经济政策不可能达到稳定物价的目的。实践中最为典型的一个范例是，欧洲中央银行在要求其成员国保持货币政策一致性以保持欧元区物价水平稳定的同时，还要求这些成员国在财政方面满足《马斯特里赫特条约》的有关规定，特别是财政赤字及政府债务余额与国内生产总值的比例不能超过条约中设定的警戒线，这种机制的设计本质上反映了财政政策在欧元区物价水平的稳定中起到关键性的作用。另外，在采用盯住通胀率的货币政策体制国家中，人们也认识到财政政策的支持和配合是盯住通胀率体制能够圆满取得调控效果的一个重要保障。

2007年爆发的金融海啸使各国政府对货币政策和财政政策的协调问题非常重视，实际上这二者历来都是密切相关的。货币政策和财政政策在政策工具、调控目标、调控方式及传导机制方面存在着较大的差异，必然使二者在稳定物价中扮演着不同的角色，它们之间既存在着相互联系，又存在着相互制约，而且物价水平决定的不同理论预示着不同的政策含义和政策协调方式，因此在对物价水平的决定机制问题进行系统的理论归纳基础上，本书进一步着重探讨了不同决定理论中货币和财政政策影响物价水平的作用机制，从理论方面厘清了在物价水平的决定中货币与财政政策的相互关系和协调作用，从而为稳定物价设计和选择合理的政策组合。

物价水平的不同决定理论在实际中是否能得到验证是本书探讨的另一个重要问题。理论结果和实际结果是否一致，实际中货币政策和财政政策是否能够按照这些理论进行协调，若两种政策协调不顺利，那么对物价稳定会产生什么样的后果等这些问题都需要进行实证研究，因此本书将对实证研究的关键问题、实证研究方法及已有的国内外实证研究结果进行讨论。

如何针对我国的实际情况对我国物价水平的决定机制进行实证研究并设计最优的政策组合是本书讨论的重中之重。本书在构建具有交迭世代特征的动态随机一般均衡（DSGE）模型的基础上，对我国物价水平的决定机制进行实证研究，深入探讨了货币和财政政策在物价水平确定中所起的作用及影响我国物价水平变化的制度性原因，剖析了货币和财政政策在稳定物价水平中的相互制约因素及二者的协调和分工问题，并就设计最优的货币和财政政策组合从而在未来更有效地调控和稳定我国的物价水平等问题提供了具有针对性的决策建议。

本书的一个特色是，全书从始至终都是采用 DSGE 模型的分析框架。物价水平的变化是经济主体的行为相互作用的结果，一方面经济主体的行为决策会对物价水平的变化产生影响，另一方面物价水平的变化也会影响经济主体的行为决策，因而研究物价水平的确定，最理想的出发点是在一般均衡的理论框架下通过对不同经济主体的行为进行刻画，从而对物价水平的决定机制进行研究，DSGE 模型显然是这种框架下的典型方法。DSGE 模型就是在不确定环境下研究经济的一般均衡问题，它的显性建模框架、理论一致性、微观和宏观的完美结合、长短期分析的有机整合、政策分析的优越性等独特性日益受到人们的青睐，目前利用该模型研究的问题涉及到经济景气分析、货币政策和财政政策、国际贸易、汇率的改革、收入分配及金融稳定等众多相关领域，因研究问题的不同 DSGE 模型的复杂程度将有所不同，本书着重探讨 DSGE 模型在物价水平决定机制方面的应用。

近五年来，DSGE 模型本身已经取得了飞速的发展，一些最新成果不断出现。在求解方法上，高阶非线性扰动法、高阶近似中的修剪算法、随机路径拓展法及非线性投影法等方面取得的一系列成果，使人们采用非线性求解方法直接对 DSGE 模型进行求解已经较为方便，从而对 DSGE 模型的非线性动态特性研究更为细致和准确；在估计方法上，随着粒子滤波等非线性滤波技术的发展和成熟，直接对 DSGE 模型进行非线性 Bayes 估计和进行模型的比较已经成为可能；在不确定性的刻画方面，带有体制转换的 DSGE 模型无论在求解方法还是在估计方法上都取得了丰富的成果，这对研究实际问题中的有关政策协调、政策体制转换对预期及经济的影响以及体制转换下最优政策组合的选择等方面提供了巨大的支持。本书对这些 DSGE 模型的有关最新成果进行了较为详细的介绍，并针对我国的数据进行了实证检验和应用。

本书的另一个特色是，将中央银行和财政部门合并为一个广义政府部门，在广义政府部门的跨期预算约束下对货币和财政政策的相互联系和制约因素进行清晰的描述，从而使构建的 DSGE 模型具有将货币政策和财政政策分析集于一体的特色，这样可以在广义政府的跨期预算约束下分析货币政策和财政政策的相互联系及其决策方式对物价水平的影响，并可以针对可行的稳定物价水平的政策组合方式，从社会福利最大化的角度设计和选择最优货币和财政政策组合。

本书可供不同层次的计量经济学习者、货币经济学和宏观经济学学习者使用，可供从事经济定量分析和经济政策分析的人员参考，特别是可作为高年级本科生和研究生进行宏观经济学、货币经济学和计量经济学学习的教材及参考书。

最后感谢国家自然科学基金课题（71173233）对本书的支持。

目　　录

第一章　仅靠货币政策能够决定物价水平吗？……………………………… 1
第一节　物价水平决定的传统观点 ………………………………………… 2
第二节　物价水平决定的另一种观点 ……………………………………… 6
第三节　从物价水平决定角度初步来看经济政策之间的协调 …………… 8

第二章　物价水平决定的理论分析 …………………………………………… 10
第一节　物价水平决定机制的理论分析框架 ……………………………… 10
　　一、一个较为简单的典型经济人 DSGE 模型 …………………………… 11
　　二、广义政府的跨期预算等式 …………………………………………… 12
第二节　物价水平的不定性问题 …………………………………………… 14
第三节　物价水平的货币决定理论 ………………………………………… 16
　　一、中央银行采用利率规则 ……………………………………………… 16
　　二、中央银行采用盯住货币供应量的规则 ……………………………… 18
第四节　物价水平的财政决定理论 ………………………………………… 21
　　一、李嘉图体制下的物价水平财政决定理论 …………………………… 22
　　二、非李嘉图体制下的物价水平财政决定理论 ………………………… 30
　　三、物价水平的财政决定理论涉及的相关问题 ………………………… 38
第五节　模型选择对物价水平决定理论的影响 …………………………… 40
　　一、一个较为简单的 OLG 模型 …………………………………………… 41
　　二、OLG 模型下的物价水平决定理论 …………………………………… 45
　　三、OLG 模型中政府债务水平为零时的物价水平确定问题 …………… 52
　　四、典型经济人 DSGE 模型和 OLG 模型中物价水平决定理论的比较 … 53
第六节　物价水平的波动及其根源性分析 ………………………………… 55

第三章 不同物价水平决定理论下货币政策和财政政策的关系 …… 60

第一节 物价水平的决定理论对政策组合的选择和要求 …… 60
一、确定物价水平的货币政策和财政政策组合方式 …… 60
二、物价水平的货币决定理论对政策组合的选择和要求 …… 66
三、物价水平的财政决定理论对政策组合的选择和要求 …… 69

第二节 物价水平决定理论对政策传导机制的影响 …… 71

第三节 体制转换对政策组合的影响及政策之间的协调 …… 75
一、体制转换对物价水平的影响 …… 76
二、体制转换条件下政策之间的协调 …… 90

第四节 稳定物价水平的最优政策组合 …… 93
一、目标函数、目标变量及操作工具 …… 93
二、政策决策方式与最优政策的选择 …… 95
三、决策方式对经济的影响——静态偏差与动态偏差 …… 97
四、体制转换条件下的最优政策选择 …… 98

第四章 物价水平决定机制的实证研究 …… 100

第一节 物价水平决定机制实证研究中的关键问题 …… 100
一、在物价水平的确定方面货币政策和财政政策哪个占优 …… 100
二、如何识别出李嘉图体制和非李嘉图体制 …… 104
三、如何分解出财富效应 …… 107
四、是否存在体制转换 …… 108

第二节 物价水平决定机制实证研究的基本方法 …… 109
一、单方程或面板数据模型方法 …… 110
二、向量自回归模型方法 …… 113
三、动态随机一般均衡模型方法 …… 120

第三节 国内外关于物价水平决定机制实证研究的基本概况 …… 122
一、关于美国的实证研究 …… 123
二、关于其他国家的实证研究 …… 128

第五章 关于 DSGE 模型的技术问题 131
第一节 DSGE 模型的求解方法 131
一、求解前预处理、预期、初值条件和终值条件 131
二、DSGE 模型的线性求解方法 133
三、DSGE 模型的非线性求解方法 152
四、带有体制转换的 DSGE 模型的求解方法 187
第二节 DSGE 模型的 Bayes 估计方法及模型的比较和选择 189
一、线性和非线性滤波方法 189
二、DSGE 模型的 Bayes 估计方法 193
三、带有体制转换的 DSGE 模型的 Bayes 估计方法 194
四、DSGE 模型的比较和选择 196
第三节 DSGE 模型中最优政策的求解 198
一、不同决策方式下最优政策的求解 198
二、体制转换条件下的最优政策选择 208

第六章 关于我国物价水平决定机制的实证研究 212
第一节 对我国实证采用的模型 212
一、模型中的经济主体 212
二、经济主体的行为刻画 213
三、模型总结 226
第二节 模型的稳态、有关参数的校准及模型的对数线性化 228
一、模型的稳态 228
二、有关参数的校准 231
三、模型的对数线性化 234
第三节 不同物价水平决定机制下的 Bayes 估计结果 237
一、模型估计采用的数据 237
二、我国财政政策是否体现李嘉图体制的特征 237
三、在物价水平的确定中货币政策和财政政策到底谁主动 248
第四节 物价水平决定机制对经济的影响及有关情景分析 255

一、税收增加对经济的影响 ································· 255
二、提高利率对经济的影响 ································· 259
三、扩大政府支出及降低税收对经济的影响 ····················· 262
第五节 我国物价水平波动的根源分析 ························ 265
第六节 不同政策组合的比较及最优政策组合 ···················· 267
第七节 体制转换对我国物价水平的影响 ······················ 274

本书参考文献 ··· 280

第一章　仅靠货币政策能够决定物价水平吗？

长期以来，理论和实践一直在寻找和选择名义锚（Nominal Anchor，或称名义稳定器），并试图通过控制名义锚来达到确定所有名义价值的目的。名义锚的选择对中央银行来说尤为重要，因为中央银行的一个重要目标（对某些中央银行来说可能是所有最终目标中最重要的目标）是保持物价的稳定，而物价的稳定需要中央银行选择合适、可靠的名义锚。中央银行过去尝试使用过各种名义锚，如盯住货币供应量、盯住名义汇率、盯住通胀率（Inflation Targeting）等，有的名义锚使用比较成功，如盯住通胀率至今仍然被主要工业化国家和一些新兴市场国家的中央银行推崇和使用；有的名义锚使用并不成功，如盯住货币供应量目前在工业化国家已经很少使用。无论选择何种名义锚，最终的目的都是一个，即确定所有名义价值。

经济的变化总体上反映两方面的变化，一是反映实物的变化，二是反映价值的变化，相应地，反映这两方面变化的经济指标也分为实际变量和名义变量。在一般均衡的框架下，确定经济的均衡状态包括对实际变量和名义变量这两类变量均衡状态的确定。由于价值的变化决定于价格的变化，因而名义变量均衡状态的确定与实际变量均衡状态的确定有密切的联系，但也有不同之处。一个最明显的不同之处是实际变量的均衡态通常与相对价格有关，而名义变量的均衡态除了与相对价格有关外，还与绝对价格水平有关。为此，要确定经济的一般均衡状态就需要寻找一个名义锚，使其能够确定物价总水平并进而确定所有名义变量的均衡值，从而使我们不仅能够把握实物的变化，而且还能够把握价值的变化。现在的问题是，谁来选择和确定名义锚呢？或者进一步说，谁来确定物价水平呢？仅靠中央银行一个部门能够确定物价水平吗？除了中央银行使用的名义锚，是否还有别的名义锚同样能够确定物价水平？如果物价水平的确定不是一个部门的事情，那么不同部门间是如何分工和协调的？

物价的确定包括两个方面，一是物价增长率（通胀率）的确定，这主要用来把握物价趋势的变化；二是物价水平（Price Level）的确定，这主要用来把握物价的运行平台或基准。现有的理论和实证研究绝大部分主要关注于通胀率的确定，特别是盯住通胀率的货币政策体制在制度设计和技术运用方面已经较为成熟，近二十年来的实践也表明，该体制在控制通胀率方面取得了较大的成功。可是仅仅确定通胀率并不足以确定物价，物价水平的不确定同样会对物价稳定产生不利影响。

弗里德曼曾经说过，通货膨胀几乎处处表现为一种货币现象。虽然这种观点仅仅表明物价变化与货币变化（包括数量和价格变化）息息相关，但这种观点近半个世纪以来一直被货币学派所倡导和推崇，而且在此影响下，传统的货币理论长期以来始终认为调控物价是货币当局或者中央银行的事情，与其他政府部门的政策决策无关。特别是在实际中，近二十年来采用盯住通胀率体制的国家的实践表明，只要赋予中央银行货币政策操作的独立性，中央银行在保持物价稳定方面的表现是非常出色的，似乎中央银行完全能够保持物价的稳定。那么一个问题是，物价稳定是否仅靠货币政策而不需要其他经济政策就能保证呢？这是我们下面将要探讨的问题。

第一节　物价水平决定的传统观点

弗里德曼指出，通货膨胀几乎处处表现为一种货币现象。这个观点虽然说明了物价变化和货币变化有很密切的关系，但并没有指出这二者之间的因果关系。因而物价变化和货币变化之间可能有以下几种因果关系，一是货币变化导致物价变化，即货币变化是导致物价变化的原因，这就是物价水平决定的传统观点；二是物价变化导致货币变化，即物价变化是导致货币变化的原因；三是由于其他经济因素导致了货币和物价的同时变化，使得这二者表现出很强的相关性；四是二者的变化根本没有相关性，因而物价变化并不全部是表现为一种货币现象。

为理解物价变化与货币变化之间的关系，我们从以下最简单的货币数量方程式着手，即

$$M_t V_t = P_t Y_t$$

这里，M_t是货币，P_t是物价，Y_t是产出，V_t是货币流通速度。

如果没有任何经济行为的假设，那么上式只是一个交易恒等式，该恒等式既可说明货币变化引起了物价变化，也可说明物价变化引起了货币变化，或者别的因素同时

引起了这二者的变化，因此为了解货币变化和物价变化的因果关系，我们还需施加一些经济假设。我们通常假设产出 Y_t 和货币流通速度 V_t 是由非货币因素决定的变量，如假设产出是由实体经济因素决定的变量，货币流通速度是由技术创新等因素决定的变量，为着重讨论物价变化与货币变化的关系及以下讨论的方便，我们假设这两个变量不变，即，$Y_t = Y, V_t = V$。另外，我们假设货币 M_t 是由货币当局控制的变量。在以上假设下，我们可以清楚地看到物价 P_t 是由下式决定的：

$$P_t = (V/Y) M_t$$

基于上式，传统的货币理论在这里得到了充分的体现，货币变化导致了物价水平的同比例变化，而且要控制物价水平，必须控制货币供应。

但上述结论是在前述的几点假设条件下得到的，如果改变这些假设条件，那么上述结论是否会改变呢？我们考虑以下几种情况：

情况一：货币流通速度不是固定不变的

理论和实证研究表明，货币流通速度并不是固定不变的，一方面随着经济环境、支付和结算技术等因素的变化，货币流通速度将会产生长期的变化；另一方面即使在短期货币流通速度也将会随着利率而变化。假设货币流通速度与名义利率之间的关系如下：

$$V_t = V(i_t) = (i_t)^b, b \geq 0$$

这里，i_t 是名义利率，b 是货币流通速度关于名义利率的弹性，为简单起见假设其是常数。另外根据费雪方程，名义利率、实际利率和预期通胀率满足如下关系：

$$i_t = r_t + E_t \pi_{t+1} = r_t + E_t(\ln P_{t+1} - \ln P_t)$$

式中，r_t 是实际利率，π_t 是通胀率，E 表示预期，P_t 是物价水平。假设产出、实际利率及货币均是不变的，即，$Y_t = Y, r_t = r, M_t = M$。考虑这些关系，可得到下式：

$$[\ln P_t - br - \ln(M/Y)] = \frac{b}{1+b} E_t[\ln P_{t+1} - br - \ln(M/Y)]$$

若向前迭代上式可得到

$$[\ln P_t - br - \ln(M/Y)] = \left(\frac{b}{1+b}\right)^j E_t[\ln P_{t+j} - br - \ln(M/Y)]$$

假设考虑完美预见（Perfect Foresight）的情况，这个方程的解是不唯一的，它的解可表示成如下形式：

$$\ln P_t = \ln(M/Y) + br + k\left(\frac{1+b}{b}\right)^t, k \text{ 是任意常数}$$

3

从这里可以看出，即使中央银行完全保持货币 M 不变，物价水平也是不能确定的，物价会出现多重路径，有些解还显示出物价可能会出现持续的恶性通货膨胀（$k>0$）或通货紧缩（$k<0$）现象，并且这些发散解并不违背理性预期的假设，这是传统的货币学派不愿看到的一种结果，为避免出现这种情况，货币学派通常不考虑上面出现的发散解，即假设 $k=0$，此时可得到下面的解：

$$\ln P_t = \ln(M/Y) + br$$

只有在这种情况下，我们才能得到货币学派期望的结果，即控制了货币供应，也就控制了物价。但问题是，我们如何在众多路径中选择上面这种特殊路径呢？因此，货币学派得到的结果只是一种特殊情况，即货币能够决定物价水平，但这只是决定物价水平的一种方式，并不是唯一方式。

情况二：产出不是固定不变的

前面的分析我们均假设产出是固定不变的，如果我们要考察物价和货币之间的长期关系，这种假设是较合适的，但若要考察它们之间的短期关系，这种假设就欠合理性。实际上，产出在短期内是波动的，并且产出变化和物价变化在短期内存在着紧密的联系，著名的菲利普斯曲线已经反映了这一点。这里为讨论方便，采用卢卡斯（Lucas）理性预期模型，假设产出变化和物价变化存在着以下关系：

$$\ln Y_t = \ln Y + a(\ln P_t - E_t P_{t+1})$$

这里，Y 是稳态时（Steady-State）的产出。另外，假设货币供应和货币流通速度是不变的，即 $M_t = M, V_t = V$。将上式代入货币数量方程，并进行整理可得到

$$\ln P_t - \ln(MV/Y) = \frac{a}{1+a} E_t [\ln P_{t+1} - \ln(MV/Y)]$$

同样按照前面的求解方法可得到下面的解：

$$\ln P_t = \ln(MV/Y) + k\left(\frac{1+a}{a}\right)^t, k \text{ 是任意常数}$$

与前面结论相似，即使中央银行完全保持货币不变，物价水平也是不能确定的，物价也会出现多重路径，而且上面的解显示出物价可能会出现持续的恶性通货膨胀（$k>0$）或通货紧缩（$k<0$）现象，只有在假设 $k=0$ 的情况下，才能得到下面的稳定解：

$$\ln P_t = \ln(MV/Y)$$

情况三：货币不是完全由中央银行能够控制的变量

在前面的分析中，我们有一个重要假设，那就是，货币是由中央银行完全控制的变量。但随着金融工具的创新和金融体制的变化，货币的度量口径不断发生变化，测量更加困难，因而货币是否能够完全由中央银行控制（无论是直接控制还是间接控制）已经是一个值得进一步探讨的问题。如果中央银行不能完全控制货币，那么在货币数量方程中货币和物价都是内生变量，我们不可能通过这一个方程同时确定这两个变量，因此物价也是不能确定的。这里有一个极端情况，即如果货币完全是内部货币（Inside-Money），中央银行对货币供应完全没有控制权，那么这就提出一个问题，此时物价是如何确定的？为此，我们还需要施加别的条件来确定物价。

情况四：中央银行调控的变量不是货币数量而是利率

自20世纪90年代以来，一些工业化国家和新兴市场国家逐渐采用了盯住通胀率（Inflation Targeting）的货币政策体制，目前该体制在制度设计和技术运用方面已经非常成熟，且近二十年来的实践也表明，该体制在控制通胀率方面取得了较大的成功。采用该体制意味着中央银行实际调控的变量不是货币数量，而是利率，那么在这种情况下，物价水平又是如何确定的呢？为简单起见，在确定性情况下考虑如下最简单的新凯恩斯模型：

$$\pi_t = \beta E_t \pi_{t+1} + a_y y_t, 0 < \beta < 1, a_y > 0$$

$$y_t = -b_R(R_t - E_t \pi_{t+1}), b_R > 0$$

$$R_t = \gamma_\pi \pi_t + \gamma_y y_t, \gamma_\pi, \gamma_y > 0$$

式中，π_t表示通胀率，y_t表示产出缺口，R_t是名义利率，上面第一个方程是菲利普斯曲线，第二个方程是总需求曲线，第三个方程是泰勒规则。可以看出，在上面这个简单的新凯恩斯模型中根本没有货币数量这个变量，中央银行根据泰勒规则来调控名义利率从而达到调控物价和产出的目的。将第二个和第三个方程代入第一个方程经过简化可得到

$$c_1 \pi_t = c_2 E_t \pi_{t+1}, c_1 = \left(1 + \frac{a_y b_R \gamma_\pi}{1 + b_R \gamma_y}\right), c_2 = \left(\beta + \frac{a_y b_R}{1 + b_R \gamma_y}\right)$$

显然，若$\gamma_\pi > 1$，则$c_1 > c_2$，上面的方程变成

$$\pi_t = d E_t \pi_{t+1}, d = (c_2/c_1) < 1$$

这又回到了类似上面讨论的情况，不过此时变量不再是物价水平 P_t 而是通胀率 π_t，因而上面方程的解可表示为

$$\pi_t = k\left(\frac{1}{d}\right)^t, k \text{ 是任意常数}$$

此时，通胀率也会出现多重解，只有在假设 $k=0$ 的情况下，才能得到下面的稳定解，$\pi_t = 0$。那么如何在众多路径中选择上面这种特殊路径呢？显然，仅靠上面的行为方程不能给出答案。另外，如果泰勒规则不满足，即，$\gamma_\pi < 1$，可能这种特殊的稳定路径都不可能存在，因而物价的确定就更成问题。

总结以上分析可以看出，只有在一定的条件下，我们才能通过货币数量方程由控制货币供应达到控制物价的目的，而且这只是决定物价水平的一种方式，并不是唯一方式。

第二节　物价水平决定的另一种观点

从上一节可以看出，即使中央银行能够完全控制货币，那么也只有在一定的条件下，物价水平才由货币决定，而且这并不是唯一方式。现在一个问题是，在通过控制货币不能达到控制物价水平的情况下，物价水平是如何确定的。

我们可以从另外一个角度考虑这个问题。考虑财政部门的跨期预算等式，

$$B_{t+1}/(1+i_t) = B_t + P_t(g_t - \tau_t)$$

式中，B_t 是政府发行的债券（期初余额），i_t 是名义利率，P_t 是物价水平，τ_t 和 g_t 分别是政府的实际税收和实际支出。定义政府债券的实际余额为 $b_t = B_t/P_t$，上面的预算约束可表示为

$$b_t + g_t = b_{t+1}/(1+r_t) + \tau_t$$

式中，r_t 是实际利率，$1 + r_t = (1+i_t)P_t/P_{t+1} = (1+i_t)/(1+\pi_{t+1})$，$\pi_t$ 是通胀率。

定义贴现因子为 $D_{t,j} = \prod_{s=0}^{j-1} \frac{1}{1+r_{t+s}}, D_{t,0} = 1$，对上面约束条件向前进行迭代可得到

$$b_t + \sum_{j=0}^{\infty} D_{t,j} g_{t+j} = \lim_{j \to \infty}(D_{t+1,j} b_{t+1+j}) + \sum_{j=0}^{\infty} D_{t,j} \tau_{t+j}$$

为避免（Ponzi）策略，需要施加横截性条件，$\lim_{j \to \infty}(D_{t,j} b_{t+j}) = 0$，从而可得到下

面的跨期约束条件：

$$b_t = \sum_{j=0}^{\infty} D_{t,j}(\tau_{t+j} - g_{t+j})$$

上面的跨期约束条件表明，政府当前债务水平的实际余额等于未来政府财政盈余实际值的贴现值。而且，在政府实际税收 τ_t、实际支出 g_t 和实际债务水平 b_t 三者中，如果确定了两个变量，那么另一个变量可以通过该跨期约束条件来确定。在通常情况下，我们假设政府实际税收和支出是政府可以控制的变量并不过分，若按照上式，那么政府的实际债务水平也就确定下来，但政府通常发行的债券是以名义余额表现的，而且政府也并不愿意放弃使用发债这个工具，因此，在给定当前名义债务水平 B_t 的情况下，上面的约束条件实际上是

$$B_t/P_t = \sum_{j=0}^{\infty} D_{t,j}(\tau_{t+j} - g_{t+j})$$

在实际税收 τ_t、实际支出 g_t 和当前名义债务水平 B_t 都给定的情况下，利用上式实际上可以确定物价水平，

$$P_t = B_t / \sum_{j=0}^{\infty} D_{t,j}(\tau_{t+j} - g_{t+j})$$

为讨论方便，考虑一种特殊情况，假定实际税收和支出以及实际利率都是常数，即

$$r_t = r, \tau_t = \tau, g_t = g$$

那么，物价水平可表示为

$$P_t = rB_t/[(1+r)(\tau - g)]$$

从这里可以看出，此时物价水平与政府债务水平密切相关，而且如果政府对其发债规模不加审慎考虑的话，那么债务规模的变化将对物价水平产生影响。上面确定物价水平的方式实际上是物价水平决定的财政理论（Fiscal Theory of Price Level，FTPL）反映。与上一节物价水平决定的货币数量论不同的是，这里根本没有涉及货币部门而仅仅涉及了财政部门，那么这又提出了一个问题，物价水平到底是如何确定的？本节和上一节确定的物价水平有什么关系？不同的物价水平反映出的理论及政策建议是什么？这些都是我们下面将要讨论的问题。

第三节　从物价水平决定角度初步
来看经济政策之间的协调

　　总结前两节的分析结果可看到，物价水平的确定问题存在两种代表性的观点：一种观点认为物价水平的确定是货币政策的任务，货币的变化最终将体现在物价水平的变化上，此即物价水平的货币决定理论；另一种观点认为在货币政策无法确定物价水平的情况下，财政政策将对物价水平的确定起到重要的作用，此即物价水平的财政决定理论。两种结果都是在一定的假设条件下得到的，既有其适用性，也有其局限性，那么这两种结果有什么关系？实际中我们到底要采用哪种结果？两种结果对经济政策的选择有什么要求及不同经济政策之间如何协调？这些都是需要考虑的问题。下面我们针对前两节的结果初步探讨上面这些问题。

　　如果物价水平是由第一节所说的货币数量论决定的，也就是说，中央银行通过控制货币供应量来达到控制物价水平的目的，那么此时物价水平是确定的，我们并不需要通过政府部门的跨期预算等式来确定物价水平，仍然在假设政府税收和支出均是外生的情况下，这意味着我们是通过政府部门的跨期预算等式来确定政府的发债规模，即

$$B_t = P_t \sum_{j=0}^{\infty} D_{t,j}(\tau_{t+j} - g_{t+j})$$

　　也就是说，政府此时是不能任意选择债务水平的，债务水平需要受到上面等式的制约。这说明中央银行调控货币供应量以稳定物价水平的货币政策实际上对财政部门选择发债规模的财政政策产生了约束，因此，物价水平的稳定需要货币政策和财政政策之间的配合和协调。如果政府仍然不愿意放弃使用发债这个工具的话，那么上面的跨期预算等式实际上确定了利率的变化路径，而通过第一节的分析可知，利率的变化将会影响货币流通速度的变化，这会影响物价水平由货币决定的结果，因此，不配合的财政政策将会对货币政策稳定物价水平的结果产生影响。

　　如果物价水平是由第二节所说的财政理论决定的，即

$$P_t = B_t / \sum_{j=0}^{\infty} D_{t,j}(\tau_{t+j} - g_{t+j})$$

那么我们并不需要通过货币数量方程来确定物价水平，在假设货币流通速度是外

生的情况下，此时可利用该方程来确定货币供应量，即
$$M_t = P_t Y_t / V_t$$

通过这种方式确定物价水平的财政政策实际上对盯住货币供应量的货币政策产生了影响，中央银行在这种情况下是不可能完全控制货币供应量的，货币供应量需要按照上面的方程被动地进行调整。但如果物价水平确实是财政政策确定的话，则货币供应量的被动调整实际上是对这种财政政策的配合和支持。可实践中中央银行并不愿意放弃货币政策的独立性，若中央银行仍然要坚持采用盯住货币供应量的货币政策，则上面的货币数量方程确定了货币流通速度的变化规律，在假设货币流通速度变化决定于利率变化的情况下，这实际上确定了利率的变化规律，而利率的变化对政府的跨期预算约束等式会产生影响，这会对由财政理论决定的物价水平产生影响，因此，不配合的货币政策也会对由财政理论决定的物价水平产生影响。

简单总结以上分析初步得出以下结论，无论物价水平是由货币理论决定的还是由财政理论决定的，都需要货币政策和财政政策的协调和配合才能稳定物价，试图仅仅通过一种经济政策不可能达到稳定物价的目的。实践中最为典型的一个范例是，欧洲中央银行在要求其成员国保持货币政策一致性以保持欧元区物价水平稳定的同时，还要求这些成员国在财政方面满足《马斯特里赫特条约》的有关规定，特别是财政赤字及政府债务余额与国内生产总值的比例不能超过条约中设定的警戒线，这种机制的设计本质上反映了财政政策在欧元区物价水平的稳定中起到关键性的作用。

第二章 物价水平决定的理论分析

上一章的初步分析告诉我们，稳定物价不仅仅是货币政策的事情，它还需要其他经济政策的配合，特别是，在某些情况下当货币政策不能完全稳定物价的时候，财政政策或者其他经济政策可以充当稳定物价的角色。制定和实施各种稳定物价的政策措施或政策组合的一个前提是，我们需要对物价水平决定的各种理论进行分析和探讨，探讨物价水平的决定因素和各种经济政策在稳定物价方面的作用以及政策之间的相互联系和制约，物价水平决定的不同理论预示着不同的政策含义，因此本章着重介绍物价水平决定的各种理论。

第一节 物价水平决定机制的理论分析框架

物价水平的变化是经济主体的行为相互作用的结果，一方面经济主体的行为决策会对物价水平的变化产生影响，另一方面物价水平的变化也会影响经济主体的行为决策，因而我们要研究物价水平的决定机制，最理想的出发点是在一般均衡的理论框架下通过对不同经济主体的行为进行刻画，从而对物价水平的决定机制进行研究。动态随机一般均衡模型（Dynamic Stochastic General Equilibrium Models，DSGE 模型）目前是这种框架下的典型方法。DSGE 模型就是在不确定环境下研究经济的一般均衡问题，它是一种以优化为基础的模型，它的出发点是严格依据一般均衡理论，利用动态优化方法对各经济主体（居民、厂商、政府等）在不确定环境下的行为决策进行详细的刻画，从而得到经济主体在资源约束、技术约束及信息约束等条件下的最优行为方程，再加上市场出清条件，最终得到不确定环境下总体经济满足的方程。DSGE 模型的显性建模框架、理论一致性、微观和宏观的完美结合、长短期分析的有机整合、政策分析的优越性等独特性日益受到人们的青睐，目前利用该模型研究的问题涉及经济景气分析、货币政策和财政政策、国际贸易、汇率的改革、收入分配及金融稳定等众多相关领域，因研究问题的不同 DSGE 模型的复杂程度将有所不同，我们下面着重介绍该方法在物价水平决定机制方面的应用。

一、一个较为简单的典型经济人 DSGE 模型

为突出重点，下面介绍一个较为简单的典型经济人（Representative Agent）DSGE 模型。在这个模型中，所有的居民是同质的（Homogeneous），从而我们可以考虑一个典型的居民行为决策。同时，在这个模型中我们不考虑生产部门，价格也假设是弹性的。

居民在预算约束下使其效用最大化，居民的当期效用函数采用下面的形式：

$$u(c_t, m_t) = \frac{A_1}{1-\sigma} c_t^{1-\sigma} + \frac{A_2}{1-\eta} m_t^{1-\eta}, A_1, A_2, \sigma, \eta > 0$$

式中，$u(c_t, m_t)$ 是当期效用函数，c_t 是居民的消费，$m_t(=M_t/P_t)$ 是居民持有的货币的实际余额，M_t 是居民持有的货币的名义余额（期初余额），P_t 是物价水平。

居民的预算约束等式为

$$P_t c_t + M_{t+1} + \frac{B_{t+1}}{1+i_t} = P_t(y_t - \tau_t) + M_t + B_t$$

这里，c_t 是消费，y_t 是产出，τ_t 是居民向政府上缴的实际税收，M_t 和 B_t 分别是居民持有的货币和政府债券的名义余额（期初余额），P_t 是物价水平，i_t 是名义利率，货币和债券的实际余额分别为 $b_t = B_t/P_t$ 和 $m_t = M_t/P_t$，该预算约束可进一步表示为实际变量的形式：

$$y_t - \tau_t = c_t + m_{t+1}(1 + \pi_{t+1}) - m_t + \frac{b_{t+1}}{1+r_t} - b_t$$

式中，r_t 是实际利率，π_t 是通胀率，即

$$1 + r_r = (1+i_t)P_t/P_{t+1} = (1+i_t)/(1+\pi_{t+1})$$

$$1 + \pi_t = P_t/P_{t-1}$$

居民在预算约束下使其效用最大化就是求解以下优化问题：

$$\max_{\{c_t, M_{t+1}, B_{t+1}\}} E_t \sum_{i=0}^{\infty} \beta^i u(c_{t+i}, m_{t+i}) \quad 0 < \beta < 1$$

$$s.t. \quad P_t c_t + M_{t+1} + \frac{B_{t+1}}{1+i_t} = P_t(y_t - \tau_t) + M_t + B_t$$

式中，E 表示预期，β 是贴现因子。该优化问题的一阶条件是

$$u_c(c_t,m_t) = E_t[\beta(1+r_t)u_c(c_{t+1},m_{t+1})]$$

$$E_t[u_m(c_{t+1},m_{t+1})] = E_t[i_t u_c(c_{t+1},m_{t+1})]$$

或者写成以下显性的函数形式：

$$c_t^{-\sigma} = E_t[\beta(1+r_t)c_{t+1}^{-\sigma}]$$

$$E_t(A_2 m_{t+1}^{-\eta}) = E_t(i_t A_1 c_{t+1}^{-\sigma})$$

定义贴现因子为，$D_{t,j} = \prod_{s=0}^{j-1} \frac{1}{1+r_{t+s}}$，$D_{t,0}=1$，为避免 Ponzi 策略，须满足以下横截条件：

$$\lim_{j\to\infty}(D_{t,j} m_{t+j}) = 0, \lim_{j\to\infty}(D_{t,j} b_{t+j}) = 0$$

以上刻画了居民的行为方程，对于政府和中央银行的行为刻画，下面将详细介绍，这里不作重点介绍，但需要指出的一点是，由居民的行为决策得到的居民对货币和债券的需求必须与中央银行和政府供给的货币和债券相等，从而使货币市场和债券市场得到出清。另外，在考虑封闭经济的条件下，商品市场的均衡条件是

$$y_t = c_t + g_t$$

式中，g_t 是政府的实际支出。

二、广义政府的跨期预算等式

研究物价水平的决定机制就是要搞清楚影响物价变化的决定因素及这些因素对物价影响的程度，在这些因素中我们最关心的两个因素是货币政策和财政政策的变化。由于货币政策和财政政策的最终目标、操作工具、决策和实施过程及传导机制不同，因而这两种政策对物价水平的影响将会不同，而且它们之间在实施过程中存在着相互联系和制约因素，为此在研究物价水平的决定时需要考虑不同政策决策部门之间的联系。

由于中央银行的货币创造可能成为税收的一种来源（即铸币税），因而货币政策和财政政策本质上是相互联系的。这里我们采用 Aiyagari – Gertler (1985) 的分析框架，将中央银行和财政部门合并为一个广义政府部门，广义政府的预算等式约束可表示为

$$B_{t+1}/(1+i_t) + M_{t+1} = B_t + P_t(g_t - \tau_t) + M_t$$

式中，M_t 和 B_t 分别是中央银行和政府发行的货币和政府债券（期初余额），i_t 是名义利率，P_t 是物价水平，τ_t 和 g_t 分别是政府的实际税收和实际支出。定义货币和政府债券的实际余额分别为 $b_t = B_t/P_t$ 和 $m_t = M_t/P_t$，上面的预算约束可表示为

$$b_t + g_t = b_{t+1}/(1 + r_t) + \tau_t + s_t$$

$$1 + r_t = (1 + i_t)P_t/P_{t+1} = (1 + i_t)/(1 + \pi_{t+1})$$

$$s_t = (M_{t+1} - M_t)/P_t = m_{t+1}(1 + \pi_{t+1}) - m_t$$

$$1 + \pi_t = P_t/P_{t-1}$$

式中，r_t 是实际利率，π_t 是通胀率，s_t 是铸币税。定义贴现因子为 $D_{t,j} = \prod_{s=0}^{j-1} \dfrac{1}{1+r_{t+s}}$，$D_{t,0} = 1$，对上面约束条件向前进行迭代可得到

$$b_t + \sum_{j=0}^{\infty} D_{t,j} g_{t+j} = \lim_{j \to \infty}(D_{t+1,j} b_{t+1+j}) + \sum_{j=0}^{\infty} D_{t,j}(\tau_{t+j} + s_{t+j})$$

在考虑施加横截条件 $\lim_{j \to \infty}(D_{t,j} b_{t+j}) = 0$ 情况下时，可得到下面的跨期约束条件：

$$b_t = \sum_{j=0}^{\infty} D_{t,j}(\tau_{t+j} - g_{t+j}) + \sum_{j=0}^{\infty} D_{t,j} s_{t+j}$$

这个跨期约束条件表明，政府当前的债务水平等于当前和未来各期政府财政盈余的贴现值，其中政府的税收不仅包括一般性税收，而且包括由铸币税带来的税收。因此，当政府的债务水平不能由通常意义下财政盈余的贴现值完全支持时，铸币税将作为一种手段来支持政府的债务水平。特别是，在给定债务水平的情况下，财政赤字的增加将会造成铸币税的增加，从而对物价产生向上的压力，并对货币政策稳定物价的效果产生影响。因此，财政政策和货币政策的决策和操作是相互影响的，任何一方的实施都会对另一方的实施效果产生影响，从而在稳定物价方面这二者需要协调操作。

上面我们从广义政府部门的预算约束出发最终得到了广义政府的跨期预算等式，这个等式形式上仍然与通常的政府部门跨期预算等式基本一致，只不过在税收的来源中增加了铸币税这一来源，而这一来源将对货币政策和财政政策的决策和协调产生影响。

现在我们从另外一个角度来看广义政府部门的跨期预算等式。定义广义政府部门的名义总债务水平（W_t）为

$$W_t = B_t + M_t$$

这里，广义政府部门的总债务水平除了包括通常政府部门的债务水平（B_t）外，还包括中央银行发行的货币（M_t），这两项都是广义政府部门对公众的负债，只不过是一个付利息，一个不付利息。定义广义政府部门的实际总债务水平（w_t）为

$$w_t = W_t/P_t = (B_t + M_t)/P_t = b_t + m_t$$

经过简单变换，前面的跨期预算等式可表示为

$$w_t + g_t = w_{t+1}/(1 + r_t) + \tau_t + ss_t$$

向前迭代可得到

$$w_t = \sum_{j=0}^{\infty} D_{t,j}(\tau_{t+j} - g_{t+j}) + \sum_{j=0}^{\infty} D_{t,j} ss_{t+j}$$

式中，$ss_t = i_t m_{t+1}/(1 + r_t)$ 是铸币税的另一种度量方法。由于定义的债务水平不一致，因而度量铸币税的口径也有差别。但上式的含义与前面的相似，即广义政府当前的债务水平等于当前和未来各期广义政府盈余的贴现值，其中广义政府的税收不仅包括一般性税收，而且包括由铸币税带来的税收。采用广义政府债务总水平（W_t）这一口径有其特色之处，如假设中央银行采取公开市场操作购买政府债券，这时通常意义下的政府债务水平 B_t 减少了，而中央银行投放的货币 M_t 增加了，但广义政府的债务总水平（W_t）并没有变化。

无论采用哪种跨期预算等式形式，我们在研究物价水平的决定机制时都必须考虑到广义政府部门的跨期预算对货币政策和财政政策的约束及二者之间的联系和协调。

第二节 物价水平的不定性问题

Sargent 和 Wallace 早在 1981 年就注意到了物价水平的不定性问题（Indeterminacy of Price Level），他们指出，如果中央银行采用盯住名义利率（Pegging Nominal Interest Rate）的策略，那么将会导致物价水平的不定性问题，此时仅靠中央银行是无法稳定物价的。

采用上一节的典型经济人 DSGE 模型，由居民行为的一阶条件和商品市场的出清条件可得到下式：

$$(y_t - g_t)^\sigma = E_t\left(\frac{(y_{t+1} - g_{t+1})^\sigma}{\beta(1 + r_t)}\right)$$

由于我们在模型中不考虑生产部门，因而按照新古典经济增长理论的假设，不妨

假设经济增长率为常数 ξ，即

$$\frac{y_{t+1}}{y_t} = \frac{c_{t+1}}{c_t} = \frac{g_{t+1}}{g_t} = 1 + \xi$$

从而可得到

$$E_t(1 + r_t) = (1 + \xi)^\sigma / \beta$$

或

$$E_t[(1 + i_t)/(1 + \pi_{t+1})] = (1 + \xi)^\sigma / \beta$$

假设在稳态（Steady-State）时的通胀率和名义利率分别为 π^{ss} 和 i^{ss}，其满足下面的关系式：

$$(1 + i^{ss})/(1 + \pi^{ss}) = (1 + \xi)^\sigma / \beta$$

若中央银行采用盯住名义利率的规则，即，$i_t = i^{ss}$，那么从上面关系式可以看出，稳态时的通胀率 π^{ss} 也就能够确定下来，但物价水平 P_t 是不能够确定的，因为物价水平 P_t 满足下面的关系式：

$$E_t\left(\frac{P_{t+1}}{P_t}\right) = \frac{\beta(1 + i^{ss})}{(1 + \xi)^\sigma}$$

这是一个关于物价水平的零阶齐次方程，根据此方程不能确定物价水平 P_t。实际上若 P_t^* 是上面方程的解，那么 kP_t^*（k 是任意常数）也是上面方程的解，这就是 Sargent-Wallace（1981）得到的著名结论。

Sargent-Wallace（1981）的结论还可以进一步推广，即在盯住名义利率的策略下，虽然稳态时的通胀率 π^{ss} 和预期通胀率 $E_t\pi_{t+1}$ 能够确定下来，但实际通胀率 π_t 是不能确定的。具体来讲，对上面的方程取对数可得到下式：

$$\ln(1 + i_t) - E_t\ln(1 + \pi_{t+1}) = \ln(1 + i^{ss}) - \ln(1 + \pi^{ss})$$

假设中央银行采用下面简单形式的 Taylor 规则，

$$\ln(1 + i_t) - \ln(1 + i^{ss}) = \phi[\ln(1 + \pi_t) - \ln(1 + \pi^{ss})] + \varepsilon_t, \phi \geq 0$$

式中，ϕ 是名义利率关于通胀率的弹性，ε_t 是货币政策冲击，在盯住名义利率的策略下，$\phi = 0$。结合上面两式可得到

$$\ln(1 + \pi_t) - \ln(1 + \pi^{ss}) = (1/\phi)E_t[\ln(1 + \pi_{t+1}) - \ln(1 + \pi^{ss})] - (1/\phi)\varepsilon_t$$

这个方程存在唯一的稳定解的条件是 $\phi > 1$，即货币政策规则中名义利率关于通胀率的弹性大于1，这正是泰勒（1993）得到的结论；而当 $\phi < 1$ 时，方程不存在稳定解，特别是，在盯住名义利率的策略下（$\phi = 0$），通胀率 π_t 也是不能确定的。

因此，在盯住名义利率的策略下，不仅物价水平是不能确定的，而且通胀率也是不能确定的。

究竟是什么原因造成物价水平的不定性问题呢？Sargent – Wallace（1981）指出，造成不定性问题的原因在于货币政策与财政政策的协调失灵，特别是，在政府赤字没有受到约束而造成政府债务水平不稳定的情况下，政府会隐性地通过铸币税手段来弥补一般税收的不足，从而在中央银行采用盯住名义利率的规则下，财政政策的相对任意性导致了物价的不稳定。我们从上一节广义政府的跨期预算等式可以清楚地看到这一点，前面我们得到下式：

$$b_t = \sum_{j=0}^{\infty} D_{t,j}(\tau_{t+j} - g_{t+j}) + \sum_{j=0}^{\infty} D_{t,j} s_{t+j}$$

式中，τ_t 和 g_t 分别是政府的实际税收和实际支出，$b_t = B_t/P_t$ 和 $m_t = M_t/P_t$ 分别为货币和债券的实际余额，$s_t = m_{t+1}(1 + \pi_{t+1}) - m_t$ 是铸币税，$D_{t,j} = \prod_{s=0}^{j-1} \frac{1}{1 + r_{t+s}}$，$D_{t,0} = 1$ 为贴现因子，r_t 是实际利率，π_t 是通胀率。由于模型中产出 y_t 和政府支出 g_t 都假设为外生变量，因而根据上面关于消费的一阶条件，实际利率 r_t 和贴现因子 $D_{t,j}$ 都可以确定。另外，在中央银行采用盯住名义利率的规则下，根据上面关于货币的一阶条件，实际货币余额 m_t 也可以确定，因而铸币税的税基也就确定下来，但根据上面的结果，在盯住名义利率的规则下，通胀率也是不能确定的，因此如果在政府赤字没有受到约束而造成政府债务水平不稳定的情况下，政府会隐性地依靠铸币税的税率（即通胀率）调整来筹集铸币税来弥补一般税收的不足，从而导致了物价的不稳定。

第三节　物价水平的货币决定理论

物价水平的货币决定理论认为，物价水平决定的主导因素是货币因素，中央银行可以通过实施货币政策来控制物价，因此中央银行在稳定物价方面占主导作用，稳定物价是中央银行最终目标中的首要目标。根据实际中中央银行采用不同的货币政策体制，下面分两种情况讨论这个问题。

一、中央银行采用利率规则

上一节我们得到，在中央银行采用盯住名义利率的规则下不仅物价水平是不能确定的,而且通胀率也是不能确定的。在中央银行采用泰勒形式的利率规则下,只有规则中名义利率关于通胀率的弹性大于1时,通胀率才能确定。即使通胀率能够得以控制,由于通胀率是物价水平的增长率,因而这种盯住通胀率的利率规则也未必能够完全控制物价的绝对水平,故此这种利率规则实际隐含着允许物价水平具有单位根(Unit Root)的变化过程。从统计分析可以知道,若一个序列具有单位根,那么该序列的无条件方差是无穷大,因此,从控制物价的绝对水平来说,中央银行还有很多事情要做。Svensson(1999,2003)研究指出,中央银行可以尝试采用盯住物价水平的货币政策规则。

以前面的模型为例,我们得到

$$E_t(\frac{P_{t+1}}{P_t}) = \frac{\beta(1+i_t)}{(1+\xi)^\sigma}$$

或者

$$\ln(1+i_t) - \ln(1+i^{ss}) = E_t\ln P_{t+1} - \ln P_t$$

式中,P_t 是物价水平,i_t 是名义利率,稳态时的名义利率为 i^{ss}。

假设中央银行采用盯住物价水平的规则,即

$$\ln(1+i_t) - \ln(1+i^{ss}) = \phi(\ln P_t - \ln P^*) + \varepsilon_t, \phi \geq 0$$

这里,ε_t 是货币政策冲击,P^* 是需要物价水平的目标值。利用上面两式可得到

$$\ln P_t - \ln P^* = \frac{1}{1+\phi}(E_t\ln P_{t+1} - \ln P^*) - \frac{1}{1+\phi}\varepsilon_t$$

从这里可以看出,只要 $\phi > 0$,那么物价水平是可以确定的,物价 P_t 将趋于目标值 P^*。

历史上 Wicksell 早于1898年在其著作《利率和物价》中就已经有关于盯住物价水平的货币政策规则的一些基本描述,他指出,如果物价水平上升(下降),那么名义利率应该提高(降低),名义利率应该朝着稳定物价水平的方向进行调整。Berg - Jonung(1999)通过对历史上瑞典货币政策的操作进行研究而得出,瑞典中央银行是世界上最早试用盯住物价水平的货币政策规则的中央银行,其在1931—1937年之间实际上在尝试使用该规则,并且在此期间取得了较好的稳定物价效果。但长期以来,盯住物价水平的货币政策规则并没有受到足够的重视,直到最近二十年,该规则才被提到研究的日程上来。Svensson(2003)通过研究得出,在一定的条件下盯住物价水

平的规则在保持产出稳定的同时，不仅可以进一步降低通胀率的波动性，从而达到稳定物价水平的长期目标，而且，只要物价水平的目标值设定合适，通货紧缩的情形完全可以避免。另外，该规则通过稳定通胀率预期可以减轻零利率对货币政策操作造成的约束效应。Woodford（1998，2003）的研究也支持了 Svensson 的结论。

二、中央银行采用盯住货币供应量的规则

除了盯住物价水平的利率规则，如果中央银行采用盯住货币供应量的规则，那么物价水平是否能确定呢？或者利用传统的货币数量理论能够确定物价水平吗？

仍以前面的模型为例，主要的行为方程为

$$(y_t - g_t)^\sigma = E_t\left(\frac{(y_{t+1} - g_{t+1})^\sigma}{\beta(1 + r_t)}\right)$$

$$E_t\left(\frac{A_2 m_{t+1}^{-\eta}}{A_1 c_{t+1}^{-\sigma}}\right) = E_t\left(\frac{A_2 m_{t+1}^{-\eta}}{A_1 (y_{t+1} - g_{t+1})^{-\sigma}}\right) = i_t$$

采用前面关于产出 y_t 和政府支出 g_t 都是外生的假设，且为进一步讨论的方便，假定它们都保持不变，此时消费 c_t 也保持不变，即

$$y_t = y, g_t = g, c_t = c = y - g$$

代入上面两个方程并考虑完美预见（Perfect Foresight）的情况，可得到

$$r_t = r = 1/\beta - 1,$$

$$D_{t,j} = \prod_{s=0}^{j-1} \frac{1}{1 + r_{t+s}} = \beta^{j-1}$$

$$\left(\frac{M_{t+1}}{P_{t+1}}\right)^{-\eta} = m_{t+1}^{-\eta} = Ai_t = A[(1/\beta)P_{t+1}/P_t - 1], A = (A_1/A_2)c^{-\sigma}$$

为方便起见，假设中央银行保持货币供应量不变，即，$M_t = M$，那么上式可表示为

$$\left(\frac{M}{P_{t+1}}\right)^{-\eta} = A[(1/\beta)P_{t+1}/P_t - 1]$$

或

$$P_{t+1}^\eta = [(1/\beta)P_{t+1}/P_t - 1]/C, C = 1/(AM^\eta)$$

进一步简化可得

$$P_t = \frac{P_{t+1}}{\beta(1 + CP_{t+1}^\eta)}$$

若对该方程进行反解，则可得到

$$P_{t+1} = \Phi(P_t)$$

但由于该方程是一个非线性方程，因而我们得不到函数 Φ（*）的具体表达式，可这并不妨碍下一步的讨论。通过求解方程 $P^* = \Phi(P^*)$，可得到该非线性方程的一个不动点为

$$P^* = [A(1/\beta - 1)]^{1/\eta} M$$

可以看出，如果物价 P_t 从初始值 P^* 出发，那么其将保持在 P^* 水平，而且由于 P^* 与货币 M 成正比例变化，因而只要中央银行保持货币供应量不变，那么物价水平也将保持不变。一个问题是，如果物价水平初始值不为 P^*，那么在保持货币供应量不变的情况下，物价水平还能保持不变吗？下面分两种情况考虑：

（一）$\eta > 1$

这种情况对应的经济学含义是，货币需求关于利率的弹性（$1/\eta$）小于1，此时 P_{t+1} 和 P_t 的关系可以用图 2-1 表示。

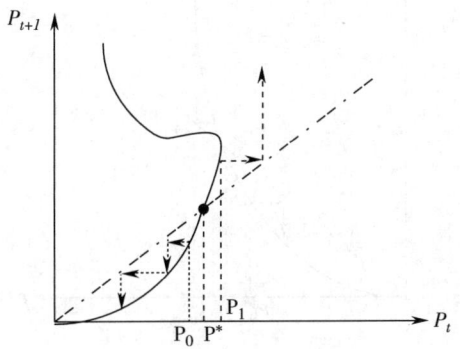

图 2-1

从图 2-1 可以看出，若物价 P_t 从 P^* 的左边任意初始值 $P_0(P_0 < P^*)$ 出发，那么物价 $P_t \to 0$，$m_t \to \infty$，显然这不满足横截条件 $\lim_{j \to \infty}(D_{t,j} m_{t+j}) = 0$，因而这条路径不可行；但若物价 P_t 从 P^* 的右边任意初始值 P_1（$P_1 > P^*$）出发，此时方程 $P_{t+1} = \Phi(P_t)$ 可能无解，同样这条路径不可行。因此，只有物价 P_t 从初始值 P^* 出发，那么

其路径是可行的，并且其将保持在 P^* 水平，此时中央银行采用盯住货币供应量的规则，物价水平就能够确定。

以上分析表明，如果存在着货币需求且货币需求关于利率的弹性小于1，那么只要中央银行控制货币供应量，物价水平就能够控制，因而物价水平的货币决定理论是成立的，这正是 Carlstrom – Fuerst（2000）得到的结果，特别的，当 $\eta \to \infty$ 时，即货币需求对利率没有弹性，传统的货币数量论是成立的。实际上 Sargent – Wallace（1981）也指出，如果中央银行采取严格控制货币供应量的主动策略，那么铸币税的规模也就得以控制，此时财政部门依靠铸币税来弥补一般税收的不足这条渠道就能得到控制，因而财政部门只能被动地通过协调一般税收、财政支出和债务水平三者的关系来满足政府的跨期预算等式。在这种货币政策占主导地位、财政政策处于被动地位的情况下，物价水平是由货币决定的。

（二）$0 < \eta \leq 1$

这种情况对应的经济学含义是，货币需求关于利率的弹性大于等于1，此时 P_{t+1} 和 P_t 的关系可用图2-2表示。

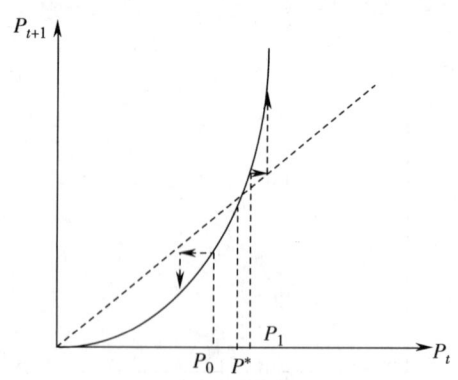

图 2-2

同样从图2-2可以看出，若物价 P_t 从 P^* 的左边任意初始值 P_0（$P_0 < P^*$）出发，那么物价 $P_t \to 0$，$m_t \to \infty$，显然这也不满足横截条件 $\lim_{j \to \infty}(D_{t,j} m_{t+j}) = 0$，因而这条路径不可行；但若物价 P_t 从 P^* 的右边任意初始值 P_1（$P_1 > P^*$）出发，那么物价 $P_t \to \infty$，$m_t \to 0$，此时并不违背横截条件 $\lim_{j \to \infty}(D_{t,j} m_{t+j}) = 0$，因而从 P^* 的右边任意初始值 P_1 出发的路径都是可行的路径，而且在该路径上物价呈现出爆炸性的增长趋势，

在这种情况下，虽然货币供应量得到了很好的控制（这里保持货币供应量不变），可是物价水平仍然是不能确定的，故此，物价水平的货币决定理论是不能成立的。现在就出现了一个问题，物价水平到底是如何确定的？或者说，如何从众多路径中选择出一条期望的路径？这将是下一节我们要考虑的问题。

简单概括以上两种情况，在采用盯住货币供应量的规则下，要确定物价水平需要一个条件，即货币需求关于利率的弹性小于1。实证研究表明，对于发达国家，货币需求的利率弹性通常小于1（如关于美国货币需求的利率弹性通常在0.5左右），而对于发展中国家，货币需求的利率弹性通常大于1（如关于中国货币需求的利率弹性通常在1.5左右），因此，物价水平的货币决定理论在实践中有存在的可能性，但也有不存在的可能性。

综上所述，无论中央银行采用盯住物价水平的利率规则还是采用盯住货币供应量的规则，在一定的条件下物价水平的货币决定理论都是有存在基础的，而且也不乏历史上的实例，正是这一点，世界上几乎所有中央银行都认为，稳定物价当之无愧应成为中央银行的首要任务，中央银行在稳定物价方面应承担主要角色。但是，从上面分析可以看出，物价水平的货币决定理论只提供了物价水平确定的一条路径，且这条路径是稳定的，那么一个问题是，为什么在众多路径中（包括爆炸性增长的路径）只选择这条稳定路径呢？显然，仅通过货币决定理论不能提供满意的答案。另外，物价水平的货币决定理论实际隐含着一个假设，即在物价水平由货币决定的情况下，广义政府的跨期预算等式主要是由财政部门通过协调一般税收、财政支出和债务水平三者的关系来满足的，这也说明并不是单独仅靠货币政策就能完全确定物价水平，也需要财政政策的配合。

第四节　物价水平的财政决定理论

上一节讨论了物价水平的货币决定理论，同时也指出该理论成立的条件，本节将讨论在物价水平不能由货币政策确定时，财政政策将充当确定物价水平的角色，即物价水平的财政决定理论。

在讨论物价水平的财政决定理论之前，先来看看两种不同体制的财政政策。仍然考虑广义政府跨期预算等式：

$$B_{t+1}/(1+i_t) + M_{t+1} = B_t + P_t(g_t - \tau_t) + M_t$$

式中，M_t 和 B_t 分别是中央银行和政府发行的货币和政府债券（期初余额），i_t 是名义利率，P_t 是物价水平，τ_t 和 g_t 分别是政府的实际税收和实际支出。以上几节分析都有一个假设条件，即这个跨期预算等式对于任何物价水平 P_t 均成立，Woodford（1994，1995，1996）称在这种体制下成立的政策是李嘉图体制（Ricardian Regime）下的政策，以上介绍的物价水平的货币决定理论成立的一个重要基础是要求财政政策是李嘉图体制下的财政政策。如果上面的跨期预算等式并不是对任何物价水平均成立，而只是在均衡物价水平下成立，Woodford 称在这种体制下成立的政策是非李嘉图体制（Non-Ricardian Regime）下的政策。两种体制的最大不同之处是，在李嘉图体制下，上面的跨期预算等式对经济主体的行为决策来说是一个时时刻刻存在的约束条件，而在非李嘉图体制下，上面的跨期预算等式只是一个在均衡状态下需要满足的条件。由于两种体制对政府跨期预算等式的诠释不同，物价水平的财政决定理论也分为李嘉图体制下的物价水平财政决定理论（又称经典的物价水平财政决定理论）和非李嘉图体制下的物价水平财政决定理论（又称现代的物价水平财政决定理论）。下面逐一讨论这两种物价水平的财政决定理论。

一、李嘉图体制下的物价水平财政决定理论

由于中央银行的货币创造可能成为税收的一种来源（即铸币税），因而货币政策和财政政策本质上是相互联系的。可是，铸币税与一般税收存在着本质的不同：首先，铸币税是一种隐性的税收手段，实际中并没有这个税种，只是由于货币的过多创造造成了购买力的损失，从而类似于施加人们身上的税收；其次，一般税收只是财政部门使用的工具，通常仅与财政部门有关，而铸币税本身就涉及到中央银行和财政部门的联系和政策实施，因而铸币税就有可能对物价水平的决定机制产生影响。下面分两种情况介绍财政政策对物价水平的影响。

（一）铸币税作为一般税收的补充手段

虽然弗里德曼称通货膨胀几乎处处表现为一种货币现象，但并没有指出这二者之间的因果关系。如果政府将铸币税作为一般税收的补充手段，并且在不能通过协调一般税收、财政支出和债务水平三者的关系来满足政府跨期预算等式的情况下，那么政府就有可能过度地依赖铸币税手段来满足跨期预算等式，这时也就有可能出现由财政

第二章 物价水平决定的理论分析

政策变化导致货币和物价的同时变化情形，使得这二者表现出很强的相关性，但我们此时并不能认为是货币政策变化导致了物价的变化，反而是财政政策变化导致了物价的变化，这就是物价水平的财政决定理论。我们分两种情况讨论，一种是利率途径，另一种是债务结构途径。下面逐一讨论这两种途径。

1. 利率途径

财政政策的变化将有可能导致利率的变化，而利率的变化将会影响物价水平。

仍然以前面的模型为例，在假设产出、政府支出和消费都保持不变的情况下，即，$y_t = y, g_t = g, c_t = c = y - g$，我们得到

$$r_t = r = 1/\beta - 1$$

$$\left(\frac{M_{t+1}}{P_{t+1}}\right)^{-\eta} = m_{t+1}^{-\eta} = Ai_t, A = (A_1/A_2)c^{-\sigma}$$

也就是说，实际利率 r_t 将保持不变，如果能确定名义利率，那么通胀率为

$$(1 + \pi_{t+1}) = (1 + i_t)/(1 + r_t) = \beta(1 + i_t)$$

考虑稳态情形，即

$$1 + \pi^{ss} = (1 + i^{ss})\beta$$

将该式代入广义政府的跨期预算等式可得到

$$b^{ss} + g = \beta b^{ss} + \tau + s^{ss}$$

这里，s^{ss} 是铸币税 s_t 的稳态值，且为讨论方便，我们假设一般税收 τ_t 也保持不变。铸币税的稳态值由下式确定：

$$s^{ss} = m^{ss}(1 + \pi^{ss}) - m^{ss} = m^{ss}\pi^{ss} = (Ai^{ss})^{-\frac{1}{\eta}}[(1 + i^{ss})\beta - 1]$$

代入跨期预算等式得到

$$b^{ss} + g = \beta b^{ss} + \tau + (Ai^{ss})^{-\frac{1}{\eta}}[(1 + i^{ss})\beta - 1]$$

可以看出，如果政府部门任意调整一般税收、支出及债务水平时，那么将会迫使名义利率发生变化以满足跨期预算约束，而名义利率的变化将会对物价水平产生影响。如假设其他变量不变，政府若改变财政支出 g，此时为弥补一般税收的不足，铸币税将会改变，由上式可得到铸币税的改变将导致利率 i^{ss} 的改变，假设初始货币供应量为 M_0，那么初始价格水平 P_0 为

$$P_0 = M_0 (Ai^{ss})^{\frac{1}{\eta}}$$

t 期的价格水平 P_t 为

$$P_t = P_0 (\pi^{ss})^t = P_0 [(1+i^{ss})\beta - 1]^t$$

一旦得到价格水平 P_t，那么我们也可以得到货币数量为

$$M_t = P_t (Ai^{ss})^{-\frac{1}{\eta}}$$

这个例子说明，财政支出的改变导致了名义利率的改变，进而导致了物价水平和货币数量的改变，因此，由财政政策变化导致了货币和物价的同时变化，使得这二者表现出很强的相关性，但这并不是货币学派的货币数量论体现，Carlstrom – Fuerst（2000）称这种现象是物价水平的财政决定理论的弱形式（Weak – form）表现，即，虽然物价水平和货币表现出很强的正相关性，但这种正相关性是由财政因素导致的，因而物价水平仍然是由财政决定的。

2. 债务结构途径

广义政府由中央银行和财政部门构成，货币政策或财政政策的变化将会影响广义政府的总债务水平或债务构成结构，进而将对物价水平产生影响。

为清楚地了解该问题，假设由财政盈余的贴现值支持的债务水平占其总债务水平的比例为 ψ，即

$$\sum_{j=0}^{\infty} D_{t,j} (\tau_{t+j} - g_{t+j}) = \psi b_t$$

由于，

$$\psi b_t = (\tau_t - g_t) + \frac{\psi b_{t+1}}{1 + r_t}$$

因而，

$$\tau_t - g_t = \psi \left[b_t - \frac{1}{1+r_t} b_{t+1} \right]$$

代入居民的预算约束等式，

$$y_t - \tau_t = c_t + m_{t+1}(1 + \pi_{t+1}) - m_t + \frac{b_{t+1}}{1+r_t} - b_t$$

可得到

$$y_t + (1-\psi)b_t = c_t + g_t + m_{t+1}(1+\pi_{t+1}) - m_t + (1-\psi)\frac{b_{t+1}}{1+r_t}$$

定义变量 $\Omega_t = (1-\psi)B_t + M_t$ 及 $\omega_t = \Omega_t/P_t$，上式可表示成

$$y_t + \omega_t = \frac{\omega_{t+1}}{1 + r_t} + g_t + c_t + ss_t$$

式中，$ss_t = i_t m_{t+1}/(1 + r_t)$ 是铸币税的另一种度量方法。

在假设产出、政府支出和消费都保持不变的情况下，实际利率也保持不变，即，$y_t = y, g_t = g, c_t = c = y - g, r_t = r = 1/\beta - 1$，代入上式得到

$$\omega_t = \beta \omega_{t+1} + \beta i_t m_{t+1}$$

利用一阶条件，$m_{t+1}^{-\eta} = Ai_t, A = (A_1/A_2)c^{-\sigma}$，上式变为

$$\omega_t = \beta \omega_{t+1} + \beta i_t (Ai_t)^{-\frac{1}{\eta}}$$

考虑一种特殊情况，即稳态时的情况，$\omega_t = \omega^{ss}$, $M_t = M^{ss}$, $B_t = B^{ss}$, $P_t = P^{ss}$，那么由上式可得到

$$\omega^{ss} = [A(1/\beta - 1)]^{-\frac{1}{\eta}}$$

或者

$$P^{ss} = [A(1/\beta - 1)]^{\frac{1}{\eta}} [M^{ss} + (1 - \psi)B^{ss}]$$

从上式可以看出，即使中央银行能够完全控制货币供应量，但若政府的债务水平不能由财政盈余的贴现值完全支持（即 $\psi < 1$），那么物价水平的变化将不能完全通过货币的变化反映出来，此时政府的债务水平也是影响物价水平的一个重要决定因素。只有当政府的债务水平能够通过财政盈余的贴现值完全支持（即 $\psi = 1$）时，中央银行才能通过控制货币供应量来达到稳定物价水平的目的，而 $\psi = 1$ 的含义实际上就是对财政政策的一种约束，即财政部门必须充分考虑一般税收、政府支出及债务水平之间的预算约束，而不能通过铸币税来弥补一般税收的不足。

另外，从第一节介绍的广义政府跨期预算等式来看，广义政府的总债务水平为 $W_t = B_t + M_t$，这实际上是总债务的供给，考虑资产市场的均衡条件，居民持有的财富水平也为 W_t，但这需要有一个条件，即广义政府发行的债务都是一种纯外部债务（Outside Debt），通常中央银行发行的货币是一种纯外部债务（我们称外部货币，Outside Money），但财政部门发行的债券未必是一种纯外部债务。Barro（1974，1979）曾经指出，在给定政府支出的情况下，政府发债和征税对经济的影响效果是一样的，即李嘉图等价（Ricardian Equivalence Theorem）定理是成立的，因此，如果政府债务是由财政盈余的贴现值支持的话，那么这部分债务并不是纯外部债务，也不能算做居

民的财富,因为政府的这部分债务将会以居民的赋税形式来偿还。在上面假设财政盈余的贴现值支持的债务水平占政府总债务水平的比例为 ψ 的情况下,居民的财富水平实际为 $\Omega_t = (1-\psi)B_t + M_t$,如果政府债务完全不能由财政盈余的贴现值支持的话(即 $\psi = 0$),那么此时财政部门发行的债券和中央银行发行的货币作用是一样的,只不过一个付息,一个不付息,因而影响物价水平的变量将是广义政府的总债务水平,而不仅仅是中央银行的债务水平。即使在广义政府总债务水平保持不变的情况下,若财政部门过度依赖铸币税手段来弥补一般税收的不足(即改变 ψ),将会改变广义政府债务的构成结构,从而也将会影响物价水平。

(二)铸币税不作为一般税收的补充手段

前面的分析似乎给人们一个启示,即只要政府不依靠铸币税作为一般税收的补充手段,那么中央银行就能够通过实施货币政策来稳定物价水平。但是,Leeper(1991,1993)指出,这个结论只在经济的稳态成立,而在其他状态不成立。在其分析的模型中,Leeper 进一步假定政府将铸币税收入转移支付给居民,从而杜绝了铸币税作为政府税收来源的途径。以下分两种情况来讨论:

1. 中央银行采用盯住通胀率的利率规则

在假定政府将铸币税收入通过转移支付的形式返还给居民的前提下,前面广义政府部门的跨期预算等式变为

$$\frac{b_{t+1}}{1+r_t} = b_t + g_t - \tau_t$$

前面已经得到下面结果:

$$E_t[(1+i_t)/(1+\pi_{t+1})] = 1/\beta$$

假设中央银行采用下面简单形式的泰勒规则,

$$\frac{1+i_t}{1+i^{ss}} = \left(\frac{1+\pi_t}{1+\pi^{ss}}\right)^\phi, \phi \geq 0$$

式中,ϕ 是名义利率关于通胀率的弹性。结合上面方程可得

$$E_t\left(\frac{1+\pi_{t+1}}{1+\pi^{ss}}\right) = \left(\frac{1+\pi_t}{1+\pi^{ss}}\right)^\phi$$

对上式进行对数线性化可得到

$$E_t\hat{\pi}_{t+1} = \phi\hat{\pi}_t$$

假设政府支出的变化是外生的,并假设政府的税收采用下面规则:
$$\tau_t = a + g_t + \gamma b_t$$
式中,a 是常数。这个规则表明,政府在制定税收政策时,需要考虑已有债务水平的变化。代入前面的政府跨期预算方程并经过变换最终可得到以下方程:
$$\frac{b_{t+1}}{1+r_t} = (1-\gamma)b_t - a$$
考虑到 $1 + r_t = (1 + i_t)/(1 + \pi_{t+1})$,代入上式并进行对数线性化可得到
$$\hat{b}_{t+1} = \frac{(1-\gamma)}{\beta}\hat{b}_t + \phi\hat{\pi}_t - \hat{\pi}_{t+1}$$
至此,经过处理我们最终得到下面的经济系统:
$$E_t\hat{\pi}_{t+1} = \phi\hat{\pi}_t \qquad (a)$$
$$\hat{b}_{t+1} = \frac{(1-\gamma)}{\beta}\hat{b}_t + \phi\hat{\pi}_t - \hat{\pi}_{t+1} \qquad (b)$$

在上面这个经济系统中,政府债务 b_t 是后顾型(Backward – Looking)变量,通胀率 π_t 是前瞻型(Forward – Looking)变量,针对两种规则中的参数,对模型求解可得到下面几种结果:

(1) $\gamma > 1 - \beta, \phi > 1$

此时满足 Blanchard – Kahn(1980)条件,模型存在唯一的鞍点(Saddle – Path)解,Leeper 称该政策组合为主动的货币政策和被动的财政政策组合(Mix of Active Monetary Policy and Passive Fiscal Policy)。这里,主动的货币政策的含义是名义利率关于通胀率的弹性大于 1,被动的财政政策的含义是政府税收对政府债务水平的反映必须有足够的弹性。实际上从上面的方程可以看出,当 $\phi > 1$ 时,由上面的方程(a)可以确定通胀率 π_t,当 $\gamma > 1 - \beta$ 时,由方程(b)可以确定政府债务 b_t,因而这种政策组合意味着,货币政策在稳定通胀率的同时,财政政策必须通过足够的税收来支持其已有的债务规模,从而保证债务水平的稳定。因此,该政策组合中两种政策的分工是非常明确的,货币政策充当稳定通胀率的角色,而财政政策充当稳定政府债务水平的角色。

(2) $0 \leq \gamma < 1 - \beta, 0 \leq \phi < 1$

此时也满足 Blanchard – Kahn(1980)条件,模型也存在唯一的鞍点解,Leeper 称此时的政策组合为主动的财政政策和被动的货币政策组合(Mix of Active Fiscal Policy and Passive Monetary Policy)。

在主动的财政政策下，政府在确定税收政策时对已有的债务水平考虑得很少，一种特殊情况是，税收是外生的（即 $\gamma = 0$），考虑到前面假设政府支出也是外生的情况，因而此时政府赤字具有相对的任意性，这种任意性对政府债务规模的稳定是不利的。实际上，由条件 $0 \leqslant \gamma < 1 - \beta$ 可知，$\frac{(1-\gamma)}{\beta} > 1$，从而上面方程（b）右边的第一项对债务规模稳定是不利的。但是，由于货币政策是被动的，即 $\phi < 1$，这样上面方程（b）右边的其他项（$\phi\hat{\pi}_t - \hat{\pi}_{t+1}$）对债务规模的稳定起到了至关重要的稳定作用。实际上对方程（b）向前迭代可得到

$$\hat{b}_t = \sum_{j=0}^{\infty} \left(\frac{\beta}{1-\gamma}\right)^j [\hat{\pi}_{t+j+1} - \phi\hat{\pi}_{t+j}]$$

由于 $\phi < 1$，从而被动的货币政策相对于对债务规模的利息负担起到了稳定作用，货币政策实际上在充当稳定债务规模的角色。

那么，谁来充当稳定通胀率的角色呢？显然稳定通胀率的任务只能落在财政政策上。事实上，将上面两个方程经过变换并迭代可得到

$$\hat{\pi}_t = \sum_{j=1}^{t} \phi^j \left[\hat{\pi}_{t-j} + \left(\frac{1-\gamma}{\beta}\right)\hat{b}_{t-1-j} - \hat{b}_{t-j}\right]$$

因此，政府债务规模的稳定是稳定通胀率的一个关键因素。虽然主动的财政政策对政府债务规模的稳定起到了不利的作用，但被动的货币政策实际上在起着稳定政府债务规模的作用，从而政府债务规模就类似于货币供应量充当了名义锚的作用。

可以看出，该政策组合中两种政策的分工也是非常明确的，货币政策在保证名义利率稳定的同时，为政府债务稳定提供了条件，而财政政策在通过相对任意的税收和支出手段调控经济的同时，由于货币政策的支持，发债的持续性得到了保障，从而充当稳定通胀率的角色。以上这种政策组合是 Leeper 对物价水平的财政决定理论的一种扩展。

(3) $0 \leqslant \gamma < 1 - \beta, \phi > 1$

此时模型的稳定解不存在，Leeper 称此时的政策组合为主动的货币政策和主动的财政政策组合（Mix of Active Monetary Policy and Active Fiscal Policy）。虽然中央银行试图通过主动的货币政策达到稳定通胀率的目的，但在政府也采用主动的财政政策情况下，由于税收和政府支出的相对任意性，当名义利率变化较大时，政府的债务水平

得不到稳定，因而整个经济将难以达到稳定状态。这种政策组合本质上意味着两种经济政策缺少一种协调机制。

(4) $\gamma > 1 - \beta$, $0 \leqslant \phi < 1$

此时模型存在泡沫（Bubble）解，Leeper 称此时的政策组合为被动的财政政策和被动的货币政策组合（Mix of Passive Fiscal Policy and Passive Monetary Policy）。此时，虽然被动的财政政策能够稳定债务水平，但由于被动的货币政策不能稳定通胀率的预期，从而预期通胀率的不确定性导致了通胀率的不稳定。

2. 中央银行采用盯住物价水平的利率规则

以上 Leeper 的分析是针对通胀率的稳定而言的，这个结果还可以进一步推广，即，我们可进一步将以上结果应用于物价水平的稳定方面。

假设中央银行采用下面盯住物价水平的利率规则，

$$\frac{1 + i_t}{1 + i^{ss}} = \left(\frac{P_t}{P^{ss}}\right)^{\phi}, \phi \geqslant 0$$

式中，ϕ 是名义利率关于物价水平的弹性。代入一阶条件 $E_t\left((1 + i_t)\frac{P_t}{P_{t+1}}\right) = \frac{1}{\beta}$，可得到下面方程：

$$E_t\left(\frac{P_{t+1}}{P^{ss}}\right) = \left(\frac{P_t}{P^{ss}}\right)^{\phi+1}$$

或，

$$\ln P_t - \ln P^{ss} = \frac{1}{1 + \phi}(E_t \ln P_{t+1} - \ln P^{ss})$$

同样假设政府支出的变化是外生的，并假设政府的税收采用下面的规则，

$$\tau_t = a + g_t + \gamma b_t$$

式中，a 是常数。代入前面的政府跨期预算方程并经过变换最终可得到以下方程：

$$\frac{b_{t+1} P_{t+1}}{(1 + i_t) P_t} = (1 - \gamma) b_t + g_t - a$$

类似于上面对模型求解可得到下面几种结果：

(1) $\gamma > 1 - \beta$, $\phi > 0$

此时模型存在唯一的鞍点解，这种情况也是一种主动的货币政策和被动的财政政策组合，与以上不同的是，此时货币政策主要稳定物价水平，而财政政策主要稳定债

务水平。

(2) $0 \leq \gamma < 1 - \beta, \phi = 0$

此时模型也存在唯一的鞍点解，对应的政策组合也是一种主动的财政政策和被动的货币政策组合。与前面不同的是，在这种政策组合下，货币政策通过盯住利率的规则，保证了政府债务水平的稳定，而财政政策充当稳定物价水平的角色。

(3) $0 \leq \gamma < 1 - \beta, \phi > 0$

此时模型的解不存在，也就是前面指出的，货币政策和财政政策都采用主动策略的情况下，物价水平和政府债务水平都得不到稳定。

(4) $\gamma > 1 - \beta, \phi = 0$

此时模型存在泡沫解，也就是前面指出的，虽然被动的财政政策能够稳定债务水平，但被动的货币政策不能稳定预期的物价水平，从而导致了物价水平的不稳定。

总结以上分析结果，如果政府债务水平不能由完全财政盈余支持而需要通过铸币税来支持其中的一部分，那么仅靠货币政策是不能完全稳定物价的，由财政赤字的相对任意性导致的铸币税的增加将会对物价的稳定产生影响。即使政府不通过铸币税作为一种税收的一种补充手段，物价依然需要货币政策与财政政策的协调来得到稳定。此时，存在两种政策组合，其一是主动的货币政策和被动的财政政策组合，其二是主动的财政政策和被动的货币政策组合。在主动的货币政策和被动的财政政策组合下，货币政策充当稳定物价的角色，而财政政策充当稳定政府债务水平的角色。在主动的财政政策和被动的货币政策组合下，货币政策在保证名义利率稳定的同时，保证了政府债务水平的稳定，而财政政策在通过相对任意的税收和支出手段调控经济的同时，由于货币政策的支持，债务水平得以控制，从而充当稳定物价的角色。

二、非李嘉图体制下的物价水平财政决定理论

实证研究表明，铸币税并不是一般税收的一个重要补充手段，King – Plosser (1985) 采用三种度量铸币税的口径测算铸币税，结果表明，相对于一般税收而言，铸币税的规模很小，因而铸币税并不是一般税收的一个重要补充手段。这个结果也进一步指出，在经典的物价水平财政决定理论分析中，除了 Leeper (1991, 1993) 没有将铸币税作为一般税收的补充手段外，其他分析仅仅是一种物价水平的理论解释结

果，但这些理论结果在实际中成立的可能性很小。因此，在现代的物价水平财政决定理论分析中，通常不再将铸币税作为分析财政因素影响物价水平的关键，但即使排除铸币税这个渠道，财政政策对物价水平的影响依然很重要。另外，Woodford 定义的非李嘉图体制财政政策和 Leeper 定义的主动财政政策并完全一样，非李嘉图体制下的财政政策只要求财政政策在均衡价格水平下满足政府的跨期预算约束等式，而主动的财政政策要求财政政策在任何价格水平下满足政府的跨期预算约束等式，因此，非李嘉图体制下的财政政策比主动的财政政策包含的范围要广，Woodford（2001）认为主动的财政政策是一种局部的非李嘉图体制财政政策（Locally Non - Recardian Fiscal Policy）。

基于以上考虑，在前面介绍的广义政府跨期预算等式中，政府将铸币税以转移支付形式返还给居民，从而跨期预算等式可表示为

$$b_t = E_t \sum_{j=t}^{\infty} \Big(\prod_{k=t}^{j-1} \frac{(1+\pi_{k+1})}{(1+i_k)} \Big)(\tau_j - g_j) = E_t \sum_{j=t}^{\infty} \Big(\prod_{k=t}^{j-1} \frac{1}{(1+r_k)} \Big)(\tau_j - g_j)$$

或者，

$$\frac{B_t}{P_t} = E_t \sum_{j=t}^{\infty} \Big(\prod_{k=t}^{j-1} \frac{1}{(1+r_k)} \Big)(\tau_j - g_j)$$

该式表明，政府当前的债务水平等于未来政府财政盈余的贴现值，因此，当政府税收和支出决策具有相对任意性时，政府的债务水平实际上是决定物价的一个重要因素。Woodford（1994，1995，1996）区分了两种体制下物价水平的财政决定理论，一种是李嘉图体制（Ricardian Regime）下物价水平的财政决定理论，在这种体制下，上面的跨期预算等式对于任何物价水平均成立；另一种是非李嘉图体制（Non - Ricardian Regime）下物价水平的财政决定理论，在这种体制下，上面的跨期预算等式并不要求对任何物价水平均成立，而只要求在均衡物价水平下成立。这实际上意味着，财政政策的相对任意性虽然使政府可以暂时偏离上面的跨期预算约束，但为了保证均衡状态的存在，政府必须在均衡物价水平下满足跨期预算约束。故此，根据跨期预算约束等式，均衡状态下的物价水平决定于政府的债务水平，即

$$P_t^* = \frac{B_t}{E_t \sum_{j=t}^{\infty} \Big(\prod_{k=t}^{j-1} \frac{1}{(1+r_k)} \Big)(\tau_j - g_j)}$$

Woodford 称这种物价水平的财政决定理论为现代的物价水平的财政决定理论。

仍然以前面的模型为例，为讨论方便，将主要行为方程重新列在下面：

$$(y_t - g_t)^\sigma = E_t\left(\frac{(y_{t+1} - g_{t+1})^\sigma}{\beta(1 + r_t)}\right)$$

$$E_t\left(\frac{A_2 m_{t+1}^{-\eta}}{A_1 c_{t+1}^{-\sigma}}\right) = E_t\left(\frac{A_2 m_{t+1}^{-\eta}}{A_1 (y_{t+1} - g_{t+1})^{-\sigma}}\right) = i_t$$

采用前面关于产出 y_t 和政府支出 g_t 都是外生的假设，可以看出，上面第一个方程实际上确定了实际利率 r_t，而且实际利率主要由实体经济因素来确定，利用费雪方程，$1 + i_t = E_t[(1 + r_t)P_{t+1}/P_t]$，代入第二个方程可得到

$$\frac{M_{t+1}}{P_{t+1}} = \Psi(i_t) = \Psi\left((1 + r_t)\frac{P_{t+1}}{P_t}\right)$$

这里，函数 Ψ 是上面方程经过变换得到的关于货币实际余额与名义利率之间的关系式，我们为突出重点省略有关外生变量的列出。

从上面可以看到，实际利率 r_t 主要由实体经济因素来确定，在财政部门相对任意地选择政府支出 g_t、税收 τ_t 及债务水平 B_t 的决策下，物价水平 P_t^* 将发生变化，使政府的跨期预算等式仅在物价水平 P_t^* 得以满足，因而物价水平是可以确定的。但是这又出现一个问题，即上面确定的物价水平 P_t^* 是否满足经济主体的行为方程呢？

首先，在实际利率主要由实体经济因素确定的情况下，满足上面的第一个行为方程实际上就是要看物价水平 P_t^* 是否满足费雪方程，即需要满足方程：

$$1 + i_t = E_t[(1 + r_t)P_{t+1}/P_t]$$

或者满足

$$E_t\left(\frac{(1 + i_t)P_t}{(1 + r_t)P_{t+1}}\right) = 1$$

利用上面的结果可得到

$$E_t\left(\frac{1 + i_t}{(1 + r_t)P_{t+1}^*}\right) = E_t\left(\frac{(1 + i_t)\sum_{j=t+1}^{\infty}\left(\prod_{k=t}^{j-1}\frac{1}{(1 + r_k)}\right)(\tau_j - g_j)}{(1 + r_t)B_{t+1}}\right)$$

$$= E_t\left(\frac{(1 + i_t)\left[\frac{B_t}{P_t^*} - (\tau_t - g_t)\right]}{B_{t+1}}\right) = E_t\left(\frac{B_{t+1}}{B_{t+1}}\right) = \frac{1}{P_t^*}$$

最终得到

$$E_t\left(\frac{(1+i_t)P_t^*}{(1+r_t)P_{t+1}^*}\right) = 1$$

因此，由上式确定的物价水平 P_t^* 满足上面的第一个行为方程。

其次，物价水平 P_t^* 还需满足上面的第二个行为方程，即满足货币需求方程

$$\frac{M_{t+1}}{P_{t+1}^*} = \Psi(i_t) = \Psi\left((1+r_t)\frac{P_{t+1}^*}{P_t^*}\right)$$

下面分两种情况进行讨论：一种是中央银行采用盯住利率的规则，另一种是中央银行采用盯住货币供应量的规则。

（一）中央银行采用盯住利率的规则

前面几节分析得到，在中央银行采用盯住名义利率的规则下不仅物价水平是不能确定的，而且通胀率也是不能确定的。那么在这种情况下，谁来充当稳定物价的角色呢？历史上不乏中央银行采用盯住名义利率规则的例子，如美联储在1942—1951年期间曾经在很长一段时间内采用了盯住短期名义利率的规则。对于发展中国家，在金融市场不发达和金融资产类型有限的情况下，中央银行为了稳定金融体系，也长期使用了盯住名义利率的规则。Woodford（1995，1998a，1998b，2001）指出，在中央银行采用盯住名义利率的规则下，财政政策可以充当稳定物价的角色。也就是说，物价水平由前面的 P_t^* 给出，在中央银行采用盯住名义利率（即 $i_t = \bar{i}_t$）的规则下，物价水平 P_t^* 还需满足货币需求方程，即

$$\frac{M_{t+1}}{P_{t+1}^*} = \Psi(i_t) = \Psi(\bar{i}_t)$$

此时货币是内生的，由该方程确定的实际上是名义货币需求，为满足货币市场均衡条件，中央银行进行适应性（Accommodative）的操作，提供市场需要的货币。

从这里也可以看出，无论是政府债务水平增加还是赤字增加，都将会导致物价水平的上升，在中央银行采用盯住名义利率的规则下，货币也将增加，使得这二者也表现出很强的相关性，因而也会出现 Carlstrom – Fuerst（2000）所说的物价水平的财政决定理论的弱形式（Weak – form）表现，但这绝对不是货币学派的货币数量论体现，因为物价水平是由财政政策决定的。

（二）中央银行采用盯住货币供应量的规则

为进一步讨论方便，仍按照前几节的做法假设产出 y_t 和政府支出 g_t 都保持不变，此时消费也保持不变，同时在中央银行采用盯住货币供应量的规则下，假设中央银行

保持货币供应量不变，即

$$y_t = y, g_t = g, c_t = c = y - g, M_t = M$$

在这些条件下，上一节得到货币需求方程为

$$\left(\frac{M}{P_{t+1}}\right)^{-\eta} = A[(1/\beta)P_{t+1}/P_t - 1], A = (A_1/A_2)c^{-\sigma}$$

进一步变化可得到

$$P_{t+1} = \Phi(P_t)$$

该方程的一个不动点为

$$P^* = [A(1/\beta - 1)]^{1/\eta} M$$

根据上一节的结论，当 $0 < \eta \leq 1$ 时，P_{t+1} 和 P_t 的关系可以用图 2-3 表示（为清楚起见，我们将图 2-2 重现画在下面），此时，货币需求关于利率的弹性（$1/\eta$）大于 1，虽然中央银行保持货币供应量不变，可是物价水平仍然是不能确定的。

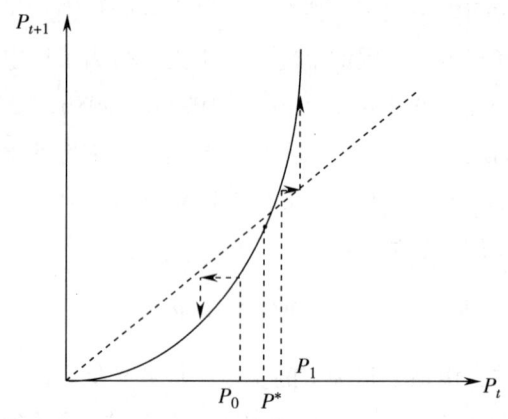

图 2-3

的确，从 P^* 的右边任意初始值 P_1 出发的物价路径 $\Phi(\cdots\Phi(P_1))$ 都是可行的路径，而且在该路径上物价呈现出爆炸性的增长趋势，在这种情况下，货币供应量得到了很好的控制（这里保持货币供应量不变），但物价水平仍然是不能确定的。这就出现了一个问题，物价水平到底是如何确定的？或者说，如何从众多路径中选择出一条期望的路径？

实际上，上面介绍的物价水平决定的财政理论给出了一个解释。为讨论方便，我们进一步假设政府税收也保持不变，$\tau_t = \tau$，在前面一系列假设条件下，实际利率也

保持不变，$r_t = r = 1/\beta - 1$，由此我们可以给出物价水平 P_1 的确定方式

$$B_1/P_1 = \sum_{j=0}^{\infty} \left(\frac{1}{1+r}\right)^j (\tau - g) = (\tau - g)(1+r)/r$$

或者

$$P_1 = B_1 r/[(\tau - g)(1+r)]$$

也就是说，如果给出了政府支出和税收的路径和期初的债务水平，那么本期的物价水平 P_1 也就能够确定下来，相应地，物价水平 $\Phi(\cdots\Phi(P_1))$ 也就能够确定下来。而且，如果初始值 P_1 在 P^* 的右边，那么由此确定的物价路径会呈现出上面的爆炸性增长趋势，因此，在这种情况下，虽然货币供应量保持不变，但物价却呈现出恶性通货膨胀的趋势，而这种趋势产生的原因是由于财政方面的因素造成的，这就是 Carlstrom – Fuerst（2000）所说的物价水平的财政决定理论的强形式（Strong – form）表现，即，由财政因素导致的物价变化与货币根本没有表现出一点相关性，因而稳定物价的任务落在了财政部门身上。

图 2 – 2 实际上给出了两种物价水平的决定方式，一种是货币理论决定的物价水平（即由初始值 P^* 出发的路径），另一种是财政理论决定的物价水平（即由 P^* 的右边初始值 P_1 出发的路径）。并且，货币决定理论给出了物价水平唯一的一条稳定路径，而财政决定理论给出了物价水平的无数条路径（即由 P^* 的右边任意初始值出发的路径），每条路径都是不稳定的，都会呈现出前面所说的爆炸性增长趋势。但要出现物价水平的财政决定理论的强形式（Strong – form）表现，需要满足下式：

$$P_1 > P^*$$

即

$$B_1 > [(1+r)(Ar)^{1/\eta}/r](\tau - g)M$$

或

$$B_1/M > [(1+r)(Ar)^{1/\eta}/r](\tau - g)$$

从上式可以看出，即使中央银行保持货币供应量不变，但在政府支出、税收及债务水平的决策具有相对任意性的情况下，上面的条件很容易满足，也就是说，由财政理论决定的每一条路径都是与财政政策的任意性相关的，因而这为第一章介绍的物价水平会出现爆炸性增长路径的现象提供了一种很好的解释。同时也说明，稳定物价需要对政府的行为决策进行约束，即需要协调政府支出、税收及债务水平的关系，这与

传统的货币数量论观点形成了鲜明的对比，故此，仅控制货币供应量是不能稳定物价的。另外，McCallum-Nelson（2006）指出，由财政理论决定的物价水平实际上表明物价水平与政府债券存量有着密切的关系，而非传统货币数量论所说的物价水平与货币存量有着密切的关系，因此，类似于传统的货币学派做法，可通过控制政府债券存量来达到控制物价水平的目的。

至此前面所有的分析都假定居民对中央银行发行的法定货币有一定的需求，因而无论中央银行采用利率规则还是货币供应量规则，货币是模型中出现的一个变量，这个变量可以是内生的（这时中央银行控制利率），也可以是外生的（这时中央银行控制货币供应量），但不管中央银行采用哪种调控方式，控制物价的变化绝对不仅仅是货币政策的事情，财政政策的变化对物价水平具有重要的影响。

Cochrane（1998，1999，2001，2003，2005）将物价水平的财政决定理论推崇到了极致状况，在他给出的模型中，根本没有法定货币这个变量，因而完全杜绝了铸币税作为税收手段的渠道，按照前面的模型，此时居民的行为方程只有下式：

$$(y_t - g_t)^\sigma = E_t\left(\frac{(y_{t+1} - g_{t+1})^\sigma P_{t+1}}{\beta(1+i_t)P_t}\right)$$

在产出 y_t 和政府支出 g_t 都是外生的情况下，这个方程实际上确定了实际利率 r_t，$1+r_t = E_t[(1+i_t)P_t/P_{t+1}]$，而且实际利率主要由实体经济因素来确定。另外在没有法定货币的情况下，广义政府的跨期预算等式为

$$\frac{B_{t+1}}{(1+i_t)} = B_t + P_t(g_t - \tau_t)$$

在这个最简化的模型中，即使没有货币这个变量，或者说，经济中的货币是内部货币（Inside Money），但物价水平仍然可以由财政政策来确定，即

$$P_t^* = \frac{B_t}{E_t \sum_{j=t}^{\infty} \left(\prod_{k=t}^{j-1} \frac{1}{(1+r_k)}\right)(\tau_j - g_j)}$$

虽然 Cochrane 的模型是一个极端情况，但历史上和实际中并不乏这种例子。例如，在中央银行出现之前，经济中使用的货币呈现出多种形式，有以商品形式出现的货币情形，也有以金银等稀有金属形式出现的货币情形等，即使在现代的中央银行体系下，也会出现有的国家根本没有自己的货币，有的国家虽有自己的货币，但经济中的交易已经基本上采用外币来进行等现象，对于这些没有法定货币的情况，难道说，

物价水平就不能确定吗？实际上并不是这样。即使在中央银行出现之前，或者在中央银行没有将稳定物价作为自己的首要任务之前，政府完全可以通过财政政策来稳定物价水平。因此 Cochrane 指出，物价水平的财政决定理论在实践中存在的情况要比货币决定理论存在的情况普遍得多。而且，从上面的表达式可以看出，在政府赤字给定的情况下，物价水平决定于政府的债务水平，此时政府的债务水平这个变量就类似于货币供应量这个变量，因而控制了政府的债务水平，就能够稳定物价水平。

另外，Cochrane 指出，若把物价水平的倒数（$1/P_t$）作为每单位债券的实际价格，债券发行量（B_t）作为发行的数量，那么政府的跨期预算等式：

$$\frac{B_t}{P_t} = E_t \sum_{j=t}^{\infty} \left(\prod_{k=t}^{j-1} \frac{1}{(1+r_k)} \right) (\tau_j - g_j)$$

和股票的定价方程类似，因而在基本面（政府支出 g_t 和税收 τ_t）给定的情况下，政府发债对物价水平的影响类似于股票增发数量对股价的稀释作用，政府发债的数量越多，对每股价格的稀释越强，股价越低，由于每单位债券的实际价格为物价水平的倒数，因而物价水平越高，故此 Cochrane 认为，物价水平的财政决定理论就像传统的货币数量论一样并不难理解。

简单总结以上分析，在非李嘉图体制的财政政策下，财政政策的任意性迫使物价必须进行调整，从而保证政府的跨期预算约束在均衡状态下能够成立。因此，物价的稳定不仅受到货币政策的影响，而且也受到财政政策的影响。

但上面这种理论受到 Buiter（1998，1999，2001，2002）等学者的批评。他们指出，政府既然作为一个经济主体，那么其在进行行为决策时必须时时刻刻受到上面跨期预算等式的约束，而不仅仅是在均衡物价水平下受到该约束。如果政府不受到上面跨期预算等式的约束，那么在理性预期的条件下，政府债务在定价上将受到影响，因此，政府债务的价格完全可以充当一个调节变量以保证上面跨期预算等式在任何物价水平下成立，而不是依靠物价水平充当一个调节变量来保证上面跨期预算等式仅仅在均衡物价水平下成立。可是 Cochrane（1998，2001）和 Woodford（2001，2003）认为，由于政府和其他经济主体的地位不同，因而上面的广义政府跨期预算等式并不像一般经济主体（如居民）的预算等式对政府有约束力，政府可能暂时偏离这个预算等式的约束，但在不违约的情况下，政府不能永久地偏离这个预算等式的约束，从而物价水平的调整迫使政府在均衡状态下满足这个预算等式。Woodford（2001，2003）甚至认为，即使在考虑到政府发行多期的长期债券情况下，债券的价格可以充当一个调节变量，但仍然需要物价水平充当一个调节变量来保证上面跨期预算等式仅仅在均衡物价水平下成立，因而 Buiter 的模型解释是一种情况，可也不排除前面的解释途径。从另外一个角度来看，这种非李嘉图体制下的财政政策实际上为物价水平的决定提供了一种新的理论视角，这无疑是对传统的物价水平的决定理论的一种补充和新的诠释。

综上所述，无论是经典的还是现代的物价水平财政决定理论，它们均表明，在货币政策和财政政策缺少协调机制的情况下，财政政策的相对任意性将对物价的稳定产生影响。

三、物价水平的财政决定理论涉及的相关问题

物价水平的财政决定理论的确为物价水平的确定提供了一种解释途径，但该理论的应用也涉及以下值得我们思考的问题。

（一）李嘉图等价定理是否成立

无论是李嘉图体制还是非李嘉图体制下的物价水平财政决定理论，都向我们提出一个问题：李嘉图等价定理（Ricardian Equivalence Theorem）是否成立？Barro（1974，1979）曾指出，在给定政府支出的情况下，政府发债和征税（假设采用一次性税收的形式）对经济的影响效果是一样的，即李嘉图等价定理是成立的。如果该定理成立，那么我们完全可以忽略由政府债务变化对经济影响的财富效应，因为此时政府债务并不是私人部门真正的财富。

从前面介绍的两种体制下物价水平的财政决定理论来看，在给定政府支出的情况下，只要政府债务不能完全由税收支持，那么政府债务是一种纯外部债务（Outside Debt），对私人部门来说也是一种净财富，此时李嘉图等价定理是不成立的，从而政府的债务变化就会通过财富途径对经济产生影响，但为了维持政府的跨期预算等式，这种影响必定导致物价的变化，因而物价从当了一个调整变量的角色。可以看出，物价水平的财政决定理论成立的一个关键条件是政府债务是否能够完全由财政盈余得到支持。若政府债务完全能够由财政盈余得到支持，则李嘉图等价定理是成立的，此时物价水平完全可以由货币决定理论来确定；若政府债务不能完全由财政盈余得到支持，则李嘉图等价定理是不成立的，物价水平可以由财政决定理论确定。另外，在李嘉图体制的物价水平财政决定理论下，广义政府部门的跨期预算等式对任何物价水平都是成立的，而在非李嘉图体制下的物价水平财政决定理论下，广义政府部门的跨期

预算等式仅在均衡物价水平成立。这进一步说明，在非李嘉图体制物价水平的财政决定理论下，李嘉图等价定理仅在均衡物价水平下成立，而在非均衡物价水平下不成立；而在李嘉图体制物价水平的财政决定理论下，只要政府债务不能完全由财政盈余得到支持，则李嘉图等价定理在任何物价水平下都是不成立的，相反，只要政府债务完全能够由财政盈余得到支持，则李嘉图等价定理在任何物价水平下都是成立的。

（二）政府债务的爆炸性增长问题

无论是经典的还是现代的物价水平财政决定理论，在政府支出、税收及债务水平的决策具有相对任意性的情况下，物价将作为一个调整变量来保证政府的跨期预算等式成立。在前面 Carlstrom – Fuerst（2000）的物价水平财政决定理论强表现形式（Strong – form）下，虽然货币供应量保持不变，但物价却呈现出恶性通货膨胀的趋势，而这种趋势产生的原因是由于财政方面的因素造成的，此时可以看出，为了解释这种恶性通货膨胀现象，要求政府债务也呈现爆炸性增长趋势，对于政策决策部门来说，这种策略是非常危险的，实际中也是不可取的。另外，无论是在李嘉图体制下还是在非李嘉图体制下，物价水平的财政决定理论均表明，政府支出、税收及债务水平的决策具有相对任意性和三者缺乏协调性，这样极容易造成政府债务的不稳定增长，从而也会造成物价水平的不稳定。

（三）在政府债务规模为零的情况下物价水平如何确定

虽然物价水平的财政决定理论为物价水平的确定提供了一种解释途径，但这种解释也遇到一个问题，即，在政府债务规模为零的情况下，此时物价水平是如何确定的？

在前面介绍的 Cochrane（1998，1999，2001）特殊模型中，Cochrane 假设根本没有法定货币，此时物价水平可以完全通过非李嘉图体制下的财政决定理论来确定，即

$$P_t^* = \frac{B_t}{E_t \sum_{j=t}^{\infty} \left(\prod_{k=t}^{j-1} \frac{1}{(1+r_k)} \right)(\tau_j - g_j)}$$

从此式可以看出，如果债务水平为零（$B_t = 0$），那么价格水平也为零，这显然是不对的。不管经济中法定货币或者政府债务是否存在，物价水平总是存在的，即使在纯物物交换（Barter）的经济中，我们也可以选择某个实物作为计价单位并计算出物价总水平，因此，上面问题的本质是，无论广义政府是通过法定货币还是债务水平来

确定物价水平，其目的是寻找一个名义锚，从而广义政府通过控制名义锚的变化使物价水平朝着锚定的方向趋近。

Niepelt（2004）指出，政府选定名义锚不一定非要选择债务规模这个存量指标，也可以选择与经济交易相关的流量指标，Niepelt选择了政府转移支付作为名义锚，从而解决了政府债务规模为零时的物价水平确定问题，而且其指出，这也是一种物价水平的财政决定理论表现方式。Daniel（2007）进一步对这个问题进行了深入探讨并指出，如果金融市场欠发达或者政府根本没有可选择的债务指标作为名义锚的候选者，那么政府可以选择其他的存量或流量指标作为名义锚来解决上面的问题，如其在开放经济环境下，给出了当政府债务规模为零时，政府可选择名义汇率作为名义锚从而来确定物价水平。

总之，名义锚的选择方式是多样，但目的都是一个，即通过选择合适的名义锚来达到稳定物价水平进而稳定其他名义变量的目的。

第五节　模型选择对物价水平决定理论的影响

无论是物价水平的货币决定理论还是物价水平的财政决定理论，我们期望这些理论得到的结果和给出的政策建议不是针对某个或者某类特殊的模型而言的，而是与模型选择无关的。但这是一种理想情况，实际上由于模型的局限性和关注问题的重点不同，通过某个或某类模型得到的结论可能并不具有普适性，因而我们应进一步考察这些结论在什么条件下能够适用于更多的模型。

我们前面采用的模型都是典型经济人（Representative Agent）形式的动态随机一般均衡模型（Dynamic Stochastic General Equilibrium Models，DSGE模型），典型经济人DSGE模型由于研究问题的重点不同及采用的建模技术不同，形式上表现为多种形式，但这类模型的一个重要特征是假设经济主体是同质（Homogeneous）的，从而可以通过研究其中某个经济主体的决策行为来描述整个经济的特征。虽然我们前面得到的物价水平决定理论是在最简单形式下的典型经济人DSGE模型得到的（如模型中不考虑生产过程、不考虑价格和工资粘性等），但这些结论对于较复杂的典型经济人DSGE模型依然是基本上适用的。现在我们要考虑的一个问题是，这些结论是否能够适用于异质性经济主体（Heterogeneous Agent）的DSGE模型。与典型经济人DSGE

模型对应的一类较简单的异质性经济主体 DSGE 模型是交迭世代模型（Overlapping Generations Model，OLG 模型），下面我们来探讨在此模型下的物价水平决定理论。

一、一个较为简单的 OLG 模型

OLG 模型的雏形最早由 Allais（1947）提出，Samuelson（1958）和 Diamond（1965）对此模型进行了详细的讨论，随后它逐渐被学者们所重视并得到了不断的推广和应用。OLG 模型假设，在每个时期，经济主体不完全是同质的，即由不同代的人组成，每一代人在生命的不同时期可以和不同代的人进行交易。每期可观察到的总交易由不同的成分组成，这些成分反映了不同代人的偏好。例如，某一代人在其年轻时主要与老一代的人打交道，其将进行较少的消费，从而将较多的储蓄在年老时使用；而在年老时，其主要与年轻人打交道，在没有遗产动机的情况下，其可能将年轻时的储蓄完全使用掉，从而不再进行储蓄。因此，OLG 模型的结构更能反映现实实际情况。Samuelson（1958）和 Diamond（1965）主要研究了两期寿命的 OLG 模型，随后 Blanchard（1985）、Sargent（1987）等学者对该模型进行了推广，研究了多期寿命的 OLG 模型。

在 OLG 模型中，通常会出现两种均衡，一种均衡表现为自给自足经济（Autarky Economy）的均衡，在这种情况下，每代人和其他不同时代的人不进行经济交易，仅和自己打交道，这种均衡类似于典型经济人 DSGE 模型下的均衡，此时，可按照典型经济人 DSGE 模型的方式来处理 OLG 模型，这是一种特殊情况，若出现这种情况，我们显然可以不需要引入 OLG 模型；另一种均衡是 OLG 模型经常出现的一种均衡，也是我们最为关心的一种均衡，这种均衡涉及不同时代人的行为决策。在纯物物交易（Barter）的 OLG 模型中，如果没有遗产动机，那么在各代之间缺乏联系的情况下，将会导致分散竞争均衡不是 Pareto 最优的，从而产生动态无效性（Dynamic Inefficiency）的结果，这为政府通过以永久借款人的角色发行债券或货币来重新配置各代之间的资源从而改善经济的福利提供了机遇。正基于此，人们不断对原有的 OLG 模型进行推广，使其更能反映现实情况，其中，将货币加入原有的 OLG 模型并研究货币在资源配置的作用是一个重要的研究方向。研究带有货币的 OLG 模型比较著名的学者有 Wallace（1980，1983）、McCallum（1983）、Weil（1987，1989，1991）、Brock（1990）、Champ - Freeman（1994）、Cushing（1999）、Bénassy（2000，2005，2007）、

Ireland（2001）、Aikman（2003）、Annicchiarico‐Marini（2003a，b）、Sala（2004）和 Ascari‐Rankin（2004）等。其中，Cushing（1999）、Bénassy（2000，2005，2007）和 Sala（2004）利用 OLG 模型探讨了物价水平的决定问题。

下面我们介绍一种较为简单的 OLG 模型。为了与前面介绍的典型经济人 DSGE 模型进行比较，我们也采用前面的有关假设，即在该模型中不考虑生产部门，价格也是弹性的。但与之不同的是模型中假设居民是异质的，因此在每个时期，经济主体由不同时代的居民组成，这里不同时代的居民以其出生时间来刻画，且假设在每个时期居民的死亡概率为 $1-q$。

对于在第 s 期出生的一代居民，其在预算约束条件下，对消费、货币和债券的选择进行决策，即求解下面的优化问题，

$$\max E_t \sum_{j=0}^{\infty} (\beta q)^j [(1-\delta)\ln c_{s,t+j} + \delta \ln(M_{s,t+j}/P_{t+j})]$$

$$s.t.\ M_{s,t+j} + B_{s,t+j} = \frac{1}{q}[M_{s,t+j-1} + (1+i_{t+j-1})B_{s,t+j-1}] + P_{t+j}(y_{t+j} - \tau_{t+j} - c_{s,t+j})$$

$$0 < \beta, q, \delta < 1,$$

这里，E_t 表示预期，β 是贴现因子，居民的效用函数采用对数函数形式，$1-q$ 是居民的死亡概率，$c_{s,t}$ 表示 s 期出生的居民在 t 期的实际消费，$M_{s,t}$ 表示 s 期出生的居民在 t 期末持有的名义货币余额，$B_{s,t}$ 表示 s 期出生的居民在 t 期末持有的名义政府债券余额，i_t 是政府债券的名义利率，P_t 是物价水平，y_t 和 τ_t 分别是居民的实际收入和向政府缴纳的税收，由于模型不考虑生产过程，因而假定居民的收入和上缴的税收对生活在同期的人来说一样的，即与出生时期 s 无关。

定义货币实际余额 $m_{s,t} = M_{s,t}/P_t$，债券实际余额 $b_{s,t} = B_{s,t}/P_t$，通胀率 $\pi_t = P_t/P_{t-1} - 1$，实际利率 $r_t = (1+i_t)/(1+\pi_{t+1}) - 1$，上面预算等式可表示为

$$c_{s,t+j} + m_{s,t+j} + b_{s,t+j} = \frac{1}{q}\left[\frac{m_{s,t+j-1}}{1+\pi_{t+j}} + (1+r_{t+j-1})b_{s,t+j-1}\right] + (y_{t+j} - \tau_{t+j})$$

假设居民在刚出生时不拥有金融财富，并定义在 s 期出生的居民在 t 期期末的名义和实际金融财富为

$$W_{s,t} = [M_{s,t-1} + (1+i_{t-1})B_{s,t-1}]/q$$

$$w_{s,t} = W_{s,t}/P_t = [m_{s,t-1}/(1+\pi_t) + (1+r_{t-1})b_{s,t-1}]/q$$

上面预算的预算约束可进一步表示为

第二章 物价水平决定的理论分析

$$c_{s,t+j} + \frac{i_{t+j}}{1+i_{t+j}}m_{s,t+j} + \frac{qw_{s,t+j+1}}{1+r_{t+j}} = w_{s,t+j} + y_{t+j} - \tau_{t+j}$$

在此约束下，上面优化问题的一阶条件为

$$c_{s,t+1} = \beta(1+r_t)c_{s,t}$$

$$m_{s,t} = \frac{\delta}{1-\delta}\frac{1+i_t}{i_t}c_{s,t}$$

将货币方程代入预算等式可得到

$$\frac{c_{s,t+j}}{1-\delta} + \frac{qw_{s,t+j+1}}{1+r_{t+j}} = w_{s,t+j} + y_{t+j} - \tau_{t+j}$$

按照前面几节的做法，定义贴现因子为 $D_{t,j} = \prod_{s=0}^{j-1}\frac{1}{1+r_{t+s}}$，$D_{t,0}=1$，将上面的预算等式向前进行迭代并利用消费满足的一阶条件，在避免 Ponzi 策略的条件下 $\lim_{j\to\infty}D_{t,j}w_{s,t+j}=0$，可得到下面的消费方程：

$$\frac{c_{s,t}}{(1-\delta)(1-\beta q)} = w_{s,t} + H_t$$

$$H_t = \sum_{j=0}^{\infty}q^j D_{t,j}(y_{t+j} - \tau_{t+j})$$

式中，H_t 是人力财富。可以看出，s 期出生的居民在 t 期的实际消费 $c_{s,t}$ 决定于人力财富 H_t 和金融财富 $w_{s,t}$，并且在本模型中它们呈现出线性关系，这一点为我们后面得到总量方程提供了方便。

上面得到了 s 期出生的居民在 t 期的行为变量，为从总量上研究居民的决策行为，我们必须研究有关变量的加总问题。由于在每个时期生活着不同时代的居民，因而利用下面的方法来研究变量的加总问题：

$$x_t = \sum_{s=-\infty}^{t}(1-q)q^{t-s}x_{s,t}$$

式中，$x_{s,t}$ 表示 s 期出生的居民在 t 期的行为变量，x_t 是加总后的行为变量。

采用该加总方法，上面的一阶条件在总量上表现为下面的形式：

$$c_t = (1-\delta)(1-\beta q)(w_t + H_t)$$

$$m_t = \frac{\delta}{1-\delta}\frac{1+i_t}{i_t}c_t$$

另外，考虑到居民在刚出生时不拥有金融财富，$W_{s,s}=0$，$w_{s,s}=0$，居民的预算

等式 $\dfrac{c_{s,t}}{1-\delta} + \dfrac{qw_{s,t+1}}{1+r_t} = w_{s,t} + y_t - \tau_t$ 加总后形式如下：

$$\frac{c_t}{1-\delta} + \frac{w_{t+1}}{1+r_t} = w_t + y_t - \tau_t$$

利用人力财富方程 $H_t = (y_t - \tau_t) + qH_{t+1}/(1+r_t)$，消费方程可进一步表示为下式：

$$\begin{aligned}
c_{t+1} &= (1-\delta)(1-\beta q)(w_{t+1} + H_{t+1}) \\
&= (1-\delta)(1-\beta q)[w_{t+1} + (H_t - y_t + \tau_t)(1+r_t)/q] \\
&= (1-\delta)(1-\beta q)w_{t+1} + (1-\delta)(1-\beta q)(H_t - y_t + \tau_t)(1+r_t)/q \\
&= (1-\delta)(1-\beta q)w_{t+1} + [c_t - (1-\delta)(1-\beta q)(w_t + y_t - \tau_t)](1+r_t)/q \\
&= c_t(1+r_t)/q + (1-\delta)(1-\beta q)[w_{t+1} - (w_t + y_t - \tau_t)(1+r_t)/q] \\
&= c_t(1+r_t)/q + (1-\delta)(1-\beta q)\{w_{t+1} - [w_{t+1} + c_t(1+r_t)/(1-\delta)]/q\} \\
&= \beta(1+r_t)c_t - (1-\delta)(1-\beta q)(1/q - 1)w_{t+1}
\end{aligned}$$

即

$$c_{t+1} = \beta(1+r_t)c_t - (1-\delta)(1-\beta q)(1/q - 1)w_{t+1}$$

假设政府支出为 g_t，那么商品市场的均衡条件为

$$y_t = c_t + g_t$$

广义政府的预算等式为

$$M_t + B_t = M_{t-1} + (1+i_{t-1})B_{t-1} + P_t(g_t - \tau_t)$$

采用前面的有关定义，广义政府的预算等式可进一步表示为

$$w_{t+1}/(1+r_t) + m_t i_t/(1+i_t) = w_t + g_t - \tau_t$$

至此，我们可以将以上 OLG 模型的有关结果总结如下：

$$c_{t+1} = \beta(1+r_t)c_t - (1-\delta)(1-\beta q)(1/q - 1)w_{t+1}$$

$$m_t = \frac{\delta}{1-\delta}\frac{1+i_t}{i_t}c_t$$

$$w_{t+1}/(1+r_t) + m_t i_t/(1+i_t) = w_t + g_t - \tau_t$$

$$w_{t+1} = [m_t/(1+\pi_{t+1}) + (1+r_t)b_t]$$

与前面典型经济人 DSGE 模型的消费方程进行比较，可以看出二者的差别在于，OLG 模型中的消费方程多了金融财富一项，$(1-\delta)(1-\beta q)(1/q-1)w_{t+1}$，如果 $q = 1$，

44

即居民的死亡概率为零,那么 OLG 模型就变成典型经济人 DSGE 模型,但正是这一项对二者模型得到的结论有很大影响。OLG 模型与典型经济人 DSGE 模型的一个不同之处是,即使政府债务完全能够由财政盈余支持,李嘉图等价定理仍然是不成立的。因为,政府不仅在当期对现存的居民进行征税,而且在未来各期对后来出生的居民征税,在每期政府对活着的居民征税一视同仁的情况下,当期居民在未来的一部分税收负担将会被后来出生的居民承担,因而当期居民持有的政府债券就有一部分成为居民的净财富,故此李嘉图等价定理是不成立的,Bénassy 称 OLG 模型是一种本质上的非李嘉图体制模型(Non-Ricardian Regime Model)。

二、OLG 模型下的物价水平决定理论

下面分两种情况讨论物价水平的确定问题。

（一）中央银行采用利率规则

仍然采用前面典型经济人 DSGE 模型的假设,不考虑生产部门,按照新古典经济增长理论的假设,不妨假设经济增长率为常数 ξ,即

$$\frac{y_{t+1}}{y_t} = \frac{c_{t+1}}{c_t} = \frac{g_{t+1}}{g_t} = 1 + \xi$$

将 $1 + r_t = (1 + i_t)P_t/P_{t+1}$ 代入广义政府跨期预算等式得到下式:

$$W_{t+1}/(1 + i_t) + M_t i_t/(1 + i_t) = W_t + P_t(g_t - \tau_t)$$

式中,$W_{t+1} = [M_t + (1 + i_t)B_t]$ 是广义政府的名义总债务水平。若从总的债务水平 W_t 考虑上式,那么名义铸币税为 $M_t i_t/(1 + i_t)$,像前面章节那样假设政府支出的变化是外生的,并假设政府将铸币税全部转移支付给居民,同时,政府除了支付上期债务的利息外,再偿还一部分本金,即采用下面的规则,

$$\tau_t P_t = g_t P_t - M_t i_t/(1 + i_t) + W_t i_t/(1 + i_t) + \gamma W_t/(1 + i_t), \quad 0 \leq \gamma < 1$$

这样政府的跨期预算等式可表示为

$$W_{t+1} = (1 - \gamma)W_t$$

将 $1 + r_t = (1 + i_t)P_t/P_{t+1}$ 代入消费方程可得到下式:

$$P_{t+1}c_{t+1} = \beta(1 + i_t)P_t c_t - (1 - \delta)(1 - \beta q)(1/q - 1)W_{t+1}$$

定义变量 $X_t = P_t c_t/W_t$,代入上面的方程可得到

$$X_{t+1} = \frac{\beta(1 + i_t)}{1 - \gamma}X_t - k$$

式中，$k = (1-\delta)(1-\beta q)(1/q - 1)$。另外，变量 X_t 满足下面的方程，

$$X_{t+1} = \frac{(1+\xi)(1+\pi_{t+1})}{1-\gamma} X_t$$

假设中央银行采用下面的利率规则，

$$1 + i_t = \Phi(1 + \pi_t)$$

这里，函数 Φ 是单调增函数。利用前面的结果可进一步将利率规则改写为

$$1 + i_t = \Phi(1 + \pi_t) = \Phi\left(\frac{(1-\gamma)X_t}{(1+\xi)X_{t-1}}\right)$$

代入前面的方程可得到

$$X_{t+1} = \frac{\beta\Phi\left(\frac{(1-\gamma)X_t}{(1+\xi)X_{t-1}}\right)}{1-\gamma} X_t - k$$

该方程的稳态满足下式：

$$1 + i^{ss} = \Phi(1 + \pi^{ss})$$

$$1 + \pi^{ss} = \frac{(1-\gamma)}{1+\xi}$$

$$X^{ss} = \frac{\beta\Phi(1+\pi^{ss})}{1-\gamma} X^{ss} - k$$

式中，i^{ss}、π^{ss} 和 X^{ss} 分别是 i_t、π_t 和 X_t 的稳态值。对上面的方程在稳态进行对数线性化可得到

$$\hat{X}_{t+1} = a[\phi(\hat{X}_t - \hat{X}_{t-1}) + \hat{X}_t]$$
$$= a[(\phi+1)\hat{X}_t - \phi\hat{X}_{t-1}]$$

式中，$a = 1 + k/X^{ss}$，$\phi = \dfrac{\Phi'(1+\pi^{ss})}{\Phi(1+\pi^{ss})}$，$\phi$ 是名义利率关于通胀率的弹性。该式可进一步表示成下式：

$$\begin{pmatrix}\hat{X}_{t+1} \\ \hat{X}_t\end{pmatrix} = \begin{bmatrix} a(\phi+1) & -a\phi \\ 1 & 0 \end{bmatrix} \begin{pmatrix}\hat{X}_t \\ \hat{X}_{t-1}\end{pmatrix}$$

该方程的特征值满足下式：

$$F(\lambda) = \lambda^2 - a(\phi+1)\lambda + a\phi = 0$$

由于

$$F(0) = a\phi \geq 0, F(1) = -a < 0$$

因此，上面方程的特征根绝对值一个大于 1，一个小于 1，满足 Blanchard – Kahn (1980) 条件，从而存在唯一的鞍点解。

在模型中我们假设产出 y_t 和政府支出 g_t 都是外生变量，从而消费 $c_t = y_t - g_t$ 也就确定下来，由上式我们能够确定变量 X_t，那么物价水平可由下式来确定，

$$P_t = W_t X_t / c_t$$

由以上可以看出，物价水平得以确定的条件与名义利率关于通胀率的弹性 ϕ 无关，但由于 $k = (1-\delta)(1-\beta q)(1/q-1) \geq 0$，从方程 $X^{ss} = \dfrac{\beta \Phi(1+\pi^{ss})}{1-\gamma} X^{ss} - k$ 可知，

$$\frac{\beta \Phi(1+\pi^{ss})}{1-\gamma} \geq 1$$

将方程 $1 + \pi^{ss} = \dfrac{(1-\gamma)}{1+\xi}$ 代入上面的不等式可得到

$$\frac{\Phi(1+\pi^{ss})}{1+\pi^{ss}} = \frac{1+i^{ss}}{1+\pi^{ss}} \geq \frac{(1+\xi)}{\beta}$$

在 OLG 模型中，通常 $q < 1$（当 $q = 1$ 时，OLG 模型退化为典型经济人 DSGE 模型），此时上面的不等式严格成立。这是 OLG 模型与典型经济人 DSGE 模型不同的地方，Bénassy（2000，2005，2007）称上面条件是金融占优条件（Financial Dominance Criterion）。这个条件并不难理解，上式右边是自给自足经济（Autarky Economy）中的实际利率，即在 OLG 模型中，不同代的居民彼此不发生交易时的实际利率，上式左边是金融资产的实际收益率，因此在 OLG 模型中要使物价水平确定，只要金融资产的实际收益率大于自给自足经济中的实际利率。而且，Bénassy 指出，上面的稳态不仅是局部确定的（Local Determinacy），而且只要对于任何 $\pi_t > \pi^{ss}$，$\dfrac{1+i_t}{1+\pi_{t+1}} > \dfrac{(1+\xi)}{\beta}$，那么上面的稳态也是全局确定的（Global Determinacy）。

实际上，考虑到 $X_t > 0$，从上面各式可看到：

$$\frac{\beta(1+i_t)}{1-\gamma} > X_{t+1}/X_t = \frac{(1+\xi)(1+\pi_{t+1})}{1-\gamma}$$

进一步变化可得

$$\frac{1+i_t}{1+\pi_{t+1}} > \frac{(1+\xi)}{\beta}$$

因此，上式满足 Bénassy 提出的全局确定条件，从而以上确定的物价水平不仅是局部确定的，也是全局确定的。

从以上分析可得到以下结论：

（1）在 OLG 模型中，如果中央银行采用利率规则，只要利率满足金融占优条件，物价水平就可以确定，而且是全局确定的。

（2）在典型经济人 DSGE 模型中，Leeper 得出，若财政政策通过足够的税收来支持其已有的债务规模，那么名义利率关于通胀率的弹性必须大于 1，即必须是主动的货币政策和被动的财政政策组合才能保证物价的稳定。但在 OLG 模型中，如果政府支出给定，只要财政政策能够通过足够的税收来支持其已有的债务规模，那么物价水平的确定与名义利率关于通胀率的弹性无关。这个结论与典型经济人 DSGE 模型中的结论形成鲜明的对比，因此，在 OLG 模型下，虽然财政政策是被动的，但货币政策是否主动对物价水平的确定并不产生影响。这并不是说此时货币政策一点作用也没有，此时货币政策的作用是保证利率满足金融占优条件。特别是，在典型经济人 DSGE 模型中，若中央银行采用盯住名义利率的规则，不仅物价水平是不能确定的，而且通胀率也是不能确定的；但在 OLG 模型中，假设中央银行盯住利率水平 i^*，即 $i_t = i^*$，那么只要 $\frac{1+i^*}{1+\pi^{ss}} > \frac{(1+\xi)}{\beta}$，那么物价水平就完全能够确定。

（3）在 OLG 模型中，广义政府的跨期预算等式是对任何价格水平都成立的，并不是前面所讨论的现代物价水平的财政决定理论中该等式只在均衡价格水平成立，因而按照前面 WoodFord 的说法，在 OLG 模型中，我们都是在讨论李嘉图体制下的物价水平财政决定理论。

（4）在 Leeper 的分析中，若货币政策是被动的（即名义利率关于通胀率的弹性小于 1），那么财政政策必须是主动的（即政府赤字和债务规模都具有相对的任意性），可是主动的财政政策容易造成政府债务规模的无限扩张和不稳定，虽然这种政策组合能够确定物价水平，但该财政政策的实施在实际中是比较危险的，也是不可取的。而我们从 OLG 模型可以看出，政府债务规模的增长是平稳的和可持续的（即，$\gamma \geq 0, W_{t+1}/W_t = (1-\gamma) \leq 1$），因而我们并不需要冒险的财政政策来确定物价水平。

即使名义债务规模的增长率大于 1，即，$\gamma<0, W_{t+1}/W_t=(1-\gamma)>1$，但只要名义债务规模是可控的且其最终不超过某个界限，$W_T<W^*$，在中央银行的利率规则满足金融占优条件下，那么物价水平仍能够确定，不过此时物价水平是与政府债务规模成比例上升的，从这个角度来说，在 OLG 模型中也存在物价水平的财政决定理论，但该理论是否成立与货币政策规则中利率关于通胀率的弹性无关，而仅与名义债务规模是否可控及金融占优条件是否满足有关。

（二）中央银行采用盯住货币供应量的规则

上面讨论了在中央银行采用利率规则下的物价水平决定问题，下面我们讨论在中央银行采用盯住货币供应量规则下的物价水平决定问题。为讨论方便，假设中央银行保持货币供应量不变，即

$$M_t = M$$

此时，广义政府的跨期预算等式变为

$$B_t = (1+i_{t-1})B_{t-1} + P_t(g_t - \tau_t)$$

若将政府债务重新定义为政府债务的本金和利息，即定义变量 $U_t = (1+i_{t-1})B_{t-1}$，则上式变为

$$U_{t+1}/(1+i_t) = U_t + P_t(g_t - \tau_t)$$

与前面处理方法类似，假设政府的税收对包括本息在内的债务采用下面的规则：

$$(\tau_t - g_t)P_t = U_t i_t/(1+i_t) + \gamma U_t/(1+i_t), 0 \leq \gamma \leq 1$$

结合以上两式，政府的跨期预算等式可表示为

$$U_{t+1} = (1-\gamma)U_t$$

定义变量 $Z_t = U_t/M$，即政府债券的本息与货币供应量的比值，上面方程可改写为

$$Z_{t+1} = (1-\gamma)Z_t$$

定义变量 $X_t = P_t c_t/(MZ_t)$，代入前面的消费方程可得到下式：

$$X_{t+1} = \frac{\beta(1+i_t)X_t}{1-\gamma} - k - [k/(1-\gamma)]/Z_t$$

式中，$k=(1-\delta)(1-\beta q)(1/q-1)$。从前面的货币需求方程 $M_t/P_t = \frac{\delta}{1-\delta}\frac{1+i_t}{i_t}c_t$ 可得到

$$1 + i_t = \frac{1}{1 - \frac{\delta X_t Z_t}{(1-\delta)}}$$

代入前面的方程可得到

$$X_{t+1} = \frac{\beta}{1-\gamma} \frac{X_t}{1 - \frac{\delta X_t Z_t}{(1-\delta)}} - k - [k/(1-\gamma)]/Z_t$$

该方程的稳态满足下式：

$$X^{ss} = \frac{\beta}{1-\gamma} \frac{X^{ss}}{1 - \frac{\delta X^{ss} Z^{ss}}{(1-\delta)}} - k - [k/(1-\gamma)]/Z^{ss}$$

式中，X^{ss} 和 Z^{ss} 分别是 X_t 和 Z_t 的稳态值。对上面的方程在稳态进行对数线性化可得到

$$\hat{X}_{t+1} = (1 + k/X^{ss} + b)[\hat{X}_t + \frac{a}{1-a}(\hat{X}_t + \hat{Z}_t)] + b\hat{Z}_t$$

$$= c\hat{X}_t + d\hat{Z}_t$$

$$\hat{Z}_{t+1} = \hat{Z}_t$$

这里，

$$a = \frac{\delta}{1-\delta} X^{ss} Z^{ss} < 1, \quad b = \frac{k}{(1-\gamma) X^{ss} Z^{ss}},$$

$$c = \frac{1 + k/X^{ss} + b}{1-a}, \quad d = \frac{a(1 + k/X^{ss} + b)}{1-a} + b$$

该式可进一步表示成下式：

$$\begin{pmatrix} \hat{X}_{t+1} \\ \hat{Z}_{t+1} \end{pmatrix} = \begin{bmatrix} c & d \\ 0 & 1 \end{bmatrix} \begin{pmatrix} \hat{X}_t \\ \hat{Z}_t \end{pmatrix}$$

由于 $c > 1$，因而上面方程满足 Blanchard – Kahn (1980) 条件，从而存在唯一的鞍点解。在确定变量 X_t 和 Z_t 后，那么物价水平可由下式来确定，

$$P_t = MZ_t X_t / c_t$$

得出以上结论需要满足的一个条件是

$$\frac{\beta}{(1-\gamma)(1-a)} > 1$$

或者

$$\frac{1+i^{ss}}{(1-\gamma)/(1+\xi)} > \frac{1+\xi}{\beta}$$

这个条件经过适当的处理就很容易理解，事实上，稳态时政府债券的名义增长率为 $(1-\gamma)$，而经济的实际增长率为 $(1+\xi)$，因而稳态时通胀率为 $1+\pi^{ss} = \frac{1-\gamma}{1+\xi}$，从而上式的左边就是金融资产的实际收益率 $\frac{1+i^{ss}}{1+\pi^{ss}}$，上式的右边依然是自给自足经济中的实际利率，故此，上面的这个条件实际上与前面中央银行采用利率规则得到的结论是一致的，即在中央银行采用盯住货币供应量规则下，物价水平的确定也需要满足金融占优条件。

在上面的OLG模型中，货币需求关于利率的弹性等于1，根据前面典型经济人DSGE模型中得出的结论，在中央银行采用盯住货币供应量的规则下，若货币需求关于利率的弹性大于或等于1，那么仅靠控制货币供应量是不能确定物价水平的，此时需要物价水平的财政决定理论来确定物价水平。而在上面的OLG模型中，即使中央银行采用盯住货币供应量的规则，虽然此时利率不是中央银行直接控制的，但随着中央银行调控货币供应量，利率将会内生地发生变化，只要利率满足金融占优条件，物价水平仍然可以确定。

另外，在OLG模型中，无论中央银行采用利率规则还是盯住货币供应量规则，财政政策都必须通过足够的税收来支持其已有的债务规模，从而维持政府的债务稳定，按照Leeper的定义，财政政策始终是被动的状态，这在实际中也是可取和可行的。在此支持下，无论中央银行采用利率规则还是盯住货币供应量规则，或者说，利率无论是中央银行直接控制的还是间接控制的，只要金融占优条件满足，那么物价水平就可以确定。

总结前面的分析，在OLG模型中物价水平得以确定的一个条件是金融占优条件得到满足，即需要金融资产的实际收益率大于自给自足经济中的实际利率，这是OLG模型的一个特色。在OLG模型中，存在一种自给自足的均衡状态，但这种均衡状态并不是理想的均衡状态，因为在此均衡状态下各代之间没有交易，这会导致均衡不是帕累托最优的，从而产生动态无效性（Dynamic Inefficiency）的结果。这为政府发挥作用提供了机遇，政府可以发行债券或货币来重新配置各代之间的资源，从而达到一个新的帕累托最优的均衡状态，但政府发行债券或货币需要有人持有，因而满足金融占优条件实际上是居民愿意持有金融资产的一个前提。如果居民愿意持有金融资产，那么就为政府提供了名义锚，从而政府可以控制该名义锚来达到稳定物价水平或者其他名义变量的目的。

三、OLG模型中政府债务水平为零时的物价水平确定问题

前面指出，在典型经济人DSGE模型中，物价水平的财政决定理论遇到的一个关键问题是，在政府债务规模为零的情况下，物价水平是如何确定的。显然不能根据政府债务规模为零就得出物价水平也为零的结论。政府债务规模为零实际上说明政府始终保持日常收支的平衡，或者始终保持赤字为零，这种情况虽很难达到，但实际中也不乏这样的例子。在我国采用以收定支的财政管理体制时期，我国在很长时期内并不发行债券并力争每年都保持财政收支的基本平衡，难道说，此时物价水平就为零吗？显然不是。但这个问题在OLG模型中能够得到解决。

采用前面的OLG模型，假设政府债务规模为零，$B_t = 0$，此时消费方程变为

$$P_{t+1}c_{t+1} = \beta(1+i_t)P_t c_t - kM_t$$

式中，$k = (1-\delta)(1-\beta q)(1/q - 1)$。

假设中央银行采用盯住货币供应量的规则

$$M_t = (1+\mu_t)M_{t-1}$$

式中，μ_t是货币供应量增长率。从货币需求方程$M_t/P_t = \frac{\delta}{1-\delta}\frac{1+i_t}{i_t}c_t$可得到

$$1 + i_t = \frac{M_t}{M_t - P_t c_t \delta/(1-\delta)}$$

代入消费方程可得

$$P_{t+1}c_{t+1} = \frac{\beta P_t c_t M_t}{M_t - P_t c_t \delta/(1-\delta)} - kM_t$$

定义货币流通速度为

$$V_t = P_t c_t / M_{t-1}$$

代入上面的方程可得到

$$V_{t+1} = \frac{\beta V_t}{1 + \mu_t - [\delta/(1-\delta)]V_t} - k$$

假设稳态时货币流通速度 V_t 和货币供应量 μ_t 增长率分别为 V 和 μ，在稳态对上式进行对数线性化得到下式：

$$\hat{V}_{t+1} = [1 + k/V]\hat{V}_t - \frac{(1+\mu)\hat{\mu}_t - [\delta/(1-\delta)]VV_t}{1 + \mu - [\delta/(1-\delta)]V}$$

经过简化上式变为

$$\hat{V}_{t+1} = a\hat{V}_t - \frac{(1+\mu)}{1 + \mu - [\delta/(1-\delta)]V}\hat{\mu}_t$$

式中，$a = 1 + k/V + \dfrac{[\delta/(1-\delta)]V}{1 + \mu - [\delta/(1-\delta)]V}$。

由于 $a > 1$，因而上面方程存在唯一的稳定解。在确定变量 V_t 后，那么物价水平可由下式来确定：

$$P_t = M_{t-1}V_t/c_t$$

在上面的 OLG 模型中，若 $k = (1-\delta)(1-\beta q)(1/q - 1) = 0$（即死亡概率 $1 - q = 0$），则 OLG 模型变成典型经济人 DSGE 模型。此时，稳态时的 V 和 μ 满足以下方程：

$$V = \frac{\beta V}{1 + \mu - [\delta/(1-\delta)]V}$$

V 有两个解，即，$V = 0$ 或 $V = (1 + \mu - \beta)(1-\delta)/\delta$，显然货币流通速度 $V \neq 0$，因此稳态 $V = (1 + \mu - \beta)(1-\delta)/\delta$，在稳态进行对数线性化后可得到

$$\hat{V}_{t+1} = a\hat{V}_t - \frac{(1+\mu)}{1 + \mu - [\delta/(1-\delta)]V}\hat{\mu}_t$$

此时，$a = \dfrac{1+\mu}{\beta}$，因而当 $\mu < \beta - 1$ 时，即货币供应量增长率下降到某个程度时，$a < 1$，此时解是不唯一的，特别是也可能存在泡沫解，前面几节介绍的物价水平的财政决定理论为不同的路径解提供了解释，但这些解释只有在债务规模 $B_t \neq 0$ 时才成立。而在 OLG 模型中，物价水平唯一确定的，并不存在多重解，特别是不存在泡沫解。

综上所述，在 OLG 模型中，即使在政府债务规模为零的情况下，物价水平不定的问题仍能得到解决。

四、典型经济人 DSGE 模型和 OLG 模型中物价水平决定理论的比较

前面分别在典型经济人 DSGE 模型和 OLG 模型下对物价水平的决定理论进行了

讨论,两类模型中的物价水平决定理论表现出各自的特色,对此我们可以总结为以下几点:

(1)在典型经济人 DSGE 模型中,如果政府债务完全能够由财政盈余支持,那么李嘉图等价定理是成立的,而在 OLG 模型中,即使政府债务完全能够由财政盈余支持,李嘉图等价定理仍然是不成立的。在每期政府对活着的居民征税一视同仁的情况下,当期居民在未来的一部分税收负担将会由后来出生的居民承担,因而当期居民持有的政府债券就有一部分成为居民的净财富,故此,财富效应和分配效应在 OLG 模型中能够完全体现出来,并对物价水平的决定理论产生影响。

(2)在典型经济人 DSGE 模型和 OLG 模型中,物价水平的确定绝不仅仅是货币政策的事情,还需要财政政策或其他经济政策的配合和支持。物价水平的货币决定理论只有在一定的约束条件下才能成立,这些约束条件中的一个重要方面是,广义政府的跨期预算等式必须由财政部门通过协调一般税收、财政支出和债务水平三者的关系来满足。另外,在典型经济人 DSGE 模型中,物价水平的货币决定理论还要求利率关于通胀率的弹性大于 1(中央银行采用盯住通胀率的利率规则),或者利率关于物价水平的弹性大于 0(中央银行采用盯住物价水平的利率规则),或者货币需求关于利率的弹性小于 1(中央银行采用盯住货币供应量的规则);而在 OLG 模型中,如果财政政策能够保证广义政府的跨期预算等式平衡,那么只要金融占优条件得到满足,中央银行无论采用利率规则还是货币供应量规则都能使物价水平得到控制。

(3)在典型经济人 DSGE 模型中,如果政府债务不能完全由财政盈余得到支持,那么物价水平可以由财政决定理论确定,物价水平的财政决定理论为物价水平的确定提供了一种解释途径。物价水平的财政决定理论有两种表现形式,一种是李嘉图体制下物价水平的财政决定理论,在此理论下,广义政府部门的跨期预算等式对任何物价水平都是成立的;另一种是非李嘉图体制下物价水平的财政决定理论,在此理论下,广义政府部门的跨期预算等式仅在均衡物价水平成立。而在 OLG 模型中,广义政府部门的跨期预算等式对任何物价水平都是成立的,因而物价水平的财政决定理论是李嘉图体制下物价水平的财政决定理论。OLG 模型强调政府名义债务的可控性,只要名义债务规模是可控的且其最终不超过某个界限,在满足金融占优条件的条件下,物价水平能够确定,且此时物价水平是与政府债务规模成比例上升的。无论是在典型经济人 DSGE 模型中还是在 OLG 模型中,也无论是在李嘉图体下还是在非李嘉图体制下，在货币政策和财政政策缺少协调机制的情况下，财政政策的相对任意性将对物价的稳定产生影响。

(4) 在典型经济人 DSGE 模型中，政府债务规模为零是物价水平的财政决定理论较难解决的一个问题，而在 OLG 模型中，即使在政府债务规模为零的情况下，物价水平不定的问题仍能得到解决。

第六节　物价水平的波动及其根源性分析

无论根据哪种理论来确定物价水平，物价水平都是反映物价的运行平台或基准，但这个平台并不是一成不变的，经济中的各种因素都会对这个平台产生干扰作用。首先，经济政策本身是变化的。不管是政策体制的变化还是政策的日常调整，无疑都会对物价水平产生影响。最后，经济主体行为的变化（如厂商对产品的定价行为变化）也会对物价水平产生影响。再次，在不确定环境下，经济运行过程中时刻受到各种冲击，这些冲击也将会对物价水平产生影响。故此，物价水平是波动的，我们对物价水平的波动进行分析和研究，找出其波动的根源是非常有意义的。

物价水平的波动不是孤立的，它与经济其他方面的波动（如产出波动）是相互联系的，物价水平的波动是经济波动的一方面，因此研究物价水平波动的最好出发点是将其放入整个经济波动的研究框架中。经济波动一直是经济学和政策决策部门研究的核心问题，而研究经济波动的关键是需要搞清楚经济波动的初始根源是什么及冲击的基本特征，即需要了解影响经济波动的经济冲击是什么及其对经济波动影响的特征。

在不确定环境下，经济运行过程中时刻受到各种冲击的影响，我们实际观察到的经济运行结果是各种冲击作用于经济系统的结果。这些冲击包括经济环境变化带来的冲击（如世界经济运行的不确定性对某国经济造成的冲击）、经济供求变化带来的冲击（如生产率变化带来的供给冲击和国内外需求变化带来的需求冲击）、政策体制转变或政策调整带来的冲击（如货币政策或财政政策变化带来的冲击）、经济主体行为变化带来的冲击（如消费者偏好带来的冲击或者厂商产品定价行为带来的冲击）等，并且，不同冲击对经济作用的动态机制和影响幅度不同，有的冲击对经济会产生永久性的影响（如生产率变化带来的供给冲击会对实体经济产生永久性的影响），而有的冲击仅对经济产生暂时的影响（如需求冲击对实体经济仅会产生暂时的影响）。

从稳定物价的角度来看，要使物价达到期望的调控水平，不仅要关注物价水平的确定，从而把握物价的运行平台，而且要关注物价水平的波动，从而把握物价运行路径的变化情况，这样才能使物价平稳地达到预期的调控水平，避免物价水平的不稳定波动对经济产生的影响。另外，物价水平的波动是与社会福利函数息息相关的，通过考察物价水平的波动情况并找出影响物价水平波动的根源，可为改善社会福利水平并为最优经济政策的选择及不同经济政策的比较提供依据。

从数学分析来看，物价水平的确定属于一阶分析，而物价水平的波动属于二阶分析。对物价水平波动的根源进行分析的一个基本思路是，首先对影响物价水平波动的各种冲击进行有效的识别，然后在此基础上分析各种冲击对物价水平波动影响的幅度，从而从总体上对各冲击影响的重要性进行判断，进而为稳定物价水平的各种政策提供支持。按照这一思路，目前的研究方法可分为两类：一是基于结构向量自回归模型（Structural Vector Autoregressive Models，SVAR 模型）的分析方法，二是基于 DSGE 模型的分析方法。

SVAR 模型的出发点是在很少的经济理论假设下，根据时间序列的统计特性，通过对不同的经济冲击进行识别，进而研究各经济冲击对经济的动态影响及传导机制。在只知道经济运行结果的情况下，SVAR 模型对经济冲击识别的方法是施加识别条件（Identification Conditions），这包括识别条件的数目及每个识别条件的经济合理性。对于一个包含 N 个变量的 SVAR 模型，要完全识别 N 个冲击，通常需要施加 $N(N-1)/2$ 个识别条件。当模型中变量个数 N 增加时，施加的识别条件数目将显著增加，这是制约 SVAR 模型应用的一个瓶颈。如对于一个包含 10 个变量的 SVAR 模型，识别这 10 个冲击通常需要施加 45 个识别条件，这在实际应用中是非常困难的，而且采用仅包含 10 个变量的 SVAR 模型对经济波动的根源进行分析是不够的，经济受到的冲击数目远不止这些。故此，目前实际应用的 SVAR 模型规模不可能很大，即使建立了大规模的 SVAR 模型，但通常识别的冲击只是部分冲击而非全部冲击。另外，SVAR 模型中的每个方程是统计方程而不是经济行为方程，经济解释意义不鲜明，依靠施加识别条件来识别冲击的方式也是一种间接和隐性的方式，因此目前国际上采用这一方法对经济波动的根源进行研究的成果已经很少。

由于 DSGE 模型是在不确定环境下研究经济主体的行为决策，因此建模时就需要对不确定性进行刻画，对不确定性的刻画就包含对各种经济冲击的刻画，而且实际应用中根据问题的需要，可对影响经济波动的各种冲击尽可能地作细致的刻画，这不仅包括对冲击的数目进行测算，而且包括对冲击的动态机制进行建模，故此，在 DSGE 模型中对经济冲击的识别是直接和显性的方式。同时，DSGE 模型是在一般均衡的框架下研究不同经济主体的行为决策及经济主体之间的相互联系，不确定环境下经济冲击对经济主体行为的影响及冲击的传导能够从微观到宏观得到很好的刻画，这为把握经济波动的总体特征提供了很好的支持。另外，随着 Bayes 分析技术的应用和发展，根据实际数据对 DSGE 模型进行 Bayes 估计，并根据对各种冲击的估计结果来计算冲击对模型中各个变量影响的一阶矩、二阶矩及高阶矩已经较为方便和可行。总的来看，与 SVAR 模型相比较，应用 DSGE 模型对经济波动的根源进行分析是目前国际上的一个大趋势。

在对影响经济波动的各种冲击进行有效的识别后，下一步将分析各种冲击对经济波动的影响，从而在总体上针对各冲击对经济波动影响的重要性进行判断。目前分析各种冲击对经济波动的影响主要采用历史分解（Historical Decomposition）技术和误差分解（Variance Decomposition）技术。

假定模型取对数后的方程如下：

$$E_t\{f(y_{t+1}, y_t, y_{t-1}, u_t; \theta)\} = 0$$

式中，E_t 是预期，y_t 是内生变量，u_t 是外部冲击，θ 是参数。在通过求解方程 $f(y^{ss}, y^{ss}, y^{ss}, 0; \theta) = 0$ 得到 y_t 的稳态值 y^{ss} 后，对 $\hat{y}_t = y_t - y^{ss}$ 通过 Juillard（1996）方法在一阶近似的情况下可得到如下的解：

$$\hat{y}_t = g_y(\theta)\hat{y}_{t-1} + g_u(\theta)u_t$$

式中，矩阵 $g_y(\theta)$ 和 $g_u(\theta)$ 是关于参数 θ 的非线性函数。

对上式进行迭代可得到

$$\hat{y}_t = [g_y(\theta)]^t \hat{y}_0 + \sum_{i=0}^{t-1} [g_y(\theta)]^i g_u(\theta) u_{t-i}$$

从这里可以看出，内生变量的实际值决定于两方面因素的影响，一是内生变量初始水平的影响，二是从初期到当期已经发生的各结构性冲击对内生变量的影响。在不考虑初始值影响的情况下，若已经对经济冲击进行了识别，则根据上式就能够对实际中发生的各结构性冲击对经济变量水平值的影响进行历史分解。从历史分解结果我们可以了解各结构性冲击对经济变量水平变化的影响,特别是,对于物价而言,从历史分解可以了解各结构性冲击对物价的运行基准的影响。

实际中我们不仅关心结构性冲击对经济变量水平值的影响,而且关心结构性冲击对经济波动的影响,因此在前面的基础上我们需要进一步进行误差分解分析。

记 $B_s(\theta) = [g_y(\theta)]^s g_u(\theta), s = 0,1,\cdots$,从前面的方程可得到

$$E_t(\hat{y}_{t+s}) = [g_y(\theta)]^s \hat{y}_t$$

和

$$\hat{y}_{t+s} - E_t(\hat{y}_{t+s}) = B_0(\theta)u_{t+s} + B_1(\theta)u_{t+s-1} + \cdots + B_{s-1}(\theta)u_{t+1}$$

进而得到

$$E_t[(\hat{y}_{t+s} - E_t(\hat{y}_{t+s}))(\hat{y}_{t+s} - E_t(\hat{y}_{t+s}))']$$
$$= B_0(\theta)VB'_0(\theta) + B_1(\theta)VB'_1(\theta) + \cdots + B_{s-1}(\theta)VB'_{s-1}(\theta)$$

式中,矩阵 V 是冲击 u_t 的协方差矩阵。

通过上面的误差分解,可以详细了解各个冲击在预测误差中的贡献度,从而了解各个冲击对经济波动影响的重要性,而且我们可以针对不同的预测区间进行上面的误差分解,从而可进一步了解各个冲击在不同时期对经济波动影响的重要性。

由于针对不同的问题 DSGE 模型中包含的经济冲击不完全相同,因此,关于物价水平的波动研究结论并不能完全达成一致,但以下是目前研究得到的一些共识:

(1) 需求冲击和供给冲击对实体经济和物价水平波动的影响在不同的时期表现为不同的特性。实体经济的波动短期主要由需求冲击主导,长期则主要由供给冲击主导,而需求冲击和供给冲击无论在短期还是在长期都对物价水平的波动产生影响,二者到底谁占主导作用还难以定论。

(2) 在垄断竞争环境下,由价格或工资粘性导致的成本冲击是影响物价水平波动的重要因素,价格或工资粘性有可能使物价水平的变化表现为成本推动型的特征。

(3) 在不同的物价水平决定理论下,货币冲击或财政冲击对物价水平的波动影响不同。如在物价水平的货币决定理论下,相比较货币冲击,财政冲击化对物价水平波动的影响幅度要弱,特别是在李嘉图体制下的财政政策下,财政冲击完全可能被财政部门通过协调税收、支出和债务规模三者的跨期预算安排而得到削弱或吸收,从而财政冲击对物价水平波动的影响可能很小。而在物价水平的财政决定理论下,不仅物

价水平由财政政策来确定，而且财政政策的变化也对物价水平波动的影响明显占主导作用，因此，财政政策的相对任意性在对物价水平的确定产生重要影响的同时，也对物价水平的波动产生了重要影响，从而稳定物价要从消除或减弱财政政策的相对任意性着手。

各种冲击对经济影响的差异性决定了经济在不同时期表现出不同的波动特征，这将对经济政策的选择产生相应的影响。

首先，经济冲击对经济各个变量影响的方向未必完全一致，这将对经济政策的选择方向会产生影响。需求冲击对实体经济和物价的影响是同方向的，即，正（负）的需求冲击在导致实体经济扩张（紧缩）的同时，也对物价产生向上（向下）的压力，因而采取相应的需求管理政策，就可以达到同时稳定实体经济和物价的目的。但供给冲击对实体经济和物价的影响是反方向的，即，正（负）的供给冲击在导致实体经济扩张（紧缩）的同时，反而会对物价产生向下（向上）的压力，因而经济政策在稳定实体经济和物价方面存在两难抉择（Trade-off）问题，在不可能同时达到稳定两者的情况下，经济政策需要根据制定的目标加以权衡而采取相应的政策。

其次，经济冲击对经济波动影响的持续性将对经济政策的选择时机产生影响。有的经济冲击对经济波动的影响是短期影响，而有的经济冲击对经济波动的影响却是长期影响，因此，在稳定经济时应根据经济冲击对经济波动影响的动态特征选择经济政策出台或退出的合理时机。

最后，经济冲击对经济波动影响的程度将对经济政策的着重点和政策力度产生影响。有的经济冲击是经济波动的主导因素，而有的经济冲击对经济波动的影响比较微弱，因而经济政策的立足点应首先着重消除或减弱主导性经济冲击对经济波动造成的影响，在解决主要矛盾基础上再考虑消除或减弱非主导性经济冲击对经济波动造成的影响。

第三章 不同物价水平决定理论下货币政策和财政政策的关系

前一章对物价水平决定的各种理论进行了分析和探讨,并得出,物价稳定并不仅仅是货币政策的事情,其需要货币政策和财政政策的相互协调,货币政策和财政政策在政策工具、调控目标、调控方式及传导机制方面存在着较大的差异,这必然使二者在稳定物价中扮演着不同的角色,它们之间既存在着相互联系,又存在着相互制约,而且物价水平决定的不同理论预示着不同的政策含义和政策协调方式,因此本章在前一章的基础上着重探讨不同物价水平决定理论下货币政策和财政政策的关系,为稳定物价设计和选择合理的政策组合。

第一节 物价水平的决定理论对政策组合的选择和要求

一、确定物价水平的货币政策和财政政策组合方式

仍然从广义政府部门的预算等式着手,即考虑下面的等式,

$$B_{t+1}/(1+i_t) + M_{t+1} = B_t + P_t(g_t - \tau_t) + M_t$$

式中,M_t和B_t分别是中央银行和政府发行的货币和政府债券(期初余额),i_t是名义利率,P_t是物价水平,τ_t和g_t分别是政府的实际税收和实际支出。定义货币和政府债券的实际余额分别为$b_t = B_t/P_t$和$m_t = M_t/P_t$,通胀率为$\pi_t = P_t/P_{t-1} - 1$,实际利率为$r_t = (1+i_t)/(1+\pi_{t+1}) - 1$,铸币税为$s_t = (M_{t+1} - M_t)/P_t = m_{t+1}(1 + \pi_{t+1}) - m_t$,贴现因子为$D_{t,j} = \prod_{s=0}^{j-1} \frac{1}{1+r_{t+s}}$,$(D_{t,0} = 1)$,对上面约束条件向前进行迭代且为了避免Ponzi策略施加横截条件,$\lim_{j \to \infty}(D_{t,j} b_{t+j}) = 0$,从而可得到下面的跨期约束条件:

$$b_t = \sum_{j=0}^{\infty} D_{t,j}(\tau_{t+j} - g_{t+j}) + \sum_{j=0}^{\infty} D_{t,j}s_{t+j}$$

因此，政府当前的债务水平等于当前和未来各期政府财政盈余的贴现值，其中政府的税收不仅包括一般性税收，而且包括由铸币税带来的税收。当政府的债务水平不能由通常意义下财政盈余的贴现值完全支持时，铸币税将作为一种补充手段来支持政府的债务水平。假设变量 $DPV_t^{gov} = \sum_{j=0}^{\infty} D_{t,j}(\tau_{t+j} - g_{t+j})$ 和变量 $DPV_t^{cb} = \sum_{j=0}^{\infty} D_{t,j}s_{t+j}$ 分别表示基本财政盈余和铸币税的贴现和，上式可表示为

$$b_t = DPV_t^{gov} + DPV_t^{cb}$$

可以看出这个跨期预算等式形式上与通常的政府部门跨期预算等式基本一致，只不过在税收的来源中增加了铸币税这一来源，而这一项将对物价水平的确定及货币政策和财政政策的协调产生影响。广义政府跨期预算等式是联系和约束中央银行和财政部门的一个关系式，这两个部门作为一个整体必须受到该等式的约束，维持跨期预算的平衡是二者共同的责任，但二者中任何单独一方并没有义务一定要受制于该约束，况且这两个部门在政策工具、调控目标、调控方式及政策传导机制方面存在着较大的差异，因此要保证该等式的成立需要中央银行和财政部门的合作。

Sargent-Wallace（1981）指出，中央银行和财政部门在政策制定和实施谁先采取行动，或者谁占优（Dominance），从而迫使另外一方被动地去维持上面等式的平衡是确定物价水平的关键。如果中央银行采取货币政策使铸币税的规模得到控制（如中央银行采用严格控制货币供应量的主动策略），那么此时财政部门依靠铸币税来弥补一般税收的不足这条渠道就能得到遏制，因而财政部门只能被动地通过协调一般税收、财政支出和债务水平三者的关系来满足上面广义政府的跨期预算等式。在这种货币政策占主导地位、财政政策处于被动地位的情况下，物价水平的确定是由货币政策主导的。反之，如果财政部门在一般税收、财政支出和债务水平三者的选择上具有相对的任意性和独立性，当政府的债务水平不能由基本的财政盈余贴现值完全支持时，那么铸币税将作为一种补充手段来支持政府的债务水平。特别是，在给定债务水平的情况下，财政赤字的增加将会造成铸币税的增加，从而对物价产生向上的压力，并对货币政策稳定物价的效果产生影响。在这种由财政政策占主导地位、货币政策处于被动地位的情况下，显然物价水平的确定是由财政政策主导的。基于以上考虑，Sargent-Wallace（1981）建议，为了避免由财政政策的任意性导致的物价不稳定问

题，中央银行应采取强硬的措施，坚决遏制财政部门依赖铸币税作为税收的补充手段。以后的各国实践中，中央银行始终将物价稳定作为自己的首要目标，同时从法律上中央银行被赋予了充分的实施货币政策的独立性，并限制财政赤字的货币化等做法都充分地体现了货币政策在稳定物价方面占据绝对的主导地位。

为了更清楚地分析货币政策和财政政策的协调问题，我们再从广义政府跨期预算约束的另外一个表达方式来着手分析该问题。

定义广义政府部门的名义总债务水平（W_t）为

$$W_t = B_t + M_t$$

这里，广义政府部门的总债务水平除了包括通常政府部门的债务水平（B_t）外，还包括中央银行发行的货币（M_t），这两项都是广义政府部门对公众的负债，只不过一个付利息，一个不付利息。定义广义政府部门的实际总债务水平（w_t）为

$$w_t = W_t/P_t = (B_t + M_t)/P_t = b_t + m_t$$

经过简单变换，前面的跨期预算等式可表示为

$$w_t + g_t = w_{t+1}/(1 + r_t) + \tau_t + ss_t$$

其中，$ss_t = i_t m_{t+1}/(1 + r_t)$ 是铸币税的另一种度量方法。对上式向前迭代可得到

$$w_t = DPV_t^{gov} + DPV_t^{cb}$$

$$DPV_t^{gov} = \sum_{j=0}^{\infty} D_{t,j}(\tau_{t+j} - g_{t+j})$$

$$DPV_t^{cb} = \sum_{j=0}^{\infty} D_{t,j} ss_{t+j}$$

由于定义的债务水平不一致，因而度量铸币税的口径也有差别。但上式的含义与前面的相似，即广义政府当前的债务水平等于当前和未来各期广义政府盈余的贴现值，其中广义政府的税收不仅包括一般性税收，而且包括由铸币税带来的税收。

为得到解析解和讨论方便，我们对上一章中的模型进行简化，并考虑确定性的情况，即对居民效用函数中的有关参数采用下面的数值，$\sigma = \eta = 1$，此时效用函数变为

$$u(c_t, m_t) = A_1 \ln c_t + A_2 \ln m_t, A_1, A_2 > 0$$

相应的有关一阶条件调整为

$$c_{t+1} = \beta(1 + r_t)c_t$$

$$m_{t+1} = A c_{t+1}/i_t, A = A_2/A_1$$

第三章　不同物价水平决定理论下货币政策和财政政策的关系

为讨论方便，按照上一章的做法我们在模型中不考虑生产部门，假设政府支出 g_t 和产出 y_t 都是外生的，且按照新古典经济增长理论的假设，不妨假设经济增长率为常数 ξ，即

$$\frac{y_{t+1}}{y_t} = \frac{c_{t+1}}{c_t} = \frac{g_{t+1}}{g_t} = 1 + \xi$$

在此条件下，上面这个简单模型中的消费可以通过市场出清等式来确定，$c_t = y_t - g_t$。根据以上两式，贴现因子和铸币税可表示为

$$D_{t,j} = \tilde{\beta}^j, \tilde{\beta} = \beta/(1+\xi)$$

$$ss_t = i_t m_{t+1}/(1+r_t) = \beta A c_t$$

$$DPV_t^{cb} = \sum_{j=0}^{\infty} A\tilde{\beta}\beta c_{t+j}$$

从而得到下面的跨期预算约束表达式，

$$(B_t + M_t)/P_t = \sum_{j=0}^{\infty} \tilde{\beta}^j (\tau_{t+j} - g_{t+j}) + \sum_{j=0}^{\infty} A\tilde{\beta}\beta c_{t+j}$$

根据上式可以得到以下结论：

1. 广义政府的实际债务总水平（$w_t = W_t/P_t$）由两部分组成，一部分由基本财政盈余决定，另一部分由铸币税决定。财政部门对基本财政盈余有绝对的控制权，而中央银行对此几乎没有控制权；与基本财政盈余相比较，财政部门和中央银行对铸币税都有一定的控制权，但都没有绝对的控制权，因为按照上面铸币税的定义，铸币税由货币总量和利率来决定，虽然中央银行对货币总量和利率都有影响力，可是财政部门的政策实施不仅对利率有直接的影响力，而且对货币总量也有间接的影响力。由此，两个部门对铸币税控制权的主导地位将对广义政府实际债务总水平的构成成分产生重要的影响，这样将对物价水平的确定产生重要的影响。

2. 在上式右边能确定的情况下，即广义政府的实际债务总水平能够确定的情况下，物价水平 P_t 的确定与广义政府名义债务总水平（$W_t = M_t + B_t$）息息相关，如果能够控制广义政府名义债务总水平，那么我们也就找到了一个名义锚，从而物价水平也就能够确定。但是要知道，广义政府部门的总债务水平 W_t 是两个部门对公众的负债，即不仅包括通常政府部门的债务水平（B_t）外，还包括中央银行发行的货币（M_t），要控制广义政府的总债务水平需要中央银行和财政部门两个部门的共同协作

才能完成，因此物价水平的确定也需要两个部门的协作才能完成。

3. 如果中央银行能够通过控制货币供应量 M_t 并达到控制物价水平 P_t 的目的，那么财政部门只能被动地通过协调税收、财政支出和债务水平三者的关系来满足上面广义政府的跨期预算等式。无论中央银行采取直接控制货币供应量的措施，还是采取以利率为调控工具间接控制货币供应量的措施，在物价水平能够确定的情况下，财政部门将被动地维持跨期预算等式。

4. 如果税收 τ_t 和债务水平 B_t 也是任意选择的话，即此时财政部门在税收 τ_t、财政支出 g_t 和债务水平 B_t 三者的选择上都具有任意性，那么为保证上面约束条件成立，在中央银行也任意选择货币供应量 M_t 的情况下，此时广义政府名义债务总水平（$W_t = M_t + B_t$）也具有任意性，从而物价水平 P_t 将作为调整变量使上式成立，因而名义债务总水平的不稳定有可能导致物价水平的不稳定，显然这个结果是两个部门的不合作策略造成的；如果能够保证广义政府债务总水平（$W_t = M_t + B_t$）不变，那么物价水平也就能够确定，但此时中央银行将被动地调整货币供应量 M_t，从而以保证维持跨期预算等式得到满足，显然此时物价水平的确定具有财政主导的特征。无论哪种情况，稳定物价的关键是稳定广义政府总债务水平，至于总债务水平的组成变化是中央银行和财政部门相互作用和协调的结果。

概括以上分析，无论采用哪种口径的铸币税定义，对铸币税控制权的主导地位之争是中央银行和财政部门相互作用和博弈的结果，只有合作的货币政策和财政政策才能确定物价水平。可是实证研究表明，铸币税并不是一般税收的一个重要补充手段，King – Plosser（1985）的测算结果表明，相对于一般税收而言，铸币税的规模很小，因而铸币税并不是一般税收的一个重要补充手段。这也进一步指出，中央银行和财政部门关于铸币税控制权的主导地位之争对物价水平确定的影响作用并不是想象的那么大，因而这又提出一个问题，如果将铸币税转移支付给居民，那么中央银行和财政部门是否还需要合作来确定物价水平呢？

Leeper（1991，1993，2003）的研究结果表明，即使政府不通过铸币税作为一种税收的一种补充手段，物价依然需要货币政策与财政政策的协调来得到稳定。此时，存在两种稳定物价水平的政策组合，其一是主动的货币政策和被动的财政政策组合，其二是主动的财政政策和被动的货币政策组合。在主动的货币政策和被动的财政政策组合下，货币政策充当稳定物价的角色，而财政政策充当稳定政府债务水平的角色。

在主动的财政政策和被动的货币政策组合下，货币政策在保证名义利率稳定的同时，保证了政府债务水平的稳定，而财政政策在通过相对任意的税收和支出手段调控经济的同时，由于货币政策的支持，债务水平得以控制，从而充当稳定物价的角色。除了这两种政策组合外，还存在主动的货币政策和主动的财政政策组合以及被动的货币政策和被动的财政政策组合，但这两种政策组合要么会导致均衡的物价水平不存在，要么会导致均衡物价水平的多重解（特别是爆炸性的物价水平增长路径），因而它们都不是稳定物价水平的政策组合。

按照 Woodford 的定义，以上是在李嘉图体制下讨论货币政策和财政政策在确定物价水平时的合作问题，在非李嘉图体制下，Woodford（1998，2001，2003）和 Cochrane（1998，1999，2001，2003，2005）认为货币政策和财政政策更应该协作来确定物价水平。Leeper（1991，1993）在李嘉图体制下给出了稳定物价的主动的财政政策和被动的货币政策组合，而 Woodford 和 Cochrane 认为这种政策组合在非李嘉图体制下更能得到体现。他们指出，在货币政策无法确定物价水平的情况下，财政政策充当了确定物价水平的角色，并且这种情况无论是在历史上还是在现阶段都有实例。特别是在中央银行采用盯住利率的策略时，此时货币政策是不能确定物价水平的，但该策略和非李嘉图体制下的财政政策配合能够完全确定物价水平。因此，Woodford 和 Cochrane 认为，非李嘉图体制下的财政政策和 Leeper 定义下的被动的货币政策进行组合也是确定物价水平的一个重要政策组合。可是，Woodford 定义的非李嘉图体制财政政策和 Leeper 定义的主动财政政策并不完全一样。非李嘉图体制下的财政政策只要求财政政策在均衡价格水平下满足政府的跨期预算约束等式，而主动的财政政策要求财政政策在任何价格水平下满足政府的跨期预算约束等式，因此，非李嘉图体制下的财政政策比主动的财政政策包含的范围要广，Woodford（2001）认为主动的财政政策是一种局部的非李嘉图体制财政政策（Locally Non – Recardian Fiscal Policy）。但 Canzoneri – Cumby – Diba（2011）通过实证模拟发现，Leeper 给出的主动的财政政策和被动的货币政策组合，与 Woodford 和 Cochrane 给出的非李嘉图的财政政策和被动的货币政策组合相比较，两种政策组合确定的物价水平及对经济的影响非常接近，因此，Canzoneri – Cumby – Diba（2011）认为，确定物价水平的关键是货币政策和财政政策的协调问题，与是否是李嘉图体制下的政策关系不大。

在利用典型经济人 DSGE 模型研究物价水平的确定问题时，货币决定理论给出的政策组合中要求财政部门必须保证财政盈余和债务水平的跨期预算平衡，而财政决定理论给出的政策组合中通常赋予了财政政策相当的任意性，在债务水平无法得到财政盈余的支持时，物价水平充当了维持跨期预算平衡等式成立的调整变量，这种财政政策容易造成政府债务规模的无限扩张和不稳定，虽然这种政策组合能够确定物价水平，但该财政政策的实施在实际中是比较危险的，也是不可取的。而在利用 OLG 模型研究物价水平的确定问题时，Bénassy（2000，2005，2007）指出，我们并不需要冒险的财政政策来确定物价水平，在 OLG 模型中通常政府债务规模的增长是平稳的和可持续的，从而该政策在现实中是可取的。即使政府债务规模的增长在某些时候是非平稳的，但只要政府的名义债务规模是可控的，在满足金融占优的条件下，物价水平能够确定，且此时物价水平是与政府债务规模成比例上升的。

总之，无论是在典型经济人 DSGE 模型中还是在 OLG 模型中，也无论是在李嘉图体制下还是在非李嘉图体制下，在广义政府跨期预算的约束下，货币政策和财政政策的决策和操作是相互影响的，任何一方的实施都会对另一方的实施效果产生影响，物价水平的确定需要货币政策和财政政策的协调操作。不同的物价水平决定理论给出的政策组合方式各有其特点，相应的政策组合中货币政策和财政政策偏重的角度不同，但缺乏协调机制的政策组合是不能确定物价水平的。

二、物价水平的货币决定理论对政策组合的选择和要求

物价水平的货币决定理论表明，货币政策在物价水平的确定中起着主导作用，但这并不等于仅靠货币政策就能确定物价水平，货币政策只有在财政政策的支持下，才能确定物价水平。因此，物价水平的货币决定理论给出的政策组合要求：货币政策主要稳定物价水平，而财政政策主要稳定政府债务规模，或者采用类似 Leeper 的说法，我们也称这种政策组合是主动的货币政策和李嘉图体制下的财政政策组合。

首先来看这种政策组合对货币政策的要求。在典型经济人 DSGE 模型中，若中央银行采用盯住通胀率的利率规则或者盯住物价水平的利率规则，则规则中利率关于通胀率的弹性需要大于 1 或者利率关于物价水平的弹性需要大于 0；若中央银行采用盯住货币供应量的规则，则要求货币需求关于利率的弹性小于 1。在 OLG 模型中，无论中央银行采用利率规则还是盯住货币供应量规则，都需要金融占优条件满足。

其次来看这种政策组合对财政政策的要求。无论货币政策采用上面的哪种形式，也无论是在典型经济人 DSGE 模型还是在 OLG 模型中，财政政策都必须被动地通过协调一般税收、财政支出和债务水平三者的关系来满足广义政府的跨期预算等式，从而维持政府的债务稳定，也就是说，财政政策必须是李嘉图体制下的财政政策。在财政支出是外生的情况下，李嘉图体制下的财政政策实际上有两方面的含义：一是政府不能依靠铸币税作为一般税收的补充手段，二是税收对政府债务水平必须有所反应，这样政府就可以通过足够的税收来支持其已有的债务规模，从而保证实际债务水平的稳定。对于第一点，各个国家的银行法基本上已经限制了财政赤字的货币化渠道，况且铸币税在总税收中占的比例并不大，因而目前依靠铸币税作为一般税收的补充手段这种做法已经不多见。对于第二点，Leeper 给出的被动财政政策能够做到这一点，通常税收采用下面的规则形式：

$$\tau_t = a + \gamma b_t \quad （a 代表常数项）$$

也就是说，税收对已有债务水平有一定的弹性，Leeper 给出的参数值通常要求 $\gamma > 1 - \beta$（β 是贴现率），这样政府的债务水平将会得到控制，从而保证了李嘉图体制下的财政政策是完全可行的。

Bohn（1998）指出，Leeper 给出的被动财政政策只是李嘉图体制下财政政策的一种特殊形式，在政府支出外生的情况下，一般意义下的李嘉图财政政策只要求政府通过调整税收来保证政府债务水平的可持续发展和稳定，因而政府在调整税收时有很多形式，Leeper 给出的被动财政政策要求在每期税收都要对已有债务水平进行反映，而实际中政府只有在债务水平超过某个限度时才调整税收，并且调整税收也并不是在每期都进行的而是不连续的，但只要政府在调整税收时考虑已有的债务水平，那么通过实施李嘉图体制下的财政政策就能够保证政府债务水平的稳定。值得注意的是，Leeper 给出的被动财政政策不仅是李嘉图体制下的财政政策，而且保证了政府债务规模是有界的，但 Bohn 给出的李嘉图体制下财政政策只能保证政府债务规模的增长路径是平稳的，因而政府债务水平不一定是有界的，很可能是在一条平稳的路径上变化。

Canzoneri – Cumby – Diba（2001a）对该问题进行了较详细的研究和推广，其采用下面的规则形式：

$$\tau_t = a + \gamma_t b_t, \gamma_t \geq 0, a 代表常数项$$

这个形式不仅包含了 Leeper 给出的固定弹性规则，而且也可以在较大范围内接近 Bohn（1998）提出的李嘉图体制下的财政政策。因为上面规则中税收关于债务水平的弹性是时变参数，因而可根据政府不连续调整税收的要求，通过在不同时期内改变该弹性值 γ_t 来反映政府的政策调整取向。Canzoneri – Cumby – Diba（2001a）证明，只要大于 $1 > \gamma_t \geq f^*, f^* > 0$ 是非常接近 0 的一个正数，那么该规则就能保证债务水平的稳定。实际上满足上面条件的序列 γ_t 选择空间非常大，如假设财政政策每隔一百年才根据债务变化情况来调整税收政策，而在其他时期税收政策调整不考虑债务变化情况，即，$\gamma_{100}, \gamma_{200}, \cdots \gamma_{100k}, \cdots, > f^*$，而在其他期限内 $\gamma_t = 0$，按照上面的结论，该规则仍能保证债务水平的稳定。这个结论能够解释 Bohn（1998）上面提出的财政政策选择，但是如果按照 Woodford 的解释，在这些不考虑债务变化情况来调整税收政策的时期，上面给出的财政政策实际上是一种局部的非李嘉图体制财政政策（Locally Non – Recardian Fiscal Policy），那么我们可以得出，若在总体上财政政策呈现出李嘉图体制下的特征，那么就能保证债务水平的稳定。因此，李嘉图体制下的财政政策在实际中应用是非常灵活的，不一定非得采用 Leeper 给出的这种特殊形式（但这种特殊形式确实给出了一个李嘉图体制财政政策的一个基准，而且保证了政府债务规模是有界的），只要政府通过调整税收来保证政府债务水平的可持续发展和稳定，那么该财政政策就是李嘉图体制下的财政政策，因此其可能只保证政府债务规模的增长路径是平稳的，而政府债务水平不一定是有界的。

　　李嘉图体制下的财政政策不仅可以起到稳定政府债务规模的作用，而且可以起到选择物价变化路径的作用。在中央银行采用上面主动的货币政策条件下，通胀率或者物价水平能够确定，但这只是众多物价变化路径中的一条稳定路径，还存在其他路径，特别是，在一些路径上，物价可能会出现持续的恶性通货膨胀或通货紧缩现象，如何选择出稳定的物价变化路径，李嘉图体制下的财政政策实际上提供了一个选择标准。因为产生这些发散的物价变化路径的一个重要原因是预期因素，而李嘉图体制下的财政政策将会使人们对政府稳定债务水平及稳定经济的预期越来越稳定，因此不大可能出现由预期不稳定产生的恶性通货膨胀或通货紧缩变化路径。

　　实际中最能体现物价水平的货币决定理论的代表是盯住通胀率的货币政策体制。盯住通胀率货币政策体制不仅在制度设计和技术运用方面较为成熟，而且近二十年来的实践也表明该体制在控制通胀率方面取得了较大的成功。盯住通胀率体制明确了中央银行的首要任务是维持物价的稳定，货币政策在保持物价稳定方面具有决定性的作用。当初推崇该体制的一个动因是只要赋予中央银行货币政策决策和操作的独立性，就能避免历史上由财政政策的主导性造成中央银行被动地发行货币从而导致通胀率不断上涨的恶性循环现象，但许多国家在后来的实际中逐步意识到，盯住通胀率体制仅靠中央银行并不能达到预期的效果，其还需要财政政策的配合。匈牙利中央银行当初在采用盯住通胀率体制时并没有考虑到经济转轨过程中巨大的财政赤字及财政体制等问题，在没有财政政策充分配合的情况下，盯住通胀率的体制在最初的几年里并没有起到稳定物价的良好效果。智利是最早倡导采用盯住通胀率体制的发展中国家，但直到 2006 年，在经过十几年的试验和摸索后才正式明确地宣称智利中央银行采用盯住通胀率体制，与此同时，智利还公布了财政责任法（Fiscal Responsibility Law）。该法律条例明确指出，财政政策应通过结构性和周期性的调整保持财政政策的可持续性，该法律条例客观上起到了支持和配合中央银行实施盯住通胀率体制的作用，正因如此，盯住通胀率的体制在智利取得了较好的结果。欧洲中央银行虽然不是采用盯住通胀率的货币政策体制，但维持物价稳定也是其货币政策目标两个支柱之一。欧洲中央银行在要求其成员国保持货币政策一致性以保持欧元区物价稳定的同时，还要求这些成员国在财政方面满足马斯特里赫条约的有关规定，特别是财政赤字及政府债务余额与国内生产总值的比例不能超过条约中设定的警戒线。这种机制的设计本质上反映了在中央银行采用主动的货币政策情况下，财政政策不能任意地选择，其必须考虑财政税收、政府支出及发债规模三者之间的跨期预算约束，只有在保证实际债务水平得到稳定的条件下，稳定物价的目的才能够真正实现。

综上所述，物价水平的货币决定理论给出的政策组合要求货币政策采取主动状态，财政政策采取被动状态，货币政策主要来稳定物价水平，而财政政策主要来稳定政府债务规模。

三、物价水平的财政决定理论对政策组合的选择和要求

物价水平的财政决定理论表明，财政政策在物价水平的确定中起着主导作用，相对于财政政策的主导地位，货币政策则处于支持和配合的角色。这有两方面的含义：一是在货币政策不能确定物价水平的情况下，财政政策可以充当确定物价水平的角色；二是财政政策在确定物价水平时发挥着主动作用，货币政策则处于被动的地位，

货币政策此时的关注点不是在稳定物价水平，而是配合财政政策，让财政政策发挥稳定物价水平的作用。采用类似 Leeper 的说法，物价水平的财政决定理论给出的政策组合是，非李嘉图体制下的财政政策和被动的货币政策组合。注意这里所说的非李嘉图体制下的财政政策包含 Leeper 定义的主动财政政策，虽然这两种政策反映的体制不同，但 Woodford（2001）认为主动的财政政策是一种局部的非李嘉图体制财政政策（Locally Non - Recardian Fiscal Policy），非李嘉图体制下的财政政策要比主动的财政政策包含的范围要广。

物价水平的财政决定理论给出的政策组合要求货币政策处于被动地位，这表现为以下两个方面：（1）在存在铸币税的情况下，由于财政政策不能协调一般税收、支出和债务水平三者的关系使广义政府的跨期预算等式得到满足，因而财政政策将会通过铸币税作为一般税收的补充手段，财政政策的相对任意性使财政部门对铸币税有绝对的控制权，从而迫使货币政策只能被动地承担维持广义政府跨期预算平衡的角色。（2）即使政府不通过铸币税作为税收的一种补充手段，那么无论财政政策是采用 Leeper 意义下的李嘉图体制主动财政政策还是采用 Woodford 意义下的非李嘉图体制财政政策，货币政策都只能处于被动状态。如果货币政策采用盯住通胀率或盯住物价水平的利率规则，那么要求利率关于通胀率的弹性小于 1 或者利率关于物价水平的弹性等于 0；如果货币政策采用盯住货币供应量的规则，那么要求货币需求关于利率的弹性大于 1。

在货币政策处于被动的状态下，财政政策必须是主动的财政政策或者非李嘉图体制下的财政政策。在财政税收、支出和债务水平的选择均具有相对任意性的情况下，财政政策体现出一种主动的状态，这种主动状态既可以表现为 Leeper 意义下的李嘉图体制主动财政政策，也可以表现为 Woodford 意义下的非李嘉图体制财政政策，实际中政府面对经济中的不确定性采用相机抉择的财政政策正是该状态的一种充分体现，并且 Woodford 和 Cochrane 认为，非李嘉图体制下的财政政策更能反映财政政策的主动状态。在被动的货币政策支持下，货币政策在保证名义利率稳定的同时，对保证政府债务水平的稳定起到了积极的作用，而财政政策在通过相对任意的税收和支出手段调控经济的同时，由于货币政策的支持，债务水平得以控制，从而充当稳定物价的角色。特别是在中央银行采用盯住利率的策略时，此时货币政策是不能确定物价水平的，但该策略和非李嘉图体制下的财政政策配合能够完全确定物价水平。可是以上结论是在典型经济人 DSGE 模型基础上得到的结论，在债务水平无法得到财政盈余的支持时，物价水平充当了维持跨期预算平衡等式成立的调整变量，这种财政政策容易造成政府债务规模的无限扩张和不稳定。虽然这种政策组合能够确定物价水平，但该财政政策的实施在实际中是比较危险的，也是不可取的。因此，Bénassy（2000，2005，2007）在利用 OLG 模型研究物价水平的确定问题时指出，我们并不需要冒险的财政政策来确定物价水平，在 OLG 模型中通常政府债务规模的增长是平稳的和可持续的，从而该政策在现实中是可取的。即使政府债务规模的增长在某些时候是非平稳的，但只要政府的名义债务规模是可控的，在满足金融占优的条件下，物价水平就能够确定，且此时物价水平是与政府债务规模成比例上升的。

概括以上分析，物价水平的财政决定理论给出的政策组合要求财政政策采取主动状态，货币政策采取被动状态；财政政策的主动状态既可以表现为李嘉图体制下的主动财政政策，也可以表现为非李嘉图体制下的财政政策；财政政策在确定物价水平时发挥着主动作用，货币政策此时的关注点不是稳定物价水平，而是配合财政政策稳定政府债务水平，让财政政策发挥稳定物价水平的作用。

第二节　物价水平决定理论对政策传导机制的影响

物价的变化是经济运行中的一个重要方面，物价运行遵循的规律是整个经济系统运行规律的一部分，因此，从整个经济系统的动态运行过程研究物价水平的变化以及物价水平的变化与其他经济变量变化的相互关系是深入了解物价水平运行规律的基础。研究经济系统的动态特性需要对经济系统内含的动态机制及对外部冲击或者政策变化在经济系统的传导机制进行清晰的刻画。DSGE 模型是在不确定环境下从一般均衡的框架对各经济主体的行为决策进行研究，从而每个经济主体的行为所遵循的规律及各经济主体之间的变化联系和制约都得到了详细的描述和设定，故此，DSGE 模型中反映的动态机制具有坚定的微观理论基础，具有内生性，且从微观到宏观是有机地结合在一起的。虽然前面我们一直在讨论物价水平的决定理论，但从物价水平确定的角度来看，物价水平的决定理论不仅对物价水平的确定会产生影响，而且对经济政策的传导机制也会产生影响。传导机制的差异性将会对政策的选择及实施效果产生重要的影响，我们通过对不同理论下反映的传导机制进行比较研究，可对物价水平的决定理论进行进一步的深入了解并为实证中如何识别物价水平的决定理论提供分析基础。

我们仍然采用前面章节的模型，注意在这些模型中，价格是弹性的，没有生产部门，产出是外生的，之所以做这样的假设，我们的目的是撇除其他因素而着重探讨物价水平的决定理论及其对经济的影响，我们选择两个较有代表性的情景来分析物价水平的决定理论对政策传导机制的影响。

情景一：政府支出变化对政策传导机制影响的差异性

首先来看在不同的物价水平理论下财政支出变化对经济影响的差异。假设初始经济处于均衡状态，保持其他条件不变，政府开始扩大财政支出。

先从财政部门的跨期预算等式着手，

$$b_t = \sum_{j=0}^{\infty} D_{t,j} (\tau_{t+j} - g_{t+j})$$

这里，τ_t 和 g_t 分别是政府的实际税收和实际支出；$b_t = B_t / P_t$，为政府债券的实际余额；$D_{t,j} = \prod_{s=0}^{j-1} \frac{1}{1 + r_{t+s}}$；$(D_{t,0} = 1)$ 为贴现因子；r_t 为实际利率。

可以看出，当财政支出 g_t 增加时，若税收 τ_t 不调整，那么不论政府是保持原来的债务规模还是增加债务规模 b_t，为维持上面的跨期预算等式平衡，贴现因子 $D_{t,j}$ 将会降低，或者实际利率将会上升。

实际利率的上升会产生两种效应：一种是跨期之间的替代效应，另一种是财富效应。实际利率的上升将使未来消费与目前消费的跨期替代弹性提高，这样居民在消费的跨期决策时将会降低目前的消费而增加未来的消费，从而实际利率上升产生的替代效应将会使目前的消费降低，但实际利率上升的同时会产生财富效应，且财富效应将会使居民的消费上升。因此，实际利率的上升对消费产生的影响效果将取决于替代效应和财富效应的比较。如果替代效应占主导地位，那么消费将会降低；反之，如果财富效应占主导地位，那么消费将会上升。另外，在不同的物价水平决定理论下，居民财富本身的变化呈现出不同的特征，这进一步会使财富效应对居民消费的影响更加显现。

在物价水平的货币决定理论下，货币政策主要用来稳定物价水平，而财政政策主要通过协调一般税收、财政支出和债务水平三者的关系来满足广义政府的跨期预算等式，从而维持政府的债务稳定，也就是说，财政政策必须是李嘉图体制下的财政政策。在李嘉图体制的财政政策下，虽然财政支出的增加及实际利率的增加都会使政府债务规模增加，但是，政府为了维持跨期预算的平衡在未来将会增加税收，这样居民的实际财富水平并不会增加，从而居民的消费行为主要体现为跨期之间的替代效应，财富效应并不体现出来，在这种情况下，财政支出的增加将会产生完全的挤出效应，使得居民的消费呈现下降的趋势，且居民消费的下降与财政支出增加的幅度相等，因此总需求并不会上升。由于前面章节中的模型没有考虑其他经济摩擦（如价格和工资粘性、垄断竞争、实际刚性等因素），价格是弹性的，在总需求不变或者变化不大的情况下，物价将基本保持不变。针对总需求和物价变化不大的情况，货币政策也不需要进行太大的调整。另外，面对财政支出的增加和债务规模的上升，李嘉图体制下的财政政策将会使政府在未来增加税收以保持政府的跨期预算平衡。故此，在物价水平的货币决定理论下，由财政支出变化引起的冲击，主要通过财政部门协调跨期预算的安排得以吸收，其并不会对总需求和物价造成太大的影响，货币政策也不会进行太大的调整，这是李嘉图体制下财政政策的典型特征。

  在物价水平的财政决定理论下，由于财政税收、支出和债务水平的选择均具有相对的任意性，财政政策体现出非李嘉图体制的特征，这样在财政支出和实际利率的增加导致政府债务规模的增加时，居民预料到政府未来并不会通过增加税收来维持跨期预算的平衡，从而居民的实际财富水平将会增加，实际财富水平的增加将会使居民的消费产生上升的趋势。财政支出的增加虽然对居民的消费会有挤出效应，但在同时存在替代效应和财富效应的情况下，居民的消费并不一定会下降，即使下降，消费下降的幅度也低于财政支出上升的幅度，因而总需求是上升的。总需求的上升将会对物价产生向上的压力，面对总需求和物价上升的压力，若采用利率规则，中央银行将提高名义利率，但是在李嘉图体制下主动的财政政策或者非李嘉图体制的财政政策下，名义利率提高的幅度要小于通胀率上升的幅度，这样在货币政策的支持下，未来政府债务水平才能得到稳定。故此，在物价水平的财政决定理论下，由财政支出变化引起的冲击，将会对总需求和物价造成较大的影响，这也会使货币政策进行必要的调整，但货币政策调整的目的并不是稳定物价，而是作为主角维持广义政府的跨期预算平衡。

  比较以上两种情况可以得到，在物价水平的货币决定理论下，财政支出的上升并不会导致总需求和物价的上升，货币政策也并不需要进行太大的调整，而在物价水平的财政决定理论下，财政支出的上升将会导致总需求和物价的上升，货币政策必须进行调整，但货币政策调整的目的并不是稳定物价，而是作为主角维持广义政府的跨期预算平衡。

情景二：利率变化对政策传导机制影响的差异性

其次来看在不同的物价水平理论下利率变化对经济影响的差异。假设初始经济处于均衡状态，保持其他条件不变，中央银行采用利率规则并提高名义利率。

在物价水平的货币决定理论下，利率变化对经济的影响及政策的传导机制都是非常经典的。名义利率的提高将会对总需求产生抑制作用，总需求的下降及中央银行提高名义利率传递的紧缩信息将会对当期物价及未来预期的物价变化产生向下的压力。虽然名义利率的提高将使政府债务的利息负担加重，但在李嘉图体制的财政政策下，政府将会调整税收、支出和债务规模之间的关系，从而保证跨期预算平衡。因此，提高名义利率产生的效应主要反映在总需求和物价的变化上，财政部门对此冲击依然是通过协调税收、支出和债务规模之间的关系得以吸收。

在物价水平的财政决定理论下，中央银行提高利率对经济产生的影响与以上分析具有截然不同的特点。利率的提高将使政府债务的利息负担加重，如果要维持政府支出的原有水平，那么政府势必将增加债券的发行规模，这样将使政府的债务水平上升。由于在非李嘉图体制的财政政策下，税收对债务水平的变化缺乏弹性，从而面对政府债务水平的上升，未来仅靠税收手段是不可能稳定债务水平的，此时只有在货币政策的支持下，未来政府债务水平才能得到稳定。货币政策协助财政政策稳定政府债务水平的主要手段是使实际利率保持在较低的水平。那么怎样才能使实际利率保持在较低水平呢？显然在名义利率上升的情况下，只有通胀率也上升才有可能使实际利率保持在较低水平。事实上，在非李嘉图体制的财政政策下，政府债务水平的上升将会迫使价格作为维持跨期预算平衡的调整变量从而直接会导致价格的上升；另外，政府债务水平的上升产生的财富效应会对居民消费产生向上的压力，如果财富效应大于替代效应，那么居民消费的上升将会导致总需求的上升，这会进一步间接地对价格产生向上的压力。可以看出，与以上物价水平的货币决定理论完全不同的是，利率的提高不会导致总需求和物价的下降，反而会导致物价的上升，甚至可能导致总需求的上升。

总结以上情景分析可以看出，物价水平的决定理论对经济政策的传导机制会产生影响，并且传导机制的差异性将会对政策的选择及实施效果产生重要的影响。产生这些差异性的根本原因在于非李嘉图体制下的财政政策会产生强大的财富效应，这种财富效应将会对居民的跨期消费选择、资产组合、总需求及物价产生影响，并且该效应对经济的影响具有很强的持续性，因此，研究物价水平的决定理论不可忽视这种财富效应。

第三节　体制转换对政策组合的影响及政策之间的协调

实际中任何经济政策都不是永远不变的，经济政策的变化表现为两个方面：一个方面是经济政策很可能发生体制的根本变化，如经济政策由相机抉择的体制转换为以规则为特征的体制，这种政策体制的改变对经济的影响不仅表现为长期方面，而且在短期也会产生影响；另一个方面是经济政策即使不发生体制上的根本转变，其也有可能由于不同经济时期调控的重点不同而采取的措施迥然不同，如目前世界上多数中央银行采用了货币政策规则（典型的货币政策规则如泰勒规则），但没有一个中央银行称自己严格按照货币政策规则的形式来执行货币政策，货币政策规则对中央银行来说是一种约束及其对外界的承诺机制，理论和实证表明，采用货币政策规则比相机抉择更能提高货币政策的效率，可是实际中中央银行有可能在某段时期（如中央银行面对 2007 年的金融危机）对货币政策中的有关技术参数（如泰勒规则中关于产出和通胀率的弹性）进行相对任意的调整甚至会采用相机抉择的货币政策，因此，短期内经济政策的变化对经济的影响也是值得关注的。

从前面的分析可以看出，尽管 Woodford（2001）认为李嘉图体制下主动的财政政策是一种局部的非李嘉图体制财政政策（Locally Non‐Recardian Fiscal Policy），非李嘉图体制下的财政政策包含的范围要广，但 Canzoneri‐Cumby‐Diba（2011）通过实证模拟发现，李嘉图体制下的主动财政政策在一定程度上能够很好地近似非李嘉图体制下的财政政策。因此，在以下讨论中，我们主要考虑李嘉图体制下的财政政策与货币政策的协调问题。

关于李嘉图体制下物价水平的确定问题，Leeper 给出了四种政策组合：一是主动的货币政策和被动的财政政策组合（以 AM/PF 组合表示），二是主动的财政政策和被动的货币政策组合（以 PM/AF 组合表示），三是主动的货币政策和主动的财政政策组合（以 AM/AF 组合表示），四是被动的货币政策和被动的财政政策组合（以 PM/PF 组合表示）。前两种政策组合（AM/PF 组合和 PM/AF 组合）分别反映了物价水平决定的货币理论和财政理论，它们能够确定物价水平，第三种政策组合（AM/AF 组合）将会导致均衡的物价水平不存在，第四种政策组合（PM/PF 组合）将会导致均衡物价水平的多重解（特别是爆炸性的物价水平增长路径），因而后两种政策组合都不能稳定物价水平。按照上面的政策组合，如果一种经济政策改变了状态，那么另一种经济政策也要相应地改变状态。例如，Taylor（1993，1999）在研究货币政策规则时发现，名义利率关于通胀率的弹性在沃尔克—格林斯潘时代（1979 年之后）大于 1，而在此之前小于 1，这反映了美联储的利率调整政策在两个时期所处的状态是不同的，即在沃尔克—格林斯潘时期，货币政策是一种主动的货币政策，而在此之前，货币政策是一种被动的货币政策，根据上面的政策组合要求，财政政策在 1979 年之后应该是被动的财政政策，而在此之前应该是主动的财政政策。同时这也表明，当美联储由被动的货币政策向主动的货币政策调整时，财政部门将会适应地由主动的财政政策转向被动的财政政策，即自 1979 年，政策组合由 PM/AF 组合转变为 AM/PF 组合。由于这两种政策组合都能确定物价水平，因而在体制转换要求一种政策组合转向另一种政策组合时，这就提出以下问题：难道财政部门一定要适应货币政策的要求进行体制转换吗？或者说，当体制转换要求一种政策组合转向另一种政策组合时，中央银行或者财政部门会按照政策组合的要求配合行动吗？在上面的体制转换中，政策 PM/AF 组合和 AM/PF 组合都是能够确定物价水平的政策组合，从上面的分析可以看出，除了这两种政策组合，还有另外两种政策组合，虽然这两种政策组合不能确定物价水平，但除了政策组合由 PM/AF 组合转变为 AM/PF 组合外，政策组合有没有可能也转变为 AM/AF 组合或 PM/PF 组合呢？

一、体制转换对物价水平的影响

在研究体制转换对政策组合的要求之前，我们首先需要解决一个问题，即体制转换对物价水平的确定及物价水平的波动是否会产生影响，如果没有影响，那么体制转换也就能够很容易地进行，在保证物价水平稳定的情况下，我们可以朝着更有利于改善整个社会福利水平的体制方向进行改革，并选择更加有效的政策组合。为研究该问题，我们下面分确定性和随机性两种情况来讨论体制转换对物价水平的影响。

（一）确定性体制转换对物价水平的影响

根据前面给定的四种政策组合，我们仅讨论两种能够确定物价水平的政策组合，即主动的货币政策和被动的财政政策组合（AM/PF 组合）以及被动的货币政策和主动的财政政策组合（PM/AF 组合），我们在确定性情况下讨论这两种政策组合相互转换对物价水平的影响。假设在 T 期之前采取一种政策组合，而在 T 期之后采取另一种政策组合，也就是说，我们知道在 T 期将会发生体制转换，并且 T 期之前的政策组合作用的时间是有限的（即 $t=1,2,\cdots,T-1$），T 期之后的政策组合作用的时间是无限的（即 $t=T,T+1,\cdots,\infty$）。下面分两种情况来讨论体制转换对物价水平的影响。

1. 由 AM/PF 组合向 PM/AF 组合转换

假设 T 期之前采取主动的货币政策和被动的财政政策组合（AM/PF 组合），而在 T 期之后采取被动的货币政策和主动的财政政策组合（PM/AF 组合）。

仍然采用前一章的典型经济人 DSGE 模型，为讨论方便，假设产出、政府支出和消费都保持不变，$y_t = y, g_t = g, c_t = c = y - g$，在确定性情况下，此时实际利率也保持不变，即，$r_t = r = 1/\beta - 1$。另外也假定政府将铸币税收入通过转移支付的形式返还给居民，广义政府部门的跨期预算等式为

$$\frac{b_{t+1}}{1+r_t} = b_t + g - \tau_t$$

中央银行采用下面简单形式的泰勒规则：

$$\frac{1+i_t}{1+i^{ss}} = \left(\frac{1+\pi_t}{1+\pi^{ss}}\right)^\phi, \phi \geq 0$$

式中，ϕ 是名义利率关于通胀率的弹性，i^{ss} 和 π^{ss} 分别是稳态时的名义利率和通胀率。

政府税收采用下面的规则：

$$\tau_t = \tau^{ss} + \gamma(b_t - b^{ss}), \gamma \geq 0$$

式中，τ^{ss} 和 b^{ss} 分别是稳态时的税收和债务水平。根据跨期预算等式不难得到如下稳态时的关系式：

$$\tau^{ss} - g = (1-\beta)b^{ss}$$

在 T 期之前，主动的货币政策和被动的财政政策组合（AM/PF 组合）要求 $\phi > 1, \gamma > 1 - \beta$，而在 T 期之后，被动的货币政策和主动的财政政策组合（PM/AF 组合）要求 $\phi \leq 1, \gamma < 1 - \beta$。为阐述清楚起见，我们下面讨论一种极端情况，这种

情况能得到解析解,即在 T 期之后,货币政策采用盯住利率的政策,财政政策采用相机抉择的税收政策,也就是说,$\phi = 0, \gamma = 0\, (t \geq T)$。

根据前面章节的分析,T 期之后的 PM/AF 组合表明,T 期之后的物价水平是由财政决定理论确定的,从而可得到

$$\frac{B_t}{P_t} = b_t = E_t \sum_{j=0}^{\infty} \beta^j (\tau_{t+j} - g_{t+j}) + \lim_{j \to \infty} \beta^{j+1} E_t b_{t+j+1} = \frac{(\tau^{ss} - g)}{1 - \beta}, (t \geq T)$$

或者

$$P_t = \left(\frac{1-\beta}{\tau^{ss} - g}\right) B_t = \frac{B_t}{b^{ss}}, (t \geq T)$$

因此,在 T 期之后,如果财政税收、支出和债务水平的选择均具有相对任意性,那么这种任意性将迫使物价水平进行调整,当政府债务水平呈现不稳定增长趋势时,这种确定物价水平的方式也将使物价水平呈现不稳定增长趋势,从而 PM/AF 组合的最大风险是人们会担心财政政策的相对任意性是否会导致政府债务水平的不稳定,这种担心实际上会影响人们对未来有关稳定物价政策的预期。主动的财政政策(或者非李嘉图体制下的财政政策)极有可能产生政府债务水平不稳定的情况,故此 PM/AF 组合能够确定物价水平,但人们会预期这种方式确定的物价水平有可能不是稳定的。这种预期不仅对 T 期之后的物价水平产生影响,而且由于 T 期之后的 PM/AF 组合作用的时间是无限的(即 $t = T, T+1, \cdots, \infty$),它还会对 T 期之前的物价水平产生影响。

虽然在 T 期之前的 AM/PF 组合表明,T 期之前的物价水平是由货币决定理论确定的,但由于 AM/PF 组合作用的时间是有限的(即 $t = 1, \cdots, T-1$),并且在 T 期之后政策组合会转换为 PM/AF 组合,同时 PM/AF 组合作用的时间是无限的(即 $t = T, T+1, \cdots, \infty$),因此,$T$ 期之前的物价水平的确定会受到上面多重因素的影响。

仍然从广义政府的跨期预算等式出发,即

$$\frac{B_t}{P_t} = b_t = E_t \sum_{j=0}^{T-t-1} \beta^{t+j} (\tau_{t+j} - g_{t+j}) + E_t \sum_{j=T-t}^{\infty} \beta^{t+j} (\tau_{t+j} - g_{t+j}), (1 \leq t < T)$$

下面分别来确定上式右边的两项值。上式右边第二项比较容易确定,即通过下式来确定:

$$E_t \sum_{j=T-t}^{\infty} \beta^{t+j} (\tau_{t+j} - g_{t+j}) = E_t \beta^T \sum_{j=0}^{\infty} \beta^j (\tau_{T+j} - g_{T+j})$$

$$= \beta^T E_t E_T b_T$$

$$= \frac{\beta^T (\tau^{ss} - g)}{1 - \beta}$$

$$= \beta^T b^{ss}$$

为确定前式右边第一项，首先将

$$\tau_t = \tau^{ss} + \gamma(b_t - b^{ss}), \gamma \geq 0, (1 \leq t < T)$$

代入跨期预算等式可得到

$$\frac{b_{t+1}}{1 + r_t} = (1 - \gamma) b_t + g - (\tau^{ss} - \gamma b^{ss}), (1 \leq t < T)$$

或

$$b_t = \left(\frac{1}{1 - \gamma}\right) E_t \left((\tau^{ss} - \gamma b^{ss}) - g + \frac{b_{t+1}}{1 + r_t}\right)$$

$$= \left(\frac{1}{1 - \gamma}\right) (\tau^{ss} - \gamma b^{ss} - g + \beta E_t b_{t+1}), (1 \leq t < T)$$

再利用税收规则可得到，当 $t \leq j < T$ 时：

$$\tau_j - g = (\tau^{ss} - \gamma b^{ss} - g) \left(\frac{1 - \beta}{1 - \gamma}\right) + \left(\frac{\beta}{1 - \gamma}\right) E_t (\tau_{j+1} - g)$$

$$= \left(\frac{1 - \beta}{1 - \gamma}\right) (\tau^{ss} - \gamma b^{ss} - g) \sum_{k=j}^{T-1} \left(\frac{\beta}{1 - \gamma}\right)^{k-j} + E_t \left(\frac{\beta}{1 - \gamma}\right)^{T-j} (\tau_T - g)$$

从而可得

$$\sum_{j=0}^{T-t-1} \beta^j (\tau_{t+j} - g)$$

$$= \sum_{j=t}^{T-1} \beta^{j-t} (\tau_j - g)$$

$$= \sum_{j=t}^{T-1} \left(\frac{1 - \beta}{1 - \gamma}\right) (\tau^{ss} - \gamma b^{ss} - g) \beta^{j-t} \sum_{k=j}^{T-1} \left(\frac{\beta}{1 - \gamma}\right)^{k-j}$$

$$+ E_t \sum_{j=t}^{T-1} \beta^{j-t} \left(\frac{\beta}{1 - \gamma}\right)^{T-j} (\tau_T - g)$$

$$= \beta^{-t}E_t[k_{1T} + k_{2T}(\tau_T - g)]$$

其中,

$$k_{1T} = \left(\frac{1-\beta}{1-\gamma}\right)(\tau^{ss} - \gamma b^{ss} - g)\sum_{j=t}^{T-1}(1-\gamma)^j \sum_{k=j}^{T-1}\left(\frac{\beta}{1-\gamma}\right)^k$$

$$= \left(\frac{1-\beta}{1-\gamma}\right)(1-\beta-\gamma)b^{ss}\sum_{j=t}^{T-1}(1-\gamma)^j \sum_{k=j}^{T-1}\left(\frac{\beta}{1-\gamma}\right)^k$$

$$k_{2T} = \left(\frac{\beta}{1-\gamma}\right)^T \sum_{j=t}^{T-1}(1-\gamma)^j = \left(\frac{\beta}{1-\gamma}\right)^T \frac{[(1-\gamma)^T - (1-\gamma)^t]}{\gamma}$$

再将 $\tau_T = \tau^{ss} + \gamma(b_T - b^{ss})$ 代入上式可得

$$\sum_{j=0}^{T-t-1}\beta^j(\tau_{t+j} - g) = \beta^{-t}E_t[k_{1T} + k_{2T}(1-\beta-\gamma)b^{ss} + k_{2T}\gamma b_T]$$

最终我们得到

$$\frac{B_t}{P_t} = b_t$$

$$= E_t\sum_{j=0}^{T-t-1}\beta^{t+j}(\tau_{t+j} - g_{t+j}) + E_t\sum_{j=T-t}^{\infty}\beta^{t+j}(\tau_{t+j} - g_{t+j})$$

$$= \beta^{-t}E_t[k_{1T} + k_{2T}(1-\beta-\gamma)b^{ss} + k_{2T}\gamma b_T] + \beta^T E_t b_T, (1 \leq t < T)$$

$$= \beta^{-t}E_t[k_{1T} + k_{2T}(1-\beta-\gamma)b^{ss}] + E_t[(k_{2T}\gamma\beta^{-t} + \beta^T)b_T]$$

$$= \beta^{-t}E_t[k_{1T} + k_{2T}(1-\beta-\gamma)b^{ss}] + E_t[(k_{2T}\gamma\beta^{-t} + \beta^T)]\frac{(\tau^{ss} - g)}{1-\beta}$$

$$= \beta^{-t}E_t[k_{1T} + k_{2T}(1-\beta-\gamma)b^{ss}] + E_t[(k_{2T}\gamma\beta^{-t} + \beta^T)]b^{ss}$$

或者

$$P_t = \frac{B_t}{\beta^{-t}E_t[k_{1T} + k_{2T}(1-\beta-\gamma)b^{ss}] + E_t(k_{2T}\gamma\beta^{-t} + \beta^T)b^{ss}}, (1 \leq t < T)$$

从上式可看出,在 T 期之后由 AM/PF 组合向 PM/AF 组合转换,不仅会对 T 期之后的物价水平产生影响,而且会对 T 期之前的物价水平产生影响。并且,体制转换越快,即 T 越小,人们越来越担心财政政策的相对任意性有可能导致物价水平的不稳定,PM/AF 组合产生的预期效应越明显,特别是当 $T = 1$ 时(即在初期),物价水平完全由财政决定理论来确定。

2. 由 PM/AF 组合向 AM/PF 组合转换

仍然采用前面的模型，但现在假设 T 期之前采取被动的货币政策和主动的财政政策组合（PM/AF 组合），而在 T 期之后采取主动的货币政策和被动的财政政策组合（AM/PF 组合）。

根据前面章节的分析，T 期之后的 AM/PF 组合表明，T 期之后的物价水平是由货币决定理论确定的，且此时财政政策表现为李嘉图体制的特征。无论主动的货币政策确定的物价水平在何种平台上，财政政策都必须被动地通过协调一般税收、财政支出和债务水平三者的关系来满足广义政府的跨期预算等式，从而维持政府的债务稳定。若将

$$\tau_t = \tau^{ss} + \gamma(b_t - b^{ss}), \gamma \geq 0, (t \geq T)$$

代入跨期预算等式可得到：

$$E_t(b_{t+1} - b^{ss}) = \frac{(1-\gamma)}{\beta}(b_t - b^{ss}), (t \geq T)$$

由于被动的财政政策要求 $\frac{(1-\gamma)}{\beta} < 1$，因而可得到

$$\lim_{n \to \infty} E_T b_{T+n} = b^{ss}, (t \geq T)$$

这表明，自 T 期之后，无论政府债务水平的初始值在何值，被动的财政政策都能保证政府债务水平的稳定。不仅如此，被动的财政政策还可以使人们对政府稳定债务水平及稳定经济的预期越来越稳定，从而协助主动的货币政策从众多的物价变化路径中选择一条稳定的物价路径。这种稳定的预期不仅对 T 期之后的物价水平产生影响，而且由于 T 期之后的 AM/PF 组合作用的时间是无限的（即 $t = T, T+1, \cdots, \infty$），它还会对 T 期之前的物价水平产生影响。

实际上，此时广义政府的跨期预算等式可写成下式：

$$\frac{B_t}{P_t} = b_t = E_t \sum_{j=0}^{T-1} \beta^j (\tau_{t+j} - g_{t+j}) + \beta^T E_t b_T, (1 \leq t < T)$$

根据上面的结果，自 T 期后的政府债务水平是稳定的，从而上式右边的第二项也是确定的，进而我们可得到：

$$P_t = \frac{B_t}{E_t \sum_{j=0}^{T-1} \beta^j (\tau_{t+j} - g_{t+j}) + \beta^T E_t b_T}, (1 \leq t < T)$$

由于在 T 期之前的有限期内（$t=1,2,\cdots,T-1$）采用的是 PM/AF 组合，因而相对任意的财政政策仍会导致物价水平的不稳定，但这些效应只在 $t=1,2,\cdots,T-1$ 显现，并且自 T 期后，人们会预期 AM/PF 组合将起作用且作用的时间是无限的，因此，在这些有限期内，AM/PF 组合产生的稳定预期效应会削弱由 PM/AF 组合产生的不稳定预期效应，特别是，若体制转换越早（T 越小），则这种抵消效应越明显。

总结以上两种确定性体制转换的情况可以得出，体制转换对物价水平的影响决定于三方面：一是最终达到的体制，不同体制对物价水平的影响不同，最终达到的体制不仅会对体制转换后的物价水平产生影响，而且会对体制转换前的物价水平产生影响；二是每种体制作用的时间，一种体制作用的时间越长，其对物价水平的影响越大；三是体制转换对人们预期的影响，在理性预期条件下，体制转换势必会改变人们对未来环境和政策的预期，并产生预期效应，这种预期效应可能在体制转换前就体现出来。

（二）随机性体制转换对物价水平的影响

以上我们在确定性环境下讨论了体制转换对物价水平的影响，下面我们进一步将确定性环境推广到不确定环境，即研究随机性体制转换（Stochastically Switching Regime）对物价水平的影响。前面我们假设在 T 期将发生体制转换，现在将这一假设进一步放宽，即，我们并不知道在何时发生体制转换，也许在每期都有可能发生体制转换的情况，体制转换也可能产生两种情况，一种可能是从原来的体制转为新的体制，另一种可能是体制仍然保持不变。

研究随机性体制转换对物价水平的影响涉及到体制转换模型（Regime – Switching Model）的研究和应用。关于经典的体制转换模型研究，Hamilton（1989，1994）、Kim（1994）、Kim – Nelson（1999）、Favero – Monacelli（2005）和 Sims – Zha（2006）等已有比较成熟的结果，这里不准备使用这些模型，因为这些体制转换模型是从数据生成的统计过程或者在简化式模型下研究体制转换问题，模型中不涉及体制转换对预期的影响，这与以微观理论为基础的 DSGE 模型不太一致。为此，在 DSGE 模型框架下研究体制转换问题是近年来一个重要方向，这一类模型也称为具有马尔科夫体制转换的 DSGE 模型（DSGE Model with Markov – Switching Regime）。由于这类模型的复杂性，模型是否有解本身就是一个问题，近年来从理论上探讨该类模型解的特征出现了不少成果，如何根据这些理论结果并对体制转换模型的应用进行实证检验是一项更加困难的事情,目前从实证上探讨体制转换模型中货币政策或财政政策的关系及其对经济的影响出现了一些成果,主要代表有:Lubik – Schorfheide(2004)、Davig – Leeper(2005,2009)、Davig – Doh(2008)、Liu – Waggoner – Zha(2009,2011)、Bianchi(2010)、Debortoli – Nunes(2011)、Baele – Bekaert – Cho – Inghelbrecht – Moreno(2011)和Bianchi – Melosi(2012b,2013)等。下面着重研究体制转换对物价水平的影响。

1. 单方程一条马尔科夫链的情况

首先考虑一个单方程且只有一条马尔科夫链的体制转换模型,这个模型虽然简单,但得到了很多有启示意义的结果。

根据Fisher方程可得到名义利率、实际利率和通胀率的关系式,

$$1 + i_t = E_t[(1 + \pi_{t+1})(1 + r_t)]$$

式中,E是预期,i_t和r_t分别是名义利率和实际利率,π_t是通胀率。仍然采用上一章中的典型经济人DSGE模型,在假设产出y_t和政府支出g_t都是外生的情况下,实际利率可由下式确定:

$$(1 + r_t)\beta = E_t\left(\frac{y_{t+1} - g_{t+1}}{y_t - g_t}\right)^\sigma$$

根据这个结果,为下面讨论的方便,我们可以将实际利率视为外生的。

对Fisher方程进行对数线性化可得到

$$\hat{i}_t = E_t\hat{\pi}_{t+1} + \hat{r}_t$$

中央银行采用下面的Taylor规则,

$$\hat{i}_t = \alpha(s_t)\hat{\pi}_t$$

代入上式可得到

$$\alpha(s_t)\hat{\pi}_t = E_t\hat{\pi}_{t+1} + \hat{r}_t$$

与通常的Taylor规则不同的是,这里规则中的参数并不是固定不变的,而是隐性地依赖于经济状态s_t,s_t是一个离散的随机变量,它满足马尔科夫过程的特性。对于不同的经济状态,货币政策规则采用相应的规则形式,即参数$\alpha(s_t)$的取值依赖于经济所处的状态s_t,为讨论方便,假设存在两种状态(状态1和状态2),对于这两种经济状态,规则分别采用下面两种形式:

$$\alpha(s_t) = \begin{cases} \alpha_1, s_t = 1 \\ \alpha_2, s_t = 2 \end{cases} \quad \alpha_1 > \alpha_2 > 0$$

可以看出,上面规则是刻画时变参数的货币政策规则的一种最简单方式,这里参数 $\alpha(s_t)$ 不是连续变化的,仅在两个状态或两个体制间随机变化,并且若 $\alpha_1 = \alpha_2$,则上面规则就变成通常的泰勒规则。

经济状态是随着时间变化而变的随机变量,在只有两种状态的情况下,某一时期处于一种状态,可能在下期处于另一种状态或者保持原状态不变,我们通过状态转移概率来刻画这一特性。假设由本期某种状态向下一期某种状态变化的转移概率为

$$p_{ij} = P[s_{t+1} = j | s_t = i], i, j = 1, 2, \sum_{j=1}^{2} p_{ij} = 1, i = 1, 2$$

或者状态转移矩阵为

$$P = \begin{bmatrix} p_{11} & p_{12} \\ p_{21} & p_{22} \end{bmatrix}$$

在经典的体制转换模型中,通常不涉及体制转换对预期的影响,也就是说,预期是不随着体制变化而变的,产生这一结果的一个原因是因为使用的模型通常是一种简化式模型而非结构性模型,模型中很少直接出现预期变量,这显然与结构性模型的假设存在不一致的地方。实际上,由体制变化产生的不确定性将会对预期产生影响,我们可以通过图 3-1 清楚地看到体制转换对某个经济变量的预期 $E_t(x_{t+1})$ 的影响,变量 x_t 在 t 期处于某种状态(这里仅假设有两种状态),人们预期它在 $t+1$ 期可能处于另外一种状态或者保持原状态,转换的概率由状态转移矩阵来刻画。

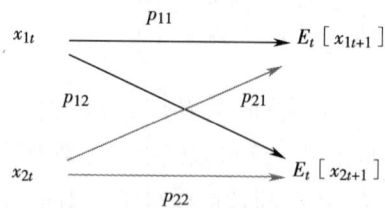

图 3-1 体制转换对预期的影响

由此,预期通胀率由下式确定,

第三章　不同物价水平决定理论下货币政策和财政政策的关系

$$E_t\hat{\pi}_{t+1} = p_{i1}E_t\hat{\pi}_{1,t+1} + p_{i2}E_t\hat{\pi}_{2,t+1}$$

式中，$\hat{\pi}_{i,t} = \hat{\pi}_t|_{s_t=i}, i=1,2$ 表示体制为 i 的情况下的通胀率。代入前面的 Fisher 方程可得到

$$\begin{bmatrix}\alpha_1 & 0 \\ 0 & \alpha_2\end{bmatrix}\begin{bmatrix}\hat{\pi}_{1,t} \\ \hat{\pi}_{2,t}\end{bmatrix} = \begin{bmatrix}p_{11} & p_{12} \\ p_{21} & p_{22}\end{bmatrix}\begin{bmatrix}\hat{\pi}_{1,t+1} \\ \hat{\pi}_{2,t+1}\end{bmatrix} + \begin{bmatrix}\hat{r}_t \\ \hat{r}_t\end{bmatrix}$$

根据 Blanchard–Kahn（1980）条件，上面方程存在稳定解的条件是矩阵

$$M = \begin{bmatrix}1/\alpha_1 & 0 \\ 0 & 1/\alpha_2\end{bmatrix}\begin{bmatrix}p_{11} & p_{12} \\ p_{21} & p_{22}\end{bmatrix}$$

的特征根位于单位圆内。通过计算可得到矩阵 M 的两个特征根，

$$\lambda_1 = \frac{1}{2\alpha_1\alpha_2}\left[\alpha_2 p_{11} + \alpha_1 p_{22} + \sqrt{(\alpha_2 p_{11} - \alpha_1 p_{22})^2 + 4\alpha_1\alpha_2 p_{12}p_{21}}\right]$$

$$\lambda_2 = \frac{1}{2\alpha_1\alpha_2}\left[\alpha_2 p_{11} + \alpha_1 p_{22} - \sqrt{(\alpha_2 p_{11} - \alpha_1 p_{22})^2 + 4\alpha_1\alpha_2 p_{12}p_{21}}\right]$$

因此，稳定解要求，$|\lambda_1|,|\lambda_2|<1$。假设 $\alpha_i > p_{ii}, i=1,2$，Davig–Leeper（2007）得出，若满足下面的表达式，

$$(1-\alpha_2)p_{11} + (1-\alpha_1)p_{22} + \alpha_1\alpha_2 > 1$$

且只要对某个 $\alpha_i > 1, i=1,2$，那么上面的方程就存在稳定解。Davig–Leeper（2007）称上面的不等式为长期的泰勒准则（Long–Run Taylor Principle，LRTP）。

在没有体制转换的条件下（$\alpha_1 = \alpha_2 = \alpha$），稳定解要求货币政策是主动的，即，$\alpha > 1$，但在存在体制转换的情况下，只要满足长期的 Taylor 准则就能得到稳定解，因而满足长期的 Taylor 准则对货币政策的选择更广。

首先，假设在每种状态下货币政策都是主动的，$\alpha_i > 1, i=1,2$，那么此时显然满足长期的 Taylor 准则，因而主动的货币政策是满足长期的 Taylor 准则的一个特例。

其次，假设货币政策在状态 1 下是主动的，而在状态 2 下是被动的，即，$\alpha_1 > 1$，$\alpha_2 < 1$，此时只要满足 $\alpha_2 > p_{22}$ 和 $(1-\alpha_2)p_{11} + (1-\alpha_1)p_{22} + \alpha_1\alpha_2 > 1$，那么这种

货币政策的选择也是可行的。这种政策选择很有实际意义，因为实际中货币政策可能并不总是呈现为主动的状态，在某些阶段也可能呈现被动的状态，此时只要满足长期的泰勒规则，就能保证通胀率的稳定。可以看出，随着 α_1 的增加或者 p_{11} 的增加，长期的泰勒规则对 α_2 的要求更宽松，特别是当 $\alpha_1 \to \infty$ 或者 $p_{11} \to 1$ 时，此时只要 $\alpha_2 > p_{22}$ 就能得到稳定解。因此，只要货币政策在状态1下充分主动（α_1 足够大）或者货币政策在主动状态持续的时间非常长（p_{11} 非常接近于1），那么在状态2下货币政策的选择余地就很宽。这有两种表现，一种表现是货币政策在状态2下非常被动（α_2 远远小于1），但处于该状态的概率非常小或保持该状态的时间非常短（p_{22} 非常接近于0）；另一种表现是货币政策在状态2下虽是被动的，但与主动的货币政策的边界非常接近（α_2 接近于1），且处于该状态的概率非常大或保持该状态的时间非常长（p_{22} 也非常接近于1，但小于 α_2）。这两种表现意味着，实际中货币政策会要么非常主动，或者保持主动状态的时间非常长，那么在某个阶段允许货币政策偏离主动状态，但偏离的程度不能太大，或者在偏离程度比较大的情况下，持续的时间比较短，那么从长期来看，货币政策仍可以认为是主动的货币政策，因而通胀率也就能得到稳定。

最后，假设货币政策在状态1下是主动的，而在状态2下是被动的，且，$p_{11} = p_{22} = 0$，这意味着每期货币政策都会发生体制转换，每种体制持续的平均时间都是最短的（仅为1期，即 $\frac{1}{1-p_{ii}} \to 1$），此时长期的泰勒规则仅仅要求 $\alpha_1 \alpha_2 > 1$，因而一种体制越主动（α_1 越大），另一种体制则可以越被动（α_2 可以越小）。为此，满足长期的泰勒规则可能选择一种体制频繁转换的货币政策，这种频繁变换的货币政策显然会对人们的预期稳定产生影响。

在满足稳定性条件的情况下，假设 $\hat{r}_t$ 是一个白噪声序列，则进一步可得到通胀率的解析解如下：

$$\hat{\pi}_{i,t} = \left(\frac{1}{\alpha_i}\right)\hat{r}_t, i = 1,2$$

以 $Var(\hat{\pi}_{i,t}) = Var(\hat{\pi}_t|_{s_t=i}), i = 1,2$ 表示体制为 i 的情况下通胀率的波动率，根据前面的结果还可得到

$$Var(\hat{\pi}_{i,t}) = \left(\frac{1}{\alpha_i}\right)^2 Var(\hat{r}_t), i = 1,2$$

仍然假设 $\alpha_1 > 1, \alpha_2 < 1$，那么可以看出，在同样的经济冲击下，货币政策在两种状态下对通胀率的影响是不同的，相比较而言，货币政策在被动状态时对通胀率的稳定有负面的放大作用，这种放大作用不仅直接体现在当期通胀率的波动方面，还间接体现在未来预期通胀率的波动方面，而且若货币政策在被动状态所处的时间越长（p_{22}越大），则物价稳定的效果越差。

总结以上分析，随机性体制转换给予了货币政策更大的灵活性，在固定的泰勒规则下，只有主动的货币政策才能稳定通胀率，而在随机性体制转换的规则下，被动的货币政策在某个时期也是可行的，但货币政策最终必须满足长期的泰勒规则。在前面的确定性体制转换模型中，最终达到的政策体制对物价的稳定具有重要作用，实际上它起到了一种稳定预期的功能，对比随机性体制转换模型可知，长期的泰勒规则与此功能相当，且赋予了货币政策较多的灵活性选择。

2. 多方程多条马尔科夫链的情况

体制转换实际上体现了一种不确定性，这种不确定性可能不仅仅体现在一种经济政策或经济状态方面，还可能体现在多种经济政策或经济状态方面，为此，我们需要研究联立方程存在多条马尔科夫链的体制转换模型。相比较单方程一条马尔科夫链的情况，研究多方程多条马尔科夫链的体制转换模型有以下困难：一是在体制转换模型中，人们的预期受到体制转换的影响，在存在多条马尔科夫链的情况下，每条马尔科夫链对应的体制转换对人们的预期影响可能是不同的，在某些情况下可能存在冲突的地方，因而体制转换对政策之间的约束和协调要求更复杂。二是每条马尔科夫链对应的体制转换未必是同时进行的，如货币政策体制转换与财政政策体制转换可能不在同期进行，在这种情况下，通过状态转移矩阵来刻画体制转换的特征就更困难。三是体制转换模型是一种隐性的状态转移模型，状态变量是不能直接观测的，在存在多条马尔科夫链的情况下，若各条链是相关的，则模型刻画和求解更加困难。四是体制转换可能会影响经济的稳态，在存在多条马尔科夫链的 DSGE 模型中，稳态也许可能不存在，也许可能存在多个稳态，如何识别不同的稳态更加困难。五是体制转换不仅影响经济的稳态，也影响经济的动态，在有限的观测信息下，如何识别和测算不同马尔科夫链对应的体制转换对经济动态特征的影响是非常困难的。

鉴于以上困难，下面仅对存在独立的多条马尔科夫链情况进行讨论。在每条链包含有限个状态的情况下，经过适当的变换通常可以将多条马尔科夫链变成单条马尔科

夫链的情况，为此以下从较一般的模型出发，
$$x_t = A(s_t)x_{t-1} + B(s_t)E_t x_{t+1} + C(s_t)\varepsilon_t$$
这里，E 表示预期，x_t 是由内生变量组成的向量，ε_t 是符合独立同分布的由各种经济冲击组成的单位向量，且 $E_t\varepsilon_{t+1} = 0$，方程中的系数矩阵 $A(s_t)$、$B(s_t)$ 和 $C(s_t)$ 依赖于经济所处的状态变量 s_t，s_t 是一个取值为有限状态的随机变量，$s_t \in \{1,2,\cdots,N\}$，s_t 的变化通过状态转移矩阵 P 来刻画，$P = [p_{ij}]$，$i,j = 1,\cdots,N$，p_{ij} 表示由本期状态 i 向下一期状态 j 变化的转移概率，即

$$p_{ij} = P[s_{t+1} = j | s_t = i], i,j = 1,\cdots,N, \sum_{j=1}^{N} p_{ij} = 1, i = 1,\cdots,N$$

上面方程不仅包含预期变量，而且包含滞后变量，因而状态变化对变量 x_t 动态特征的影响可通过图 3-2 反映（图中以两个状态为例），可以看出，在体制转换模型中，除了经济模型本身固有的动态特性外，随机性体制转换进一步丰富了模型中动态特性的内容，且体制转换时刻体现在每一时期。

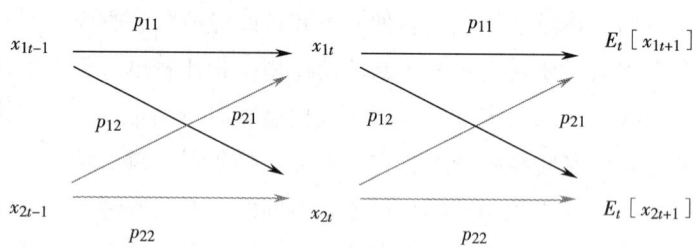

图 3-2　体制转换模型的特征

这里暂不考虑以上关于随机性体制转换模型的详细解法（本书第五章将详细讨论），利用已求得的结果下面来讨论体制转换对物价水平的影响。仍然采用前一章的典型经济人 DSGE 模型，假设产出、政府支出和消费都保持不变，$y_t = y, g_t = g, c_t = c = y - g$，此时实际利率也保持不变，即，$r_t = r = 1/\beta - 1$。另外假设政府将铸币税收入通过转移支付的形式返还给居民。在稳态对模型进行对数线性化可得到

$$E_t \hat{\pi}_{t+1} = \hat{i}_t$$

$$\hat{b}_{t+1} = \frac{1}{\beta}(\hat{b}_t - \frac{\tau^{ss}}{b^{ss}}\hat{\tau}_t)$$

式中，τ^{ss} 和 b^{ss} 分别是稳态时的税收和债务水平。

按照 Davig – Leeper – Chung（2004）的做法，假设经济中存在两种状态（$s_t = 1$，2），针对不同的状态，政策组合采用不同的方式，其中在状态 1 时，采用主动的货币政策和被动的财政政策组合（AM/PF 组合），在状态 2 时采用被动的货币政策和主动的财政政策组合（PM/AF 组合），即

$$s_t = \begin{cases} 1, AM/PF\ 组合 \\ 2, PM/AF\ 组合 \end{cases}$$

另外，假设两种状态的状态转移矩阵为 $P = \begin{bmatrix} p_{11} & p_{12} \\ p_{21} & p_{22} \end{bmatrix}$。

根据经济状态 s_t，货币政策规则和税收规则分别采用下面的形式，

$$\hat{i}_t = \phi(s_t)\hat{\pi}_t + \varepsilon_t^m, \phi(s_t) = \begin{cases} \phi(1), s_t = 1 \\ \phi(2), s_t = 2 \end{cases}$$

$$\hat{\tau}_t = \left(\frac{b^{ss}}{\tau^{ss}}\right)\gamma(s_t)\hat{b}_t + \varepsilon_t^f, \gamma(s_t) = \begin{cases} \gamma(1), s_t = 1 \\ \gamma(2), s_t = 2 \end{cases}$$

式中，ε_t^m 和 ε_t^f 分别表示货币政策和财政政策冲击，它们符合白噪声过程。

根据 Leeper 的分析，两种状态下的政策组合分别对应了物价水平的货币决定理论和财政决定理论，这两种状态对参数的要求分别是，$\phi(1) > 1, \gamma(1) > 1 - \beta$，$\phi(2) < 1, \gamma(2) < 1 - \beta$。

上面这个模型虽然简单，但要得到解析解是很困难的，因此按照上面给出的方法可以求出数值解。Davig – Leeper – Chung（2004）采用的模型与上面的模型基本类似，他们得到以下基本结论：

（1）虽然在两种状态下政策组合都能确定物价水平，但两种状态下的政策组合对物价水平的稳定效果是不同的。相比较而言，状态 2 下的 PM/AF 组合比状态 1 的 AM/PF 组合对物价水平的稳定效果要差，这与前面得到的财政政策的任意性容易导

致物价水平的不稳定的结论是一致的,也进一步说明无论是在确定性环境下还是在随机环境下,财政政策的任意性对物价水平的不稳定作用是时刻存在的,限制或消除这种任意性将会取得更好的效果。

(2)在前面确定性体制转换模型中,最终达到的状态和采用的政策组合对物价水平的作用效果是不同的,与此不同的是,在随机性体制转换模型中我们无法判定最终达到什么状态,只能测算达到某个状态的概率,因此,处于一种状态的概率越大,该状态下的政策组合方式对物价水平的作用效果越强。另外,在随机性体制转换模型中,我们只能测算某种状态持续的平均时间,因而一种状态持续的平均时间越长,该状态下的政策组合对物价水平的影响效果越强,这与确定性体制转换模型得到的结论类似。Davig – Leeper – Chung(2004)和 Davig – Leeper(2005,2009)指出,从状态转移矩阵的估计结果来看,上面两种状态下对应的政策组合在美国都有很强的持续性,如,20 世纪整个 40 年代美国基本上体现出状态 2 下的 PM/AF 组合,而自 1979 年至 2007 年美国基本上体现出状态 1 下的 AM/PF 组合,比较这两个阶段,状态 1 下的 AM/PF 组合对物价的稳定效果更突出。

(3)随机性体制转换模型中,体制转换时刻会改变人们对未来环境和政策的预期并产生预期效应,这种预期效应可能在体制转换前就体现出来并且可能会持续很长时间,从而处于某种状态的概率越大,那么该状态下的政策组合产生的预期效应越强。为此,若某种状态下的政策组合对物价的稳定效果越好,则应尽量朝着该状态变化并尽量保持这种状态,这样能够稳定人们的预期。

二、体制转换条件下政策之间的协调

从前面的分析可以看出,体制转换对货币政策和财政政策之间的协调提出了更高的要求。当体制转换要求一种政策组合转向另一种政策组合时,货币政策和财政政策必须同时改变原来的状态,如在由 PM/AF 组合向 AM/PF 组合转换时,当货币政策从原来的被动状态转为主动状态的同时,财政政策也必须由主动状态转为被动状态。这就提出以下问题,当体制转换要求一种政策组合转向另一种政策组合时,中央银行或者财政部门会按照政策组合的要求配合行动吗?在上面的体制转换中,政策 PM/AF 组合和 AM/PF 组合都是能够确定物价水平的政策组合,从前面的分析可以看出,除了这两种政策组合,还有另外两种政策组合,虽然这两种政策组合不能确定物价水平，但除了政策组合由 PM/AF 组合转变为 AM/PF 组合外，政策组合有没有可能也转变为 AM/AF 组合或 PM/PF 组合呢？

如果按照 Leeper（1991，1993）的分析，显然由政策 AM/PF 组合或 PM/AF 组合是不可能转变为 AM/AF 组合或 PM/PF 组合，因为在 AM/AF 组合或 PM/PF 组合下，物价水平是不能确定的，因而要使物价水平能够平稳地变化，只有在 AM/PF 组合或 PM/AF 组合之间能够相互转换，即，要么由主动的货币政策和被动的财政政策组合转换为被动的货币政策和主动的财政政策组合，要么由被动的货币政策和主动的财政政策组合转换为主动的货币政策和被动的财政政策组合。可实际情况并非如此。

Loyo（1999）对巴西的实证研究表明从 PM/AF 组合转变为 AM/AF 组合并不成功。从 20 世纪 70 年代后期到 1985 年之间，巴西的通胀率呈现加速增长的趋势并一度达到了恶性通货膨胀的状态，这期间巴西的财政政策基本上呈现主动的财政政策特征（或者说非李嘉图体制下的财政政策特征），货币政策是被动的货币政策，自 1985 年起，巴西中央银行决定采取主动的货币政策，即利率关于通胀率的弹性大于 1，但由于财政部门并没有相应地采取被动的财政政策，从而恶性通货膨胀的状态并没有得到控制，因此，从 PM/AF 组合转变为 AM/AF 组合在巴西并不成功。

Wooford（2001）的实证研究表明，美国在 1942—1951 年期间基本表现为被动的货币政策和主动的财政政策组合特征，Davig – Leeper – Chung（2005，2009）的实证研究进一步表明，被动的货币政策状态实际上一直持续到 20 世纪 80 年代之前，但从 50 年代初期一直到 80 年代中期，财政政策基本上呈现出被动的财政政策状态，综合二者的实证可以看出，从 50 年代初期到 80 年代之前，美国基本上表现为被动的货币政策和被动的财政政策组合特征，但是在美国政策组合由 PM/AF 组合转变为 PM/PF 组合时，并没有像巴西那样出现物价极其不稳定的情况。

Davig – Leeper（2005，2009）通过估计发现，反映体制转换的转移概率矩阵具有很强的持续性，特别是，20 世纪整个 40 年代基本上体现出被动的货币政策和主动的财政政策组合（PM/AF 组合）体制，然后转向为被动的货币政策和被动的财政政策组合（PM/PF 组合）体制，且该体制从 50 年代初一直持续到 70 年代末期，随后又转变为主动的货币政策和被动的财政政策组合（AM/PF 组合）并一直持续到 2007 年左右，自 2007 年之后，政策体制又再现出被动的货币政策和主动的财政政策组合（PM/AF 组合）特征。Davig – Leeper 指出，从一种体制转向另一种体制，货币政策和财政政策的协调在实践中并不困难,并没有出现恶性通货膨胀或者价格不稳定的情况,关键的问题是预期因素。货币政策和财政政策的调整及其协调将会对人们的预期产生影响,预期的改变以及预期的稳定性和可持续性是体制转换和保持体制持续性的关键。

Bianchi(2010)、Bianchi-Melosi(2012,2013)等学者对美国的实证研究表明,二战以后美国的货币政策和财政政策协调非常微妙。即使财政政策呈现主动的状态,但政府可能并不像以前那样明目张胆地去实施它(这样可以避免人们立刻对财政政策的任意性产生不稳定预期),政府可能会逐步地去实施,因而在很长时间内主动的财政政策处于被动和主动状态的边界,偏离被动状态的幅度不是很大,从而人们感到财政部门仍然在实施李嘉图的财政政策,特别是,在中央银行采取主动的货币政策状态下,这种略微偏移的主动财政政策,会使人们认为决策部门一直在实施主动的货币政策和被动的财政政策组合(AM/PF组合)。微小偏离的财政政策在经过很长时间(可能十年或二十年)后会产生较大的偏离,终究财政政策的主动状态会充分体现出来,一旦出现这种情况,将会对物价水平的稳定产生重要影响。前面我们得到,在单条马尔科夫链的情况下,Davig-Leeper(2007)指出,只要货币政策最终满足长期的Taylor规则,那么被动的货币政策在某个时期也是可行的,且与主动的边界越接近,这个时期可能越长,可以看出,Bianchi(2010)和Bianchi-Melosi(2012,2013)的结果实际上是该结果的推广,他们指出,一旦人们发现貌似稳定的政策组合隐含着伪装的或者欺骗的成分,那么政策决策部门的声誉将会改变人们的预期,这种预期的改变将会对未来政策组合的实施效果产生影响,并对政策决策部门未来声誉的培养和建立产生重要影响。

当然,以上分析目前也存在着争论。争论之一是,Leeper(1991,1993)得到的四种政策组合及各政策组合的特点是局部性的(Local)而非全局性的(Global),因此,在某个时期稳定的政策组合未必在整体上也是稳定的政策组合。争论之二是,实际中政策体制转换未必是随机的,并且,从过去数据得到的转移概率矩阵是否适用于分析未来的政策体制转换及分析未来的政策协调是一个理论和实证都需要探讨的问题。争论之三是,按照理论结果,货币政策和财政政策的调整应该同时进行,可实际情况无不如此,那么在货币政策和财政政策体制转换不是同期进行的情况下,到底哪种政策先调整哪种政策后调整呢?这种调整的先后次序对稳定物价重要吗?在调整中哪种政策占主导作用？如果体制转换要求一种政策放弃原先的主导角色，政策决策部门会赞成吗？这些问题都需要进一步的理论探讨和实证检验。

综上所述，物价水平的确定需要货币政策和财政政策的合作，存在多种政策组合方式，每种政策组合反映的理论及对物价水平的影响效果不同，实际中中央银行和财政部门所采用的工具及目标的侧重点也不尽相同，因此，随着经济的变化，货币政策和财政政策不可能保持同一种体制，当一种政策组合向另一种政策组合转变时，货币政策和财政政策的调整需要协调进行，这样才能达到稳定物价的目的。

第四节 稳定物价水平的最优政策组合

从前面各章节分析可以看出，物价水平的确定需要货币政策和财政政策的相互协调，不同的物价水平决定理论对货币政策和财政政策的选择和配合有不同的要求，也决定了货币政策和财政政策在稳定物价中的分工。因此，物价水平的决定理论实际上为我们提供了政策组合的可行集，可行集里包含多种政策组合方案，每种政策组合虽然能够确定物价水平，但在稳定物价方面的功效未必是一样的，为此如何从方案可行集里选择最优的政策组合是我们下面考虑的一个问题，另外，在体制转换情况下，最优的政策组合如何确定也是我们需要考虑的问题。

一、目标函数、目标变量及操作工具

最优的经济政策就是政策决策部门在一定的约束条件（如资源约束、技术约束及信息约束等条件）下，通过选择政策操作工具使其政策目标达到最优。最优经济政策的确定通常可表示为下面的优化问题，

$$\min_{\{u_t\}} L = E_t \sum_{j=0}^{\infty} \beta^j L_{t+j}(y_{t+j}, y_{t+j}^*)$$
$$s.t. \quad E_t[f(x_{t+1}, x_t, x_{t-1}, u_t, \varepsilon_t)] = 0$$
$$y_t = g(x_t, u_t)$$

式中，β 是贴现因子，$0 < \beta < 1$，L 是政策决策部门的目标函数或者损失函数，$L_t(y_t, y_t^*)$ 是当期损失函数，E_t 表示条件数学期望，x_t 是状态变量，u_t 是控制变量或者工具变量，ε_t 是符合独立同分布的随机误差向量，y_t 是目标变量（Targeting Variables），y_t^* 是目标变量的目标值（其可能是随时间变化的变量），上面第二个公式是经济模型，

第三个公式是目标变量与状态变量和控制变量的关系式。

目标变量是政策决策部门比较关注的变量，如产出或通胀率等，控制变量是决策部门可使用的政策操作工具，如利率、基础货币、税率等。

在选择最优的经济政策之前，我们首先需要解决的一个问题是，损失函数与社会福利目标函数存在什么关系，它们的最终目标是否一致。

无论采用哪种经济政策，从福利分析的角度来看，经济政策应该以提高社会福利为其最终目标，从而政策决策部门应当选择与社会福利目标一致的损失函数。Woodford（2003）、Benigno - Woodford（2003a，2003b）和 Svensson（2003）等学者指出，（ - L）是社会福利目标函数的二阶近似，因而在二阶近似的范围内通过使损失函数最小化也就使社会福利目标函数达到了最大化，故此损失函数与社会福利目标函数的最终目标是一致的，而且这些结论也给损失函数赋予了微观理论上的进一步解释。

如果损失函数与社会福利目标函数的最终目标是一致的，那么这也为经济决策部门选择目标变量及目标值提供了借鉴意义。

其一，目标变量是状态变量和控制变量的函数，虽然经济决策部门选择目标变量具有一定的灵活性，但最终得到的损失函数与社会福利目标函数在形式上应保持一致，特别是包含的项目既不能不充分，也不能冗余。

其二，损失函数中目标变量的目标值原则上应采用社会福利目标函数中的目标值，但考虑到实际中工资或价格的粘性、垄断竞争、扭曲性税率、统计数据的误差、经济决策部门的政治压力、实际操作的约束（如名义利率不能为负值）、模型和经济本身的不确定性等因素，损失函数中目标变量的目标值与社会福利目标函数的目标值可能不完全一致，但无论怎样，这些目标值不应该太偏离社会福利目标函数中的目标值，否则将对社会福利水平产生影响。

其三，Tinbergen（1952）和 Theil（1958）在研究经济政策时得到一个著名的结论，如果存在 N 个政策目标，那么要实现这些目标至少需要 N 个独立的工具变量，否则，工具变量个数的不足将使政策目标不能全部实现，此时政策决策者只能对这些目标的实现程度进行权衡。权衡就需要对不同的目标设定一定的权重，那么权重如何确定呢？如果损失函数与社会福利目标函数的最终目标是一致的，那么，损失函数中各个项目的权重应选择社会福利目标函数中这些项目的权重，这样才能使社会福利达到最优，而实际中经济决策部门对这些权重的选择通常有一定的灵活性，这反映了经济决策部门的偏好不同以及对不确定性的考虑不同。尽管如此，通过比较不同权重下的损失函数，从而选择使损失函数达到最小值的权重，也就实现了使社会福利达到最优的目标。

二、政策决策方式与最优政策的选择

Kydland – Prescott（1977）的研究表明，经济政策的选择必须考虑时间一致性（Time Consistence）问题，即当期选择的最优政策在未来各期也是最优的。如果选择的最优政策是时间不一致的（Time Inconsistent），那么这将会影响政策的可信度和有效性。

从前面的优化问题可以看出，经济模型中的状态方程通常表现为前瞻性（Forward – Looking）的特点，即，经济状态不仅决定于当期的经济政策选择，而且还决定于未来的经济政策选择，因此，政策决策部门在确定最优经济政策时必须考虑时间一致性问题。时间不一致问题之所以出现，关键在于决策者在重新求解优化问题确定政策时，将过去确定的政策看成是既定的过去事实，不受其影响，即，过去的政策决策对现在的政策决策不产生约束作用。如果存在着预承诺机制（Precommitment Mechanism），即决策者必须考虑过去确定的政策对其现在政策决策的约束作用，那么决策者选择的政策才是时间一致的，也是可信的和有效的。

在求解上面的最优政策问题时，经济政策的决策方式对求解结果具有很大的影响。决策方式体现了政策决策部门为实现其目标进行政策工具选择和调整的原则。一种较为常用的决策方式是相机抉择（Discretion），即政策决策部门根据经济状态相机而灵活地调整政策工具，这种方式的灵活性特点使之至今仍被政策决策所采用。另一种决策方式是政策规则，即政策决策部门始终按照某种规则来调整政策工具。相机抉择虽然灵活，但缺少承诺机制，如果缺少承诺机制，那么政策的有效性和可信性（Credibility）就值得怀疑。政策规则虽然缺少灵活性，但却建立了承诺机制，从而可以提高政策的有效性和可信性。从博弈论的角度来看，在相机抉择的方式下寻找时间一致的最优解，实际上就是寻找 Nash 均衡解，而在政策规则作用下得到的均衡实际上是 Stackelberg 均衡，其中，政策决策部门是领导者，经济主体是跟随者。

（一）相机抉择

在相机抉择的方式下，对上述最优控制问题的求解是一个多期优化问题，即在每

期 t，政策决策部门假定人们的预期给定，从而根据该期的经济状态求解上述优化问题，这意味着相机抉择在每期都利用了信息优势。由于时间不一致性问题的存在，因而我们期望在相机抉择的方式下寻找时间一致的最优解或 Nash 均衡解。

(二) 政策规则

政策决策的另一种方式是政策规则。政策规则虽然是对政策决策部门的一种约束，但这种约束使政策建立了一种承诺机制，从而可以避免政策决策部门的短视和机会主义倾向，并提高社会的福利水平。同时，政策规则的采用也可以提高政策的透明性、可信性和有效性。政策规则大体上可分为三类，第一类是完全承诺的政策规则 (Completely Commitment Policy Rules)，这种最优政策也称 Ramsey 最优政策，第二类是最优简单政策规则 (Optimal Simple Policy Rules)，第三类是不完全承诺或者准完全承诺的政策规则 (Loose Commitment 或 Quasi – commitment Policy Rules)。

1. 完全承诺的政策规则。完全承诺的政策规则就是在某期对上述最优控制问题求解得到最优控制 u_t 后，它将成为政策决策部门在以后各期选择控制变量的原则。从此可看出，在整个决策过程中，政策决策部门承诺仅在初期进行了 1 次优化，而以后各期严格按照此最优解来进行决策。可以看出，完全承诺的政策规则是与历史有关的，这其实对政策的决策施加了一种约束，使政策决策部门不能忽略过去的承诺。为保证该规则不受初期选择的影响，即保证完全承诺的政策规则是时间一致的，对初期 t_0 的选取至关重要。Woodford (1999) 和 Svensson (1999) 对于上述问题的解决方法是，将 t_0 选为 $-\infty$，这样得到的解具有与时间无关的性质 (Timeless Perspective)。Juillard – Pelgrin (2007) 指出，这种做法在实际操作中通常很难实行，他们提出了一种算法来求解与时间无关的最优政策规则。

2. 最优简单政策规则。由于完全承诺的政策规则形式上非常复杂，特别是它还依赖于不可观测的变量，因而在应用方面具有一定的难度。为此，人们尝试是否能用一些简单政策规则来逼近完全承诺的最优政策规则。其中最为常见的简单规则是，规则仅仅依赖于当期可观测的变量，一般来说，简单规则并不能使政策目标函数达到最优值，但如果这种简单规则能使目标函数值充分接近在完全承诺的政策规则作用下的目标函数值，那么它也是可取的。

3. 不完全承诺的政策规则。从上面分析可以看出，相机抉择和完全承诺的政策规则是政策决策的两种极端情况，相机抉择表明决策者每期都对自己的决策进行选择，而完全承诺的政策规则表明决策者仅在初期对自己的决策进行选择，因此相机抉择实际上每期都对原来的政策选择进行了调整，这显然对预期的稳定会产生不利的影响，同时也对政策的可信性和有效性会产生影响。在相机抉择和完全承诺的政策规则两种极端情况之间，还存在另一种政策规则，即不完全承诺或者准完全承诺的政策规则，这种规则最初由 Roberds（1987）提出，近年来在 Schaumburg – Tambalotti（2007）、Dennis（2007）和 Debortoli – Nunes（2010）的拓展下得到了较为广泛的应用。不完全承诺的政策规则假设在每期的政策决策中，决策者一方面可能会改变原来的决策，另一方面也可能会保持原来的决策，并且假设决策是否改变是一个随机过程。显然不完全承诺的规则既有相机抉择的特点（即改变原来的决策），又有完全承诺的政策规则的特点（即保持原来的决策），这种决策方式类似于垄断竞争条件下厂商采取的 Calvo 定价行为，从而更能体现实际情况。

三、决策方式对经济的影响——静态偏差与动态偏差

不同决策方式下得到的最优政策将会对经济产生不同的影响。从福利分析的角度看，影响包括两方面：一是静态偏差（Static Bias），二是动态偏差（Dynamic Bias）。造成静态偏差的原因是政策决策部门追求的目标与社会福利目标存在着差异，如政策决策部门制定的失业率目标低于自然失业率或其制定的产出目标高于潜在产出，这种目标水平的差异将会对社会福利水平产生影响，但这种影响是静态的。造成动态偏差的原因是由于不同的决策方式将对经济运行的动态特性产生影响，从而对经济产生稳定性偏差（Stabilization Bias），并进而对社会福利水平产生影响，这种影响是动态的。

从前面的分析可以看出，相机抉择的灵活性特点使之至今仍被政策决策部门所采用，但相机抉择存在以下问题：首先，如果没有承诺机制，那么选择的最优政策是时间不一致的，即当期最优的政策未必在未来各期是最优的。其次，当政策决策部门追求的目标与社会福利目标存在差异时，如政策决策部门制定的失业率目标低于自然失业率或其制定的产出目标高于潜在产出，相机抉择将会产生静态偏差，这不仅对社会福利产生负作用，而且对政策的可信性和有效性产生负面影响。最后，Svensson（1999）和 Woodford（1999）的研究表明，当经济主体的行为日益表现出前瞻性特点时，在缺少承诺机制情况下，即使政策决策部门的目标与社会福利的目标一致，相机

抉择仍然会产生稳定性偏差（Stabilization Bias），这种稳定性偏差将影响经济的动态特性，从而导致社会福利的降低。当经济的动态特性和前瞻性特性日益显著时，减少稳定性偏差从而改进社会福利更为重要。

针对相机抉择的不足，政策决策部门采用时间一致的政策规则是必要的。Svensson（1999）和 Woodford（1999）的研究表明，即使政策决策部门追求的目标与社会福利目标存在着差异，但如果政策决策部门采用政策规则，那么不仅可以减少静态偏差和稳定性偏差并提高社会福利水平，而且可以限制政策决策部门的机会主义行为，提高经济政策的可信性。此外，采用政策规则实际上在某种程度上对人们的预期起到了一种稳定作用，从而对维持政策决策部门的声誉起到了积极作用。尽管简单规则并不能使政策目标函数达到最优值，但如果这种简单规则能使目标函数值充分接近在完全承诺的最优政策规则作用下的目标函数值，那么其也是可取的。

总体上来看，考虑到实际中工资或价格的刚性、垄断竞争、扭曲性税率、统计数据的误差、政策决策部门的政治压力及实际操作的约束（如名义利率不能为负值）等因素，政策决策部门的目标值可能有所偏离社会福利目标函数中的目标值，因而静态偏差总是不可避免的，要完全消除静态偏差，应该从目标值的设定差异进行仔细分析，找出目标值差异存在的制度上或者经济本身存在的扭曲性因素，这样才能真正消除其对社会福利的影响。但是与动态偏差相比，静态偏差对社会福利的影响是一次性的，只是使社会福利水平发生了平移，而动态偏差是由于政策决策方式的差异导致的经济动态特性的扭曲，其对社会福利的影响是动态的，其不仅仅对社会福利水平产生影响，而且对社会福利的变化率产生影响。而且 Svensson（1999）指出，当经济的动态特性和前瞻性特性日益显著时，减少动态偏差从而改进社会福利显得更为重要。

四、体制转换条件下的最优政策选择

前面讨论了最优经济政策的选择，可以看出，这些结果是在特定的模型得到的，虽然前面使用的 DSGE 模型对不确定性进行了详细的刻画并在不确定环境下研究了各经济主体的行为决策，但对不确定性的刻画仍不完全，因此，上面得到的最优政策是否能够在更广的不确定环境下保持最优是我们下面探讨的问题。

不确定性大致可以分为以下几类：一是模型设定的不确定性，主要反映人们由于依据的经济理论不同及个人的建模偏好不同，设定的经济模型不尽相同。DSGE 模型虽然具有坚定的微观理论基础并保持了微观分析与宏观分析的一致性,但模型设定仍然存在着不确定性,如采用价格粘性还是采用信息粘性、采用Calvo定价模式还是采用调整成本的定价模式、采用典型经济人模型的建模框架还是采用OLG模型的建模框架、效用函数包含还是不包含货币余额等问题都涉及到模型的设定形式,模型设定未必是唯一的。二是对外部冲击的动态特性刻画存在着不确定性,通常采用一阶自回归形式(AR(1))来刻画外部冲击的动态特征,但也可采用二阶自回归形式(AR(2))或者一阶自回归移动平均形式(ARMA(1,1))甚至其他形式来刻画外部冲击的动态特征。三是模型参数的不确定性,主要反映参数估计或者校准(Calibration)的数值存在着差异。四是数据的不确定性,主要反映数据的生成过程、数据的统计及不可观测数据的估计等方面的误差,不同模型都是对实际的数据生成过程(Data Generating Process,DGP)的某种近似描述,再完美的模型也有局限性。

在不确定环境下研究最优政策的选择,一个首要问题是对不确定性采用适当的描述方式。一种方式是结构性的描述方式,如假设变量或参数服从一定的概率分布或者位于一定的区间范围内。另一种方式是非结构性的描述方式,如对不确定性并不进行具体的划分或者设定具体的形式,而仅仅对不确定性的规模范围进行限定。

前面我们介绍了体制转换模型,可以看出,体制转换实际上体现了一种不确定性,这种不确定性是一种结构性的离散形式不确定性,其通过多条马尔科夫链的方法来描述。体制转换模型是一种隐性的状态转移模型,其假设经济中存在着有限的几个状态,状态之间的跳转通过状态转移矩阵来刻画,但状态变量是不能直接观测的。在体制转换模型下得到的最优政策是依赖于经济状态的,显然该规则的求解要比固定体制下的求解复杂得多,第五章将详细讨论。

第四章 物价水平决定机制的实证研究

通过对物价水平的决定机制进行深入的理论探讨后，我们知道不同的物价水平决定理论暗示着在稳定物价方面货币政策和财政政策起着不同的作用，这些政策之间既存在着相互联系，又存在着相互制约，它们之间不仅分工明确，而且协调机制也很清楚，现在我们提出的问题是，实际中这些理论是否能得到验证呢？理论结果和实际结果是否一致呢？实际中货币政策和财政政策是否能够按照这些理论进行协调呢？若协调不顺利，那么对物价稳定会产生什么样的后果呢？这些问题都需要进行实证研究，本章将对实证研究的关键问题、实证研究方法及已有的国内外实证研究结果进行讨论。

第一节 物价水平决定机制实证研究中的关键问题

物价水平的决定理论可以说已经较为成熟，但这些理论实际上是否适用还值得进一步检验。在实证检验方面目前还处于起步阶段，实证检验中存在着很多困难。实证检验中遇到的最大困难是，尽管各种理论上给出了物价水平确定的各种分析结果，但由于实际数据中只能观察到一个结果，因而如何从实际结果中识别出不同的政策体制是一件非常困难的事情，本节讨论实证中遇到的主要问题。

一、在物价水平的确定方面货币政策和财政政策哪个占优

物价水平的货币决定理论表明，货币政策在物价水平的确定中占有主要地位，财政政策则处于支持和配合的地位，而物价水平的财政决定理论得出的结论相反，财政政策在物价水平的确定中占有主要地位，货币政策则处于支持和配合的地位。因此，货币政策和财政政策谁占优（Dominance）是实证中关注的一个重要方面，也从一个

方面对物价水平的决定理论进行了实证检验。

前面我们得到广义政府部门的跨期预算等式可表示如下：

$$b_t = \sum_{j=0}^{\infty} D_{t,j}(\tau_{t+j} - g_{t+j}) + \sum_{j=0}^{\infty} D_{t,j} sg_{t+j}$$

式中，$b_t = B_t/P_t$ 是政府债券的实际余额，τ_t 和 g_t 分别是政府的实际税收和实际支出，$sg_t = (M_{t+1} - M_t)/P_t = m_{t+1}(1 + \pi_{t+1}) - m_t$ 是铸币税，$m_t = M_t/P_t$ 是货币的实际余额，B_t 和 M_t 分别是政府债券和货币的名义余额（期初余额），P_t 是物价水平，$\pi_t = P_t/P_{t-1} - 1$ 是通胀率，$r_t = (1 + i_t)/(1 + \pi_{t+1}) - 1$ 是实际利率，i_t 是名义利率，$D_{t,j} = \prod_{s=0}^{j-1} \frac{1}{1 + r_{t+s}}$，$(D_{t,0} = 1)$ 是贴现因子。该式表明，政府当前的债务水平等于当前和未来各期政府一般财政盈余和铸币税的贴现值。

现在假设由一般财政盈余的贴现值支持的债务水平占其总债务水平的比例为 k，即

$$\sum_{j=0}^{\infty} D_{t,j}(\tau_{t+j} - g_{t+j}) = k b_t$$

那么，由铸币税的贴现值支持的债务水平占其总债务水平的比例为 $(1-k)$，即

$$\sum_{j=0}^{\infty} D_{t,j} sg_{t+j} = (1 - k) b_t$$

当政府债务不能由一般财政盈余的贴现值完全支持时，铸币税将作为一种补充手段来支持政府的债务水平。参数 k 取不同的值，实际上反映了货币政策或财政政策的占优性，哪个政策占优将对物价水平的确定产生重要影响。

为得到解析解和讨论方便，仍然采用前面几章的典型经济人 DSGE 模型并进行简化，即效用函数中的有关参数采用数值，$\sigma = \eta = 1$，此时效用函数变为

$$u(c_t, m_t) = A_1 \ln c_t + A_2 \ln m_t, A_1, A_2 > 0$$

相应的有关行为方程调整为

$$c_{t+1} = \beta(1 + r_t) c_t$$

$$m_{t+1} = A c_{t+1}/i_t, A = A_2/A_1$$

按照上一章的做法我们在模型中不考虑生产部门，假设政府支出 g_t 和产出 y_t 都是外生的，且按照新古典经济增长理论的假设，不妨假设经济增长率为零（$\xi = 0$），根

据以上两式，贴现因子为

$$D_{t,j} = \beta^{j-1}$$

另外，居民的预算约束等式，

$$y_t - \tau_t = c_t + sg_t + \frac{b_{t+1}}{1 + r_t} - b_t$$

由以上各式可得到

$$y_t + (1 - k)b_t = c_t + g_t + sg_t + (1 - k)\frac{b_{t+1}}{1 + r_t}$$

或

$$y_t + (1-k)b_t + m_t = c_t + g_t + i_t m_{t+1}/(1 + r_t) + \frac{(1-k)b_{t+1} + m_{t+1}}{1 + r_t}$$

考虑均衡条件 $y_t = g_t + c_t$，向前迭代并利用一阶条件上式可表示为

$$c_t = [(1 - \beta)/A][(1 - k)b_t + m_t]$$

或

$$P_t = [(1 - \beta)/A][(1 - k)B_t + M_t]/(y_t - g_t)$$

由此可得到以下结论：

（1）若 $k=1$，则政府债务完全由一般财政盈余的贴现值支持，显然这反映了李嘉图体制下的财政政策，此时物价水平主要通过货币政策来确定，货币政策处于完全占优的地位，且完全杜绝了政府债务依赖铸币税支持的渠道，这也是物价水平的货币决定理论的典型体现。若 $k=0$，则政府债务完全由铸币税的贴现值支持，而与一般财政盈余的贴现值无关，此时财政部门在一般税收、财政支出和债务水平的决策上都具有任意性，三者彼此之间缺乏非协调性，财政政策此时处于完全占优的地位，货币政策处于一种完全被动的地位，财政政策的这种任意性导致货币政策被迫通过铸币税来维持广义政府的跨期预算平衡，而完全依赖铸币税来支持政府债务水平显然对物价水平的确定起着重要作用，这也是物价水平的财政决定理论的典型体现。

（2）若 $0<k<1$，则政府债务一部分通过一般财政盈余的贴现值来支持，另一部分通过铸币税的贴现值来支持。只要财政部门不能保证自己的跨期预算平衡，其无论是主观还是客观上就会将铸币税作为一般税收的补充手段来支持政府债务，这就会对物价水平产生影响。因此，参数 k 的大小实际上反映了货币政策和财政政策在物价水平的确定中所处的地位。参数 k 越大，货币政策越占优，参数 k 越小，财政政策越占

优。如果我们能够根据实际数据估计出参数 k，那么我们也就能够对物价水平确定中哪种政策起主导作用作评价和检验。虽然实证表明铸币税并不是税收的主要部分，但并不说明财政政策对物价水平不产生影响，只要政府债务不能完全由一般财政盈余的贴现值支持（$k \neq 1$），那么财政政策就会对货币政策在物价水平确定中的主导性产生影响。

（3）参数 k 反映了货币政策和财政政策在物价水平确定中的长期影响作用和地位，实际中货币政策和财政政策的主导性并不是一成不变的，可能在某个时期货币政策占优，也可能在另一个时期财政政策占优，因此，通过估计参数 k 不仅可以对某个时期的货币政策和财政政策的主导性进行评价，也可以对整个时期二者的主导性进行评价。

（4）参数 k 反映了由一般财政盈余所能支持的政府债务水平占总债务水平的比例，这其实就是一种财政政策规则，不过这是一种长期规则，通常意义下的财政政策规则考虑的是一种规则形式，这与长期规则并不矛盾，长期规则可能隐含地包含这些规则。

实际上，由式子 $\sum_{j=0}^{\infty} D_{t,j}(\tau_{t+j} - g_{t+j}) = k b_t$，可以得出

$$(\tau_t - g_t) = k\left[b_t - \frac{b_{t+1}}{1+r_t}\right]$$

或者

$$(\tau_t - g_t)P_t = k\left[\frac{i_t B_t}{1+i_t} - \frac{B_{t+1} - B_t}{1+i_t}\right]$$

这就是 Aiyagari – Gertler（1985）当初提出的一种财政政策规则，该规则表明，当期的财政盈余需要支付一部分已有的债务利息，在支付利息时，需要考虑新发债务产生的债务收入带来的影响。当然，这只是一种财政政策规则形式，实际应用中还有其他财政政策规则形式。

（5）以上讨论是针对所有物价水平而言的，即我们是在李嘉图体制下讨论物价水平的确定问题，可以看出，即使在李嘉图体制下，只要政府债务不能完全由财政盈余支持，那么财政政策就会对物价水平的确定产生影响，物价水平的确定也就不仅仅是货币政策的事情，而是需要货币政策和财政政策的协作才能确定物价水平。

（6）假设政府将铸币税通过转移支付的形式返还给居民，此时前面结果变成：

$$P_t = [(1-\beta)/A][(1-k)B_t]/(y_t - g_t)$$

只要政府债务不能完全由一般财政盈余的贴现值支持（$k \neq 1$），那么财政政策就会对物价水平产生影响，财政政策的这种任意性迫使物价水平进行调节来维持广义政府的跨期预算平衡，因此，财政政策是否对物价水平产生影响的关键不在于是否存在铸币税，而是在于财政政策的任意性是否会导致跨期预算约束的不可维持性。

二、如何识别出李嘉图体制和非李嘉图体制

从前面几章的理论分析可以看出，存在李嘉图体制下和非李嘉图体制下的财政政策，这两种体制下的财政政策对物价水平的确定方式是不同的，但实际数据中只能观察到一个结果，因而如何从实际结果中识别出不同的政策体制是一件非常困难的事情。

考虑到实证中铸币税不是税收的主要来源情况，我们假设政府将铸币税通过转移支付的形式返还给居民，这样就撇开了铸币税因素，纯粹讨论李嘉图体制和非李嘉图体制的识别问题，此时广义政府的跨期预算等式可表示为

$$\frac{b_{t+1}}{1+r_t} = b_t - s_t$$

或

$$\frac{B_t}{P_t} = \sum_{j=t}^{\infty} \left(\prod_{k=0}^{j-1} \frac{1}{1+r_{t+k}} \right) s_j$$

式中，$s_t = (\tau_t - g_t)$ 表示当期财政盈余。

在李嘉图体制下，上式对任何物价水平都成立，而在非李嘉图体制下，上式仅在均衡物价水平成立。无论哪种体制，实际数据只能观察到均衡物价水平下的该等式，因而仅从该等式并不能识别出两种体制。Cochrane（1998，2001）指出，在李嘉图体制下上式对财政政策来说是一个约束条件，而在非李嘉图体制下上式是一个确定物价水平的方程，因而识别两种体制的关键并不是检验该等式是否成立，而是检验物价水平从非均衡状态到均衡状态遵循什么样的调整机制，为此识别两种体制需要给出财政政策有关行为决策的详细刻画，需要施加理论分析给出的一些约束条件。

Bohn（1998）、Canzoneri - Cumby - Diba（2001）通过分析财政盈余和政府债务的动态变化规律提出了一种识别方法。他们指出，在财政盈余增加的情况下，如果政府的实际债务水平下降，那么说明政府能够通过足够的税收来支持其已有的债务规

模，从而保证了债务水平的稳定，因而此时的财政政策体现出李嘉图体制的特征。而如果随着财政盈余的增加，政府的实际债务水平不变或者反而上升，那么此时的财政政策体现出非李嘉图体制的特征。

但是，这种识别方法受到了 Cochrane（1998，2001）的批判，其指出以上结论并不完全成立。即使随着财政盈余的增加，政府的实际债务水平下降，但仍然不能排除非李嘉图体制的财政政策。具体来说，假设财政盈余受到一个正的冲击，并考虑下面的方程，

$$b_t - s_t = \frac{b_{t+1}}{1+r_t} = \sum_{j=t+1}^{\infty} \Big(\prod_{k=0}^{j-1} \frac{1}{1+r_{t+k}} \Big) s_j$$

从该式的左边可以看出，即使在非李嘉图体制的财政政策下，随着财政盈余的增加，政府的实际债务水平在当期也是下降的，而要保证上式的右边也成立，那么存在的一种可能性是财政盈余在以后各期的变化是下降的，由前面几章的理论分析可以看出，在物价水平的财政决定理论下，财政政策具有相对的任意性，从而这种可能性完全可能存在，因而也就不能排除存在非李嘉图体制下财政政策的可能性。而且，Sala（2004）进一步指出，如果实际利率也相对独立地发生变化，那么也能保证上式的右边成立，因而也不能排除存在非李嘉图体制下财政政策的可能性。故此，Cochrane 认为，在存在观测等价性（Observational Equivalence）的情况下，根据实际数据来检验和识别哪种体制存在并没有太大的实际意义，关键是从理论上详细刻画两种体制下的财政政策特征及其对物价水平的影响和与货币政策的协调问题，这样才对物价水平的确定有意义。可是，Canzoneri（2011）等学者认为，如果一个经济理论不能检验，那么我们怎么才能很好地应用它并指导我们的政策决策呢？

李嘉图体制的财政政策意味着财政政策是可持续的，而非李嘉图体制的财政政策意味着财政政策是不可持续的，因而从财政政策是否可持续的角度也可以对识别财政政策的体制提供参考意义。衡量财政政策是否可持续需要从跨期预算等式的横截条件是否满足着手，而在前面讨论中我们通常假设该横截条件是满足的，然后再讨论不同的财政体制为满足该跨期预算约束等式需要的条件或者在这些条件不满足时对跨期预算平衡产生的影响。现在我们直接对是否满足横截条件进行衡量也从另一个侧面对不同体制财政政策的特性进行了刻画。

仍然不考虑铸币税，从广义政府的跨期预算等式

$$\frac{b_{t+1}}{1+r_t} = b_t - s_t$$

可得到

$$b_t = E_t \sum_{j=t}^{n} \Big(\prod_{k=0}^{j-1} \frac{1}{(1+r_{t+k})}\Big)s_j + E_t \prod_{k=0}^{n} \frac{1}{(1+r_{t+k})}b_{t+n}$$

前面假设在满足横截条件 $\lim_{n\to\infty}\prod_{k=0}^{n}\frac{1}{(1+r_{t+k})}b_{t+n}=0$ 的情况下，我们得到

$$\frac{B_t}{P_t} = b_t = E_t \sum_{j=t}^{\infty} \Big(\prod_{k=0}^{j-1} \frac{1}{(1+r_{t+k})}\Big)s_j$$

但是，横截条件涉及的期限是无限的，那么在有限期限内，根据可观测的实际数据如何衡量财政政策的可持续性呢？Polito – Wickens（2005）对这个问题进行了较深入的研究。他们首先从 t 期到 $t+n$ 期对未来财政收支或者财政盈余进行预测，并利用预测结果构造下面指标，

$$F_{t,n} = E_t \sum_{j=t}^{n} \Big(\prod_{k=0}^{j-1} \frac{1}{(1+r_{t+k})}\Big)s_j$$

政府在制定债务规模时具有一定的任意性，我们并不知道未来政府债务会达到什么程度，也就是说，我们对横截条件 $\lim_{n\to\infty}\prod_{k=0}^{n}\frac{1}{(1+r_{t+k})}b_{t+n}=0$ 是否成立并不知道，我们只能根据政府制定的债务目标 b^* 来判断，因而根据当期的债务规模及政府制定的债务目标 b^* 构造下式：

$$G_{t,n} = b_t - E_t \prod_{k=0}^{n} \frac{1}{(1+r_{t+k})}b^*$$

根据以上两个指标，Polito – Wickens（2005）指出，若 $F_{t,n} \geqslant G_{t,n}$，则说明政府的财政收支状况完全能支持政府的债务；若 $F_{t,n} < G_{t,n}$，则说明政府的财政收支状况不能支持政府的债务，政府制定的目标值太高。

Polito – Wickens（2005）虽然在分析财政政策的可持续性，但该分析结果对识别财政政策的体制有一定的借鉴意义。在非李嘉图体制的财政政策下，政府在税收、支出及债务规模的选择上都有任意性，根据上面的衡量指标，财政政策是不可持续的，若要强制税收、支出及债务规模满足跨期预算约束，显然需要通过物价水平的调整来进行。如果上面的衡量指标表明，政府的财政收支状况完全能支持政府的债务，那么显然此时的财政政策在有限期内表现为李嘉图体制的特征，并且若 $n\to\infty$ 时，该结论

仍成立，则进一步表明此时的财政政策就是李嘉图体制的财政政策。

Polito-Wickens（2005）的方法涉及到对未来经济指标的预测，我们实际中可以用各种方法来对经济指标的未来趋势进行预测，因而不仅可以将该方法嵌入到经济理论不强的非理论模型（如 VAR 模型）中，也可以将该方法嵌入到非常严谨的理论模型（如 DSGE 模型）中，从而对财政政策的可持续性进行综合判断。

虽然根据实际数据来识别李嘉图体制和非李嘉图体制很困难，但从实证及政策制定和应用角度来讲，这仍然是一项非常必要的事情，学者们仍然在探讨新的方法。

三、如何分解出财富效应

李嘉图体制和非李嘉图体制的财政政策对居民持有的财富总规模、组成成分及各成分的资产收益率的影响是不完全一样的，如果能够在两种体制下就政策变化对经济影响的结果中分解出财富效应，那么我们也就能够识别出两种体制，并且能够对物价水平的决定因素进行确定。可是，财富效应通常是和替代效应、分配效应或其他效应混合在一起的，实际观察到的结果是各种效应综合作用的结果，从而如何从实际结果中分解出财富效应就成为关键。

在前面几章的分析框架中，广义政府对居民的负债主要包括两项，即不支付利息的货币和支付利息的政府债券。经济变化（包括政策变化）对居民的行为决策产生财富效应通常表现为两种形式：一是经济变化导致居民持有的财富规模发生变化，这直接对居民的消费决策、资产选择及总需求等方面产生影响，这种财富效应是直接的，比较容易识别和分解；二是即使经济变化不会导致居民持有的财富规模发生变化，但会导致资产收益率发生变化，资产收益率的变化对居民的决策行为同时具有替代效应和财富效应，因而这种财富效应是间接的，也是最难识别和分解的。

在前面的典型经济人 DSGE 模型中，若财政政策是李嘉图体制下的财政政策，则政府债务完全由财政盈余支持，此时居民持有的政府债券并不是居民的净财富，从而不存在由财富规模变化产生的财富效应，虽然利率变化会产生财富效应，但财富效应弱于替代效应，因而总的来看，居民的行为决策受财富效应的影响很小；而在非李嘉图体制的财政政策下，政府债务不能由财政盈余完全支持，此时居民持有的政府债券将是居民的净财富，居民财富规模的变化会直接产生财富效应，加之由利率变化间接产生的财富效应，非李嘉图体制下的财政政策会产生强大的财富效应，这种财富效应将会对居民的跨期消费选择、资产组合、总需求及物价产生影响，并且该效应对经济的影响具有很强的持续性。

在 OLG 模型中，即使政府债务完全能够由财政盈余支持，但由于每一时期居民是异质的，政府不仅在当期对现存的居民进行征税，而且在未来各期对后来出生的居民征税，在每期政府对活着的居民征税一视同仁的情况下，当期居民在未来的一部分税收负担将会被后来出生的居民承担，因而当期居民持有的政府债券就有一部分成为居民的净财富，因此即使李嘉图体制下的财政政策在 OLG 模型中也会产生财富效应，更不用说非李嘉图体制下的财政政策。

总的来看，从实际结果中分解出财富效应非常困难，目前要完全分解出财富效应还没有较成熟的方法，只能针对具体模型，采用适当的情景分析来部分分解出财富效应。

四、是否存在体制转换

经济本身状态的变化及经济政策的调整都会对物价水平产生影响，前面章节分析了体制转换对物价水平的影响，这些结论对已有的物价水平决定理论进行了扩展，但对实证研究也增加了较多困难。

首先，实际中是否存在体制转换是一个需要深入探讨的问题。Taylor（1993）在研究货币政策规则时发现，名义利率关于通胀率的弹性在沃尔克—格林斯潘时代（1979 年之后）大于 1，而在此之前小于 1，这反映了美联储的利率调整政策在两个时期所处的状态是不同的，自 1979 年后，美国的货币政策发生了系统性的变化，即由被动的货币政策转变为主动的货币政策。这个结论后来被许多实证研究得到证实，并且得出，自沃尔克—格林斯潘时期的货币政策的系统性调整为后来时期物价的稳定奠定了基础。但这些研究受到了 Sims – Zha（2006）的质疑。Sims – Zha（2006）采用经典的体制转换模型针对自 1959 年之后的美国实际数据进行估计发现，如果考虑到货币政策操作目标的变化，如美联储 20 世纪 80 年代采用的盯住货币供应量的规则和目前采用的利率规则，那么实证并不能表明美国的货币政策自 1979 年之后发生了系统性的体制变化，自沃尔克—格林斯潘之后的长达 20 年时间美国物价一直保持比较稳定，与货币政策体制转变的关系并不明显，虽然货币政策操作方式和操作目标在变化，可是货币政策所处的状态并没有改变。另外，Bohn（1998）对财政政策的研究表明，美国不同历史时期的财政政策是否会体现出比较明显的李嘉图体制或者非李嘉图体制的特征以及是否存在这两种体制的转换，在实证上是一件非常困难的事情。因此，如何根据实际数据识别体制的变化是研究体制转换对物价水平影响的一个前提。

其次，在存在体制转换的条件下如何检验物价水平的决定理论。在存在观测等价性的情况下，根据实际数据来检验固定体制下物价水平的不同决定理论已经很困难，再考虑体制转换的因素，那么检验更加困难。在体制转换模型中，物价水平的货币决定理论和财政决定理论只是两种极端情况，实际中观测到的物价水平变化是不同体制下物价水平决定理论的混合作用结果，而且，除了货币政策或财政政策存在体制转换外，还可能存在其他的体制转换，那么在存在众多的体制转换情况下，根据实际数据检验物价水平的决定理论更加困难。另外，不同的体制转换未必是同时进行的，每种体制的维持时间和体制转换频率是不同的，因此，识别和检验不同体制下的物价水平决定理论更是一个极大的挑战。

第二节 物价水平决定机制实证研究的基本方法

物价水平的决定机制目前在理论研究方面相对来说比较成熟，但在实证研究方面还处于起步阶段，实证研究的方法大致上可以分为三类：第一类方法是单方程或者面板数据（Panel Data）模型方法，典型代表有 Bohn（1998）、Afonso（2002，2005）和 Tanner - Ramos（2002）；第二类方法是向量自回归模型（Vector Autoregressive Model，VAR 模型）方法，分为平稳时间序列和非平稳时间序列两种情况，典型代表有 Canzoneri - Cumby - Diba（2001）、Cochrane（1998，2001）、Fialho - Portugal（2005）、Creel - Monperrus - Véroni - Saraceno（2005）、Creel - Bihan（2006）、Thams（2007）、Resende（2007）和 Fan - Minford（2009）等；第三类方法是动态随机一般均衡模型（DSGE 模型）方法，典型代表有 Leeper（1991，1993）、Sims（1994，1997，1999，2011）、Woodford（1994，1996，1998，2001）、Cochrane（1998，1999，2005）、Cushing（1999）、Christiano - Fitzgerald（2000）、Loyo（1999）、Carlstrom - Fuerst（2000，2001，2004）、Kocherlakota - Phelan（2000）、Bergin（2000）、Dupor（2000）、Bénassy（2000，2005）、Schmitt - Uribe（2000，2005）、McCallum（2001，

2003，2009）、Daniel（2001，2007）、Janssen – Nolan – Thomas（2002）、Creel – Sterdyniak（2002）、Leeper – Zha（2003）、Kim（2003）、Weil（2003）、Davig – Leeper – Chung（2004）、Sala（2004）、Niepelt（2004）、Canzoneri – Diba（2005）、Favero – Monacelli（2005）、Davig – Leeper（2005，2009）、Fanizza – Söderling（2006）、Canzoneri – Cumby – Diba – Lopez – Salido（2006）、McCallum – Nelson（2006）、Moreira – Souza – Almeida（2007）、Resende – Rebei（2008）、Canzoneri – Cumby – Diba（2008）和 Chadha（2010）等。另外，如果再考虑体制转换的情况，那么上面三类方法又分为固定体制和体制转换两种情况，各种方法有其侧重点，本节主要介绍它们的基本特征。

一、单方程或面板数据模型方法

从前面分析可以看出，物价水平的确定需要货币政策和财政政策的协调，非协调的货币政策和财政政策组合要么会导致物价水平的不确定（Indeterminate），要么会导致物价水平的过度确定（Over – determinate），特别地，财政政策的相对任意性会对中央银行的稳定物价目标产生重要影响。因此，在对物价水平的决定机制进行实证检验中，一个思路是首先对财政政策的行为和决策进行研究，检验和判断财政政策遵循什么样的体制，即财政政策到底是李嘉图体制下的财政政策还是非李嘉图体制下的财政政策，这样也就从一个侧面对物价水平的决定机制进行了验证。

关于财政政策遵循什么样的体制研究，主要有两种方法，一种是后顾性（Backward – Looking）方法，典型代表有 Bohn（1998）；另一种是前瞻性（Forward – Looking）方法，典型代表有 Canzoneri – Cumby – Diba（2001）。

Bohn（1998）实证的出发点是下式：

$$s_t = \alpha + \gamma b_t + v_t$$

式中，$s_t = (\tau_t - g_t)$ 表示财政盈余，b_t 是政府债券的实际余额（期初余额），τ_t 和 g_t 分别是政府的实际税收和实际支出，v_t 是财政政策冲击。

Bohn（1998）指出，如果财政政策是李嘉图体制下的财政政策，那么政府通过协调财政税收、支出及债务水平三者的关系，能够使政府的跨期预算等式得到满足。为此，若政府已有的实际债务水平上升时，那么政府未来的财政盈余必须对此作相应的反应，即未来财政盈余将会上升，也就是说，李嘉图体制下的财政政策表明 $\gamma >$

0。而在非李嘉图体制下，政府在财政税收、支出及债务水平的选择方面均具有相对的任意性，因而非李嘉图体制下的财政政策表明 $\gamma \leq 0$。Bohn（1998）的研究和 Leeper（1991，1993）的研究有联系，但不完全相同。Bohn 的研究重点是财政政策到底符合什么样的体制，或者财政政策能否保证跨期预算等式得到满足，政府债务水平虽然稳定但未必是有界的。而 Leeper 的研究侧重于物价水平确定的货币政策和财政政策组合，在物价水平的确定方面仅仅采用李嘉图体制下的财政政策（$\gamma > 0$）不够，还需要财政盈余对债务规模的弹性足够大（γ 必须大于某个正数，即被动的财政政策），同时还需要主动的货币政策配合，因此，政府债务水平不仅要求是稳定的，而且是有界的。

Canzoneri – Cumby – Diba（2001）认为，上面这个简单的回归未必能给出正确答案。实际中政府针对债务水平的变化对税收的调整可能是不连续的，只有当债务水平非常大的时候，政府才会调整税收，因此，即使政府采用李嘉图体制下的财政政策，但若在有限的实证样本期内，政府针对债务水平变化不大的情况下对税收调整的非常小，那么直接用财政盈余对政府债务进行回归可能会得出数 γ 不能显著大于 0 的结论。

对于以上研究方法，Cochrane（1998，2001）提出了不同的见解。Cochrane 指出，仅仅根据参数 γ 是否大于 0 来判断财政政策是否满足李嘉图体制或者非李嘉图体制的特征未必正确。他考虑以下情况，即假设财政盈余是外生的，

$$s_t = \rho s_{t-1} + v_t, 0 \leq \rho < 1$$

仍然采用前面章节介绍的模型，在假设政府支出 g_t 和产出 y_t 都是外生，且经济增长率为零（$\xi = 0$）的情况下，实际利率满足 $1 + r_t = 1/\beta$，将实际利率及上式代入政府的跨期预算等式，

$$b_t = \sum_{j=t}^{\infty} \Big(\prod_{k=0}^{j-1} \frac{1}{1 + r_{t+k}} \Big) s_j$$

经过简化可得到

$$s_t = (1 - \rho\beta) b_t$$

显然，财政盈余与政府已有的债务规模成正相关关系，如果按照 Bohn（1998）的方法，此时财政政策是李嘉图体制的财政政策，但事实上上面假设财政盈余是外生变化的，明显地具有非李嘉图体制的特征，因此即使在非李嘉图体制下，也可能出现

财政盈余与政府已有的债务规模成正相关关系的情况，故仅仅根据财政盈余与政府已有的债务规模的回归系数 γ 是否大于 0 来判断财政政策是否满足李嘉图体制或者非李嘉图体制的特征未必正确，这就是上面提到的观测等价性（Observational Equivalence）问题，也就是说，在出现这种情况下，我们是无法识别两种体制的。

Canzoneri – Cumby – Diba（2001）认为 Bohn（1998）的研究方法属于后顾性方法，他们建议从前瞻性的角度来研究上述问题。他们指出，在财政盈余增加的情况下，如果政府的实际债务水平下降，那么说明政府能够通过足够的税收来支持其已有的债务规模，从而保证了债务水平的稳定，因而此时的财政政策体现出李嘉图体制的特征。而如果随着财政盈余的增加，政府的实际债务水平不变或者反而上升，那么此时的财政政策体现出非李嘉图体制的特征。

Afonso（2002）指出，两种方法都有道理，关键是用单方程回归时如何避免估计的有偏性问题，因为财政盈余和债务规模是相互联系的，因而在回归时可能不满足要求的外生性假设。为此，Afonso（2002）采用了面板数据（Panel Data）模型方法。

首先，Afonso 估计以下的面板数据模型，

$$s_{it} = \alpha_i + \delta s_{it-1} + \gamma b_{it} + v_{it}$$

式中，s_{it} 是第 i 个国家或地区在 t 期的财政盈余，b_{it} 是第 i 个国家或地区在 t 期的政府债券余额（期初实际余额），v_{it} 是财政政策冲击。按照 Bohn（1998）的后顾性研究方法，李嘉图体制下的财政政策表明 $\gamma > 0$，非李嘉图体制下的财政政策表明 $\gamma \leqslant 0$。

其次，Afonso 还估计以下的面板数据模型，

$$b_{it} = \alpha_i + k b_{it-1} + \theta s_{it-1} + v_{it}$$

显然，这是按照 Canzoneri – Cumby – Diba（2001）的前瞻性研究方法，李嘉图体制下的财政政策表明 $\theta < 0$，非李嘉图体制下的财政政策表明 $\theta \geqslant 0$。Afonso（2002）通过对欧盟十五国建立面板数据模型，在经过以上两方面的回归后，对欧盟十五国的财政政策满足的体制进行了实证。

虽然 Afonso（2002）的面板数据模型方法比 Bohn（1998）的单方程回归方法有所改进，但仍然不能完全解决观测等价性造成的体制识别问题，因此 Canzoneri – Cumby – Diba（2001）建议采用向量自回归模型（Vector Autoregressive Model，VAR 模型）来研究上面的问题。

二、向量自回归模型方法

从广义政府的跨期预算等式可以看出,财政税收、财政支出、政府债务水平及货币总量是相互联系的,因此要分析货币政策和财政政策对物价水平的影响,最好是从联立方程模型着手。向量自回归模型(Vector Autoregressive Model,VAR 模型)是一种联立方程模型,VAR 模型的出发点是在很少的经济理论假设下,根据时间序列的统计特性,通过对不同的经济冲击进行识别,进而研究各经济冲击对经济的动态影响及传导机制。在只知道经济运行结果的情况下,VAR 模型对经济冲击识别的方法是施加识别条件(Identification Conditions),这包括识别条件的数目及每个识别条件的经济合理性。在对物价水平的决定机制进行实证研究时,采用的 VAR 模型通常有两种形式,一种是平稳时间序列的形式,另一种是非平稳时间序列的形式,下面分别介绍这两种情况。

(一)平稳时间序列形式

Canzoneri – Cumby – Diba (2001)考虑了以下两个变量组成的 VAR 模型,

$$\begin{bmatrix} sy_t \\ by_t \end{bmatrix} = const + \sum_{s=1}^{q} \begin{bmatrix} B_{11}(s) & B_{12}(s) \\ B_{21}(s) & B_{22}(s) \end{bmatrix} \begin{bmatrix} sy_{t-s} \\ by_{t-s} \end{bmatrix} + \begin{bmatrix} u_{1t} \\ u_{2t} \end{bmatrix}$$

其中,为了在平稳时间序列情况下进行实证,他们将财政盈余和政府债务期初余额均除以产出,这样变量 sy_t 和 by_t 分别表示财政盈余和政府债务余额与产出的比例,u_{1t} 和 u_{2t} 分别是随机项,它们的协方差矩阵为 $\text{Cov}(u_{1t}, u_{2t}) = W$。

但是,u_{1t} 和 u_{2t} 并不是结构性冲击,它们是结构性冲击 e_{st} 和 e_{bt} 的线性组合,即

$$\begin{bmatrix} u_{1t} \\ u_{2t} \end{bmatrix} = P \begin{bmatrix} e_{st} \\ e_{bt} \end{bmatrix} = \begin{bmatrix} P_{11} & P_{12} \\ P_{21} & P_{22} \end{bmatrix} \begin{bmatrix} e_{st} \\ e_{bt} \end{bmatrix}$$

这里,结构性冲击 e_{st} 和 e_{bt} 分别表示财政盈余和政府债务规模受到的随机冲击。通过估计上面的 VAR 模型,我们能了解随机项 u_{1t} 和 u_{2t},可并不能完全识别结构性冲击 e_{st} 和 e_{bt},即确定矩阵 P 是个关键问题。

对于以上两个变量的 VAR 模型,需要施加 1 个识别条件,Canzoneri – Cumby – Diba (2001)针对李嘉图体制和非李嘉图体制的财政政策分别施加了不同的识别条件,从而来对物价水平的决定机制进行了实证研究。具体来说,如果财政政策是李嘉

图体制下的财政政策，那么矩阵 P 的形式为，$P = \begin{bmatrix} P_{11} & P_{12} \\ 0 & P_{22} \end{bmatrix}$ 在这种情况下，财政盈余要对已有的政府债务进行反映，从而保证政府跨期预算等式的成立；如果财政政策是非李嘉图体制下的财政政策，那么矩阵 P 的形式为，$P = \begin{bmatrix} P_{11} & 0 \\ P_{21} & P_{22} \end{bmatrix}$，在这种情况下，财政盈余并不需要考虑已有的政府债务情况，具有相对的任意性。在识别出结构性冲击后，还需要利用以上 VAR 模型进行冲击响应（Impulse – response）分析。Canzoneri – Cumby – Diba（2001）着重考虑了两种体制下政府债务在财政盈余冲击下的变化路径，假设在开始受到一个正的财政盈余冲击，若在李嘉图体制下，政府债务规模将会逐渐下降，财政盈余的变化与政府债务规模的变化是负相关的；而在非李嘉图体制下，政府债务规模将会逐渐上升，财政盈余的变化与政府债务规模的变化是正相关的。

对于 Canzoneri – Cumby – Diba（2001）的 VAR 模型方法，Cochrane（1998，2001）同样提出了不同的见解。Cochrane（1998，2001）考虑了以下模型，在这个模型中，其将财政盈余分解为两个部分，即

$$s_t = z_t + a_t$$

式中，s_t 是财政盈余，z_t 是结构性（Structural）财政盈余，a_t 是周期性（Cyclical）财政盈余。Cochrane 假设结构性财政盈余 z_t 和周期性财政盈余 a_t 均满足以下一阶自回归过程，

$$z_t = \rho_z z_{t-1} + e_{zt}, 0 \leq \rho_z < 1$$

$$a_t = \rho_a a_{t-1} + e_{at}, 0 \leq \rho_a < 1$$

这里，e_{zt} 和 e_{at} 分别表示结构性财政盈余冲击和周期性财政盈余冲击，但是 Cochrane 与 Canzoneri – Cumby – Diba（2001）的做法不同，其假设这两个冲击是负相关的，即

$$corr(e_{zt} e_{at}) = \rho_{za} < 0$$

可以看出，Cochrane 实际上考虑了一种非李嘉图体制的财政政策，因为财政盈余的调整根本没有考虑政府债务的变化情况，具有相对的任意性。利用前面的跨期预算等式

$$b_t = \sum_{j=t}^{\infty} \Big(\prod_{k=0}^{j-1} \frac{1}{(1+r_{t+k})} \Big) s_j$$

并考虑前面章节模型已得到的 $1 + r_t = 1/\beta$，那么可得到下式：

$$b_t = \frac{1}{1-\beta\rho_z} z_t + \frac{1}{1-\beta\rho_a} a_t$$

记

$$X_t = \begin{bmatrix} z_t \\ a_t \end{bmatrix}, Y_t = \begin{bmatrix} s_t \\ b_t \end{bmatrix}, e_t = \begin{bmatrix} e_{zt} \\ e_{at} \end{bmatrix},$$

$$A = \begin{bmatrix} \rho_z & 0 \\ 0 & \rho_a \end{bmatrix}, M = \begin{bmatrix} 1 & 1 \\ \frac{1}{1-\beta\rho_z} & \frac{1}{1-\beta\rho_a} \end{bmatrix}$$

则上面的几个式子可表示为

$$X_t = AX_{t-1} + e_t$$
$$Y_t = MX_t$$

令 $u_t = Me_t$，上面的式子可进一步表示以下的 VAR 模型形式：

$$Y_t = MAM^{-1}Y_{t-1} + u_t$$

基于以上模型，只要结构性冲击 e_{zt} 的持续性 ρ_{zt} 远远大于周期性冲击的持续性 ρ_{at}，$\rho_{zt} >> \rho_{at}$，那么就会出现财政盈余的变化与政府债务规模的变化是负相关的情况，因此 Cochrane 指出，即使在非李嘉图体制下，也会出现 Canzoneri - Cumby - Diba (2001) 模型中李嘉图体制的情况，从而也会出现观测等价性问题。

广义政府部门的跨期预算等式告诉我们，财政盈余和政府债务规模只是预算约束中出现的一部分变量，还包含其他变量，因而对于上面的问题，学者们认为，利用只含有财政盈余和政府债务余额两个变量的 VAR 模型对物价水平的决定机制进行实证研究有其局限性，为此，Creel - Monperrus - Véroni - Saraceno (2005) 和 Thams (2007) 均使用了两个以上变量的 VAR 模型来进行实证研究，其中，Thams (2007) 的 3 个变量 VAR 模型除了包含财政盈余和政府债务规模两个变量外，还包含了实际利率变量；而 Creel - Monperrus - Véroni - Saraceno (2005) 使用了包含 5 个变量的 VAR 模型，这 5 个变量是财政盈余、政府债务规模、产出、通胀率和利率。利用包含两个以上变量的多变量 VAR 模型对物价水平的决定机制进行实证研究可以考察物价水平的不同决定理论对经济影响的更多方面，从而进一步检验和确认已有的实证研究。Creel – Monperrus – Véroni – Saraceno 的 5 个变量 VAR 模型设定如下：

$$X_t = A_1 X_{t-1} + \cdots + A_q X_{t-q} + u_t$$

式中，$X_t = [s_t, b_t, y_t, \pi_t, r_t]'$ 是由 5 个变量组成的向量，它包括财政盈余 s_t、政府债务规模 b_t、产出 y_t、通胀率 π_t 和利率 r_t，$u_t = [u_{st}, u_{bt}, u_{yt}, u_{\pi t}, u_{rt}]'$ 是残差向量。我们需要识别的结构冲击是 $e_t = [e_{st}, e_{bt}, e_{yt}, e_{\pi t}, e_{rt}]'$，因而从残差向量 u_t 识别结构冲击 e_t，需要施加一定的识别条件，这里采用下面的方式，

$$M_1 u_t = M_2 e_t$$

其中，矩阵 M_1 和 M_2 是待定矩阵。在此识别条件下，原有的 VAR 模型可表示为

$$M_1 X_t = M_1 A_1 X_{t-1} + \cdots + M_1 A_q X_{t-q} + M_2 e_t$$

关于矩阵 M_1，Creel – Monperrus – Véroni – Saraceno 的设定形式如下：

$$M_1 = \begin{bmatrix} 1 & -a_{sb} & -a_{sy} & 0 & 0 \\ 0 & 1 & 0 & -a_{b\pi} & -a_{br} \\ -a_{ys} & -a_{yb} & 1 & 0 & 0 \\ 0 & 0 & -a_{\pi y} & 1 & 0 \\ 0 & 0 & -a_{ry} & -a_{r\pi} & 1 \end{bmatrix}$$

矩阵 M_1 的第一行表明，在当期财政盈余与产出和政府债务规模是相关的，Creel 等认为这反映了实际的税收结构性调整过程，即随着产出的增加，相应的税基也在增加，从而税收将会增加，财政盈余也将会得到改善。虽然在非李嘉图体制下，财政政策在税收、支出和债务规模的选择上有任意性，但从实际情况来看，当政府债务规模变化时，政府也不是不考虑债务的可持续性，因而 Creel 等认为，财政盈余有相机抉择的成分，也有结构调整的成分，故此，矩阵 M_1 的第一行保留了参数 a_{sb}，该参数反映了财政盈余对债务规模变化的结构性调整弹性，李嘉图体制下的财政政策要求该参数比较大，而非李嘉图体制下的财政政策要求该参数比较小，基本接近于零。

矩阵 M_1 的第二行是政府跨期预算等式的反映，政府的债务规模与名义利率和物价水平是相关的，由于当期财政盈余的变化影响了下一期的政府债务规模，为此在当期政府债务对其并不反映。

矩阵 M_1 的第三行是总需求曲线的反映，考虑到货币政策传导的时滞，这里假设实际利率（等于名义利率与通胀率之差）在当期对产出不产生影响，但考虑到财政

政策的收入效应和财富效应,从而假设财政盈余(或赤字)及政府债务规模的变化将对产出产生影响。

矩阵 M_1 的第四行是菲利普斯曲线的反映,通胀率的变化与产出的变化是正相关的。

矩阵 M_1 的第五行是 Taylor 规则的反映,中央银行根据产出和通胀率的变化来调整利率。

关于矩阵 M_2,在非李嘉图体制的财政政策下,Creel 等给出的识别条件为

$$M_2 = \begin{bmatrix} 1 & 0 & 0 & 0 & 0 \\ b_{bs} & 1 & 0 & 0 & 0 \\ 0 & 0 & 1 & 0 & 0 \\ 0 & 0 & 0 & 1 & 0 \\ 0 & 0 & 0 & 0 & 1 \end{bmatrix}$$

这表明,财政政策除了有结构性调整的成分外,也有相机抉择的成分,从而财政盈余具有相对独立的变化。

而在李嘉图体制的财政政策下,Creel 等给出的识别条件为

$$M_2 = \begin{bmatrix} 1 & b_{sb} & 0 & 0 & 0 \\ 0 & 1 & 0 & 0 & 0 \\ 0 & 0 & 1 & 0 & 0 \\ 0 & 0 & 0 & 1 & 0 \\ 0 & 0 & 0 & 0 & 1 \end{bmatrix}$$

这表明,财政政策需要时刻考虑债务规模的变化,因而财政盈余和债务规模的变化并不是独立的。

可以看出,在 Creel – Monperrus – Véroni – Saraceno 的 5 个变量 VAR 模型中,不仅可以了解到不同体制下的财政政策变化对物价、产出、利率、政府债务规模及财政盈余调整的影响,还可以对不同体制下的财富效应进行较清楚的刻画,因而采用两个以上变量的 VAR 模型具有更多的优越性,但施加的识别条件也更复杂。

(二)非平稳时间序列形式

以上我们讨论了平稳时间序列的 VAR 模型,即在进行建模时,所有的时间序列都是平稳的,但在实际中,已有的实证检验结果表明,物价水平、产出、政府债务规

模、财政支出、税收、赤字等变量不全是平稳的，通常具有单位根，因而如果要采用上面的平稳时间序列形式的 VAR 模型，那么通常首先需要将这些非平稳时间序列进行处理，使其变成平稳的时间序列，然后再应用上面的方法。但随着非平稳时间序列建模技术的发展，直接建立非平稳时间序列形式的 VAR 模型并利用其对物价水平的决定机制进行实证研究已经成为可能。

利用非平稳时间序列形式的 VAR 模型对物价水平的决定机制进行实证研究的一条思路是从财政政策是否具有相对任意性出发。在李嘉图体制的财政政策下，政府的跨期预算等式对任何物价水平都是成立的，从而财政税收、支出和债务规模的变化并不具有独立性；而在非李嘉图体制的财政政策下，政府的跨期预算等式仅在均衡物价水平成立，从而财政税收、支出和债务规模的变化具有相对的任意性，这种相对任意性迫使物价水平作为调整变量来维持跨期预算等式的平衡。无论是哪种体制，由于只能观测到均衡状态下的实际数据，因而在财政盈余和政府债务水平都是一阶整形（Integrated of Order 1，I（1）序列）的情况下，由跨期预算等式得到它们具有以下协整关系（Cointegration）：

$$s_t = \eta b_t + re_t$$

式中，s_t 是财政盈余，b_t 是政府债务规模，在这二者成协整关系的情况下，残差 re_t 是平稳的时间序列。当某些变量存在协整关系时，说明这些变量存在共同的趋势（Common Trend），因而它们在长期都是朝着共同的方向变化的，但问题是谁来主导方向或者对这个方向产生主导性影响，这是研究问题的关键。在财政盈余和政府债务规模存在上述协整关系的情况下，我们还可以得到下式：

$$s_t = \alpha_0 + \delta_1 s_{t-1} + \gamma_1 (s_{t-1} - \eta b_{t-1}) + \sum_{i=1}^{m} \alpha_{1i} \Delta s_{t-i} + \sum_{i=1}^{n} \alpha_{2i} \Delta b_{t-i} + \varepsilon_{1t}$$

$$b_t = \beta_0 + \delta_2 b_{t-1} + \gamma_2 (s_{t-1} - \eta b_{t-1}) + \sum_{i=1}^{p} \beta_{1i} \Delta s_{t-i} + \sum_{i=1}^{q} \beta_{2i} \Delta b_{t-i} + \varepsilon_{2t}$$

如果假设 $\gamma_1 = 0$ $\alpha_{2i} = 0$ 成立，那么说明财政盈余无论在长期还是在短期都不考虑政府债务规模的变化，这显然是非李嘉图体制下财政政策的特征；如果 $\gamma_1 = 0$ $\alpha_{2i} = 0$ 不成立，那么说明财政政策并不完全是非李嘉图体制下的财政政策，其或者在长期（$\gamma_1 \neq 0$）或者在短期（$\alpha_{2i} \neq 0$）具有李嘉图体制下财政政策的特征。相应地，我们也可以对以上第二个方程做假设 $\gamma_2 = 0$ $\beta_{1i} = 0$ 检验，也可以得到类似的结果。

以上是从财政政策是否具有相对任意性的思路出发，对物价水平的决定机制进行实证研究，实证研究的另一条思路是从货币政策和财政政策的相对主导性出发来进行的。

当财政盈余的贴现值支持的债务水平占政府总债务水平的比例为 k 时，前面章节我们已经得到下面的方程，

$$c_t = [(1-\beta)/A][(1-k)b_t + m_t]$$

式中，$b_t = B_t/P_t$ 和 $m_t = M_t/P_t$ 分别是政府债券和货币的实际余额，B_t 和 M_t 分别是政府债券和货币的名义余额，P_t 是物价水平，c_t 是实际消费，β 是贴现率，A 是相关常数。定义 $C_t = c_t P_t$ 为名义消费，上式可表示为名义变量的形式，

$$C_t = [(1-\beta)/A][(1-k)B_t + M_t]$$

或者

$$M_t = -(1-k)B_t + [A/(1-\beta)]C_t$$

如果进行下面的回归，

$$M_t = a_0 + a_1 B_t + a_2 C_t + e_t$$

那么，由回归系数 a_1（$a_1 = -(1-k)$）可以识别出参数 k，但别的参数（A 和 β）是无法识别的。由前面的分析可知，参数 k 的大小实际上反映了货币政策和财政政策在物价水平的确定中所处的地位，参数 k 越大，货币政策越占优，参数 k 越小，财政政策越占优。根据实际数据估计出参数 k，我们也就能够对物价水平确定中哪种政策起主导作用作评价和检验。虽然实证表明铸币税并不是税收的主要部分，但并不说明财政政策对物价水平不产生影响，只要政府债务不能完全由一般财政盈余的贴现值支持（$k \neq 1$），那么财政政策就会对货币政策在物价水平确定中的主导性产生影响。但是，直接进行简单的回归，容易产生"伪"回归（Spurious Regressions）问题，因为货币总量 M_t、债务规模 B_t 和名义消费 C_t 在实证检验中都是非平稳的时间序列，具有单位根。为此针对这种情况，通常直接对这三个变量进行协整检验，从而得到参数 k 的估计值。Resende（2007）对上面的方法进行了进一步的扩展应用，其进一步采用了具有单位根的面板数据及面板协整关系检验方法对多个国家的货币政策和财政政策在物价水平确定中的主导性进行了检验，这也从一个侧面对物价水平的决定机制进行了验证。

总结以上的 VAR 模型分析方法可以看出，该模型的特点是根据时间序列的统计

特性，通过对不同的经济冲击进行识别，进而研究各经济冲击对经济的动态影响及传导机制，从而对货币政策和财政政策在物价水平确定中的作用进行了实证研究。Favero – Monacelli（2003，2005）、Fialho – Portugal（2005）和 Sims – Zha（2006）将以上固定体制下的 VAR 模型研究推广到带有体制转换特征的 VAR 模型，并针对体制转换对物价水平的影响进行了实证研究。

在只知道经济运行结果的情况下，VAR 模型对经济冲击识别的方法是施加识别条件，这包括识别条件的数目及每个识别条件的经济合理性。对于一个包含 N 个变量的 VAR 模型，要完全识别 N 个冲击，通常需要施加 $N(N-1)/2$ 个识别条件。当模型中变量个数 N 增加时，施加的识别条件数目将显著增加，这是制约 VAR 模型应用的一个瓶颈。故此，目前实际应用的 VAR 模型规模不可能很大，即使建立了大规模的 VAR 模型，但通常识别的冲击只是部分冲击而非全部冲击。另外，VAR 模型中的每个方程是统计方程而非经济行为方程，经济解释意义不鲜明，依靠施加识别条件来识别冲击的方式也是一种间接和隐性的方式，因此目前国际上采用这一方法的成果已经很少。

三、动态随机一般均衡模型方法

关于物价水平决定理论的实证研究，目前最为常用的一种方法是动态随机一般均衡模型（DSGE 模型）方法，前面三章的理论分析均是利用 DSGE 模型的分析方法。DSGE 模型是在不确定环境下研究经济的一般均衡问题，它的出发点是严格依据一般均衡理论，利用动态优化方法对各经济主体（居民、厂商、政府等）在不确定环境下的行为决策进行详细的刻画，从而得到经济主体在资源约束、技术约束及信息约束等条件下的最优行为方程，再加上市场出清条件，最终得到不确定环境下经济满足的方程。由于 DSGE 模型是在不确定环境下研究经济主体的行为决策，因此建模时就需要对不确定性进行刻画，对不确定性的刻画就包含对各种经济冲击的刻画，而且实际应用中根据问题的需要，可对影响经济的各种冲击尽可能地作细致的刻画，这不仅包括对冲击的数目进行测算，而且包括对冲击的动态机制进行建模，故此在 DSGE 模型中对经济冲击的识别是直接和显性的方式。同时，DSGE 模型的显性建模框架、理论一致性、微观和宏观的完美结合、长短期分析的有机整合、政策分析的优越性等独特性日益受到人们的青睐，是目前研究诸多经济问题的一个重要工具。应用 DSGE 模型

第四章 物价水平决定机制的实证研究

进行分析的一个困难是,模型的非线性程度通常非常高,模型估计和随机模拟的计算量非常大,但随着计算机速度的飞速发展和算法的日益改进,这一不足之处逐步被克服。

基于以上分析,要对物价水平的决定理论进行实证,最可靠的一种方法是在一个较完整的模型框架下,对前面介绍的物价水平的各种决定理论要求的约束条件进行详细的刻画,并且对这些理论假设下得到的模型模拟结果与实际数据进行比较,这样才能真正而客观地了解物价水平的决定过程,从而为最佳的政策组合提供支持依据。

在前面三章的理论分析中,所用的 DSGE 模型是最基本的 DSGE 模型,为着重探讨物价水平的决定理论,模型略去了一些假设而保留了一些关键假设,其中主要的假设是,价格是弹性的、市场是完全竞争的及模型中没有生产部门。在讨论理论问题时,我们选择这种最基本的 DSGE 模型作为分析框架是可取的,但若要进行实证研究,我们需要根据实际情况增加或改变一些假设。

如果在模型中考虑到生产情况,那么需要在模型中增加厂商这个经济主体。厂商将利用生产要素(劳动力和资本)在一定的技术条件下进行生产并将产品提供给居民。根据实际情况,厂商提供的产品可能并不是一种产品而是多种产品,因此可进一步将厂商分为生产最终产品的厂商和生产中间产品的厂商,生产最终产品的厂商将所有的中间产品作为投入并对其加工,从而将加工成的复合产品提供给居民或其他经济主体,而生产中间产品的厂商利用资本和劳动力进行生产并将生产的中间产品提供给生产最终产品的厂商。生产中间产品的厂商根据市场需求情况提出了对资本和劳动力的需求,并对生产中使用的劳动力和资本支付工资和资本租金。

如果在模型中进一步考虑不完全竞争情况,那么会出现以下情况。首先,不完全竞争会影响生产的有效性,其产出水平要低于完全竞争情况下的产出水平。其次,不完全竞争会影响产品的定价情况。在完全竞争的情况下,厂商对产品没有定价权,也没有由不完全竞争带来的垄断利润;而在不完全竞争的情况下,厂商对产品有一定的定价权并由此会有垄断利润。最后,不完全竞争不仅存在于产品市场,也存在于劳动力市场,因此,劳动力的提供者面对劳动力的市场需求对工资也有一定的定价权,从而不完全竞争也会影响劳动力市场的有效性。

如果在模型中进一步改变价格是弹性的假设,那么在模型中引入价格或工资的粘性将对价格或工资的动态规律产生影响。在每一时期,并不是所有的厂商或者居民面对市场的需求情况调整价格或者调整工资,有一部分厂商或者居民将会仍然保持原有的价格水平或工资水平,这种价格粘性或者工资粘性不仅会改变价格或工资的动态规律,而且对社会福利水平及经济政策的选择产生影响。价格粘性和工资粘性是一种名义粘性,除了名义粘性外,在模型中还可以引入实际粘性。实际粘性的引入方法也有多种方式,如,居民在消费决策中会考虑消费习惯的形成等因素的影响;厂商在追加投资时也会考虑到调整成本的影响;在中短期资本不变或者变化比较缓慢的过程中,厂商可以调整资本的利用率。所有这些实际粘性将会对实体经济的变化规律产生影响,从而也会对社会福利水平及经济政策的选择产生影响。

虽然改变或增加了以上这些假设,但这些模型都是典型经济人形式的 DSGE 模型,这类模型的一个重要特征是假设经济主体是同质的,从而可以通过研究其中某个经济主体的决策行为来描述整个经济的特征。典型经济人的 DSGE 模型在研究物价水平的决定问题时有其局限性,这主要表现为,在理性预期假设及李嘉图体制下财富效应在模型中很难充分体现,而在物价水平的不同决定理论下,财富效应是不可忽略的一个重要因素。为此,根据实际情况在 DSGE 模型中引入异质性(Heterogeneous)经济主体也将带来更丰富的内容,前面第二章介绍的 OLG 模型是一种带有异质性经济主体的 DSGE 模型,即在每个时期,经济主体是由不同时代的人组成,具有交迭世代的特征。无论如何,在标准的 DSGE 模型中引入异质性将会更加切合实际情况,但也会带来更多的求解困难。

另外,将体制转换引入 DSGE 模型也是近年来研究的一个方向。与经典的体制转换模型不同,在 DSGE 模型中引入体制转换,不仅可以看出体制转换对微观经济主体行为决策的影响,而且可以看出体制转换对预期的影响,因而在以理性预期为基础的 DEGE 模型中可以更加深入地研究体制转换对物价水平的影响以及研究政策之间的协调与配合。

鉴于 DSGE 模型的特点和优越性,在下面章节中我们将着重针对我国的实际情况详细讨论其建模技术和实证结果。

第三节 国内外关于物价水平决定机制实证研究的基本概况

由于实际结果观测等价性造成的体制识别性困难及模型选择的差异性,目前对物价水平的决定理论在实证上并没有达成完全一致的结论，有的实证研究支持货币决定理论，而有的实证研究支持财政决定理论，有的实证研究结论在整个样本期成立，而有的实证研究结论仅在一段时期成立。虽然实证研究得到的结论并非完全一致，但从这些实证研究中学术界和政策决策部门已经非常关注货币政策、财政政策及其他经济政策在稳定物价水平方面所起的作用及经济政策之间的合作和协调，有的经验已经应用于某些国家和地区的实际当中。当然，随着经济形势的变化，可能出现新的问题，原有的理论分析框架可能面临更新甚至改变，已有的实证研究相应地也将需要进一步的扩展和深入，但无论如何，物价水平的决定理论和实证研究仍将对物价水平的稳定及经济政策的协调起到奠基性作用。

从对物价水平决定理论的实证研究结果来看，目前国际上对美国的实证检验结果较多，而对其他国家的实证检验结果较少，下面将对这些实证研究进行简介。

一、关于美国的实证研究

如果能够通过实证检验并得出财政政策满足非李嘉图体制的特征，那么根据前面几章的理论结果也就能够从一个侧面证实物价水平的财政决定理论是成立的。但是，如果实证检验得出财政政策是李嘉图体制下的财政政策，那么物价水平的货币决定理论可能成立，而物价水平的财政决定理论也可能成立，这关键取决于财政盈余关于债务规模的弹性。若财政盈余关于债务规模的弹性足够大，则物价水平的货币决定理论能够成立，这就是 Leeper（1991，1993）提出的主动的货币政策和被动的财政政策组合；若该弹性为一个较小的正数，则物价水平的财政决定理论能够成立，这就是 Leeper（1991，1993）提出的主动的财政政策和被动的货币政策组合。

Woodford（1994，1995，1998，2001）指出，美联储在 1942—1951 年期间曾经在很长一段时间内采用了盯住短期名义利率的规则，并且该时期财政政策具有明显的非李嘉图体制特征，因此他认为物价水平的财政决定理论在这一时期是成立的。但 Bohn（1998，2005）分别针对 1916—1995 年及 1792—2003 年两个样本区间的估计结果表明，美国的财政政策是李嘉图体制下的财政政策，因此，到底是物价水平的哪种决定理论成立，不能轻易地下结论。Canzoneri – Cumby – Diba（2001）进一步采用包含财政盈余和政府债务规模两个变量的 VAR 模型针对美国 1951—1995 年样本期进行估计并得出，美国的财政政策不仅是李嘉图体制下的财政政策，而且物价水平的财政决定理论也不成立，物价水平主要由货币决定理论来确定，但 Cochrane（1998）同样构造了一个两个变量的 VAR 模型并针对美国 1960—1996 年样本期的估计结果表明，物价水平的财政决定理论可以很好地解释美国的物价变化情况。Creel - Bihan（2006）进一步通过构建包括财政盈余、政府债务规模、产出、通胀率和利率 5 个变量的 VAR 模型并采用结构性财政序列对美国进行了实证发现，物价水平的财政决定理论在美国并不成立。

针对物价水平决定过程中货币政策和财政政策的相互联系性，Favero - Monacelli（2003，2005）采用具有体制转换的 VAR 模型针对美国 1960 年第四季度至 2000 年第四季度样本期进行估计并得到结果，美国的财政政策自 1986 年第三季度之后体现为李嘉图体制的特征，而在此之前体现为非李嘉图体制的特征，并且在 1986 年第三季度之前物价水平的财政决定理论基本成立，而在此之后物价水平的货币决定理论基本成立。Sims - Zha（2006）同样利用具有体制转换的 VAR 模型进行了实证研究，发现美国的货币政策所处的状态并没有明显的改变，物价水平变化与货币政策体制转变的关系并不明显。

利用 DSGE 模型对美国的实证结果非常丰富，但结论并非完全一致。支持物价水平的财政决定理论的代表性成果有 Leeper（1991，1993）、Sims（1994，1997，1999，2011）、Woodford（1994，1996，1998，2001）、Cochrane（1998，1999，2001，2005）、Kocherlakota - Phelan（2000）、Schmitt - Uribe（2000，2005）、Carlstrom - Fuerst（2000，2001，2004）、Kim（2003）、Davig - Leeper - Chung（2004）、Sala（2004）、Davig - Leeper（2005，2009）和 Muscatelli - Tirelli（2005）等。其中，Sala（2004）的研究结果非常有代表性，他们得出，在 1979 年之前，美国的政策组合表现为主动的财政政策和被动的货币政策组合（PM/AF 组合），财政政策主要充当了稳定物价的角色；在 1990—2003 年，美国的政策组合表现为主动的货币政策和被动的财政政策组合（AM/PF 组合），货币政策主要充当了稳定物价的角色；而在 1982—1990 年，在美国货币政策逐渐由被动的状态向主动的状态转变之间，由于财政也采取主动的态势，即双主动的货币政策和财政政策组合（AM/AF 组合），因而二者的不协调性导致了政府债务规模的不稳定性及物价的不稳定性。这个结论与泰勒（1993，1999）和 Clarida - Gali - Gertler（2000）关于货币政策规则的研究不谋而合，泰勒（1993，1999）和 Clarida - Gali - Gertler（2000）分别在对美国 1979 年之前及之后两个时期进行分段估计后发现,名义利率关于通胀率的弹性在沃尔克—格林斯潘时代大于1,而在此之前小于1,这反映了美联储的利率调整在两个时期对物价稳定具有不同的效应,即在沃尔克—格林斯潘时期,货币政策规则对物价起到了稳定的效果;而在沃尔克—格林斯潘时期之前,货币政策规则对物价起到了不稳定的效果。虽然这两项研究是关于货币政策规则的研究,但这也从另一个方面印证了 Sala(2004)的实证结果,即在货币政策不能确定物价的时候,财政政策可以充当该角色。

可是,其他学者关于美国的实证却得到了与上面不同的结果。其中,Cushing(1999)、Chadha – Nolan(2004)、Evans – Honkapohjia(2004)、Niepelt(2004)、McCallum(2003,2006)、Canzoneri – Diba(2005)、McCallum – Nelson(2006)、Canzoneri – Cumby – Diba – Lopez – Salido(2006)、Canzoneri – Cumby – Diba(2008)和McCallum(2009,2012)等学者对美国的实证研究表明,物价水平的财政决定理论并不完全成立,即使该理论存在成立的可能性,但其对模型参数施加的限制条件是非常苛刻的,而这些条件在实际中很难得到满足;并且,Evans – Honkapohjia(2004)、McCallum – Nelson(2006)和 McCallum(2009,2012)指出,由物价水平的财政决定理论得到的经济均衡状态是不可学习的(Non – Learnable),具有不稳定性,因而这也从一个侧面说明物价水平仍然由货币决定理论来确定。Bénassy(2000,2005,2007)在利用 OLG 模型研究物价水平的确定问题时指出,我们并不需要冒险的财政政策来确定物价水平,在 OLG 模型中通常政府债务规模的增长是平稳的和可持续的,从而财政政策在现实中是可取的并且体现出李嘉图体制的特征。即使政府债务规模的增长在某些时候是非平稳的,但只要政府的名义债务规模是可控的,在满足金融占优的条件下,物价水平能够确定。

Resende – Rebei(2008)在 DSGE 模型框架下,从货币政策和财政政策谁占优的角度对二者在物价水平的确定作用进行了实证研究。前面我们已经得出,即使在李嘉图体制下,只要政府债务不能完全由财政盈余支持,那么财政政策就会对物价水平的确定产生影响,物价水平的确定也就不仅仅是货币政策的事情,而是需要货币政策和财政政策的协作才能确定物价水平。为此,针对政府债务通过一般财政盈余的贴现值来支持的比例 k,Resende – Rebei(2008)利用带有粘性价格的 DSGE 模型并基于美国(1957年第一季度至2006年第一季度)、加拿大(1957年第一季度至2005年第一季度)、韩国(1970年第二季度至2000年第二季度)和墨西哥(1982年第一季度至

2005年第四季度）四个国家的季度数据分别进行了估计，估计值分别为0.966、0.986、0.782和0.629。从这四个国家的估计结果来看，没有一个国家的物价水平完全由货币决定理论（$k=1$）或者完全由财政决定理论（$k=0$）来确定，相对来说，只不过物价水平的货币决定理论更接近于美国和加拿大的实际情况，但货币政策和财政政策的变化都对物价水平的确定产生影响，并且政府债务通过一般财政盈余的贴现值来支持的比例越低，财政政策对物价水平的影响越大。

以上研究采用的模型都是在固定体制下的DSGE模型，利用这些模型进行实证时通常的做法是在不同的样本区间对模型进行估计和比较，从而对物价水平的不同决定理论是否适用该样本区间进行判断。如果体制不变或者体制转换不影响经济主体的预期及其行为决策，那么这样做是可行的，但是，当经济从一种状态转向另一种状态（如美国由20世纪70年代的高通胀时期向80年代之后的低通胀时期转变）或者由一种政策组合转换成另一种政策组合（如由主动的财政政策和被动的货币政策组合转换成主动的货币政策和被动的财政政策组合）时，经济主体的预期及其行为是否发生改变本身就是一个值得探讨的问题。为此，利用带有体制转换的DSGE模型对物价水平的决定理论及对货币政策和财政政策的相互关系进行实证研究在近年来得到了飞速的发展。

Lubik – Schorfheide（2004）采用带有体制转换的DSGE模型对美国的货币政策进行实证检验发现，自沃尔克—格林斯潘时代之后，货币政策呈现为主动状态，这种主动状态对物价的稳定起到了积极的作用，而在此之前，货币政策的被动状态不仅对稳定物价没有起到积极的作用，而且对稳定产出等其他经济变量也没有积极的作用，货币政策的被动状态对整个经济系统最终达到的状态及预期的稳定都产生了影响。Davig – Leeper – Chung（2004）、Davig – Leeper（2005，2009）对以上结果进行了进一步的实证并发现，反映体制转换的转移概率矩阵具有很强的持续性，特别是，20世纪整个40年代基本上体现出被动的货币政策和主动的财政政策组合体制，然后转向为被动的货币政策和被动的财政政策组合体制，且该体制从50年代初一直持续到70年代末期，随后又转变为主动的货币政策和被动的财政政策组合并一直持续到2000年左右，自2000年之后，政策体制又再现出被动的货币政策和主动的财政政策组合特征。该结果与固定体制下的Sala（2004）研究结果不完全一致，Sala的研究表明，1979年之前的时期均表现为被动的货币政策和主动的财政政策组合，不会出现

Davig - Leeper 得到的在 20 世纪 50 年代初到 70 年代末期表现为双被动的货币政策和财政政策组合,这是固定体制模型和体制转换模型比较结果的一个重大差异。实际上在固定体制的典型经济人模型中,双被动的货币政策和财政政策组合是不可能存在的(但这种政策组合在 OLG 模型是可行的,见 Bénassy(2000,2005,2007)),因为这种政策组合会导致模型的多重解,特别是允许泡沫解,但如果考虑体制转换,那么这种政策组合是允许的。考虑到 Davig - Leeper 在估计状态转移概率矩阵的不足,Davig - Doh(2008)进行了进一步的实证检验并得到,美国在 1970 年之前的货币政策也是主动的货币政策。Baele - Bekaert - Cho - Inghelbrecht - Moreno(2011)的实证样本区间比上面的样本区间要大,他们的结论非常有代表意义。他们得出 1980 年之前美国基本上采用的是适应性的货币政策,之后基本上采用的是主动的货币政策。货币政策不仅是在状态上发生了改变,而且在决策和操作方面发生了改变,自 1985 年之后,货币政策的相机抉择性明显降低,从原来的非系统性调整方式向系统性的调整方式转变,特别是在 2000—2005 年期间,货币政策系统性调整的主动性最强。

  Bianchi(2010)和 Bianchi - Melosi(2012,2013)的体制转换模型不仅包括货币政策体制的转换,而且还包括财政体制的转换。他们对美国的实证研究表明,二战以后美国的货币政策和财政政策协调非常微妙。即使财政政策呈现主动的状态,但政府可能并不像以前那样明目张胆地去实施它(这样可以避免人们立刻对财政政策的任意性产生不稳定预期),政府可能会逐步地去实施,因而在很长时间内主动的财政政策处于被动和主动状态的边界,偏离被动状态的幅度不是很大,从而人们感到财政部门仍然在实施李嘉图的财政政策,特别是,在中央银行采取主动的货币政策状态下,这种略微偏移的主动财政政策,会使人们认为决策部门一直在实施主动的货币政策和被动的财政政策组合。微小偏离的财政政策在经过很长时间(可能十年或二十年)后会产生较大的偏离,终究财政政策的主动状态会充分体现出来,一旦出现这种情况,将会对物价水平的稳定产生重要影响。他们指出,一旦人们发现貌似稳定的政策组合隐含着伪装的或者欺骗的成分,那么政策决策部门的声誉将会改变人们的预期,这种预期的改变将会对未来政策组合的实施效果产生影响,并对政策决策部门未来声誉的培养和建立产生重要影响。Bianchi - Melosi(2013)指出,由于体制转换的隐蔽性,因而从实际数据来识别和估计体制转换更加困难。

二、关于其他国家的实证研究

像美国一样，如果能够通过实证检验并得出财政政策满足非李嘉图特制的特征，那么也就能够从一个侧面证实物价水平的财政决定理论是成立的。但是，通过实证检验直接得出非李嘉图体制下的财政政策在实际成立的结论并不多。Debrun – Wyplosz（1999）分别对欧盟 12 国的财政政策规则估计，Creel – Sterdyniak（2001）分别对美国、法国、德国和英国 1970—1999 年的面板数据估计，Favero（2002）分别对法国、德国、意大利和西班牙 1960—2000 年的估计，Galí – Perotti（2003）分别对欧盟 14 国及挪威、日本、澳大利亚、加拿大和美国等国 1980—2002 年的面板数据估计，欧盟（EC，2004）关于欧盟 11 国 1970—2003 年的面板数据估计，Ballabriga – Martinez – Mongay（2005）分别对欧盟 14 国及美国和日本 1977—2002 年的估计，Afonso（2002，2005）对欧盟 15 国 1970—2003 年的面板数据估计，Mélitz（2000）分别对 OECD19 个国家 1976—1995 年的横截面估计，von Hagen – Hallet – Strauch（2001）分别对 OECD20 个国家 1973—1998 年的估计，Rocha – Silva（2004）对巴西 1966—2000 年的估计等结果表明，这些国家的财政政策并不是非李嘉图体制的财政政策，因此，直接通过检验是否是非李嘉图体制下的财政政策从而来断定物价水平的财政决定理论成立的途径是很难的。唯一例外的是，Fan – Minford（2009）采用非平稳时间序列的 VAR 模型并通过外生性检验得到，英国的财政政策在 20 世纪 70 年代明显地呈现出非李嘉图体制的特征，因而在此期间物价水平的财政决定理论可以对物价的变化进行很好的解释。但是，即使在李嘉图体制的财政政策下，物价水平的财政决定理论也有成立的可能性，在此情况下，如何识别和检验物价水平的货币或财政决定理论是人们进一步探讨的问题。

在其他国家断定物价水平的财政决定理论不成立的实证结果有：Afonso（2002）对欧盟 15 国的面板数据估计进一步断定物价水平的财政决定理论在欧盟 15 国不成立；Janssen – Nolan – Thomas（2002）采用 DSGE 模型研究了英国 1705—1996 年之间的政府债务变化与财政盈余变化之间的关系，发现物价水平的财政决定理论在英国基本上不成立；Creel – Bihan（2006）通过构建包括财政盈余、政府债务规模、产出、通胀率和利率 5 个变量的 VAR 模型并采用结构性财政序列对法国进行了实证发现，物价水平的财政决定理论在法国不成立；Thams（2007）通过包含财政盈余、政府债务规模和实际利率变量 3 个变量的 BayesVAR 模型对德国进行实证发现，物价水平的财政决定理论在德国不成立。

但是也有一些实证结果肯定了物价水平的财政决定理论在全部样本期或者在部分样本期成立的可能性。Creel - Monperrus – Véroni – Saraceno（2005）同样采用 5 个变量的 VAR 模型对法国进行实证发现，物价水平的财政决定理论在法国有成立的可能性；Thams（2007）采用 3 个变量的 BayesVAR 模型对西班牙的实证结果表明，物价水平的财政决定理论在西班牙是成立的；Fanizza – Söderling（2006）对中东和北非的阿尔及利亚、埃及、摩洛哥、突尼斯和黎巴嫩五国在 1998—2005 年的研究表明，埃及的广义货币增长率相对其他四国来说并不是最高的（年均增长率为 11.1%），但通胀率却是最高的（年均增长率为 5.1%），而阿尔及利亚的广义货币增长率是最高的（年均增长率为 18.8%），但通胀率年均仅为 2.7%，Fanizza – Söderling（2006）认为产生这种差距的一个关键原因是，在此期间埃及的财政状况是差的，明显表现为非李嘉图体制的特征，因而物价水平的财政决定理论可以基本上解释埃及的物价变化情况；Loyo（1999）对巴西的实证研究表明，在 1985 年之前，财政政策在巴西一直呈现为主动的状态，而货币政策呈现为被动的状态，这种政策组合使巴西的通胀率在 80 年代初表现为恶性通货膨胀，显然物价水平的财政决定理论在此期间得到了充分的体现，并且在巴西中央银行于 1985 年开始由被动的状态转向为主动的状态时，由于财政政策依然保持主动的状态，从而并没有遏制恶性通货膨胀的蔓延；Moreira – Souza – Almeida（2007）对巴西的实证研究也进一步证实物价水平的财政决定理论在巴西有成立的历史；但 Fialho – Portugal（2005）采用具有体制转换的 VAR 模型对巴西的实证研究表明，由财政决定理论得到的均衡物价水平与由传统的货币决定理论得到的均衡物价水平并没有太大的差异。

另外值得一提的是 Resende（2007）的实证研究，其研究的出发点是货币政策和财政政策在物价水平的确定中谁占优这个角度，但与 Resende – Rebei（2008）的研究方法不太相同，Resende – Rebei（2008）采用了 DSGE 模型并通过 Bayes 方法来估计政府债务通过一般财政盈余的贴现值来支持的比例 k，而 Resende（2007）采用了非平稳时间序列的协整分析和面板协整分析手段来估计 k。Resende 选择了 18 个 OECD 国家和 20 个发展中国家作为样本，按照前面介绍的方法，他先分别对每个国家的货币总量、政府债券规模及名义消费进行了单位根检验和协整分析，然后再采用面板协整分析方法对这三者进行了检验,其得到以下结果:在所有国家中没有一个国家估计的数值 $k=1$,即没有一个国家的物价水平完全由货币决定理论来确定;在 OECD 的 18 个国家中,数值 $k<0.9$ 的国家仅有意大利和卢森堡两个国家,其他 16 个国家估计的数值 $k>0.9$,而在 20 个发展中国家中数值 $k<0.9$ 的国家有 7 个,并且,OECD 国家的数值 k 平均估计值($k=0.984$)明显大于发展中国家数值 k 的平均估计值($k=0.831$),这说明财政政策变化对物价水平的影响在发展中国家要比 OECD 国家大。特别地,哥斯达黎加和马耳他两个国家估计的数值 $k=0$,而其他国家的估计值均大于 0,即这两个国家的物价水平完全由财政决定理论来确定,而其他国家需要货币政策和财政政策的协作才能确定物价水平。

国内关于物价水平的决定机制研究,无论是从理论上还是从实证上成果均非常少。刘斌(2009)在 DSGE 模型框架下,基于我国的实际数据采用 Bayes 技术对我国物价水平的决定机制进行了实证研究并得出结论:我国的政策体制主要表现为主动的财政政策和被动的货币政策组合体制,我国的物价水平实际上主要由财政来决定的。当然该研究采用的数据只到 2007 年第四季度,而近五年来的经济形势和政策变化是否还支持上述结论,值得进一步深入研究。另外,该研究没有分阶段对货币和财政政策在我国物价水平的决定作用进行进一步的实证,没有分析不同时期货币和财政政策变化对物价水平影响的特点,因此,在后面的章节中我们将继续对以上问题进行系统研究。

第五章 关于 DSGE 模型的技术问题

DSGE 模型是本书使用的一个基本工具，前面几章我们已经利用该模型对物价水平的决定机制及政策选择等问题进行了分析，为了进一步对我国的实际情况进行实证研究，需要对 DSGE 模型的计算、估计及最优政策的求解等技术问题进行必要的介绍，而且近年来有关这些方面的最新研究成果不断出现，因此，本章也将着重对有关与下一章我国实证研究相联系的最新成果进行介绍。

第一节 DSGE 模型的求解方法

一般情况下 DSGE 模型是一个含有预期的非线性模型，实际中我们往往先通过适当的去趋势手段将 DSGE 模型变成平稳形式，然后对平稳形式的 DSGE 模型进行求解。在对模型进行求解时，需要对解的存在性、唯一性及稳定性进行深入的分析。大部分 DSGE 模型都是非线性模型，对其求解非常复杂，计算量也非常大，但是近年来关于 DSGE 模型的求解方法发展非常迅速，一些新的算法都得到了成功的应用。目前对 DSGE 模型求解的方法大致可以分为两类，一类方法是采用线性化或对数线性化的方法将模型转换成线性模型，然后对该线性模型进行求解，这类方法实际上是一阶近似方法；另一类方法是对非线性模型进行求解，这类方法实际上是高阶近似方法。根据实际问题的需要和关注点的不同，人们可采用适当的求解方法。

一、求解前预处理、预期、初值条件和终值条件

未经预处理的 DSGE 模型大都带有趋势项（如大部分 DSGE 模型在长期均呈现出新古典经济学的特点，经济最终可能趋向一条均衡的增长路径），这种模型呈现出非平稳的形式，直接对模型进行求解并不方便，为此在求解 DSGE 模型之前，通常对模型进行变换，使之成为平稳的形式。与传统的计量经济学处理趋势项的方法不完全相

同的是，在求解 DSGE 之前，通常是在对产生趋势项的根源进行深入的分析后，再采用适当的方法处理趋势项，从而将模型变换成平稳的形式。例如，若实体经济最终沿着一条均衡的增长路径变化时，那么可认为描述实体经济的有关变量（产出、消费、投资等变量）均有一个共同的增长趋势，从而可将这些变量去除这个趋势项，进而将这些变量变成平稳的形式；又如，模型中的所有名义变量都将随着物价总水平的变化而发生变化，因而可以认为所有的名义变量都有一个随物价总水平而变化的趋势项（当然可能还有别的趋势项），这样可以将这个趋势项去除。总之，进行适当的去除趋势手段，最终可以将原先非平稳形式的 DSGE 模型变成平稳形式的 DSGE 模型，下面均以平稳形式下的 DSGE 模型为讨论对象。

DSGE 模型总的来说可以表示成以下形式：

$$E_t f(Y_{t-p_y}, \cdots, Y_{t-1}, Y_t, Y_{t+1}, \cdots, Y_{t+q_y}, x_t, x_{t-1}, \cdots, x_{t-p_x}, x_{t+1}, \cdots, x_{t+q_x}, \varepsilon_t) = 0$$

式中，Y_t 是由内生变量组成的向量，x_t 是由外生变量组成的向量，ε_t 是由随机冲击组成的向量，E_t 表示条件预期，p_y 和 p_x 分别表示内生变量和外生变量滞后期的阶数，q_y 和 q_x 分别表示对内生变量和外生变量预期的阶数，$f(*)$ 通常是非线性向量函数。若记 $y_t = \begin{bmatrix} Y_t \\ x_t \end{bmatrix}$，$p = \max(p_y, p_x)$，$q = \max(q_y, q_x)$，那么上述模型可重新表示成：

$$E_t f(y_{t-p}, \cdots, y_{t-1}, y_t, y_{t+1}, \cdots, y_{t+q}, \varepsilon_t) = 0$$

因此下面以上面表达形式为讨论对象。实际中遇到的模型通常可以分为后顾性模型（Backward-Looking Model）、前瞻性模型（Forward-Looking Model）及混合性模型（Hybrid Model）三种，即

后顾性模型：$f(y_{t-p}, \cdots, y_{t-1}, y_t, \varepsilon_t) = 0$

前瞻性模型：$Ef(y_t, y_{t+1}, \cdots, y_{t+q}, \varepsilon_t) = 0$

混合性模型：$Ef(y_{t-p}, \cdots, y_{t-1}, y_t, y_{t+1}, \cdots, y_{t+q}, \varepsilon_t) = 0$

对于前瞻性模型和混合性模型，由于模型中包含预期变量，因此在求解之前必须对采用的预期进行了解，通常采用的预期有自适应预期（Adaptive Expectation）和理性预期（Rational Expectation），采用不同的预期假设，将会对模型的求解产生一定的影响。

为讨论方便，假设在第 t 期对第 $t+k$ 期的变量 x_{t+k} 的预期值为

$$E_t(x_{t+k}) = E(x_{t+k}|I_t)$$

这里，I_t 代表在 t 期的信息集。若采用 Muth（1961）的理性预期假设，则有

$$x_{t+k} = E_t(x_{t+k}) + \eta_{t+k}, E_t(\eta_{t+k}) = 0$$

式中，η_t 是预测误差。由于误差的不可预测性，因而在理论和实用的各种模型中，通常采用比理性预期假设更强的预期假设，即与模型一致的预期（Model Consistent Expectations），并且在完美一致（Perfect Foresight）的情况下考虑模型的求解，此时假设预测误差的实际值等于其预测值，从而下式成立，

$$x_{t+k} = E_t(x_{t+k})$$

在讨论带有预期变量的线性和非线性模型的求解方法之前，首先值得注意的是，求解这些模型需要给定初值条件（Initial Conditions）和终值条件（Terminal Conditions）。

假设对模型在 $t=1,\cdots,T$ 进行求解，求解时需要给定内生变量 y_t 在求解区间外的值，这包括初值条件：$y_0,\cdots,y_{-p+1}$ 和终值条件 $y_{T+1},y_{T+2},\cdots,y_{T+q}$。初值条件通常由经济初始所处的状态给出，终值条件通常有以下几种取值方法：其一是假定终值为常数，如 $y_{T+j}=y_T, j=1,\cdots,q$；其二是假定终值的增长率为常数，如 $y_{T+j} = y_T^{j+1} y_{T-1}^{-j}, j=1,\cdots,q$；其三是根据理论模型所确定的稳态来取定终值条件；其四是根据优化模型的横截性条件（Transversal Conditions）来取定终值条件。

二、DSGE 模型的线性求解方法

如果我们只对变量的一阶矩感兴趣，那么可以通过线性化或者对数线性化将模型转换成线性模型，对于带有预期变量的线性模型，目前有以下求解方法。

（一）矩阵多项式因子分解方法

假设带有预期变量的线性模型可以表示为下列形式：

$$B(L)y_t + D(F)y_t = C(L)x_t + u_t$$

$$B(L) = B_0 + B_1 L + \cdots + B_p L^p$$

$$C(L) = C_0 + C_1 L + \cdots + C_q L^q$$

$$D(F) = D_1 F + \cdots + D_k F^k$$

$$L^j x_t = x_{t-j}, F^j x_t = E_t x_{t+j}$$

式中，y_t 是内生变量，x_t 是外生变量，u_t 是随机冲击，x_t 和 u_t 都假设为平稳的随机变

量，$B(L)$ 和 $C(L)$ 是滞后多项式，$D(F)$ 是超前多项式，L 是滞后算子，F 是超前算子。在采用与模型一致的预期并考虑完美预见的情况下，$F = L^{-1}$，从而上式可改写为

$$[B(L)y_t + D(L^{-1})]y_t = \phi(L,L^{-1})y_t = C(L)x_t + u_t$$

$$\phi(L,L^{-1}) = D_k L^{-k} + \cdots + D_1 L^{-1} + B_0 + B_1 L + \cdots + B_p L^p$$

假设矩阵多项式 ϕ 的 $n(p+k)$ 个特征根没有单位根（n 是内生变量 y_t 的维数），从而其可以分解为下面两个矩阵多项式的乘积，

$$\phi(L,L^{-1}) = \phi_1(L)\phi_2(L^{-1})$$

式中，矩阵多项式 $\phi_1(L)$ 的特征根位于单位圆外，矩阵多项式 $\phi_2(L^{-1})$ 的特征根位于单位圆内。

Sargent（1979）和 Blanchard – Kahn（1980）指出，当 $\phi_2(L^{-1})$ 的特征根个数不多于模型中预期变量的个数时，模型的解是稳定的；当 $\phi_2(L^{-1})$ 的特征根个数等于模型中预期变量的个数时，模型的解是鞍点解（Saddle – Path Solution），且是唯一的；当 $\phi_2(L^{-1})$ 的特征根个数少于模型中预期变量的个数时，模型有无穷多个稳定解。在稳定性条件满足的情况下，模型的解可表示为

$$y_t = \phi_2(L^{-1})^{-1}\phi_1(L)^{-1}C(L)x_t + \phi_2(L^{-1})^{-1}\phi_1(L)^{-1}u_t$$

该方法的本质是通过向前或者向后迭代来求解模型，对于包含稳定根的矩阵多项式 $\phi_1(L)$，将方程向后迭代求解，而对于包含不稳定根的矩阵多项式 $\phi_2(L^{-1})$，将方程向前迭代求解。如果能够将矩阵多项式 $\phi_2(L^{-1})$ 和 $\phi_1(L)$ 进一步进行分解成低阶的矩阵多项式乘积形式，如理想的情况是将这两个矩阵多项式分解成一系列一阶矩阵多项式乘积形式，那么，模型求解起来更加方便。但是，由于矩阵多项式的因子分解并不太容易，因而实际中矩阵多项式因子分解方法并不常用。

（二）Anderson – Moore（AiM）方法

AiM 方法最早由 Anderson 和 Moore 于 1983 年提出，正式发表于 1985 年（Anderson – Moore, 1985）。该方法首先在美联储得到了成功的应用，因其计算速度快、模型表达形式简单、灵活和适用范围广等特点，随后该方法迅速在美国其他机构及学术界和应用界得到了推广，在 Zagaglia（2002, 2005）的介绍和积极推进下，该方法也在欧洲得到了成功的应用。经过近 30 年的实践检验和不断改进，AiM 方法已经成为一个非常可靠和有效的方法，Anderson（2008, 2010）将 AiM 方法和其他方法进行了

比较发现，无论是在计算速度还是在计算精度方面，AiM 方法都有其优越性，特别是在求解大规模的模型方面，该方法的优越性表现得更为突出。另外，非线性的 AiM 方法也在近年来得到了飞速发展。

AiM 方法考虑以下线性模型形式，

$$\sum_{i=1}^{\tau} H_{-i}x_{t-i} + H_0 x_t + \sum_{i=1}^{\theta} H_i E_t(x_{t+i}) = D\eta_t$$

式中，E 表示预期，x_t 是模型中所有的变量（n 维向量），η_t 是随机冲击（m 维向量），$H_i(i=-\tau,\cdots,\theta)$ 是系数矩阵（$n\times n$ 维矩阵），D 是 $n\times m$ 维矩阵，假设随机冲击 η_t 是均值为零的平稳随机过程。变量 x_t 可以是内生变量，也可以是外生变量或者前定变量；随机冲击 η_t 可以是自回归形式（AR 形式），也可以是移动平均形式（MA 形式），甚至可以是自回归移动平均形式（ARMA 形式）以及向量自回归形式（VAR 形式）；滞后变量的阶数并不局限于 1 阶情况，可包括 1 阶到 τ 阶滞后；预期也并局限于 1 期，可包括 1 期到 θ 期的预期。可看出，AiM 方法给出的模型形式具有很好的灵活性和较广的一般性，在实际应用中更加方便。

由于随机冲击均值为零，因而原点是上面模型的一个稳态，要保证原点是模型的唯一稳态，Anderson – Moore（1983）给出了下面的秩条件（Rank Condition），即，矩阵 $\sum_{i=-\tau}^{\theta} H_i$ 的秩等于 n，若矩阵 $\sum_{i=-\tau}^{\theta} H_i$ 的秩小于 n，则稳态不唯一。

对于上面方程的求解，Anderson – Moore（1983，1985）分两步进行，首先不考虑随机冲击 η_t 或者在确定性情况下求解以下齐次方程，

$$\sum_{i=1}^{\tau} H_{-i}x_{t-i} + H_0 x_t + \sum_{i=1}^{\theta} H_i E_t(x_{t+i}) = 0$$

在给定初值 $x_i(i=-1,\cdots,-\tau)$ 的情况下，假设我们找到如下形式的解，

$$x_t = \sum_{i=1}^{\tau} B_i x_{t-i}$$

那么，在考虑随机冲击 η_t 的情况下，原来非齐次方程的解可表示成：

$$x_t = \sum_{i=1}^{\tau} B_i x_{t-i} + f(\eta_t)$$

即齐次方程的解和非齐次方程某个特解之和，这里，特解是关于随机冲击 η_t 的函数。关于矩阵 B_i（$i=1,\cdots,\tau$）的确定，Anderson – Moore（1983，1985）给出了以

下计算步骤。

第一步：若矩阵 H_θ 可逆，则构造矩阵 $\Gamma = H_\theta^{-1}[H_{-\tau},\cdots,H_{\theta-1}]$。若矩阵 H_θ 不可逆，不妨假设 H_θ 的秩为 k，则先对矩阵 H_θ 进行 QR 分解（Q 是正交矩阵，R 是下三角矩阵），这样 $Q'H_\theta = \begin{bmatrix} 0_{n-k,n} \\ \times \end{bmatrix}$，即该矩阵的前 $(n-k)$ 行元素均为 0，定义矩阵 $H = [H_{-\tau},\cdots,H_\theta]$，用矩阵 Q 的转置左乘该矩阵得到 $Q'H = H_1$，显然矩阵 H_1 具有下面的形式：

$$\begin{bmatrix} q_{n-k,n(\tau+\theta)} : 0_{n-k,n} \\ r_{k,n(\tau+\theta+1)} \end{bmatrix} = H_1$$

即矩阵 H_1 最后 n 列中的前 $(n-k)$ 行元素均为 0，这意味着变量 x_t 的某些变量依赖的预期低于 θ 期，因而对这些变量的求解可以向后推 1 期求解，Anderson – Moore 非常巧妙地采用了右移的方式对矩阵 H_1 进行了处理，也就是说，把矩阵 H_1 前 $(n-k)$ 行右移 n 列，右移空出来的元素用 0 填补，这样得到下面的矩阵，

$$\begin{bmatrix} 0_{n-k,n} : q_{n-k,n(\tau+\theta)} \\ r_{k,n(\tau+\theta+1)} \end{bmatrix} = H^*$$

另外，构造下面的矩阵作为初值矩阵，

$$Z = [q_{n-k,n(\tau+\theta)}]$$

再将矩阵 H^* 视为矩阵 H，并进行上面的操作，同时将得到的矩阵 q 按行添加到矩阵 Z 中，$Z = \begin{bmatrix} Z \\ q \end{bmatrix}$。直到矩阵 H 的最后 n 列构成的矩阵 H_θ 可逆，这样就可以构造矩阵 $\Gamma = H_\theta^{-1}[H_{-\tau},\cdots,H_{\theta-1}]$，并且可得到：

$$\begin{bmatrix} x_{t-\tau+1} \\ \vdots \\ x_{t+\theta} \end{bmatrix} = A \begin{bmatrix} x_{t-\tau} \\ \vdots \\ x_{t+\theta-1} \end{bmatrix}, \text{其中}, A = \begin{bmatrix} 0_{n(\tau+\theta-1),n} : I_{n(\tau+\theta-1)} \\ \Gamma \end{bmatrix}$$

第二步：将矩阵 A 所有位于单位圆外的特征值对应的左特征向量构成矩阵 V，即，$VA = DV$，D 是特征值的绝对值大于 1 的 Jordan 矩阵，可以看出，要得到稳定解，则只要满足

$$V \begin{bmatrix} x_{t-\tau} \\ \vdots \\ x_{t+\theta-1} \end{bmatrix} = 0 (\text{对某个 } t \text{ 成立})$$

也就是说，通过选择适当的初值可以去掉非稳定根对应的解，从而使整个系统的解得到稳定。将矩阵 V 添加到第一步得到的矩阵 Z 中从而构造矩阵 Q，

$$Q = \begin{bmatrix} Z \\ V \end{bmatrix}$$

再将矩阵 Q 进行下面的分块操作，

$$Q = [Q_L : Q_R]$$

式中，矩阵 Q_L 的列数为 $n\tau$，矩阵 Q_R 的列数为 $n\theta$。以 $x_{ini} = \begin{bmatrix} x_{-\tau} \\ \vdots \\ x_{-1} \end{bmatrix}$ 表示由初始值构成的向量，如果向量 $\begin{bmatrix} x_{ini} \\ 0_{n\theta,1} \end{bmatrix}$ 不能落入由矩阵 $M_1 = \begin{bmatrix} I & 0 \\ Q_L & Q_R \end{bmatrix}$ 的列向量张成的子空间，那么模型不存在稳定解，只有落入该子空间，才有可能存在稳定解。

第三步：计算矩阵 Q 的行数 p。

若 $p > n\theta$，则除了原点外，不存在稳定解。

若 $p < n\theta$，则稳定解存在但不唯一。

若 $p = n\theta$，但矩阵 Q_R 不可逆，则稳定解存在但不唯一。

若 $p = n\theta$，且矩阵 Q_R 可逆，则存在唯一的稳定解，此时由矩阵 B_i ($i=1,\cdots,\tau$) 构成 $B = [B_\tau,\cdots,B_1]$，那么矩阵 B 是矩阵 $-Q_R^{-1}Q_L$ 的前 n 行。

在确定由矩阵 $B_i(i=1,\cdots,\tau)$ 后，假设原来非齐次方程的解可表示成：

$$x_t = \sum_{i=1}^{\tau} B_i x_{t-i} + B_0 \eta_t$$

那么，下面的任务是确定矩阵 B_0。为讨论方便，假设随机冲击 η_t 是独立同分布 ($i.i.d$) 的白噪声，定义以下矩阵：

$$\widetilde{B} = \begin{bmatrix} 0_{n(\tau-1),n} : I_{n(\tau-1)} \\ B \end{bmatrix}$$

$$\widetilde{B}_j = B\widetilde{B}^{j-1}, (j=1,2,\cdots) \quad \widetilde{B}_1 = B$$

从而可得到

$$E_t(x_{t+j}) = \widetilde{B}_{j+1} \begin{bmatrix} x_{t-\tau} \\ \vdots \\ x_{t-1} \end{bmatrix} + \widetilde{B}_j \begin{bmatrix} 0_{n(\tau-1),n} \\ I_{n,n} \end{bmatrix} B_0 \eta_t, j = 1,2\cdots,$$

代入原方程并比较随机项的系数可得到

$$\left(H_0 + [H_1 \cdots H_\theta] \begin{bmatrix} \widetilde{B}_1 \\ \vdots \\ \widetilde{B}_\theta \end{bmatrix} \begin{bmatrix} 0_{n(\tau-1),n} \\ I_{n,n} \end{bmatrix} \right) B_0 = D$$

根据上面的方程可确定矩阵 B_0。若随机冲击 η_t 是更复杂的随机过程，则通过适当的增加变量手段可以重新改写成上面的形式，并可通过上面的求解方法来求解。可以看出，B_i ($i=1, \cdots, \tau$) 的确定与 B_0 的确定无关，即在确定 B_i ($i=1, \cdots, \tau$) 时可以不考虑随机项，这说明确定性等价定理（Certainty - Equivalence Theorem）是成立的。

（三）矩阵 Jordan 型分解方法

Blanchard - Kahn（1980）最早提出了该方法，King - Watson（1998，2002）对该方法进行了推广，由于矩阵的 Jordan 型分解与矩阵的其他正交分解方法相比较在稳定性和计算速度方面比较逊色，因而该方法在目前应用并不广泛，但如果将该方法中的 Jordan 型分解步骤换成其他矩阵分解方法，并考虑 King - Watson 的系统降维步骤，那么该方法仍不失为一个好方法。

Blanchard - Kahn（1980）考虑以下模型，

$$A \begin{bmatrix} x_{1t+1} \\ E_t x_{2t+1} \end{bmatrix} = B \begin{bmatrix} x_{1t} \\ x_{2t} \end{bmatrix} + C f_t$$

式中，x_{1t} 是后顾性变量（Backward - Looking Variables），初值 x_{10} 给定，x_{2t} 是前瞻性变量（Forward - Looking Variables），f_t 是随机冲击，E_t 表示条件数学期望，A、B 和 C 是相应的系数矩阵。

Blanchard - Kahn（1980）在当初讨论上面方程求解时假设矩阵 A 可逆，在这种情况下，可将上面模型变成下面形式：

$$\begin{bmatrix} x_{1t+1} \\ E_t x_{2t+1} \end{bmatrix} = \widetilde{A} \begin{bmatrix} x_{1t} \\ x_{2t} \end{bmatrix} + K f_t, \widetilde{A} = A^{-1}B, K = A^{-1}C$$

记，$\tilde{A} = \begin{bmatrix} \tilde{A}_{11} & \tilde{A}_{12} \\ \tilde{A}_{21} & \tilde{A}_{22} \end{bmatrix}$，$K = \begin{bmatrix} K_1 \\ K_2 \end{bmatrix}$，对矩阵 $\tilde{A}$ 进行 Jordan 型分解，

$$\Lambda \tilde{A} \Lambda^{-1} = J, J = \begin{bmatrix} J_1 & 0 \\ 0 & J_2 \end{bmatrix}$$

这里，J 是矩阵 $\tilde{A}$ 的特征值构成的 Jordan 型，Λ 是特征向量矩阵，J 是块状对角矩阵，可将其分成两块，J_1 的特征值绝对值小于 1，J_2 的特征值绝对值大于 1。记，$\Lambda = \begin{bmatrix} \Lambda_{11} & \Lambda_{12} \\ \Lambda_{21} & \Lambda_{22} \end{bmatrix}$，$\begin{bmatrix} z_{1t} \\ z_{2t} \end{bmatrix} = \begin{bmatrix} \Lambda_{11} & \Lambda_{12} \\ \Lambda_{21} & \Lambda_{22} \end{bmatrix} \begin{bmatrix} x_{1t} \\ x_{2t} \end{bmatrix}$，$\begin{bmatrix} D_1 \\ D_2 \end{bmatrix} = \Lambda K$，将原方程左乘 Λ 可得到

$$\begin{bmatrix} z_{1t+1} \\ E_t z_{2t+1} \end{bmatrix} = \begin{bmatrix} J_1 & 0 \\ 0 & J_2 \end{bmatrix} \begin{bmatrix} z_{1t} \\ z_{2t} \end{bmatrix} + \begin{bmatrix} D_1 \\ D_2 \end{bmatrix} f_t,$$

对于第二个方程，由于 J_2 的特征值绝对值大于 1，我们可以向前求解方程，

$$z_{2t} = J_2^{-1} E_t z_{2t+1} - J_2^{-1} D_2 f_t$$

$$= - \sum_{i=0}^{\infty} (J_2^{-1})^{i+1} D_2 E_t(f_{t+i})$$

但对于第一个方程的求解，只有知道初值 z_{10} 后，才能得到 z_{1t}。由 $\begin{bmatrix} x_{1t} \\ x_{2t} \end{bmatrix} = \Lambda^{-1} \begin{bmatrix} z_{1t} \\ z_{2t} \end{bmatrix} = \begin{bmatrix} \Gamma_{11} & \Gamma_{12} \\ \Gamma_{21} & \Gamma_{22} \end{bmatrix} \begin{bmatrix} z_{1t} \\ z_{2t} \end{bmatrix}$ 可得到

$$x_{10} = \Gamma_{11} z_{10} + \Gamma_{12} z_{20}$$

由于 x_{10} 给定，z_{20} 已由上面的方程可以求出，因而由该式来确定 z_{10} 的必要条件是稳定根的个数不少 x_{1t} 的维数。当稳定根的个数等于 x_{1t} 的维数时，方程的解是存在且唯一的，此时模型的解具有鞍点（Saddle – Path）性质，而当稳定根的个数多于 x_{1t} 的维数时，方程的解虽然存在，但不唯一，此时模型有无穷多个稳定解，以上就是 Blanchard – Kahn（1980）等证明的结论。

在得到解 z_t 后，由 $z_{2t} = \Lambda_{21} x_{1t} + \Lambda_{22} x_{2t}$ 可得到

$$x_{2t} = - \Lambda_{22}^{-1} \Lambda_{21} x_{1t} + \Lambda_{22}^{-1} z_{2t}$$

$$= - \Lambda_{22}^{-1} \Lambda_{21} x_{1t} - \Lambda_{22}^{-1} \sum_{i=0}^{\infty} (J_2^{-1})^{i+1} D_2 E_t(f_{t+i})$$

代入原方程的第一个方程并整理可得到下式：

$$x_{1t+1} = \tilde{A}_{11}x_{1t} + \tilde{A}_{22}x_{2t} + K_1 f_t$$

$$= (\tilde{A}_{11} - \tilde{A}_{22}\Lambda_{22}^{-1}\Lambda_{21})x_{1t} + K_1 f_t - A_{22}\Lambda_{22}^{-1}\sum_{i=0}^{\infty}(J_2^{-1})^{i+1}D_2 E_t(f_{t+i})$$

一旦解出 x_{1t} 后，x_{2t} 由下式确定，

$$x_{2t} = -\Lambda_{22}^{-1}\Lambda_{21}x_{1t} - \Lambda_{22}^{-1}\sum_{i=0}^{\infty}(J_2^{-1})^{i+1}D_2 E_t(f_{t+i})$$

至此原方程的求解结束。上面 Blanchard – Kahn（1980）方法最大的限制是要求矩阵 A 可逆，且事先要区分哪些是后顾性变量，哪些是前瞻性变量。King – Watson（1998，2002）认为这些条件可进一步放宽。其考虑以下模型形式，

$$AE_t(x_{t+1}) = Bx_t + Cf_t$$

显然该模型形式比上面的 Blanchard – Kahn（1980）模型形式更为一般。King – Watson（1998，2002）指出，若矩阵 A 可逆，则可以按照上面的方法进行，而若矩阵 A 不可逆，此时矩阵 A 和 B 都对方程的解产生重要的影响，则可以将原来的模型系统进一步降低维数，再按照上面的方法进行。

假设矩阵 A 不可逆，不妨假设矩阵 A 的维数为 $n \times n$ 维，其秩为 n_1（$n_1 < n$）。King – Watson（1998，2002）方法首先对矩阵 A 进行奇异值分解，$A = USV'$，U 和 V 都是正交矩阵，$U'U = I$，$V'V = I$，S 是由 A 的奇异值构成的对角矩阵，不妨将奇异值按从大到小的顺序排列，$S = \begin{bmatrix} \lambda_{n_1,n_1} & 0 \\ 0 & 0 \end{bmatrix}$，$\lambda_{n_1,n_1}$ 是由 A 的 n_1 个非零奇异值构成的对角矩阵。令 $x_t = Vy_t$，方程 $AE_t(x_{t+1}) = Bx_t + Cf_t$ 变为

$$SE_t(y_{t+1}) = (U'BV)y_t + (U'C)f_t$$

考虑到 S 的形状，进行相应的分块操作，$U'BV = \begin{bmatrix} b_{11} & b_{12} \\ b_{21} & b_{22} \end{bmatrix}$，$U'C = \begin{bmatrix} c_1 \\ c_2 \end{bmatrix}$，上式变成：

$$\begin{bmatrix} \lambda_{n_1,n_1} & 0 \\ 0 & 0 \end{bmatrix} E_t \begin{bmatrix} y_{1t+1} \\ y_{2t+1} \end{bmatrix} = \begin{bmatrix} b_{11} & b_{12} \\ b_{21} & b_{22} \end{bmatrix} \begin{bmatrix} y_{1t} \\ y_{2t} \end{bmatrix} + \begin{bmatrix} c_1 \\ c_2 \end{bmatrix} f_t$$

式中，变量 y_{1t} 和 y_{2t} 的维数分别为 n_1 维和（$n - n_1$）维。可见该式的下半块不含有预期项，仅为当期变量之间的关系式，即

$$b_{21}y_{1t} + b_{22}y_{2t} = -c_2 f_t$$

对矩阵 b_{22} 进行 QR 分解，

$$b_{22}P = \begin{bmatrix} Q_{11} & Q_{12} \\ Q_{21} & Q_{22} \end{bmatrix} \begin{bmatrix} R_1 & R_2 \\ 0 & 0 \end{bmatrix}$$

式中，P 是置换矩阵，Q 是正交矩阵，R_1 是可逆的上三角矩阵，若 b_{22} 的秩为 r，则 R_1 的维数为 $(r \times r)$，且 $r \leq (n - n_1)$。利用该分解结果可得到

$$Q'b_{21}y_{1t} + Q'b_{22}y_{2t} = -Q'c_2 f_t$$

令 $P'y_{2t} = [w'_{1t} w'_{2t}]'$，取上面方程的上半部可得到

$$w_{1t} = -R_1^{-1}R_2 w_{2t} - R_1^{-1}[Q'_{11}, Q'_{21}](b_{21}y_{1t} + c_2 f_t)$$

这样变量 w_{1t} 能够通过变量 y_{1t} 和 w_{2t} 表示出来，将 $y_{2t} = P\begin{bmatrix} w_{1t} \\ w_{2t} \end{bmatrix}$ 代入方程

$\begin{bmatrix} \lambda_{n_1, n_1} & 0 \\ 0 & 0 \end{bmatrix} E_t \begin{bmatrix} y_{1t+1} \\ y_{2t+1} \end{bmatrix} = \begin{bmatrix} b_{11} & b_{12} \\ b_{21} & b_{22} \end{bmatrix} \begin{bmatrix} y_{1t} \\ y_{2t} \end{bmatrix} + \begin{bmatrix} c_1 \\ c_2 \end{bmatrix} f_t$ 中，可得到关于变量 $\tilde{y}_t = \begin{bmatrix} y_{1t} \\ w_{2t} \end{bmatrix}$ 的方程：

$$A_1 E_t \begin{bmatrix} y_{1t+1} \\ w_{2t+1} \end{bmatrix} = B_1 \begin{bmatrix} y_{1t} \\ w_{2t} \end{bmatrix} + C_1 f_t$$

而模型中的其他变量 w_{1t} 能够用 y_{1t} 和 w_{2t} 表示出来，显然这样做将原来的模型系统进行了降维，按照上面的做法，进一步重新考察矩阵 A_1 是否可逆，如可逆，则降维过程结束，如不可逆，则重复上述过程，直到其可逆。当降维过程结束后，就可以采用 Blanchard – Kahn（1980）的方法对模型进行求解。King – Watson（1998，2002）进一步证明，只要原方程系统有唯一的鞍点解，那么一定存在唯一的低维系统，其非零解与原方程的解具有同样的动态特性。可以看出，降维过程是 King – Watson（1998，2002）方法的核心，而且在实际应用中很有价值。

（四）矩阵广义 Schur 分解（QZ 分解）方法

由于矩阵的正交分解技术具有很好的稳健性，因而利用矩阵的广义 Schur 分解（又称 QZ 分解）方法来求解带有预期变量的线性模型也成为非常有影响的一类方法。这类方法大致分为两类，一类采用 Klein（2000）的模型设定形式，另一类采用 Sims（2002）的模型设定形式。两类方法的求解基础是矩阵的广义 Schur 分解引理。

引理（矩阵的广义 Schur 分解或 QZ 分解）：对于任意两个矩阵 $(n \times n)$ 维 A 和 B，存在酉矩阵 Q 和 Z（即，$QQ^H = I$，$ZZ^H = I$）及上三角矩阵 S 和 T，使得 $A = $

QSZ^H，$B = QTZ^H$。

1. Klein 方法

Klein（2000）方法通常可以将带有预期变量的线性模型写成下面的形式，

$$A\begin{bmatrix} x_{1t+1} \\ E_t x_{2t+1} \end{bmatrix} = B\begin{bmatrix} x_{1t} \\ x_{2t} \end{bmatrix} + Cf_t$$

式中，x_{1t} 是后顾性变量，初值 x_{10} 给定，x_{2t} 是前瞻性变量，f_t 是随机冲击，E_t 表示条件数学期望，矩阵 A 可能为非奇异矩阵，也可能为奇异矩阵。

根据矩阵的广义 Schur 分解引理，对矩阵 A 和 B 进行分解，$A = QSZ^H$，$B = QTZ^H$，$QQ^H = I$，$ZZ^H = I$，并将矩阵进行简单变换，使得上三角矩阵 T 和 S 均由两块组成，其中二者上面一块矩阵的对角线元素满足关系式 $|T_{ii}/S_{ii}| < 1$，即这些广义特征根是稳定的。

令 $\begin{bmatrix} \theta_t \\ \delta_t \end{bmatrix} = Z^H \begin{bmatrix} x_{1t} \\ x_{2t} \end{bmatrix}$，对原方程左乘矩阵 Q^H 可得

$$Q^H QSZ^H E_t \begin{bmatrix} x_{1t+1} \\ x_{2t+1} \end{bmatrix} = Q^H QTZ^H \begin{bmatrix} x_{1t} \\ x_{2t} \end{bmatrix} + Q^H Cf_t$$

或

$$SE_t \begin{bmatrix} \theta_{t+1} \\ \delta_{t+1} \end{bmatrix} = T\begin{bmatrix} \theta_t \\ \delta_t \end{bmatrix} + Q^H Cf_t$$

进一步将矩阵进行分块，

$$\begin{bmatrix} S_{\theta\theta} & S_{\theta\delta} \\ 0 & S_{\delta\delta} \end{bmatrix} E_t \begin{bmatrix} \theta_{t+1} \\ \delta_{t+1} \end{bmatrix} = \begin{bmatrix} T_{\theta\theta} & T_{\theta\delta} \\ 0 & T_{\delta\delta} \end{bmatrix} \begin{bmatrix} \theta_t \\ \delta_t \end{bmatrix} + \begin{bmatrix} K_1 \\ K_2 \end{bmatrix} f_t, \begin{bmatrix} K_1 \\ K_2 \end{bmatrix} = Q^H C$$

由于上三角矩阵 T 和 S 下面一块矩阵的对角线元素满足关系式 $|T_{ii}/S_{ii}| > 1$，因此对上面方程的下半块向前迭代可得到 δ_t 的解，

$$\delta_t = T_{\delta\delta}^{-1} S_{\delta\delta} E_t \delta_{t+1} - T_{\delta\delta}^{-1} K_2 f_t$$

$$= -\sum_{i=0}^{\infty} (T_{\delta\delta}^{-1} S_{\delta\delta})^i T_{\delta\delta}^{-1} K_2 E_t(f_{t+i})$$

再代入上面方程的上半块可得到 θ_t 的解，

$$\theta_{t+1} = -S_{\theta\theta}^{-1} S_{\theta\delta} E_t \delta_{t+1} + S_{\theta\theta}^{-1} T_{\theta\theta} \theta_t + S_{\theta\theta}^{-1} T_{\theta\delta} \delta_t + S_{\theta\theta}^{-1} K_1 f_t$$

$$= S_{\theta\theta}^{-1} T_{\theta\theta} \theta_t + S_{\theta\theta}^{-1} K_1 f_t + S_{\theta\theta}^{-1} T_{\theta\delta} (T_{\delta\delta}^{-1} S_{\delta\delta} E_t \delta_{t+1} - T_{\delta\delta}^{-1} K_2 f_t) - S_{\theta\theta}^{-1} S_{\theta\delta} E_t \delta_{t+1}$$

$$= S_{\theta\theta}^{-1} T_{\theta\theta} \theta_t + S_{\theta\theta}^{-1} (K_1 - T_{\theta\delta} T_{\delta\delta}^{-1} K_2) f_t + S_{\theta\theta}^{-1} (T_{\theta\delta} T_{\delta\delta}^{-1} S_{\delta\delta} - S_{\theta\delta}) E_t \delta_{t+1}$$

$$= S_{\theta\theta}^{-1} T_{\theta\theta} \theta_t + S_{\theta\theta}^{-1} (K_1 - T_{\theta\delta} T_{\delta\delta}^{-1} K_2) f_t$$
$$- S_{\theta\theta}^{-1} (T_{\theta\delta} T_{\delta\delta}^{-1} S_{\delta\delta} - S_{\theta\delta}) \sum_{i=0}^{\infty} (T_{\delta\delta}^{-1} S_{\delta\delta})^i T_{\delta\delta}^{-1} K_2 E_t (f_{t+1+i})$$

但只有知道初值 θ_0 后,才能由上式得到 θ_t。由 $\begin{bmatrix} x_{1t} \\ x_{2t} \end{bmatrix} = Z \begin{bmatrix} \theta_t \\ \delta_t \end{bmatrix} = \begin{bmatrix} Z_{1\theta} & Z_{1\delta} \\ Z_{2\theta} & Z_{2\delta} \end{bmatrix} \begin{bmatrix} \theta_t \\ \delta_t \end{bmatrix}$ 可得到

$$x_{10} = Z_{1\theta} \theta_0 + Z_{1\delta} \delta_0$$

由于 x_{10} 给定,δ_0 已由上面的方程可以求出,因而由该式来确定 θ_0 的必要条件是稳定根的个数不少于 x_{1t} 的维数。当稳定根的个数等于 x_{1t} 的维数时,方程的解是存在且唯一的,而当稳定根的个数多于 x_{1t} 的维数时,方程的解虽然存在,但不唯一。

在得到解 $\begin{bmatrix} \theta_t \\ \delta_t \end{bmatrix}$ 后,由 $\begin{bmatrix} x_{1t} \\ x_{2t} \end{bmatrix} = Z \begin{bmatrix} \theta_t \\ \delta_t \end{bmatrix} = \begin{bmatrix} Z_{1\theta} & Z_{1\delta} \\ Z_{2\theta} & Z_{2\delta} \end{bmatrix} \begin{bmatrix} \theta_t \\ \delta_t \end{bmatrix}$ 可得到原方程的最终解,为写出最终解的显性表达式,将 $\theta_t = Z_{1\theta}^{-1}(x_{1t} - Z_{1\delta}\delta_t)$ 代入上面已得到的 θ_t 方程,

$$Z_{1\theta}^{-1}(x_{1t+1} - Z_{1\delta} E_t \delta_{t+1}) = S_{\theta\theta}^{-1} T_{\theta\theta} Z_{1\theta}^{-1}(x_{1t} - Z_{1\delta}\delta_t) - S_{\theta\theta}^{-1} S_{\theta\delta} E_t \delta_{t+1}$$
$$+ S_{\theta\theta}^{-1} T_{\theta\delta} \delta_t + S_{\theta\theta}^{-1} K_1 f_t$$

或

$$x_{1t+1} = Z_{1\delta} E_t \delta_{t+1} + Z_{1\theta} S_{\theta\theta}^{-1} T_{\theta\theta} Z_{1\theta}^{-1}(x_{1t} - Z_{1\delta}\delta_t) - Z_{1\theta} S_{\theta\theta}^{-1} S_{\theta\delta} E_t \delta_{t+1}$$
$$+ Z_{1\theta} S_{\theta\theta}^{-1} T_{\theta\delta} \delta_t + Z_{1\theta} S_{\theta\theta}^{-1} K_1 f_t$$
$$= Z_{1\theta} S_{\theta\theta}^{-1} T_{\theta\theta} Z_{1\theta}^{-1} x_{1t} + Z_{1\theta} S_{\theta\theta}^{-1} K_1 f_t + (Z_{1\delta} - Z_{1\theta} S_{\theta\theta}^{-1} S_{\theta\delta}) E_t \delta_{t+1}$$
$$+ Z_{1\theta} S_{\theta\theta}^{-1} (T_{\theta\delta} - T_{\theta\theta} Z_{1\theta}^{-1} Z_{1\delta})(T_{\delta\delta}^{-1} S_{\delta\delta} E_t \delta_{t+1} - T_{\delta\delta}^{-1} K_2 f_t)$$
$$= Z_{1\theta} S_{\theta\theta}^{-1} T_{\theta\theta} Z_{1\theta}^{-1} x_{1t} + M_2 f_t + M_1 E_t \delta_{t+1}$$
$$= Z_{1\theta} S_{\theta\theta}^{-1} T_{\theta\theta} Z_{1\theta}^{-1} x_{1t} + M_2 f_t - M_1 \sum_{i=0}^{\infty} (T_{\delta\delta}^{-1} S_{\delta\delta})^i T_{\delta\delta}^{-1} K_2 E_t (f_{t+1+i})$$

其中,

$$M_1 = Z_{1\delta} - Z_{1\theta} S_{\theta\theta}^{-1} [S_{\theta\delta} - (T_{\theta\delta} - T_{\theta\theta} Z_{1\theta}^{-1} Z_{1\delta}) T_{\delta\delta}^{-1} S_{\delta\delta}]$$
$$M_2 = Z_{1\theta} S_{\theta\theta}^{-1} [K_1 - (T_{\theta\delta} - T_{\theta\theta} Z_{1\theta}^{-1} Z_{1\delta}) T_{\delta\delta}^{-1} K_2]$$

在得到 x_{1t} 后,再由下面的方程可得到 x_{2t},

$$x_{2t} = Z_{2\theta}\theta_t + Z_{2\delta}\delta_t = Z_{2\theta}Z_{1\theta}^{-1}(x_{1t} - Z_{1\delta}\delta_t) + Z_{2\delta}\delta_t$$

$$= Z_{2\theta}Z_{1\theta}^{-1}x_{1t} - (Z_{2\delta} - Z_{2\theta}Z_{1\theta}^{-1}Z_{1\delta})\sum_{i=0}^{\infty}(T_{\delta\delta}^{-1}S_{\delta\delta})^i T_{\delta\delta}^{-1}K_2 E_t(f_{t+i})$$

至此最终解的形式总结如下：

$$x_{1t+1} = Z_{1\theta}S_{\theta\theta}^{-1}T_{\theta\theta}Z_{1\theta}^{-1}x_{1t} + M_2 f_t - M_1 \sum_{i=0}^{\infty}(T_{\delta\delta}^{-1}S_{\delta\delta})^i T_{\delta\delta}^{-1}K_2 E_t(f_{t+1+i})$$

$$x_{2t} = Z_{2\theta}Z_{1\theta}^{-1}x_{1t} - (Z_{2\delta} - Z_{2\theta}Z_{1\theta}^{-1}Z_{1\delta})\sum_{i=0}^{\infty}(T_{\delta\delta}^{-1}S_{\delta\delta})^i T_{\delta\delta}^{-1}K_2 E_t(f_{t+i})$$

2. Sims 方法

Blanchard – Kahn（1980）和 Klein（2000）方法都事先将模型中的变量区分为后顾性变量和前瞻性变量，且均将模型写成前瞻性的形式，而 Sims（2002）方法和 AiM 方法一样并不事先区分模型中的变量，且 Sims（2002）方法将模型写成下面的后顾性形式，

$$Ax_t + Bx_{t-1} + Cf_t + D\eta_t = 0$$

这里，x_t 是模型中所有的变量（n 维向量），f_t 是外生的随机冲击（m 维向量），η_t 是预测误差（n 维向量），$\eta_t = x_t - E_{t-1}(x_t)$，$A$、$B$、$C$ 和 D 是相应的系数矩阵，其中，A、B 和 D 是 $n \times n$ 维矩阵，C 是 $n \times m$ 维矩阵，理性预期要求 $E_t(\eta_{t+1}) = 0$。虽然 Sims（2002）方法将模型写成后顾性的形式，但由于预测误差并不是一般的外生随机冲击，而是内生地发生变化，因而对以上方程的求解并不简单。

Sims（2002）方法同样对矩阵 A 和 B 进行广义 Schur 分解，$A = QSZ^H$，$B = QTZ^H$，$QQ^H = I$，$ZZ^H = I$，并将矩阵进行简单变换，使得上三角矩阵 T 和 S 均由两块组成，其中二者上面一块矩阵的对角线元素满足关系式 $|T_{ii}/S_{ii}| < 1$，且满足该关系式的个数为 r（即稳定根的数目为 r）。

令 $\begin{bmatrix} z_{1t} \\ z_{2t} \end{bmatrix} = Z^H \begin{bmatrix} x_{1t} \\ x_{2t} \end{bmatrix}$，对原方程左乘矩阵 Q^H 可得并对矩阵进行分块可得

$$\begin{bmatrix} S_{11} & S_{12} \\ 0 & S_{22} \end{bmatrix}\begin{bmatrix} z_{1t} \\ z_{2t} \end{bmatrix} + \begin{bmatrix} T_{11} & T_{12} \\ 0 & T_{22} \end{bmatrix}\begin{bmatrix} z_{1t-1} \\ z_{2t-1} \end{bmatrix} + \begin{bmatrix} c_1 \\ c_2 \end{bmatrix}f_t + \begin{bmatrix} d_1 \\ d_2 \end{bmatrix}\eta_t = 0$$

其中，$\begin{bmatrix} c_1 \\ c_2 \end{bmatrix} = Q^H C$，$\begin{bmatrix} d_1 \\ d_2 \end{bmatrix} = Q^H D$。由于上式的下半块对应着不稳定根部分，从而可以

向前迭代,并利用理性预期条件 $E_t(\eta_{t+1}) = 0$,可得到 z_{2t} 的解,

$$z_{2t} = - T_{22}^{-1} S_{22} E_t z_{2t+1} - T_{22}^{-1} (c_2 E_t f_{t+1} + d_2 E_t \eta_{t+1})$$

$$= - \sum_{i=0}^{\infty} (- T_{22}^{-1} S_{22})^i T_{22}^{-1} c_2 E_t (f_{t+1+i})$$

一旦求得了 z_{2t} 的解,可进一步对部分预测误差 $d_2 \eta_t$ 进行判断,

$$d_2 \eta_t = - S_{22} z_{2t} - T_{22} z_{2t-1} - c_2 f_t$$

如果能够对全部预测误差 η_t 进行判断,那么代入模型的上半块

$$S_{11} z_{1t} + S_{12} z_{2t} + T_{11} z_{1t-1} + T_{12} z_{2t-1} + (c_1 f_t + d_1 \eta_t) = 0$$

就能够得到 z_{1t} 的解。但在仅得到部分预测误差 $d_2 \eta_t$ 的情况下,要使上面方程得到很好的控制,显然需要满足

$$d_1 \eta_t = \Phi d_2 \eta_t, 或, d_1 = \Phi d_2$$

即上半块方程得到的预测误差 $d_1 \eta_t$ 是下半块方程得到的预测误差 $d_2 \eta_t$ 的线性组合,矩阵 d_1 是 $r \times n$ 矩阵,矩阵 d_2 是 $(n-r) \times n$ 矩阵,从而满足上述该形式要求矩阵 Φ 是 $r \times (n-r)$ 矩阵,若要得到唯一的稳定解,这进一步要求矩阵 Φ 的秩为 r。

假设满足上面的条件,用矩阵 $\begin{bmatrix} I & -\Phi \\ 0 & I \end{bmatrix}$ 左乘上面的方程可得到

$$\begin{bmatrix} I & -\Phi \\ 0 & I \end{bmatrix} \begin{bmatrix} S_{11} & S_{12} \\ 0 & S_{22} \end{bmatrix} \begin{bmatrix} z_{1t} \\ z_{2t} \end{bmatrix} + \begin{bmatrix} I & -\Phi \\ 0 & I \end{bmatrix} \begin{bmatrix} T_{11} & T_{12} \\ 0 & T_{22} \end{bmatrix} \begin{bmatrix} z_{1t-1} \\ z_{2t-1} \end{bmatrix}$$

$$+ \begin{bmatrix} I & -\Phi \\ 0 & I \end{bmatrix} \begin{bmatrix} c_1 \\ c_2 \end{bmatrix} f_t + \begin{bmatrix} I & -\Phi \\ 0 & I \end{bmatrix} \begin{bmatrix} d_1 \\ d_2 \end{bmatrix} \eta_t = 0$$

或

$$\begin{bmatrix} S_{11} & S_{12} - \Phi S_{22} \\ 0 & S_{22} \end{bmatrix} \begin{bmatrix} z_{1t} \\ z_{2t} \end{bmatrix} + \begin{bmatrix} T_{11} & T_{12} - \Phi T_{22} \\ 0 & T_{22} \end{bmatrix} \begin{bmatrix} z_{1t-1} \\ z_{2t-1} \end{bmatrix} + \begin{bmatrix} c_1 - \Phi c_2 \\ c_2 \end{bmatrix} f_t + \begin{bmatrix} 0 \\ d_2 \end{bmatrix} \eta_t = 0$$

显然,利用上式的上半块可以得到 z_{1t} 的解,即

$$S_{11} z_{1t} + (S_{12} - \Phi S_{22}) z_{2t} + T_{11} z_{1t-1} + (T_{12} - \Phi T_{22}) z_{2t-1} + (c_1 - \Phi c_2) f_t = 0$$

由 $\begin{bmatrix} x_{1t} \\ x_{2t} \end{bmatrix} = Z \begin{bmatrix} z_{1t} \\ z_{2t} \end{bmatrix} = \begin{bmatrix} Z_{11} & Z_{12} \\ Z_{21} & Z_{22} \end{bmatrix} \begin{bmatrix} z_{1t} \\ z_{2t} \end{bmatrix}$ 得到,$z_{1t} = Z_{11}^{-1} (x_{1t} - Z_{12} z_{2t})$,代入上式得到

$$S_{11} Z_{11}^{-1} x_{1t} + (S_{12} - \Phi S_{22} - S_{11} Z_{11}^{-1} Z_{12}) z_{2t} + T_{11} Z_{11}^{-1} x_{1t-1}$$

$$+ (T_{12} - \Phi T_{22} - T_{11} Z_{11}^{-1} Z_{12}) z_{2t-1} + (c_1 - \Phi c_2) f_t = 0$$

利用前面已经得到的 $z_{2t} = -\sum_{i=0}^{\infty}(-T_{22}^{-1}S_{22})^i T_{22}^{-1} c_2 E_t(f_{t+1+i})$，代入上式最终可得到 x_{1t} 的显性表达式。

再利用 $x_{2t} = Z_{21}Z_{11}^{-1}(x_{1t} - Z_{12}z_{2t}) + Z_{22}z_{2t} = Z_{21}Z_{11}^{-1}x_{1t} + (Z_{22} - Z_{21}Z_{11}^{-1}Z_{12})z_{2t}$ 可得到 x_{2t} 的显性表达式。

（五）求解矩阵二次方程方法

对于带有预期变量的线性模型，一类求解方法是先将原模型最终变成一个矩阵二次方程的求解，这类方法的代表是 Ulig（1995）和 Binder－Pesaran（1995，1997），他们的模型设定形式虽然不同，但求解矩阵二次方程都是其求解的核心。

先来看矩阵二次方程的解法，考虑以下关于矩阵 P 的二次方程，

$$\Psi P^2 + \Gamma P + \Theta = 0$$

式中，Ψ、Γ 和 Θ 都是给定矩阵。

为求解该矩阵方程，定义以下两个矩阵，

$$\Xi = \begin{bmatrix} -\Gamma & -\Theta \\ I & 0 \end{bmatrix} \quad \Delta = \begin{bmatrix} \Psi & 0 \\ 0 & I \end{bmatrix}$$

假设 λ 和 $\begin{bmatrix} y \\ x \end{bmatrix}$ 分别为矩阵 Ξ 关于 Δ 的广义特征值和广义特征量，即

$$\Xi \begin{bmatrix} y \\ x \end{bmatrix} = \lambda \Delta \begin{bmatrix} y \\ x \end{bmatrix}$$

考虑到矩阵 Ξ 和 Δ 的特殊结构，那么广义特征量实际上具有下面的形式，

$$y = \lambda x$$

从而得到，

$$\begin{bmatrix} -\Gamma & -\Theta \\ I & 0 \end{bmatrix} \begin{bmatrix} \lambda x \\ x \end{bmatrix} = \lambda \begin{bmatrix} \Psi & 0 \\ 0 & I \end{bmatrix} \begin{bmatrix} \lambda x \\ x \end{bmatrix}$$

由矩阵的上半块可得到，

$$\lambda^2 \Psi x + \lambda \Gamma x + \Theta x = 0$$

若矩阵 Ξ 关于 Δ 的广义特征值和广义特征量分别为

$$(\lambda_1, \cdots, \lambda_m, \cdots), \begin{bmatrix} \lambda_1 x_1 \\ x_1 \end{bmatrix}, \cdots, \begin{bmatrix} \lambda_m x_m \\ x_m \end{bmatrix}, \cdots$$

定义，
$$\Omega = [x_1,\cdots,x_m,\cdots], \Lambda = diag(\lambda_1,\cdots,\lambda_m,\cdots)$$
那么，上面方程可写成矩阵的形式，
$$\Psi\Omega\Lambda^2 + \Gamma\Omega\Lambda + \Theta\Omega = 0$$
由于广义特征量是相互独立的，因而上面方程可进一步表示为
$$\Psi\Omega\Lambda^2\Omega^{-1} + \Gamma\Omega\Lambda\Omega^{-1} + \Theta = 0$$
定义，$P = \Omega\Lambda\Omega^{-1}$，则矩阵 P 满足下面的矩阵二次方程，
$$\Psi P^2 + \Gamma P + \Theta = 0$$
另外，如果广义特征值均在单位圆内，那么矩阵 P 的特征值也在单位圆内。

1. Ulig 的待定系数法

对于带有预期变量的线性模型，Ulig（1995）提出了以下的待定系数法，其假设模型可表示为下式：
$$E_t[Fx_{t+1} + Gx_t + Hx_{t-1} + Lz_{t+1} + Mz_t] = 0$$
$$z_t = Nz_{t-1} + \varepsilon_t, E_t(\varepsilon_{t+1}) = 0$$
式中，x_t 是内生变量，z_t 是外生变量，ε_t 是随机冲击，E_t 表示条件数学期望。

假设我们期望最终得到如下形式的解，
$$x_t = Px_{t-1} + Qz_t$$
那么我们的目标就是确定矩阵 P 和 Q。

从上式可得到
$$x_{t+1} = P^2 x_{t-1} + PQz_t + Qz_{t+1}$$
代入原模型中可得到
$$(FP^2 + GP + H)x_{t-1} + [(FQ + L)N + (FP + G)Q + M]z_t = 0$$
由于上面的式子对变量 x_{t-1} 和 z_t 的任何值均成立，那么可得到
$$FP^2 + GP + H = 0$$
$$(FQ + L)N + (FP + G)Q + M = 0$$

显然第一个方程是一个关于矩阵 P 的二次方程，利用前面的结果，我们可得到矩阵 P，若其特征值均在单位圆内，那么就得到了矩阵 P 的最终求解结果。

一旦求出矩阵 P，那么第二个方程是一个典型的关于矩阵 Q 的 Sylvester 矩阵方程，这是一个关于矩阵的线性方程，可通过下式得到求解，

$$[N' \otimes F + I \otimes (FP + G)]vec(Q) = -vec(LN + M)$$

式中,$\otimes$是矩阵的 Kronecker 乘积,$vec(Q)$表示将矩阵 Q 的每列依次排成一列从而得到由所有列向量组成的一个向量,这样最终矩阵 Q 也就得到了求解。

2. Binder – Pesaran 的递归求解方法

Binder – Pesaran(1995,1997)将模型表示成以下形式:

$$x_t = Ax_{t-1} + BE_t x_{t+1} + w_t$$

式中,x_t是内生变量,w_t是外生的随机冲击,E_t表示条件数学期望。

假设模型的解可表示为

$$x_t = Px_{t-1} + X_t$$

式中,矩阵 P 是待定矩阵,X_t是变换后的变量,那么将上式代入原模型可得到

$$BP^2 - P + A = 0$$
$$(I - BP)X_t = BE_t(X_{t+1}) + w_t$$

上面第一个方程是一个关于矩阵 P 的二次方程,利用前面的结果,我们可求解矩阵 P;在得到矩阵 P 后,如果矩阵 $(I - BP)$ 可逆,那么上面第二个方程是关于变量 X_t 的预期方程,并且该方程形式比较简单,可通过向前迭代得到解的形式如下:

$$X_t = \sum_{i=0}^{\infty} F^i (I - BP)^{-1} E_t(w_{t+i})$$

式中,$F = (I - BP)^{-1} B$。这样原模型的解最终形式可表示为

$$x_t = Px_{t-1} + \sum_{i=0}^{\infty} F^i (I - BP)^{-1} E_t(w_{t+i})$$

Binder – Pesaran(1995,1997)给出了矩阵 $(I - BP)$ 可逆的条件,从而证明了上述方法的可行性。但上面算法的一个弊病是,矩阵二次方程的求解不是递归的,故此他们给出了一个完全递归的算法,可使原模型的求解更加有效。

记 $Q_N = I$,$R_{t+N} = BE_t(x_{t+N+1}) + E_t(w_{t+N})$,原方程可写成:

$$Q_N E_t(x_{t+N}) = AE_t(x_{t+N-1}) + R_{t+N}$$

解出 $E_t(x_{t+N}) = Q_N^{-1}(AE_t(x_{t+N-1}) + R_{t+N})$,代入,

$$E_t(x_{t+N-1}) = AE_t(x_{t+N-2}) + BE_t(x_{t+N}) + E_t(w_{t+N-1})$$

可得到

$$E_t(x_{t+N-1}) = AE_t(x_{t+N-2}) + BQ_N^{-1}[AE_t(x_{t+N-1}) + R_{t+N}] + E_t(w_{t+N-1})$$

经过整理得到

$$(I - BQ_N^{-1}A)E_t(x_{t+N-1}) = AE_t(x_{t+N-2}) + BQ_N^{-1}R_{t+N} + E_t(w_{t+N-1})$$

记 $Q_{N-1} = I - BQ_N^{-1}A$，$R_{t+N-1} = BQ_N^{-1}R_{t+N} + E_t(w_{t+N-1})$，则可重新写成下式：

$$Q_{N-1}E_t(x_{t+N-1}) = AE_t(x_{t+N-2}) + R_{t+N-1}$$

类似前面做法，求出 $E_t(x_{t+N-1}) = Q_{N-1}^{-1}[AE_t(x_{t+N-2}) + R_{t+N-1}]$，并代入

$$E_t(x_{t+N-2}) = AE_t(x_{t+N-3}) + BE_t(x_{t+N-1}) + E_t(w_{t+N-2})$$

可得到

$$E_t(x_{t+N-2}) = AE_t(x_{t+N-3}) + BQ_{N-1}^{-1}[AE_t(x_{t+N-2}) + R_{t+N-1}] + E_t(w_{t+N-2})$$

记 $Q_{N-2} = I - BQ_{N-1}^{-1}A$，$R_{t+N-2} = BQ_{N-1}^{-1}R_{t+N-1} + E_t(w_{t+N-2})$，上式又可写成：

$$Q_{N-2}E_t(x_{t+N-2}) = AE_t(x_{t+N-3}) + R_{t+N-2}$$

这样就可以得到以下递归算法：

$$Q_{N-j} = I - BQ_{N-j+1}^{-1}A, j = 1, \cdots, N$$

$$R_{t+N-j} = BQ_{N-j+1}^{-1}R_{t+N-j+1} + E_t(w_{t+N-j}), j = 1, \cdots, N$$

式中，$Q_N = I$，$R_{t+N} = BE_t(x_{t+N+1}) + E_t(w_{t+N})$。

原方程的最终解可表示为

$$x_t = Q_0^{-1}Ax_{t-1} + Q_0^{-1}R_t$$

值得注意的是，在使用 Binder – Pesaran（1995，1997）方法时终值条件必须给出，在经过线性化或者对数线性化的模型中，这点不难做到。另外，要保证该方法的有效性，预期的阶数 N 取值不能太小。

（六）带有滞后预期的线性模型的解法

前面介绍的方法都是基于完全信息的方法，即模型中采用的预期都是基于当前所有信息对未来经济变化的预期，实际中还会遇到另一类问题，模型中可能依赖于上一期或者滞后多期的预期，如在粘性信息模型中，模型依赖于从滞后1期到滞后无穷期的预期，对于这类模型的求解，前面介绍的方法不完全适用。如果滞后预期的阶数是有限的，那么可以通过增加变量的方式应用前面介绍的方法，但如果滞后预期的阶数非常大或者不是有限的，那么前面介绍的方法不再适用。另外，前面介绍的方法也不是对随机冲击的所有设定形式均是有效的，若随机冲击的设定是自回归的形式或者低阶移动平均的形式，则通过适当的模型变换可采用前面介绍的方法，而若随机冲击的设定是高阶或者不可逆转（Noninvertible）的移动平均的形式，前面介绍的方法并非

有效。为此，下面介绍带有滞后预期的线性模型的解法，这里着重介绍 Meyer – Gohde（2010）的方法，因为该方法充分吸收了前面某些方法的优点并进行了较好的扩展。

假设模型可表示为下面的形式，

$$\sum_{i=0}^{I} A_i E_{t-i}(Y_{t+1}) + \sum_{i=0}^{I} B_i E_{t-i}(Y_t) + \sum_{i=0}^{I} C_i E_{t-i}(Y_{t-1})$$
$$+ \sum_{i=0}^{I} F_i E_{t-i}(W_{t+1}) + \sum_{i=0}^{I} G_i E_{t-i}(W_t) = 0, I \in \{0,1,\cdots,\infty\}$$

式中，Y_t 是内生变量，W_t 是外生的随机冲击，E_t 表示条件数学期望，I 是预期的滞后阶数，它可以是有限的，也可以是无限的。假设随机冲击也是较一般的形式，

$$W_t = \sum_{j=0}^{\infty} N_j \varepsilon_{t-j}, \varepsilon_t \sim i.i.d. N(0,\Omega)$$

式中，ε_t 是均值为零、方差为 Ω 的白噪声。

我们采用待定系数法来求解，假设模型的解可表示为下式：

$$Y_t = \sum_{j=0}^{\infty} \Theta_j \varepsilon_{t-j}$$

这里，Θ_j 是待定矩阵。将上面两式代入原模型可得到

$$\sum_{j=0}^{\infty} \left(\sum_{i=0}^{\min(I,j)} A_i \right) \Theta_{j+1} \varepsilon_{t-j} + \sum_{j=0}^{\infty} \left(\sum_{i=0}^{\min(I,j)} B_i \right) \Theta_j \varepsilon_{t-j} + \sum_{j=0}^{\infty} \left(\sum_{i=0}^{\min(I,j+1)} C_i \right) \Theta_j \varepsilon_{t-j-1}$$
$$+ \sum_{j=0}^{\infty} \left(\sum_{i=0}^{\min(I,j)} F_i \right) N_{j+1} \varepsilon_{t-j} + \sum_{j=0}^{\infty} \left(\sum_{i=0}^{\min(I,j)} G_i \right) N_j \varepsilon_{t-j} = 0$$

定义矩阵

$$\widehat{M}_j = \sum_{i=0}^{\min(I,j)} M_i, M = A,B,F,G, \widetilde{C}_j = \sum_{i=0}^{\min(I,j+1)} C_i$$

上式可重写为

$$\sum_{j=0}^{\infty} \widetilde{A}_j \Theta_{j+1} \varepsilon_{t-j} + \sum_{j=0}^{\infty} \widetilde{B}_j \Theta_j \varepsilon_{t-j} + \sum_{j=0}^{\infty} \widetilde{C}_{j+1} \Theta_j \varepsilon_{t-j-1} + \sum_{j=0}^{\infty} \widehat{F}_j N_{j+1} \varepsilon_{t-j} + \sum_{j=0}^{\infty} \widehat{G}_j N_j \varepsilon_{t-j} = 0$$

比较系数可得到

$$\widetilde{A}_j \Theta_{j+1} + \widetilde{B}_j \Theta_j + \widetilde{C}_j \Theta_{j-1} + \widehat{F}_j N_{j+1} + \widehat{G}_j N_j = 0, \Theta_{-1} = 0$$

首先来看 $j \geq I$ 的情况。注意到，

$$\forall j \geq I, \widehat{M}_j = \widehat{M}_I, M = A,B,C,F,G$$

此时上式可写成

$$\begin{bmatrix} 0 & -\widetilde{A}_I \\ I & 0 \end{bmatrix} \begin{bmatrix} \Theta_j \\ \Theta_{j+1} \end{bmatrix} = \begin{bmatrix} \widetilde{C}_I & \widetilde{B}_I \\ 0 & I \end{bmatrix} \begin{bmatrix} \Theta_{j-1} \\ \Theta_j \end{bmatrix} + \begin{bmatrix} \widetilde{F}_I N_{j+1} + \widetilde{G}_I N_j \\ 0 \end{bmatrix}$$

对矩阵 $\begin{bmatrix} 0 & -\widetilde{A}_I \\ I & 0 \end{bmatrix}$ 和 $\begin{bmatrix} \widetilde{C}_I & \widetilde{B}_I \\ 0 & I \end{bmatrix}$ 进行广义 Schur 分解，$QQ^H = I, ZZ^H = I$，

$Q^H \begin{bmatrix} 0 & -\widetilde{A}_I \\ I & 0 \end{bmatrix} Z = S$，$Q^H \begin{bmatrix} \widetilde{C}_I & \widetilde{B}_I \\ 0 & I \end{bmatrix} Z = T$，并将矩阵进行简单变换，使得上三角矩阵 T 和 S 均由两块组成，其中二者上面一块矩阵的对角线元素满足关系式 $|T_{ii}/S_{ii}| < 1$。

令 $\begin{bmatrix} z_{1j} \\ z_{2j} \end{bmatrix} = Z^H \begin{bmatrix} \Theta_{j-1} \\ \Theta_j \end{bmatrix}$，对原方程左乘矩阵 Q^H 可得并对矩阵进行分块可得

$$\begin{bmatrix} S_{11} & S_{12} \\ 0 & S_{22} \end{bmatrix} \begin{bmatrix} z_{1j+1} \\ z_{2j+1} \end{bmatrix} = \begin{bmatrix} T_{11} & T_{12} \\ 0 & T_{22} \end{bmatrix} \begin{bmatrix} z_{1j} \\ z_{2j} \end{bmatrix} + \begin{bmatrix} Q_1^H \\ Q_2^H \end{bmatrix} \begin{bmatrix} \widetilde{F}_I N_{j+1} + \widetilde{G}_I N_j \\ 0 \end{bmatrix} = 0$$

通过求解可得到

$$z_{2j} = H_j$$

$$\Theta_j = Z_{21} Z_{11}^{-1} \Theta_{j-1} + (Z_{22} - Z_{21} Z_{11}^{-1} Z_{12}) H_j$$

$$H_j = -\sum_{k=0}^{\infty} (T_{22}^{-1} S_{22})^k T_{22}^{-1} Q_2^H \begin{bmatrix} \widetilde{F}_I N_{j+1} + \widetilde{G}_I N_j \\ 0 \end{bmatrix}, j \geq I$$

再来看 $j < I$ 的情况。此时可求解下面的方程来得到 Θ_j，

$$\begin{bmatrix} \widetilde{B}_0 & \widetilde{A}_0 & 0 & \cdots & 0 \\ \widetilde{C}_1 & \widetilde{B}_1 & \widetilde{A}_1 & \cdots & 0 \\ \vdots & & & & \vdots \\ 0 & \cdots & \widetilde{C}_{I-1} & \widetilde{B}_{I-1} & \widetilde{A}_{I-1} \\ 0 & \cdots & 0 & -Z_{21}Z_{11}^{-1} & I \end{bmatrix} \begin{bmatrix} \Theta_0 \\ \Theta_1 \\ \vdots \\ \Theta_{I-1} \\ \Theta_I \end{bmatrix} = \begin{bmatrix} \widetilde{F}_0 N_1 + \widetilde{G}_0 N_0 \\ \widetilde{F}_1 N_2 + \widetilde{G}_1 N_1 \\ \vdots \\ \widetilde{F}_{I-1} N_I + \widetilde{G}_{I-1} N_{I-1} \\ (Z_{22} - Z_{21} Z_{11}^{-1} Z_{12}) H_I \end{bmatrix}$$

上面讨论了滞后阶数 I 为有限的情况，可以看出 $I = 0$ 时模型就变成前面标准的

预期模型。当滞后阶数 $I\to\infty$ 时，假设满足下面条件

$$\lim_{j\to\infty}\widehat{M}_j = \widehat{M}_\infty, M = A,B,C,F,G$$

即存在 N，使得 $j > N$ 时，$\widehat{M}_j$ 和 $\widehat{M}_\infty$ 充分接近，那么，原模型可变成下面的近似形式，

$$\widetilde{A}_j\Theta_{j+1} + \widetilde{B}_j\Theta_j + \widetilde{C}_j\Theta_{j-1} + \widetilde{F}_j N_{j+1} + \widetilde{G}_j N_j = 0, j \leq N$$

$$\widetilde{A}_\infty\Theta_{j+1} + \widetilde{B}_\infty\Theta_j + \widetilde{C}_\infty\Theta_{j-1} + \widetilde{F}_\infty N_{j+1} + \widetilde{G}_\infty N_j = 0, j > N$$

此时依然可按照上面的步骤来求解。

三、DSGE 模型的非线性求解方法

由于我们通常不仅对变量的一阶矩感兴趣，而且还对变量的高阶矩感兴趣，如在利用模型进行福利分析时经常要使用变量的高阶矩，因而采用线性或者对数线性近似方法是远远不够的，这就要求对模型采用更精确的近似方法进行求解。大部分 DSGE 模型都是非线性模型，尽管非线性模型的动态特性远比线性模型丰富，揭示的经济规律也更加深入，但对其求解也更加复杂。Aruoba – Fernandez – Villaverde – Rubio – Ramirez（2006）通过比较几种不同的非线性计算方法发现，不同的算法对计算精度和计算效率影响很大，实际中针对不同的问题，各种算法有其各自的优越性，一种算法不可能对所有问题都是最优的，因而应针对具体问题选择合适的算法。

目前对非线性模型求解的方法总体来讲可以分为两类，即扰动法（Perturbation Method）和投影法（Projection Method）。扰动法的基本思路是先找到一个特解或者近似解，通常是在低阶情况下找到一个特解（如模型的稳态解或者一阶近似解），然后逐步拓展模型的解，最后找到一个满足要求的高阶近似解。投影法的基本思路是先将模型的解投影到一个由特殊函数（通常选取多项式函数）构成的泛函空间，该泛函空间具有以下特性，即由该泛函空间的基函数的线性组合构成的函数具有良好的逼近任意函数的性质，然后通过待定系数法找到解的投影坐标，最后由基函数的线性组合构成模型的解。

一般来讲，扰动法是一种局部近似方法，投影法是一种全局近似法，投影法对函数特性的要求没有扰动法要求那么严格，但如果函数满足一定的要求，那么扰动法的

计算速度比投影法快,并且再配合敏感性分析(Sensitivity Analysis),扰动法也可以达到较好的全局分析目的。

(一)扰动法

Gaspar – Judd(1997)和 Judd – Guu(1997)首先将扰动法应用于非线性 DSGE 模型的求解,随后该方法得到了迅速发展,近十年来该方法被广泛应用于非线性 DSGE 模型的求解及诸多应用问题。使用二阶扰动法的典型代表有 Juillard(1999)、Collard – Juillard(2001)、Schmitt – Grohe – Uribe(2004)、Lombardo – Sutherland(2007)、Kim – Kim – Schaumburg – Sims(2008)和 Gomme – Klein(2011)等学者,使用二阶以上高阶扰动法的典型代表有 Juillard – Kamenik(2004)、Kamenik(2005)、Anderson – Levin – Swanson(2006)、Lombardo(2010)、Lan – Meyer – Gohde(2011,2012,2013)、Van – Binsbergen – Fernandez – Villaverde – Koijen – Rubio – Ramirez(2012)、Andreasen(2012)、Andreasen – Fernandez – Villaverde – Rubio – Ramirez(2013)和 Den – Haan – Wind(2012)。在这些研究中,针对算法的收敛性和全局稳定性等问题,Judd – Guu(1997)、Anderson – Levin – Swanson(2006)和 Lan – Meyer – Gohde(2012)等学者从不同的角度均证明,只要模型方程中的函数具有足够的光滑性,那么若模型在一阶情况下具有唯一的稳定解,则模型在高阶情况下也具有唯一的稳定解,且若模型在一阶情况下的唯一稳定解具有全局性质,那么模型在高阶情况下的唯一稳定解也具有全局性质,这个结论对利用扰动法求解 DSGE 模型的存在性、唯一性、稳定性及全局性进行了很好的解释。

1. 二阶近似方法

(1)Juillard 和 Schmitt – Grohe – Uribe 的二阶近似方法

除了模型的表达形式略有不同外,Juillard(1999)和 Schmitt – Grohe – Uribe(2004)提出的二阶近似方法差别不大,它们在思路上基本类似于前面介绍的线性模型求解的待定系数法,唯一不同的是采用了高阶近似的处理手段,利用该方法通常分两步进行,首先在一阶情况下对原模型进行求解,然后再扩展到二阶情况。

假设经过对数变换后的模型可表示成下式:

$$E_t[f(y_{t+1},y_t,y_{t-1},u_t)] = 0$$

$$u_{t+1} = \sigma\varepsilon_{t+1}, E(\varepsilon_t) = 0, E(\varepsilon_t\varepsilon'_t) = \sum\nolimits_{\varepsilon}$$

式中,E_t 表示条件数学期望,$f(*)$ 是模型中的方程,通常是向量函数,y_t 是内生变量，u_t 是外生的随机冲击，为处理风险的需要，通常对未实现的随机冲击 u_{t+1} 进行标准化处理，σ 是风险尺度因子（又称扰动参数），ε_{t+1} 是经过标准化处理后的随机冲击，其均值为零，协方差为 $\sum_\varepsilon$。

假设我们期望得到的模型解可表示成下式：
$$y_t = g(y_{t-1}, u_t, \sigma)$$

该解依赖于目前所处的经济状态（用已得到的内生变量 y_{t-1} 和已实现的随机冲击 u_t 来刻画）和未来的不确定性 σ，我们的目的是确定该表达式的二阶近似形式。

从该表达式可以得到
$$y_{t+1} = g(y_t, u_{t+1}, \sigma) = g[g(y_{t-1}, u_t, \sigma), u_{t+1}, \sigma]$$

代入原方程可得到
$$E_t[F(y_{t-1}, u_t, u_{t+1}, \sigma)] = 0$$

其中，函数 $F(y_{t-1}, u_t, u_{t+1}, \sigma) \equiv f\{g[g(y_{t-1}, u_t, \sigma), u_{t+1}, \sigma], g(y_{t-1}, u_t, \sigma), y_{t-1}, u_t\}$。

模型的确定性稳态（Deterministic Steady-State）为 $\bar{y}$，其满足下面的方程，
$$f(\bar{y}, \bar{y}, \bar{y}, 0) = 0$$

及
$$\bar{y} = g(\bar{y}, 0, 0)$$

首先对模型进行一阶泰勒展开可得到
$$F^{(1)}(y_{t-1}, u_t, u_{t+1}, \sigma) = f(\bar{y}, \bar{y}, \bar{y}, 0) + f_{y^-}\hat{y} + f_u u + f_{y0}(g_y \hat{y} + g_u u + g_\sigma \sigma)$$
$$+ f_{y+}[g_y(g_y \hat{y} + g_u u + g_\sigma \sigma) + g_u u' + g_\sigma \sigma]$$

式中，$F^{(1)}$ 表示对函数 $F(*)$ 进行泰勒一阶展开，$\hat{y} = y_{t-1} - \bar{y}$，$u = u_t$，$u' = u_{t+1}$，$f_{y+} = \frac{\partial f}{\partial y_{t+1}}$，$f_{y0} = \frac{\partial f}{\partial y_t}$，$f_{y^-} = \frac{\partial f}{\partial y_{t-1}}$，$f_u = \frac{\partial f}{\partial u_t}$，$g_y = \frac{\partial g}{\partial y_{t-1}}$，$g_u = \frac{\partial g}{\partial u_t}$，$g_\sigma = \frac{\partial g}{\partial \sigma}$。对上式取条件期望可得到
$$0 = E_t[F^{(1)}(y_{t-1}, u_t, u_{t+1}, \sigma)]$$
$$= f(\bar{y}, \bar{y}, \bar{y}, 0) + f_{y^-}\hat{y} + f_u u + f_{y0}(g_y \hat{y} + g_u u + g_\sigma \sigma)$$
$$+ f_{y+}[g_y(g_y \hat{y} + g_u u + g_\sigma \sigma) + g_\sigma \sigma]$$

由于上面的式子对变量的任何值均成立，那么可得到

$$(f_{y^+}g_y g_y + f_{y^0}g_y + f_{y^-})\hat{y} = 0$$
$$(f_{y^+}g_y g_u + f_{y^0}g_u + f_u)u = 0$$
$$(f_{y^+}g_y g_\sigma + f_{y^0}g_\sigma)\sigma = 0$$

可以将方程 $(f_{y^+}g_y g_y + f_{y^0}g_y + f_{y^-})\hat{y} = 0$ 改写成下面的形式：

$$\begin{bmatrix} 0 & f_{y^+} \\ I & 0 \end{bmatrix} \begin{bmatrix} I \\ g_y \end{bmatrix} g_y \hat{y} = \begin{bmatrix} -f_{y^-} & -f_{y^0} \\ 0 & I \end{bmatrix} \begin{bmatrix} I \\ g_y \end{bmatrix} \hat{y}$$

或

$$\begin{bmatrix} 0 & f_{y^+} \\ I & 0 \end{bmatrix} \begin{bmatrix} y_t - \bar{y} \\ y_{t+1} - \bar{y} \end{bmatrix} = \begin{bmatrix} -f_{y^-} & -f_{y^0} \\ 0 & I \end{bmatrix} \begin{bmatrix} y_{t-1} - \bar{y} \\ y_t - \bar{y} \end{bmatrix}$$

对矩阵 $\begin{bmatrix} 0 & f_{y^+} \\ I & 0 \end{bmatrix}$ 关于 $\begin{bmatrix} -f_{y^-} & -f_{y^0} \\ 0 & I \end{bmatrix}$ 进行广义 Schur 分解，可将上式变换成：

$$\begin{bmatrix} T_{11} & T_{12} \\ 0 & T_{22} \end{bmatrix} \begin{bmatrix} Z_{11} & Z_{12} \\ Z_{21} & Z_{22} \end{bmatrix} \begin{bmatrix} I \\ g_y \end{bmatrix} g_y \hat{y} = \begin{bmatrix} S_{11} & S_{12} \\ 0 & S_{22} \end{bmatrix} \begin{bmatrix} Z_{11} & Z_{12} \\ Z_{21} & Z_{22} \end{bmatrix} \begin{bmatrix} I \\ g_y \end{bmatrix} \hat{y}$$

式中，Q 和 Z 是酉矩阵，$QQ^H = I$，$ZZ^H = I$。为保证鞍点解的存在，则需要满足下面的条件：

$$Z_{21} + Z_{22}g_y = 0$$

从而可得到

$$g_y = -Z_{22}^{-1}Z_{21}$$

在得到上式后，由 $(f_{y^+}g_y g_u + f_{y^0}g_u + f_u)u = 0$ 可得到

$$g_u = -(f_{y^+}g_y + f_{y^0})^{-1}f_u$$

另外，由 $(f_{y^+}g_y g_\sigma + f_{y^0}g_\sigma)\sigma = 0$ 可得到

$$g_\sigma = 0$$

经过上面这些运算，我们得到了模型的一阶近似解，

$$y_t = \bar{y} + g_y \hat{y} + g_u u$$

式中，$\hat{y} = y_{t-1} - \bar{y}$，$u = u_t$。

在得到一阶近似解后，我们进一步对模型进行二阶 Taylor 展开，在进行二阶 Taylor 展开之前，我们采用下面的记法，假设 m 维向量函数 $F(x)$ 及其导数表示如下

（自变量 x 是 n 维向量，$x' = [x_1,\cdots,x_n]$）：

$$F(x) = \begin{bmatrix} F_1(x) \\ \vdots \\ F_m(x) \end{bmatrix}$$

$$F_x = \frac{\partial F}{\partial x} = \begin{bmatrix} \dfrac{\partial F_1}{\partial x_1} & \cdots & \dfrac{\partial F_1}{\partial x_n} \\ \vdots & \vdots & \vdots \\ \dfrac{\partial F_m}{\partial x_1} & \cdots & \dfrac{\partial F_m}{\partial x_n} \end{bmatrix}$$

$$F_{xx} = \frac{\partial^2 F}{\partial x \partial x} = \begin{bmatrix} \dfrac{\partial^2 F_1}{\partial x_1 \partial x_1} & \cdots & \dfrac{\partial^2 F_1}{\partial x_1 \partial x_n} & \dfrac{\partial^2 F_1}{\partial x_n \partial x_1} & \cdots & \dfrac{\partial^2 F_1}{\partial x_n \partial x_n} \\ \vdots & \vdots & \vdots & \vdots & \vdots \\ \dfrac{\partial^2 F_m}{\partial x_1 \partial x_1} & \cdots & \dfrac{\partial^2 F_m}{\partial x_1 \partial x_n} & \dfrac{\partial^2 F_m}{\partial x_n \partial x_1} & \cdots & \dfrac{\partial^2 F_m}{\partial x_n \partial x_n} \end{bmatrix}$$

根据该表示法，对于复合函数：

$$y = g(s), f(y) = f(g(s))$$

我们可以得到

$$\frac{\partial^2 f}{\partial s \partial s} = \frac{\partial f}{\partial y} \frac{\partial^2 g}{\partial s \partial s} + \frac{\partial^2 f}{\partial y \partial y}\left[\frac{\partial g}{\partial s} \otimes \frac{\partial g}{\partial s}\right]$$

式中，$\otimes$ 是矩阵的 Kronecker 乘积。

应用这些表达式，我们对原模型进行二阶泰勒展开可得到

$$\begin{aligned}
& F^{(2)}(y_{t-1}, u_t, u_{t+1}, \sigma) \\
& = F^{(1)}(y_{t-1}, u_t, u_{t+1}, \sigma) \\
& \quad + 0.5[F_{y\text{-}y\text{-}}(\hat{y} \otimes \hat{y}) + F_{uu}(u \otimes u) + F_{u'u'}(u' \otimes u') + F_{\sigma\sigma}\sigma^2] \\
& \quad + F_{y\text{-}u}(\hat{y} \otimes u) + F_{y\text{-}u'}(\hat{y} \otimes u') + F_{y\text{-}\sigma}\hat{y}\sigma \\
& \quad + F_{uu'}(u \otimes u') + F_{u\sigma}u\sigma + F_{u'\sigma}u'\sigma
\end{aligned}$$

式中，$F^{(1)}$ 和 $F^{(2)}$ 分别表示函数 $F(*)$ 的一阶和二阶泰勒展开表达式，$\hat{y} = y_{t-1} - \bar{y}$，

$u = u_t$,$u' = u_{t+1}$,$F_{y^-y^-} = \dfrac{\partial^2 F}{\partial y_{t-1} \partial y_{t-1}}$,$F_{uu} = \dfrac{\partial^2 F}{\partial u_t \partial u_t}$,$F_{u'u'} = \dfrac{\partial^2 F}{\partial u_{t+1} \partial u_{t+1}}$,$F_{\sigma\sigma} = \dfrac{\partial^2 F}{\partial \sigma \partial \sigma}$,$F_{y^-u} = \dfrac{\partial^2 F}{\partial y_{t-1} \partial u_t}$,$F_{y^-u'} = \dfrac{\partial^2 F}{\partial y_{t-1} \partial u_{t+1}}$,$F_{y^-\sigma} = \dfrac{\partial^2 F}{\partial y_{t-1} \partial \sigma}$,$F_{uu'} = \dfrac{\partial^2 F}{\partial u_t \partial u_{t+1}}$,$F_{u\sigma} = \dfrac{\partial^2 F}{\partial u_t \partial \sigma}$,$F_{u'\sigma} = \dfrac{\partial^2 F}{\partial u_{t+1} \partial \sigma}$。

对上式取条件期望可得到

$$0 = E_t [F^{(2)}(y_{t-1}, u_t, u_{t+1}, \sigma)]$$

$$= E_t [F^{(1)}(y_{t-1}, u_t, u_{t+1}, \sigma)] + F_{y^-u}(\hat{y} \otimes u) + F_{y^-\sigma}\hat{y}\sigma + F_{u\sigma}u\sigma$$

$$+ 0.5[F_{y^-y^-}(\hat{y} \otimes \hat{y}) + F_{uu}(u \otimes u) + F_{u'u'}(u' \otimes u') + F_{\sigma\sigma}\sigma^2]$$

上面的式子对变量的任何值均成立,从而可得到以下条件,

$$F_{y^-y^-} = 0, F_{uu} = 0, F_{y^-u} = 0, F_{y^-\sigma} = 0, F_{u\sigma} = 0$$

$$F_{\sigma\sigma} + F_{u'u'} \sum_\varepsilon = 0$$

另外,直接从 $F(y_{t-1}, u_t, u_{t+1}, \sigma) \equiv f\{g[g(y_{t-1}, u_t, \sigma), u_{t+1}, \sigma], g(y_{t-1}, u_t, \sigma), y_{t-1}, u_t\}$ 进行微分可得到

$$F_{y^-y^-} = f_{y^+}[g_{yy}(g_y \otimes g_y) + g_y g_{yy}] + f_{y^0}g_{yy} + B_1$$

式中,B_1 表示一阶和常数项,$g_{yy} = \dfrac{\partial^2 g}{\partial y_{t-1} \partial y_{t-1}}$,进行简单处理后得到

$$f_{y^+}g_{yy}(g_y \otimes g_y) + (f_{y^+}g_y + f_{y^0})g_{yy} = -B_1$$

结合前面已得到的一阶近似解,利用已得到的 g_y 和 g_u,那么上式是一个典型的 Sylvester 矩阵方程,已经有很成熟的求解方法,经过求解可以得到矩阵 g_{yy}。

从上面复合函数的二阶展开式还可得到

$$F_{y^-u} = f_{y^+}[g_{yy}(g_y \otimes g_u) + g_y g_{yu}] + f_{y^0}g_{yu} + B_2$$
$$F_{uu} = f_{y^+}[g_{yy}(g_u \otimes g_u) + g_y g_{uu}] + f_{y^0}g_{uu} + B_3$$

式中,B_2 和 B_3 表示一阶和常数项,$g_{yu} = \dfrac{\partial^2 g}{\partial y_{t-1} \partial u_t}$,$g_{uu} = \dfrac{\partial^2 g}{\partial u_t \partial u_t}$。代入条件 $F_{uu} = 0$,$F_{y^-u} = 0$,并根据已经求解得到的矩阵 g_{yy},我们可得到

$$g_{yu} = -(f_{y^+}g_y + f_{y^0})^{-1}[f_{y^+}g_{yy}(g_y \otimes g_u) + B_2]$$
$$g_{uu} = -(f_{y^+}g_y + f_{y^0})^{-1}[f_{y^+}g_{yy}(g_u \otimes g_u) + B_3]$$

此外，从复合函数的二阶展开式还可得到

$$F_{y^-\sigma} = f_{y^+}g_y g_{y\sigma} + f_{y^0}g_{y\sigma}$$

$$F_{u\sigma} = f_{y^+}g_y g_{u\sigma} + f_{y^0}g_{u\sigma}$$

$$F_{\sigma\sigma} + F_{u'u'}\sum_{\varepsilon} = f_{y^+}(g_{\sigma\sigma} + g_y g_{\sigma\sigma}) + f_{y^0}g_{\sigma\sigma} + [f_{y^+y^+}(g_u \otimes g_u) + f_{y^+uu}](\varepsilon \otimes \varepsilon)$$

式中，$g_{\sigma\sigma} = \dfrac{\partial^2 g}{\partial \sigma \partial \sigma}, g_{y\sigma} = \dfrac{\partial^2 g}{\partial y_{t-1} \partial \sigma}, g_{u\sigma} = \dfrac{\partial^2 g}{\partial u_t \partial \sigma}$，代入条件 $F_{y^-\sigma} = 0, F_{u\sigma} = 0$ 和 $F_{\sigma\sigma} + F_{u'u'}\sum_{\varepsilon} = 0$ 可得到

$$g_{y\sigma} = g_{u\sigma} = 0$$

$$g_{\sigma\sigma} = -[f_{y^+}(I + g_y) + f_{y^0}]^{-1}[f_{y^+y^+}(g_u \otimes g_u) + f_{y^+uu}](\varepsilon \otimes \varepsilon)$$

经过上面运算，最终得到了模型的二阶近似解，

$$y_t = \bar{y} + g_y \hat{y} + g_u u + 0.5[g_{yy}(\hat{y} \otimes \hat{y}) + g_{uu}(u \otimes u)] + g_{yu}(\hat{y} \otimes u) + 0.5\sigma^2$$

式中，$\hat{y} = y_{t-1} - \bar{y}, u = u_t$。

(2) Lombardo – Sutherland 的二阶近似方法

Lombardo – Sutherland（2007）提出的二阶近似方法非常巧妙，在求解中仅用到带有预期的线性模型的求解手段，前面已经介绍，关于带有预期的线性模型求解有各种方法，并且已经非常成熟，因此，充分利用这些线性求解方法来解决二阶近似问题也不失为一种值得参考的方法。

仍然考虑前面的模型，

$$E_t[f(y_{t+1}, y_t, y_{t-1}, u_t)] = 0$$

$$u_{t+1} = \sigma \varepsilon_{t+1}, E(\varepsilon_t) = 0, E(\varepsilon_t \varepsilon'_t) = \sum_{\varepsilon}$$

式中，y_t 是内生变量，u_t 是外生的随机冲击，σ 是风险尺度因子，ε_{t+1} 是经过标准化处理后的随机冲击，其均值为零，协方差为 $\sum_{\varepsilon}$。在模型的稳态 $\bar{y}$ 对上面方程进行二阶展开，

$$f^{(2)}(y_{t+1}, y_t, y_{t-1}, u_t) = f^{(1)}(\hat{y}_{t+1}, \hat{y}_t, \hat{y}_{t-1}, u_t) + U_t$$

式中，$f^{(1)}$ 和 $f^{(2)}$ 分别表示函数 $f(*)$ 的一阶和二阶泰勒展开表达式，U_t 是二阶项，

$$U_t = 0.5[f_{y^+y^+}(\hat{y}_{t+1} \otimes \hat{y}_{t+1}) + f_{y^0y^0}(\hat{y}_t \otimes \hat{y}_t) + f_{y^-y^-}(\hat{y}_{t-1} \otimes \hat{y}_{t-1}) + f_{uu}(u_t \otimes u_t)]$$

$$+ f_{y^+y^0}(\hat{y}_{t+1} \otimes \hat{y}_t) + f_{y^+y^-}(\hat{y}_{t+1} \otimes \hat{y}_{t-1}) + f_{y^+u}(\hat{y}_{t+1} \otimes u_t)$$

$$+ f_{y^0y^-}(\hat{y}_t \otimes \hat{y}_{t-1}) + f_{y^0u}(\hat{y}_t \otimes u_t) + f_{y^-u}(\hat{y}_{t-1} \otimes u_t)$$

此处，$f_{y^+y^+} = \dfrac{\partial^2 f}{\partial y_{t+1}\partial y_{t+1}}$，$f_{y^0y^0} = \dfrac{\partial^2 f}{\partial y_t \partial y_t}$，$f_{y^-y^-} = \dfrac{\partial^2 f}{\partial y_{t-1}\partial y_{t-1}}$，$f_{uu} = \dfrac{\partial^2 f}{\partial u_t \partial u_t}$，$f_{y^+y^0} = \dfrac{\partial^2 f}{\partial y_{t+1}\partial y_t}$，$f_{y^+y^-} = \dfrac{\partial^2 f}{\partial y_{t+1}\partial y_{t-1}}$，$f_{y^+u} = \dfrac{\partial^2 f}{\partial y_{t+1}\partial u_t}$，$f_{y^0y^-} = \dfrac{\partial^2 f}{\partial y_t \partial y_{t-1}}$，$f_{y^0u} = \dfrac{\partial^2 f}{\partial y_t \partial u_t}$，$f_{y^-u} = \dfrac{\partial^2 f}{\partial y_{t-1}\partial u_t}$，$\hat{y}_t = y_t - \bar{y}$，$\otimes$ 是矩阵的 Kronecker 乘积。

假设我们期望得到的模型解可表示成下式：

$$y_t = g(y_{t-1}, u_t, \sigma)$$

前面已介绍在一阶情况下，对方程 $E_t[f^{(1)}(\hat{y}_{t+1}, \hat{y}_t, \hat{y}_{t-1}, u_t)] = 0$ 进行求解可得到模型的一阶近似表达式为

$$\hat{y}_t^{(1)} = g_y \hat{y}_{t-1}^{(1)} + g_u u_t$$

式中，$g_y = \dfrac{\partial g}{\partial y_{t-1}}$，$g_u = \dfrac{\partial g}{\partial u_t}$，$\hat{y}_t^{(1)} = y_t^{(1)} - \bar{y}$，$y_t^{(1)}$ 表示 y_t 的一阶近似解。

假设对模型解 $y_t = g(y_{t-1}, u_t, \sigma)$ 进行二阶展开可得到

$$\hat{y}_t^{(2)} = g_y \hat{y}_{t-1}^{(2)} + g_u u_t + 0.5[g_{yy}(\hat{y}_{t-1}^{(2)} \otimes \hat{y}_{t-1}^{(2)}) + g_{uu}(u_t \otimes u_t) + g_{\sigma\sigma}\sigma^2]$$
$$+ g_{yu}(\hat{y}_{t-1}^{(2)} \otimes u_t) + g_{y\sigma}\hat{y}_{t-1}^{(2)}\sigma + g_{u\sigma}u_t\sigma$$

这里，$g_{yy} = \dfrac{\partial^2 g}{\partial y_{t-1}\partial y_{t-1}}$，$g_{uu} = \dfrac{\partial^2 g}{\partial u_t \partial u_t}$，$g_{\sigma\sigma} = \dfrac{\partial^2 g}{\partial \sigma \partial \sigma}$，$g_{yu} = \dfrac{\partial^2 g}{\partial y_{t-1}\partial u_t}$，$g_{y\sigma} = \dfrac{\partial^2 g}{\partial y_{t-1}\partial \sigma}$，$g_{u\sigma} = \dfrac{\partial^2 g}{\partial u_t \partial \sigma}$，$\hat{y}_t^{(2)} = y_t^{(2)} - \bar{y}$，$y_t^{(2)}$ 表示 y_t 的二阶近似解。在二阶近似条件下，可以看出：

$$\hat{y}_{t+1} \otimes \hat{y}_{t+1} = \hat{y}_{t+1}^{(1)} \otimes \hat{y}_{t+1}^{(1)}, \hat{y}_t \otimes \hat{y}_t = \hat{y}_t^{(1)} \otimes \hat{y}_t^{(1)}, \hat{y}_{t-1} \otimes \hat{y}_{t-1} = \hat{y}_{t-1}^{(1)} \otimes \hat{y}_{t-1}^{(1)},$$
$$\hat{y}_{t+1} \otimes \hat{y}_t = \hat{y}_{t+1}^{(1)} \otimes \hat{y}_t^{(1)}, \hat{y}_{t+1} \otimes \hat{y}_{t-1} = \hat{y}_{t+1}^{(1)} \otimes \hat{y}_{t-1}^{(1)}, \hat{y}_{t+1} \otimes u_t = \hat{y}_{t+1}^{(1)} \otimes u_t,$$
$$\hat{y}_t \otimes \hat{y}_{t-1} = \hat{y}_t^{(1)} \otimes \hat{y}_{t-1}^{(1)}, \hat{y}_t \otimes u_t = \hat{y}_t^{(1)} \otimes u_t, \hat{y}_{t-1} \otimes u_t = \hat{y}_{t-1}^{(1)} \otimes u_t$$

从而原方程的二阶项可表示为

$$U_t = 0.5[f_{y^+y^+}(\hat{y}_{t+1}^{(1)} \otimes \hat{y}_{t+1}^{(1)}) + f_{y^0y^0}(\hat{y}_t^{(1)} \otimes \hat{y}_t^{(1)}) + f_{y^-y^-}(\hat{y}_{t-1}^{(1)} \otimes \hat{y}_{t-1}^{(1)}) + f_{uu}(u_t \otimes u_t)]$$

$$+ f_{y^+y^0}(\hat{y}_{t+1}^{(1)} \otimes \hat{y}_t^{(1)}) + f_{y^+y^-}(\hat{y}_{t+1}^{(1)} \otimes \hat{y}_{t-1}^{(1)}) + f_{y^+u}(\hat{y}_{t+1}^{(1)} \otimes u_t)$$

$$+ f_{y^0y^-}(\hat{y}_t^{(1)} \otimes \hat{y}_{t-1}^{(1)}) + f_{y^0u}(\hat{y}_t^{(1)} \otimes u_t) + f_{y^-u}(\hat{y}_{t-1}^{(1)} \otimes u_t)$$

即所有的二阶项可以用已经得到的一阶近似值来计算。

$$记, \Lambda_t = vech\left(\begin{bmatrix} u_t \\ \hat{y}_{t-1}^{(1)} \\ \hat{y}_t^{(1)} \end{bmatrix} \begin{bmatrix} u'_t & \hat{y}'^{(1)}_{t-1} & \hat{y}'^{(1)}_t \end{bmatrix}\right), 这里向量化算子 vech(Q) 表示将矩阵$$

Q 的上半角部分按每列排成一列得到的向量，由于协方差矩阵通常是对称的，为此我们采用向量化算子 $vech$ 更简洁。$vech(Q)$ 与一般的向量化算子 $vec(Q)$ 不同，但存在矩阵 L^h 和 L^c 使得二者存在以下关系，$L^h vech(Q) = vec(Q)$，$vech(Q) = L^c vec(Q)$，$L^h L^c = I$。采用这些记法，二阶项及原模型可表示成：

$$U_t = D_1 \Lambda_t + D_2 \Lambda_{t+1}$$

$$0 = E_t[f^{(2)}(y_{t+1}, y_t, y_{t-1}, u_t)] = E_t[f^{(1)}(\hat{y}_{t+1}, \hat{y}_t, \hat{y}_{t-1}, u_t)] + D_1 \Lambda_t + D_2 E_t(\Lambda_{t+1})$$

其中，D_1 和 D_2 是按上面方法得到的相应系数矩阵。为清晰地写出 Λ_t 的表达式，注意到下面的关系式，

$$\begin{bmatrix} u_{t+1} \\ \hat{y}_t^{(1)} \end{bmatrix} = \Phi \begin{bmatrix} u_t \\ \hat{y}_{t-1}^{(1)} \end{bmatrix} + \Gamma \varepsilon_{t+1}, \Phi = \begin{bmatrix} 0 & 0 \\ g_u & g_y \end{bmatrix}, \Gamma = \begin{bmatrix} \sigma \\ 0 \end{bmatrix}$$

$$\begin{bmatrix} u_{t+1} \\ \hat{y}_t^{(1)} \\ \hat{y}_{t+1}^{(1)} \end{bmatrix} = \Omega \begin{bmatrix} u_{t+1} \\ \hat{y}_t^{(1)} \end{bmatrix}, \Omega = \begin{bmatrix} I & 0 \\ 0 & I \\ g_u & g_y \end{bmatrix}$$

$$记, V_t = vech\left(\begin{bmatrix} u_t \\ \hat{y}_{t-1}^{(1)} \end{bmatrix} \begin{bmatrix} u'_t & \hat{y}'^{(1)}_{t-1} \end{bmatrix}\right), \tilde{\varepsilon}_t = vech(\varepsilon_t \varepsilon'_t), \tilde{\xi}_t = vech\left(\begin{bmatrix} u_t \\ \hat{y}_{t-1}^{(1)} \end{bmatrix} \varepsilon'_t\right), 利用这些$$

关系式可得到，

$$\Lambda_t = RV_t$$

$$V_t = \tilde{\Phi} V_{t-1} + \tilde{\Gamma} \tilde{\varepsilon}_t + \tilde{\Psi} \tilde{\xi}_t$$

式中，$R = L_\Omega^c(\Omega \otimes \Omega) L_\Omega^h$，$\tilde{\Phi} = L_\Phi^c(\Phi \otimes \Phi) L_\Phi^h$，$\tilde{\Gamma} = L_\Gamma^c(\Gamma \otimes \Gamma) L_\Gamma^h$，$\tilde{\Psi} = L_\Psi^c[(\Phi \otimes$

$\Gamma) + (\Gamma \otimes \Phi)P']$，矩阵 L^h 和 L^c 是按照前面处理得到的相应矩阵，矩阵 P 是按照 $vec(Z) = Pvec(Z')$ 定义的置换矩阵。这样原模型可进一步写成：

$$E_t[f^{(1)}(\hat{y}_{t+1}^{(2)}, \hat{y}_t^{(2)}, \hat{y}_{t-1}^{(2)}, u_t)] + GV_t + H\sum\nolimits_t = 0$$

式中，$\hat{y}_t^{(2)} = y_t^{(2)} - \bar{y}$，$y_t^{(2)}$ 表示 y_t 的二阶近似解，$G = D_1R + D_2R\tilde{\Phi}$，$H = D_2R\tilde{\Gamma}$，$\sum_t = E_t(\tilde{\varepsilon}_{t+1})$。

可以看出，经过上面处理，原模型可转化成线性模型，该方程与一阶近似比较唯一不同的是，在一阶近似的基础上两项 $GV_t + H\sum_t$，但这两项均能够用一阶近似值很方便地计算得到，从而可以在原来一阶近似的基础上增加这两项再求解线性方程并得到原模型的二阶近似解。总结以上分析，原模型的二阶近似解可通过下面的方程得到，

$$E_t[f^{(1)}(\hat{y}_{t+1}^{(1)}, \hat{y}_t^{(1)}, \hat{y}_{t-1}^{(1)}, u_t)] = 0$$

$$E_t[f^{(1)}(\hat{y}_{t+1}^{(2)}, \hat{y}_t^{(2)}, \hat{y}_{t-1}^{(2)}, u_t)] + GV_t + H\sum\nolimits_t = 0$$

$$V_t = \tilde{\Phi}V_{t-1} + \tilde{\Gamma}\tilde{\varepsilon}_t + \tilde{\Psi}\tilde{\xi}_t$$

$$\hat{y}_t^{(1)} = y_t^{(1)} - \bar{y}, \hat{y}_t^{(2)} = y_t^{(2)} - \bar{y}, u_{t+1} = \sigma\varepsilon_{t+1}$$

$$\tilde{\varepsilon}_t = vech(\varepsilon_t\varepsilon_t'), \tilde{\xi}_t = vech\left(\begin{bmatrix} u_t \\ \hat{y}_{t-1}^{(1)} \end{bmatrix}\varepsilon_t'\right), \sum\nolimits_t = E_t(\tilde{\varepsilon}_{t+1})$$

由于上面模型的一阶项在形式上与一阶近似形式完全一样，从而其解可表示成下式，

$$\hat{y}_t^{(2)} = g_y\hat{y}_{t-1}^{(2)} + g_u u_t + P_3 V_{t-1} + P_4 \sum\nolimits_t$$

式中，矩阵 P_3 和 P_4 均可以利用成熟的有关线性模型的解法求得。

Lombardo – Sutherland（2007）方法最大好处是只需要求解线性模型，不足之处是引入了众多新的状态变量，从而模型的规模会迅速扩大，但对于大规模的线性模型求解，已经有很多非常成熟的求解方法，从而可以克服这一不足之处。

2. 高阶近似方法

（1）求解 Sylvester 矩阵方程方法

采用二阶以上的高阶近似方法来求解非线性 DSGE 模型，Juillard – Kamenik

(2004)采用的思路基本与上面介绍的 Juillard 二阶近似方法类似,即依次进行高阶展开并利用已经得到的低阶近似结果来得到最终的高阶近似结果,唯一不同的是求解过程更复杂。Lan – Meyer – Gohde(2011)采用了非线性移动平均方法(Nonlinear Moving Average),将模型的解表示成随机冲击项的无穷阶移动平均的函数,当然该函数是非线性形式。这两种方法看上去形式上不太相同,但对于高阶项的求解,最终都可以转换成一个求解 Sylvester 矩阵方程问题,并且 Kamenik(2005)提出了一种关于 Sylvester 矩阵方程的改进算法,利用该算法可大大提高求解的效率。

仍然考虑前面的模型,

$$E_t[f(y_{t+1}, y_t, y_{t-1}, u_t)] = 0$$

$$u_{t+1} = \sigma \varepsilon_{t+1}, E(\varepsilon_t) = 0, E(\varepsilon_t \varepsilon'_t) = \sum\nolimits_\varepsilon$$

式中,y_t 是内生变量,u_t 是外生的随机冲击,σ 是风险尺度因子,ε_{t+1} 是经过标准化处理后的随机冲击,其均值为零,协方差为 $\sum\nolimits_\varepsilon$。

假设模型解可表示成下式:

$$y_t = g(y_{t-1}, u_t, \sigma)$$

求解高阶近似解的关键是计算函数 $g(*)$ 关于各个变量的高阶导数,将上式代入原模型 $f(*)$ 并进行高阶展开,利用隐函数定理我们可以求出函数 $g(*)$ 关于各个变量的高阶导数。为方便起见,采用下面的记号,

$$x' = [x_1, \cdots, x_n]$$

$$F(x) = \begin{bmatrix} F_1(x) \\ \vdots \\ F_m(x) \end{bmatrix}$$

$$A^{\otimes[k]} \equiv \underbrace{A \otimes \cdots \otimes A}_{k}$$

$$\left[\frac{\partial}{\partial x_1} \cdots \frac{\partial}{\partial x_n}\right]^{\otimes[k]} \equiv \underbrace{\left[\frac{\partial}{\partial x_1} \cdots \frac{\partial}{\partial x_n}\right] \otimes \cdots \otimes \left[\frac{\partial}{\partial x_1} \cdots \frac{\partial}{\partial x_n}\right]}_{k}$$

$$F_{x^k} = \frac{\partial^k F}{\partial x^k} = \left[\frac{\partial}{\partial x_1} \cdots \frac{\partial}{\partial x_n}\right]^{\otimes[k]} \otimes F(x)$$

定义状态变量为 $z_t = \begin{bmatrix} y_{t-1} \\ u_t \end{bmatrix}$,在稳态 $\bar{z} = \begin{bmatrix} \bar{y} \\ 0 \end{bmatrix}$ 对 $y_t = g(y_{t-1}, u_t, \sigma) = g(z_t, \sigma)$ 进

行 M 阶展开可得到

$$y_t = \sum_{j=0}^{M} \frac{1}{j!} \Big[\sum_{i=0}^{M-j} \frac{1}{i!} (y_{z^i\sigma^i}) \sigma^i \Big] (z_t - \bar{z})^{\otimes[j]}$$

式中，$y_{z^j\sigma^i} = \frac{\partial^{j+i} y_t}{\partial z_t^j \partial \sigma^i}$ 表示 $y_t = g(z_t,\sigma)$ 对变量 z_t 求 j 阶及对 σ 求 i 阶的导数，因此我们的任务是计算出各阶导数 $y_{z^j\sigma^i}$。

将 $y_t = g(z_t,\sigma)$ 和 $y_{t+1} = g(z_{t+1},\sigma)$ 代入原模型，$E_t[f(y_{t+1},y_t,y_{t-1},u_t)] = E_t[f(g(z_{t+1},\sigma),g(z_t,\sigma),z_t)] = 0$，在稳态 $\bar{z} = (\bar{y},0)$ 进行展开并利用前面结果可得到

$$E_t[f_{y^+} y_{z^j\sigma^i} (z_y z)^{\otimes[j]} + (f_{y^+} y_z z_y + f_{y^0}) y_{z^j\sigma^i} + B(j,i)] = 0$$

式中，$f_{y^+} = \frac{\partial f}{\partial y_{t+1}}$，$f_{y^0} = \frac{\partial f}{\partial y_t}$，$y_{z^j\sigma^i} = \frac{\partial^{j+i} y_t}{\partial z_t^j \partial \sigma^i}$，$z_y = \frac{\partial z_t}{\partial y_{t-1}}$，$y_z = \frac{\partial y_t}{\partial z_t}$，$B(j,i)$ 是展开式中阶数低于 $(j+i)$ 的项。

不难看出，$z_y = \begin{bmatrix} I \\ 0 \end{bmatrix}$，$y_z$ 和 $B(j,i)$ 都是 y_t 关于变量 z_t 和 σ ($l<j, k<i$) 的低阶导数 $y_{z^l\sigma^k}(l+k \leqslant j+i)$，在由低阶向高阶近似求解的过程中，这些低阶导数都已经求出，从而上面方程是一个关于 $y_{z^j\sigma^i}$ 的 Sylvester 矩阵方程，通过求解该矩阵方程可得到 $y_{z^j\sigma^i}$，进而得到原模型的高阶近似解。另外，当 $i=1$ 时，由于展开项关于 ε_{t+1} 来说是线性的，从而利用条件 $E_t(\varepsilon_{t+1}) = 0$ 可知，$y_{z^j\sigma} = 0, (j \geqslant 0)$，这个结论在前面的二阶近似方法也得到过。

以上是将解表示成 $y_t = g(y_{t-1}, u_t, \sigma)$ 的形式，如果再向后迭代，那么，可以得到

$$y_t = h(u_t, u_{t-1}, \cdots, \sigma)$$

式中，函数 $h(*)$ 是关于随机冲击 u_t 的非线性移动平均函数。Lan – Meyer – Gohde (2011) 采用该表达形式，代入原模型并进行高阶展开，按照由低阶向高阶求解的顺序，最终也获得了原模型的高阶近似解。

无论采用上面哪种表达形式，高阶近似解最终都需要求解一个 Sylvester 矩阵方程。

(2) 非线性 AiM 方法

前面介绍了 Anderson 和 Moore 提出的 AiM 方法在求解线性模型的优越性，该方

法不仅求解速度快,而且模型设定形式方便和灵活,因而得到了广泛的推崇和应用,Anderson – Levin – Swanson (2006) 进一步将该方法推广到非线性情形并且指出,只要模型方程中的函数具有足够的光滑性,那么模型在一阶情况下具有的良好特性能够很容易地推广到高阶情况,这个结论对使用扰动法来求解非线性模型具有很好的理论价值和实际指导意义。

类似于线性模型,非线性 AiM 方法考虑的模型仍采用非常灵活的表达形式,

$$E_t F(x_{t-\tau}, \cdots, x_{t-1}, x_t, x_{t+1}, \cdots, x_{t+\theta}, \varepsilon_t, \sigma\varepsilon_{t+1}, \cdots, \sigma\varepsilon_{t+\phi}, \sigma) = 0$$

式中,E 表示预期,$F(*)$ 是描述方程的非线性函数,x_t 是模型中所有的变量,τ 是滞后的最大阶数,θ 是预期的最大阶数,ε_t 是随机冲击,σ 是风险尺度因子,ε_t 是均值为零、协方差为 $\sum_\varepsilon$ 的平稳随机过程,ϕ 是用来刻画随机冲击特征的有关参数。与线性模型类似,上面模型形式具有很好的灵活性和较广的一般性。

假定模型的解可表示成下面形式:

$$x_t = B(x_{t-\tau}, \cdots, x_{t-1}, \varepsilon_t, \sigma)$$

式中,表达式 $B(*)$ 是非线性函数。若模型的确定性稳态 (Deterministic Steady – State) 为 $\bar{x}$,则其满足下面的方程,

$$F(\bar{x}, \cdots, \bar{x}, \cdots, \bar{x}, 0, \cdots, 0, 0) = 0$$

及

$$\bar{x} = B(\bar{x}, \cdots, \bar{x}, 0, 0)$$

在求解出模型的稳态后,若对模型在稳态进行一阶展开,那么上面模型可变换成一般的线性模型形式,通过前面介绍的线性 AiM 方法可很方便地求解一阶近似解。采用类似的基本思路,可逐渐由一阶近似解推广到高阶近似解。若将解 $x_t = B(x_{t-\tau}, \cdots, x_{t-1}, \varepsilon_t, \sigma)$,$x_{t+1} = B[x_{t+1-\tau}, \cdots, x_{t-1}, B(x_{t-\tau}, \cdots, x_{t-1}, \varepsilon_t, \sigma), \sigma\varepsilon_{t+1}, \sigma]$,$\cdots$,代入原方程可得到,

$$E_t(F \circ B) = 0$$

式中,以 $F \circ B$ 表示复合函数,该复合函数形式如下,

$$F \circ B(x_{t-\tau}, \cdots, x_{t-1}, \varepsilon_t, \sigma\varepsilon_{t+1}, \cdots, \sigma\varepsilon_{t+\max(\theta,\phi)}, \sigma)$$

我们知道,求解高阶近似解的关键是计算函数 $B(*)$ 关于各个变量的高阶导数,若对上面的方程在稳态进行可 k 阶展开并取预期,那么由隐函数定理可以看出,函数 $B(*)$ 在稳态时的 k 阶导数是其稳态时所有低阶导数($k-1, k-2, \cdots, 1$)

值的函数，在已经得到低阶近似值的情况下，由该方程可得到函数 $B(*)$ 在稳态时的 k 阶导数值，进而也就得到了原模型的 k 阶近似解。Anderson – Levin – Swanson（2006）指出，按照由低阶向高阶近似的顺序，并利用已经非常成熟的符号推导程序（如 Mathematica），上面的复合函数求导过程可很容易地通过计算机来完成，这样可避免由人工求高阶导数造成的不必要手误，从而高阶近似扰动法实现起来并不难，并且他们指出，只要模型方程中的函数具有足够的光滑性，那么模型在一阶情况下具有的良好特性能够很容易地推广到高阶情况。

（3）Lombardo 的高阶近似法

Lombardo（2010）的高阶扰动法可适用于较一般的模型形式，这里为讨论方便将模型写成状态空间形式，

$$x_{t+1} = h(x_t, \sigma) + \sigma \Xi \varepsilon_{t+1}$$
$$y_t = g(x_t, \sigma)$$

式中，x_t 是状态变量，y_t 是观测变量，$h(*)$ 和 $g(*)$ 都是非线性函数，ε_{t+1} 是随机冲击，矩阵 Ξ 反映了随机冲击的相关性，σ 是风险尺度因子，ε_{t+1} 是经过标准化处理后的随机冲击，其均值为零，协方差为单位矩阵。

Lombardo（2010）将风险尺度因子 σ 看成是一个扰动参数，并对该参数进行 n 阶展开得到

$$x_t = x_0 + \sigma x_t^{(1)} + \sigma^2 x_t^{(2)} + \cdots + \sigma^n x_t^{(n)}$$

式中，$x_t^{(n)}$ 表示 x_t 针对扰动参数 σ 展开的 n 阶近似值，x_0 是常数项。为讨论方便，我们以三阶近似为例，即

$$x_t = x_0 + \sigma x_t^{(1)} + \sigma^2 x_t^{(2)} + \sigma^3 x_t^{(3)}$$

对函数 $h(x_t, \sigma)$ 进行展开可得到，

$$h(x_t, \sigma) = h_0 + h_x x_t + h_\sigma \sigma + \frac{1}{2}[h_{xx}(x_t \otimes x_t) + h_{\sigma\sigma}\sigma^2] + h_{x\sigma}x_t\sigma$$
$$+ \frac{1}{6}h_{xxx}(x_t \otimes x_t \otimes x_t) + \frac{1}{2}h_{x\sigma\sigma}\sigma^2 x_t + \frac{1}{2}h_{xx\sigma}\sigma(x_t \otimes x_t) + \frac{1}{6}h_{\sigma\sigma\sigma}\sigma^3$$

这里，h_0 是常数项，$h_x = \frac{\partial h}{\partial x}$，$h_\sigma = \frac{\partial h}{\partial \sigma}$，$h_{xx} = \frac{\partial^2 h}{\partial x \partial x}$，$h_{\sigma\sigma} = \frac{\partial^2 h}{\partial \sigma \partial \sigma}$，$h_{x\sigma} = \frac{\partial^2 h}{\partial x \partial \sigma}$，$h_{xxx} = \frac{\partial^3 h}{\partial x \partial x \partial x}$，$h_{xx\sigma} = \frac{\partial^3 h}{\partial x \partial x \partial \sigma}$，$h_{x\sigma\sigma} = \frac{\partial^3 h}{\partial x \partial \sigma \partial \sigma}$，$h_{\sigma\sigma\sigma} = \frac{\partial^3 h}{\partial \sigma \partial \sigma \partial \sigma}$。

将 $x_t = x_0 + \sigma x_t^{(1)} + \sigma^2 x_t^{(2)} + \sigma^3 x_t^{(3)}$ 和上式代入状态方程,

$$x_0 + \sigma x_{t+1}^{(1)} + \sigma^2 x_{t+1}^{(2)} + \sigma^3 x_{t+1}^{(3)} = h(x_0 + \sigma x_t^{(1)} + \sigma^2 x_t^{(2)} + \sigma^3 x_t^{(3)}, \sigma) + \sigma \Xi \varepsilon_{t+1}$$

通过比较系数可得到,

$$x_0 = h_0$$

$$x_{t+1}^{(1)} = h_x x_t^{(1)} + h_\sigma + \Xi \varepsilon_{t+1}$$

$$x_{t+1}^{(2)} = h_x x_t^{(2)} + h_{x\sigma} x_t^{(1)} + \frac{1}{2} h_{xx}(x_t^{(1)} \otimes x_t^{(1)}) + \frac{1}{2} h_{\sigma\sigma}$$

$$x_{t+1}^{(3)} = h_x x_t^{(3)} + \frac{1}{2} h_{x\sigma\sigma} x_t^{(1)} + h_{x\sigma} x_t^{(2)} + \frac{1}{2} h_{xx\sigma}(x_t^{(1)} \otimes x_t^{(1)})$$
$$+ \frac{1}{6} h_{xxx}(x_t^{(1)} \otimes x_t^{(1)} \otimes x_t^{(1)}) + \frac{1}{6} h_{\sigma\sigma\sigma}$$

可以看出,高阶近似解依赖于低阶近似解,按照由低阶到高阶的顺序,逐步通过求解上面的方程可得到 $x_t^{(n)}$ ($n=1, 2, 3$),最后代入 $x_t = x_0 + \sigma x_t^{(1)} + \sigma^2 x_t^{(2)} + \sigma^3 x_t^{(3)}$ 可得到模型的高阶近似解。上述方法可推广到 n 阶情形,且 Lombardo(2010)证明,只要在一阶情况下模型具有唯一的稳定解,则模型在 n 阶情况下也具有唯一的稳定解,从而上述算法是稳定的。在得到状态变量 x_t 的高阶近似解后,由于观测方程是静态方程,因而也很容易计算出观测变量 y_t 的高阶近似解。

(4)Evers 的自相容扰动算法

Evers(2010)认为扰动法求解中状态变量的扰动和风险尺度因子的扰动对经济的动态特性具有不同的影响,风险尺度因子的扰动将会对经济系统面临的不确定性产生重要的影响,而状态变量的扰动将会对解的形状和状态变化规律产生影响,鉴于这两类波动的性质不同,因而前面介绍的扰动法在进行高阶展开时关于状态变量和风险尺度因子进行同等对待是欠缺的,应分别对这它们进行考虑,Evers(2010)提出了自相容(Self-consistent Perturbation)扰动算法。

仍然考虑前面的模型,

$$E_t[f(y_{t+1}, y_t, y_{t-1}, u_t)] = 0$$

$$u_{t+1} = \sigma \varepsilon_{t+1}, E(\varepsilon_t) = 0, E(\varepsilon_t \varepsilon_t') = \sum\nolimits_\varepsilon$$

式中,y_t 是内生变量,u_t 是外生的随机冲击,σ 是风险尺度因子,ε_{t+1} 是经过标准化处理后的随机冲击,其均值为零,协方差为 $\sum\nolimits_\varepsilon$。模型解可表示成下式:

$$y_t = g(y_{t-1}, u_t, \sigma)$$

如果随机冲击项 $u_{t+1} = \sigma \varepsilon_{t+1}$ 是多维随机变量，那么当风险尺度因子 $\sigma = 0$ 时，模型解的维数大大降低，由原来的多维随机系统退化成一个低维的确定性系统，显然 σ 是否为零对系统的影响是不同的。前面假定模型的稳态是一种确定性稳态（Deterministic Steady – State）$\bar{y}$，即满足方程

$$f(\bar{y}, \bar{y}, \bar{y}, 0) = 0, \bar{y} = g(\bar{y}, 0, 0)$$

实际中还存在另一种稳态，通常称这种稳态为随机性稳态（Stochastic Steady – State），这种稳态考虑了未来风险的存在。关于随机性稳态通常遇到的一个经典实例是预防性储蓄问题，即在考虑未来风险的情况下，实际储蓄水平高于没有风险的储蓄水平。显然随机性稳态依赖于扰动参数 σ ($\sigma \neq 0$)，这里以 $\bar{y}^\sigma$ 表示，其满足方程

$$\bar{y}^\sigma = g(\bar{y}^\sigma, 0, \sigma)$$

如何计算随机性稳态是必须考虑的一个基本问题。Evers（2010）在其提出的自相容扰动算法中，在确定性稳态关于扰动参数 σ 进行高阶展开来逼近随机性稳态，即

$$\bar{y}^\sigma = \bar{y} + \frac{1}{2} g_{\sigma\sigma}(\bar{y}, 0, 0) \sigma^2 + \cdots + \frac{1}{n!} g_{\sigma^n}(\bar{y}, 0, 0) \sigma^n$$

式中，$g_{\sigma^n}(\bar{y}, 0, 0) = \dfrac{\partial^n g(\bar{y}, 0, 0)}{\partial \sigma^n}$，表示函数 $\bar{y}^\sigma = g(\bar{y}^\sigma, 0, \sigma)$ 在确定性稳态 $\bar{y} = g(\bar{y}, 0, 0)$ 关于 σ 的 n 阶导数值，在一阶情况下由确定性等价定理可知，$g_\sigma(\bar{y}, 0, 0) = 0$。显然通过以上近似得到的随机性稳态需要满足下面的方程：

$$f(\bar{y}^\sigma, \bar{y}^\sigma, \bar{y}^\sigma, 0) = 0$$

在得到随机性稳态 $\bar{y}^\sigma$ 后，再考虑原模型的一般高阶近似解。Evers（2010）认为，可在随机性稳态附近对状态变量进行高阶展开来进行。为方便起见，定义状态变量为 $z_t = \begin{bmatrix} y_{t-1} \\ u_t \end{bmatrix}$，利用前面的结果，随机性稳态 $\bar{z}^\sigma = \begin{bmatrix} \bar{y}^\sigma \\ 0 \end{bmatrix}$，将解 $y_t = g(y_{t-1}, u_t, \sigma) = g(z_t, \sigma)$ 在随机性稳态 $\bar{z}^\sigma$ 进行 M 阶展开可得到

$$y_t^\sigma = \sum_{j=0}^{M} \frac{1}{j!} \left[\frac{\partial^j g(\bar{z}^\sigma, \sigma)}{\partial z^j} \right] (z_t - \bar{z}^\sigma)^{\otimes[j]}$$

式中，$\dfrac{\partial^j g(\bar{z}^\sigma, \sigma)}{\partial z^j}$ 表示 $y_t = g(z_t, \sigma)$ 对变量 z_t 求 j 阶导数在随机性稳态 $\bar{z}^\sigma$ 的值。要使

上面的高阶近似解成为原模型的解，还需要满足下面的方程

$$E_t[f(y_{t+1}^\sigma, y_t^\sigma, y_{t-1}^\sigma, u_t)] = 0$$

从 Evers（2010）的算法可以看出，该算法充分考虑了状态变量和风险尺度因子两类不同性质的扰动问题，克服了一般高级近似方法中将二者扰动等同对待的不足，从而在随机性稳态附近也可以得到高阶近似解，这为研究风险对经济的影响等非线性问题很有意义。

3. 高阶近似的修剪算法

随着阶数的增加，高阶近似扰动法理论上讲更加逼近真实解，但是近似阶数的增加也带来了另外一个问题，即高阶项的增加是否会影响近似解的收敛性和稳定性。如果高阶项的增加导致了模型近似解是不收敛的，这意味着模型中的某些高阶矩是不存在的，而若实际数据是平稳的，那么显然不可能通过实际数据来检验模型的解法，也不可能对模型进行有效的估计。为此，对于高阶近似方法，有必要进行适当的修剪（Pruning）。

对高阶近似进行修剪的目的是，根据近似精度的要求去掉一些可能发散的高阶项或者干扰项，从而保证近似方法的有效性和稳定性。Kim – Kim – Schaumburg – Sims（2008）最早将修剪算法（Pruning Algorithm）应用于二阶近似方法，虽然Lombardo – Sutherland（2007）并不认为他们的二阶近似方法是一种修剪算法，但实际上该方法带有修剪的色彩。Lombardo（2010）和 Den – Haan – Wind（2012）等认为修剪算法带有一定的任意性，修剪不当会丢失模型中可能固有的非线性特性，真正的高阶扰动法本身隐含着合理的修剪特征，因而没有必要进行人为的刻意修剪，应从本身的算法上进行改进。Andreasen（2012）和 Andreasen – Fernandez – Villaverde – Rubio – Ramirez（2013）认为，合理的修剪算法能避免高阶近似过程中不必要的高阶项运算，进而能够提高高阶近似计算的效率。Ruge – Murcia（2012）也认为在使用二阶以上近似方法时，修剪算法有其固有的特色，充分利用这些特色是有益的。Lan – Meyer – Gohde（2013）对几种修剪算法从一阶到三阶近似进行了总结和比较，发现当近似阶数达到三阶时，不同的修剪算法在近似精度上存在着差异。Andreasen – Fernandez – Villaverde – Rubio – Ramirez（2013）对修剪算法的理论基础、实际应用及实证检验等方面进行了清晰的刻画，这为模型的矩估计方法提供了理论支持。

假设模型的解可表示成下面的状态空间形式（State – Space Form），

$$y_{t+1} = h(y_t, \sigma) + \sigma \sum_\varepsilon \varepsilon_{t+1}$$

$$E(\varepsilon_t) = 0, E(\varepsilon_t \varepsilon'_t) = I$$

式中，y_t 是状态变量，σ 是风险尺度因子，ε_t 是经过标准化处理后的随机冲击，其是均值为零、协方差为单位矩阵的随机过程，未经处理的随机冲击是一个均值为零、协方差为 $(\sum_\varepsilon)^2$ 的随机过程。

模型的确定性稳态 $\bar{y}$ 以及一阶近似满足下面的方程

$$\bar{y} = h(\bar{y}, 0)$$

$$\hat{y}_{t+1}^{(1)} = h_y \hat{y}_t^{(1)} + \sigma \sum_\varepsilon \varepsilon_{t+1}$$

式中，$h_y = \dfrac{\partial h}{\partial y}$，$\hat{y}_t^{(1)} = y_t^{(1)} - \bar{y}$，$y_t^{(1)}$ 表示 y_t 未经修剪的一阶近似解，$\hat{y}_t^{(1)}$ 实际上表示的是纯一阶效应，在一阶近似条件下，确定性等价定理要求 $h_\sigma = 0$。

模型的二阶近似展开式为

$$\hat{y}_{t+1}^{(2)} = h_y \hat{y}_t^{(2)} + 0.5[h_{yy}(\hat{y}_t^{(2)} \otimes \hat{y}_t^{(2)}) + h_{\sigma\sigma}\sigma^2] + \sigma \sum_\varepsilon \varepsilon_{t+1}$$

这里，$h_{yy} = \dfrac{\partial^2 h}{\partial y \partial y}$，$h_{\sigma\sigma} = \dfrac{\partial^2 h}{\partial \sigma \partial \sigma}$，$\hat{y}_t^{(2)} = y_t^{(2)} - \bar{y}$，$y_t^{(2)}$ 表示 y_t 未经修剪的二阶近似解。

假设将 $\hat{y}_t^{(2)}$ 进一步分解为纯一阶效应 $\hat{y}_t^{(1)}$ 和纯二阶效应 $\hat{y}_t^s$，即

$$\hat{y}_t^{(2)} = \hat{y}_t^{(1)} + \hat{y}_t^s$$

那么二阶展开式可表示为

$$\hat{y}_{t+1}^{(1)} + \hat{y}_{t+1}^s = h_y(\hat{y}_t^{(1)} + \hat{y}_t^s) + 0.5h_{yy}[(\hat{y}_t^{(1)} + \hat{y}_t^s) \otimes (\hat{y}_t^{(1)} + \hat{y}_t^s)]$$
$$+ 0.5h_{\sigma\sigma}\sigma^2 + \sigma \sum_\varepsilon \varepsilon_{t+1}$$

利用一阶近似条件，上式可简化成：

$$\hat{y}_{t+1}^s = h_y \hat{y}_t^s + 0.5h_{yy}(\hat{y}_t^{(1)} \otimes \hat{y}_t^{(1)}) + 0.5h_{\sigma\sigma}\sigma^2$$

定义状态变量 $z_t^{(2)} = \begin{bmatrix} \hat{y}_t^{(1)} \\ \hat{y}_t^s \\ (\hat{y}_t^{(1)} \otimes \hat{y}_t^{(1)}) \end{bmatrix}$，随机冲击 $\eta_{t+1}^{(2)} = \begin{bmatrix} \varepsilon_{t+1} \\ \varepsilon_{t+1} \otimes \varepsilon_{t+1} - vec(I) \\ \varepsilon_{t+1} \otimes \hat{y}_t^{(1)} \\ \hat{y}_t^{(1)} \otimes \varepsilon_{t+1} \end{bmatrix}$，

这样在二阶近似条件下，原模型可以通过新的状态空间形式来表示，

$$z_{t+1}^{(2)} = A^{(2)} z_t^{(2)} + B^{(2)} \eta_{t+1}^{(2)} + c^{(2)}$$

其中，

$$A^{(2)} = \begin{bmatrix} h_y & 0 & 0 \\ 0 & h_y & 0.5 h_{yy} \\ 0 & 0 & h_y \otimes h_y \end{bmatrix}$$

$$B^{(2)} = \begin{bmatrix} \sigma & 0 & 0 & 0 \\ 0 & 0 & 0 & 0 \\ 0 & \sigma \sum_\varepsilon \otimes \sigma \sum_\varepsilon & (\sigma \sum_\varepsilon) \otimes h_y & h_y \otimes (\sigma \sum_\varepsilon) \end{bmatrix}$$

$$c^{(2)} = \begin{bmatrix} 0 \\ 0.5 h_{\sigma\sigma} \sigma^2 \\ (\sigma \sum_\varepsilon \otimes \sigma \sum_\varepsilon) vec(I) \end{bmatrix}$$

经过以上修剪处理后，显然若模型在一阶情况下具有唯一的稳定解，则模型在二阶情况下也具有唯一的稳定解。另外，根据上面的状态方程可以很方便地计算出原模型的二阶近似解 $y_t^{(2)} - \bar{y} = \hat{y}_t^{(1)} + \hat{y}_t^s$，同时也可以很方便地计算出有关变量的二阶矩等统计量。

以上讨论了二阶近似的修剪算法，对于三阶近似情况，依然设计相应的修剪算法。实际上，对模型进行三阶近似展开式可得到

$$\hat{y}_{t+1}^{(3)} = h_y \hat{y}_t^{(3)} + \frac{1}{2} [h_{yy}(\hat{y}_t^{(3)} \otimes \hat{y}_t^{(3)}) + h_{\sigma\sigma} \sigma^2] + \frac{1}{6} h_{yyy}(\hat{y}_t^{(3)} \otimes \hat{y}_t^{(3)} \otimes \hat{y}_t^{(3)})$$

$$+ \frac{1}{2} h_{y\sigma\sigma} \sigma^2 \hat{y}_t^{(3)} + \frac{1}{6} h_{\sigma\sigma\sigma} \sigma^3 + \sigma \sum_\varepsilon \varepsilon_{t+1}$$

这里，$h_{yyy} = \dfrac{\partial^3 h}{\partial y \partial y \partial y}$，$h_{y\sigma\sigma} = \dfrac{\partial^3 h}{\partial y \partial \sigma \partial \sigma}$，$h_{\sigma\sigma\sigma} = \dfrac{\partial^3 h}{\partial \sigma \partial \sigma \partial \sigma}$，$\hat{y}_t^{(3)} = y_t^{(3)} - \bar{y}$，$y_t^{(3)}$ 表示 y_t 未经修剪的三阶近似解。

假设将 $\hat{y}_t^{(3)}$ 进一步分解为纯一阶效应 $\hat{y}_t^{(1)}$、纯二阶效应 $\hat{y}_t^s$ 和纯三阶效应 $\hat{y}_t^{rd}$，即

$$\hat{y}_t^{(3)} = \hat{y}_t^{(1)} + \hat{y}_t^s + \hat{y}_t^{rd}$$

代入前面的三阶近似方程经过整理可得到

$$\hat{y}_{t+1}^{rd} = h_y \hat{y}_t^{rd} + h_{yy}(\hat{y}_t^{(1)} \otimes \hat{y}_t^s) + \frac{1}{6} h_{yyy}(\hat{y}_t^{(1)} \otimes \hat{y}_t^{(1)} \otimes \hat{y}_t^{(1)})$$

$$+ \frac{1}{2} h_{y\sigma\sigma} \sigma^2 \hat{y}_t^{(1)} + \frac{1}{6} h_{\sigma\sigma\sigma} \sigma^3$$

定义状态变量 $z_t^{(3)} = [(\hat{y}_t^{(1)})', (\hat{y}_t^s)', (\hat{y}_t^{(1)} \otimes \hat{y}_t^{(1)})', (\hat{y}_t^{rd})', (\hat{y}_t^{(1)} \otimes \hat{y}_t^s)',$ $(\hat{y}_t^{(1)} \otimes \hat{y}_t^{(1)} \otimes \hat{y}_t^{(1)})']'$ 和随机冲击 $\eta_{t+1}^{(3)}$ 后（为简便起见不具体写出该表达式），在三阶近似条件下，原模型可通过新的状态空间形式来表示，

$$z_{t+1}^{(3)} = A^{(3)} z_t^{(3)} + B^{(3)} \eta_{t+1}^{(3)} + c^{(3)}$$

式中，矩阵 $A^{(3)}$、$B^{(3)}$ 和 $c^{(3)}$ 都可以写出具体的表达式，这里为简便起见略去这个步骤。

经过以上修剪处理后，同样可得到结论：若模型在一阶情况下具有唯一的稳定解，则模型在三阶情况下也具有唯一的稳定解。另外，根据上面的状态方程也可以很方便地计算出原模型的三阶近似解 $y_t^{(3)} - \bar{y} = \hat{y}_t^{(1)} + \hat{y}_t^s + \hat{y}_t^{rd}$ 及计算出有关变量的三阶矩等统计量。

以上讨论了二阶和三阶近似的修剪算法，按照上面这个步骤可以依次推广到任意阶情形，而且可以看出，若模型在一阶情况下具有唯一的稳定解，则模型在任意阶情况下也具有唯一的稳定解，从而修剪算法是稳定的，并且，利用修剪算法可以很方便地计算出原模型的任意阶近似解及计算出有关变量的高阶矩等统计量。但也应注意，随着阶数的增加，重新定义状态变量和随机冲击也更复杂和繁琐，相应的状态空间系数矩阵也更庞大，求解规模也更大。

（二）投影法

虽然在一定的条件下，扰动法具有全局的性质，但从整体来说，它是一种局部近似方法。求解 DSGE 模型的另一类方法是投影法（Projection Methods），该方法自 Judd（1992）应用以来，成果虽不如扰动法丰富，但在求解 DSGE 模型中也发挥了巨大作用，目前也是一种主要类型的求解方法。

投影法的理论基础是魏尔斯特拉斯（Weierstrass）定理，该定理表明，对于紧集上的任何连续函数，可以通过一系列多项式来一致逼近该函数。据该定理，我们可以构造由多项式函数组成的序列来一致逼近方程的解，通常可以选择由相互独立的多项式函数的线性组合来逼近方程的解，也就是将模型的解投影到由这些特殊函数（称

为基函数)构成的泛函空间,若由该泛函空间的基函数的线性组合构成的函数具有良好的逼近任意函数的性质,那么在找到解的投影坐标后,自然也就找到了模型的近似解,从这点来看,投影法与回归的思想相似,并且投影法在整体上来说是一种全局近似方法,这是它的优势所在。

仍考虑前面的模型,

$$E_t[f(y_{t+1}, y_t, y_{t-1}, u_t)] = 0$$

式中,y_t是内生变量,u_t是外生的随机冲击。若记 $z_t = \begin{bmatrix} y_{t-1} \\ u_t \end{bmatrix}$,则上式可写成:

$$E_t[f(y_{t+1}, y_t, z_t)] = 0$$

假设模型解可表示成下式:

$$y_t = h(z_t)$$

式中,$h(*)$是非线性函数。代入原方程后可以得到

$$F(h) \equiv E_t[f(h(z_{t+1}), h(z_t))] = 0$$

可以将上面方程看成是一个关于函数 $h(*)$ 的泛函方程,对于该泛函方程的求解,按照 Judd (1992, 1998) 的做法,投影法通常通过以下几个步骤进行:

第一步:选择基函数,由这些基函数构成泛函空间,并在此泛函空间定义内积。

假设选择以下基函数,

$$\varphi_i(z_t), i = 0, 1, \cdots$$

式中,函数 $\varphi_i(*)(i = 0, 1, \cdots)$ 是相互独立的多项式函数。由以上基函数构成一个定义了内积的泛函空间,对于该泛函空间的任意两个函数 $H(*)$ 和 $G(*)$,内积定义为

$$<H, G> = \int_{z_t} w(z_t) H(z_t) G(z_t) dz_t$$

式中,$w(z_t)$是计算内积采用的权重函数。

第二步:选择近似精度,并构造以下近似解,

$$\hat{y}(\gamma, z_t) = \sum_{i=0}^{n} \gamma_i \varphi_i(z_t)$$

式中,n是近似的阶数,$\gamma = [\gamma_0, \cdots, \gamma_n](i = 0, \cdots, n)$ 是待定系数或称投影坐标。

第三步:将近似解代入关于解的泛函方程 $F(h) = 0$,计算残差函数,

$$R(\gamma, z_t) = F[\hat{y}(\gamma, z_t)]$$

第四步：选择投影函数（或称投影方向）$p_i(*)(i=0,1,\cdots,n)$，并计算残差函数的投影，即

$$P_i = \int_{z_t} w(z_t) R(\gamma, z_t) p_i(z_t) dz_t, i = 0, 1, \cdots, n$$

式中，$p_i(*)(i=0,1,\cdots,n)$ 是投影函数。

第五步：选择系数 $\gamma = [\gamma_0, \cdots, \gamma_n](i=0,\cdots,n)$，使得残差函数的投影，

$$P_i = 0, i = 0, 1, \cdots, n$$

并对近似解进行检验，若不能达到要求的近似精度，则返回上面的第二步并增加近似的阶数 n；若不能满足其他要求，则重新回到上面的相应步骤，直到找到符合要求的解。

对于上面几个步骤，需要解决两个关键问题，一是如何选择基函数，二是如何选择投影函数。

1. 基函数的选择

基函数 $\varphi_i(x), i = 0, 1, \cdots,$ 的选择是应用投影法的前提，也是影响投影法效率的一个重要因素，目前主要有以下几种选择方法：

（1）选择单调多项式作为基函数。当 x 是标量时，基函数可选成 $\{1, x, x^2, \cdots\}$；当 x 是 m 维向量时，$x' = [x_1, \cdots, x_m]$，基函数可以选成 $[1, x_1, \cdots, x_1^q] \otimes \cdots \otimes [1, x_m, \cdots, x_m^q]$。但采用这种方式，会出现以下问题，如当变量 x 很大时，高阶项 x^q 和 x^{q+1} 很难识别，从而投影时会造成共线性问题。

（2）选择正交多项式作为基函数。选择正交多项式的好处是能避免投影时出现的共线性问题，并且投影计算方便。正交多项式的选择方式也很多，如可选切比雪夫（Chebyshev）多项式、勒让德（Legendre）多项式及其他正交多项式等，但从实际应用情况来看，选择切比雪夫（Chebyshev）多项式作为基函数有其独到的优势，被采用的很多。

当 x 是标量时，切比雪夫多项式定义为

$$T_0(x) = 1, T_1(x) = x, T_2(x) = 2x^2 - 1$$
$$T_{n+1}(x) = 2x T_n(x) - T_{n-1}(x), x \in [-1, 1]$$

若 x 的定义域为 $[a, b]$ 时，则采用变换 $\dfrac{2(x-a)}{b-a} - 1$ 可使定义域变成 $[-1, 1]$，

代入上面各式可得到一般定义域上的切比雪夫多项式。

当 x 是 m 维向量时，$x' = [x_1, \cdots, x_m]$，可采用下面的方式定义多维切比雪夫多项式，

$$[T_0(x_1), T_1(x_1), \cdots, T_{n_1}(x_1)] \otimes \cdots \otimes [T_0(x_m), T_1(x_m), \cdots, T_{n_m}(x_m)]$$

（3）选择完备多项式系（Complete Polynomials）作为基函数。在多维情况下选择多项式作为基函数经常出现的一个问题是，当维数增加时需要计算的高阶项会迅速增加，Judd（1998）认为，可根据近似精度的要求来选择多项式作为基函数，他建议采用完备多项式系作为基函数，这样可大大减少不必要的计算量。当 x 是 m 维向量时，$x' = [x_1, \cdots, x_m]$，若考虑近似的精度为 d 阶，则可选择以下完备多项式系作为基函数，

$$P^d = \{x_1^{i_1}, x_2^{i_2}, \cdots, x_m^{i_m}, \sum_{k=1}^{m} i_k \leq d, i_1, \cdots, i_m \geq 0\}$$

例如，假设变量 x 的维数和近似的阶数均为 2，即，$m = d = 2$，$x' = [x_1, x_2]$，若采用单调多项式或者切比雪夫多项式作为基函数，需要计算 $[1, x_1, x_1^2] \otimes [1, x_2, x_2^2]$ 或者 $[T_0(x_1), T_1(x_1), T_2(x_1)] \otimes [T_0(x_2), T_1(x_2), T_2(x_2)]$，总共有 9 项，而在二阶近似的要求下，实际上很多高阶项是可以不计算的（如 $x_1^2 x_2^2$），因此，若采用完备多项式系作为基函数，上面则只需要计算 $\{1, x_1, x_2, x_1^2, x_2^2, x_1 x_2\}$，仅有 6 项。因此，选择完备多项式系作为基函数可大大减少不必要的高阶项的计算，但由于这些多项式不是正交的，仍然不能完全解决投影计算时的共线性问题。

（4）选择分段线性函数作为基函数。这种方法又称有限元（Finite Element）方法，前面几种选择基函数的方法都是一种全局的方法，即基函数的选择是针对整个定义域进行的，这样做的好处是全局性能考虑得比较周到，但针对局部的近似问题可能解决效率很差。有限元方法选择的基函数是一种局部方法，且选择的基函数都是分段线性函数，因而该方法也是一种比较有代表性的方法。

当 x 是标量时，将其定义域划分成 n 个单元 $[x_0, x_1]$，$\cdots$，$[x_{i-1}, x_i]$，$[x_i, x_{i+1}]$，$\cdots$，$[x_{n-1}, x_n]$，定义如下的分段线性函数并选其为基函数，

$$\varphi_i(x) = \begin{cases} \dfrac{x - x_{i-1}}{x_i - x_{i-1}}, & x \in [x_{i-1}, x_i] \\ \dfrac{x_{i+1} - x}{x_{i+1} - x_i}, & x \in [x_i, x_{i+1}] \\ 0, & x \text{ 取其他值} \end{cases}$$

当 x 是 m 维向量时,可分别对每维的定义域进行划分并定义相应的分段线性函数,再采用类似前面的处理方法,定义多维基函数。

2. 投影函数的选择

在选择基函数后,下面一个问题是如何通过基函数的线性组合来逼近目标函数或者原方程的解,这个问题可从另外一个角度来考虑。首先,由基函数可构成一个泛函空间,并在该泛函空间可定义内积。其次,逼近目标函数实际上就是找到某个投影方向,使得将近似解代入基于原模型的泛函方程后产生的残差与该投影方向正交,因此,如何选择投影方向或者投影函数是一个关键。按照前面的表示方法,残差的投影为

$$P_i = \int_{z_t} w(z_t) R(\gamma, z_t) p_i(z_t) dz_t, i = 0, 1, \cdots, n$$

式中,$p_i(*)(i = 0, 1, \cdots, n)$ 是投影函数,$w(*)$ 是计算内积采用的权重函数,$R(*)$ 是残差。我们的目标是选择系数 $\gamma = [\gamma_0, \cdots, \gamma_n](i = 0, \cdots, n)$,使得残差的投影,

$$P_i = 0, i = 0, 1, \cdots, n$$

并且,当 $n \to \infty$ 时,$P_n \to 0$。针对不同的投影函数,投影法也相应地有以下几种方法。

(1) 非线性最小二乘法

如果投影函数和计算内积采用的权重函数选为下面的形式,

$$p_i = \frac{\partial R}{\partial \gamma_i}, i = 0, 1, \cdots, n, w = 1$$

那么,此时投影法就是利用非线性最小二乘法来确定系数 $\gamma = [\gamma_0, \cdots, \gamma_n](i = 0, \cdots, n)$,即,求解非线性最小二乘问题,

$$\min_{\gamma} \int_{z_t} R^2(\gamma, z_t) dz_t$$

(2) 配置法(Collocation Method)

如果投影函数选为下面的形式,

$$p_i = \begin{cases} 1, x = x_i \\ 0, x \neq x_i \end{cases}, i = 0, 1, \cdots, n$$

式中,$x_i(i = 0, 1, \cdots, n)$ 称为配置节点(Collocation Nodes),那么投影法就是求解方

程组 $P_i = 0, i = 0, 1, \cdots, n$ 来确定系数 $\gamma = [\gamma_0, \cdots, \gamma_n](i = 0, \cdots, n)$，该方法又称配置法。

配置法通常选切比雪夫多项式为基函数，由于切比雪夫多项式的根（$T_m(x_i) = 0, i = 1, \cdots, m$）较容易求出，即为 $x_i = \cos\left(\frac{2i-1}{2m}\pi\right), i = 1, \cdots, m$，因此，配置法选切比雪夫多项式的根作为配置节点。按此选法，若选择系数 $\gamma = [\gamma_0, \cdots, \gamma_n](i = 0, \cdots, n)$，使得在配置节点有 $P_i = 0, i = 0, 1, \cdots, n$，并且残差函数是光滑的，那么，根据切比雪夫插值定理可知，由切比雪夫多项式的线性组合能够一致逼近原模型的解。

（3）伽辽金方法（Galerkin Method）

如果投影函数选为基函数，

$$p_i = \phi_i(x), i = 0, 1, \cdots, n$$

那么，此时的投影法称为伽辽金方法，此时要求选择系数 $\gamma = [\gamma_0, \cdots, \gamma_n](i = 0, \cdots, n)$，使得残差与每个基函数正交，$P_i = 0, i = 0, 1, \cdots, n$。如果由基函数构成的泛函空间是完备的，那么由伽辽金方法得到的近似解将会一致收敛到真实解。虽然伽辽金方法精确度很高，但计算比较复杂，为了计算方便，通常以有限元中的分段线性函数作为基函数，此时投影计算非常简单。

（4）矩匹配法

如果投影函数选为多项式函数，

$$p_i = x^i, i = 0, 1, \cdots, n$$

那么此时投影法实际上就是矩匹配法，即选择系数 $\gamma = [\gamma_0, \cdots, \gamma_n](i = 0, \cdots, n)$，使得近似解在 n 阶矩与真实解相匹配。

（三）其他方法

虽然总体上可以将非线性模型的求解方法分为扰动法和投影法两类，但实际中还出现了另外一些方法，这些方法与传统的扰动法或投影法不完全相同，也有其独到的优势，下面对某些方法进行简要的介绍。

1. 堆栈求解方法（Stacked Solution Methods）

为讨论方便，假设在 t 期对 $t+k$ 期的变量 x_{t+k} 的预期值记为 $x_{t+k|t} = E(x_{t+k}|I_t)$，

这里，I_t 代表在 t 期的信息集。模型采用下面的表达形式：

$$E_t f(y_{t-p}, \cdots, y_{t-1}, y_t, y_{t+1}, \cdots, y_{t+q}, u_t; \theta) = 0$$

式中，y_t 是由内生变量组成的 n 维向量，$f(*)$ 是非线性向量函数，θ 是参数向量，u 是随机冲击向量。假设模型能够写成下面的形式：

$$f(y_{t-p}, \cdots, y_{t-1}, y_t, y_{t+1|t}, \cdots, y_{t+q|t}, u_t; \theta) = 0$$

定义 $Y_t = \{y_t, \cdots, y_{t-p+1}\}$，$\Im_t = \{y_{t+1}, \cdots, y_{t+q}\}$，在完美一致（Perfect Foresight）的情况下（即 $x_{t+k|t} = x_{t+k}$）上面模型可写为

$$f(Y_{t-1}, y_t, \Im_t, u_t; \theta) = 0$$

假定对模型在 $t = 1, \cdots, T$ 进行求解，可进一步将上述方程写成下面堆栈的形式：

$$f(Y_0, y_1, \Im_1, u_1; \theta) = 0$$
$$f(Y_1, y_2, \Im_2, u_2; \theta) = 0$$
$$\vdots$$
$$f(Y_{T-1}, y_T, \Im_T, u_T; \theta) = 0$$

即将原来的方程看成为关于 nT 个变量 $y_1, y_2, \cdots, y_T$ 的 nT 个联立方程。定义，$Y = \{y_1, \cdots, y_T\}$，$YY = \{Y_0, \cdots, Y_{T-1}\}$，$\Im = \{\Im_1, \cdots, \Im_T\}$，$U = \{u_1, \cdots, u_T\}$，则上面堆栈形式可表示为

$$F(YY, Y, \Im, U; \theta) = 0$$

假设考虑一阶近似形式，在 Y 的某个状态 $\bar{Y}$ 对上式进行一阶展开，

$$F(YY, Y, \Im, U; \theta) = F(YY, \bar{Y}, \Im, U; \theta) + \frac{\partial F}{\partial Y}(Y - \bar{Y}) = 0$$

从而可得到，

$$Y = \bar{Y} - J^{-1} F(YY, \bar{Y}, \Im, U; \theta)$$

式中，$J = \dfrac{\partial F}{\partial Y}$ 是 Jacobi 矩阵。根据该式可设计 Newton–Raphson 迭代方法为

$$Y^s = Y^{s-1} - J_{s-1}^{-1} F(YY^{s-1}, Y^{s-1}, \Im^{s-1}, U; \theta)$$

式中，s 表示第 s 次迭代。

根据该算法，在给出初值条件 $Y_0 = \{y_0, y_{-1}, \cdots, y_{-p+1}\}$ 和终值条件 $\Im_T = \{y_{T+1}, \cdots, y_{T+q}\}$ 后，假设该方程第 $(s-1)$ 次迭代的解为，$Y^{s-1} = \{y_1^{s-1}, \cdots, y_T^{s-1}\}$，那

么利用已得到的结果可依次得到：

$$Y_1^{s-1} = \{y_1^{s-1}, y_0, \cdots, y_{-p}\}, \cdots, Y_{T-1}^{s-1} = \{y_{T-1}^{s-1}, y_{T-2}^{s-1}, \cdots, y_{T-p}^{s-1}\}$$

$$\Im_{T-1} = \{y_T^{s-1}, y_{T+1}\cdots, y_{T+q-1}\}, \cdots, \Im_1 = \{y_2^{s-1}, y_3^{s-1}, \cdots, y_{1+q}^{s-1}\}$$

及

$$YY^{s-1} = \{Y_0, Y_1^{s-1}\cdots, Y_{T-1}^{s-1}\}$$

$$\Im^{s-1} = \{\Im_1^{s-1}, \cdots, \Im_T^{s-1}\}$$

再通过上面的迭代可得到第 s 次迭代解，$Y^s = \{y_1^s, \cdots, y_T^s\}$，当 $\max_t |y_t^s - y_t^{s-1}| < \varepsilon$ 达到要求的精度后，迭代结束并得到最终解。通常我们可选择模型的稳态或者某个特解作为初始解，然后实行该迭代算法。

为考察上面算法的另一个特点，不妨假设 $p = q = 1$，此时 Jacobi 矩阵呈现出下面的块三角矩阵形式，

$$\begin{bmatrix} J_1 & F_1 & & & & \\ B_2 & J_2 & F_2 & & & \\ & B_3 & \ddots & \ddots & & \\ & & & \ddots & J_{T-1} & F_{T-1} \\ & & & & B_T & J_T \end{bmatrix}$$

$$J_t = \frac{\partial f}{\partial y'_t}, F_t = \frac{\partial f}{\partial y'_{t+1}}, B_t = \frac{\partial f}{\partial y'_{t-1}}$$

这样在采用堆栈法求解时，Jacobi 矩阵通常呈现出稀疏矩阵的形态，因而一些有关稀疏矩阵的较为成熟的算法可用于上面的迭代过程，从而可大大提高求解的效率。

但是上面算法成立的一个前提是，我们能够将原模型转换成 $f(y_{t-p}, \cdots, y_{t-1}, y_t, y_{t+1|t}, \cdots, y_{t+q|t}, u_t; \theta) = 0$ 的形式，显然在一般情况下，这违背了 Jensen 不等式，只有在一阶情况下或者特殊情况下，上面转换才成立。因此，要使该算法适用于一般情况（特别是高阶情况），还需要斟酌。

2. 路径拓展法（Extended Path Appoach）

路径拓展法是 Fair – Taylor（1983）提出的一种模拟方法，该方法假设随机冲击都是暂时的非预料冲击，在长期随着冲击的消失，经济将逐步回到稳定状态，这样，如果对模型的求解区间进行拓展，那么可以利用确定性求解方法来模拟冲击对经济的影响。Fair – Taylor（1983）的路径拓展法又称确定性路径拓展法（Deterministic Extended Path Approach），该方法的一个好处是能够利用确定性求解方法充分考察模型的非线性动态特征并对模拟误差能够很好地控制，这一点是随机模拟非常期望得到的一个性质。但是，该方法在应用中非常受限制的一点是，其忽略了未来随机冲击产生的不确定性影响，并且假设已实现的冲击并不改变人们的信念，这显然与理性预期的假设是不太一致的。针对这一不足之处，Gagnon（1990）、Taylor – Ulig（1990）、Love（2009）和 Adjemian – Juillard（2011，2013）等学者进行了进一步的改进，并提出了随机性路径拓展法（Stochastic Extended Path Approach）。

（1）确定性路径拓展法

仍然考虑前面的模型，

$$E_t[f(y_{t+1}, y_t, y_{t-1}, u_t)] = 0$$

式中，y_t 是内生变量，u_t 是外生的随机冲击。

若上面模型能够转换成，

$$f(E_t y_{t+1}, y_t, y_{t-1}, u_t) = 0$$

那么在完美预见的情况下，对于每期 $t+j$（$j=1$，…，N）的求解，可以设计下面的算法，以 y_t 的求解为例，可通过求解下面的堆栈方程进行，

$$f(y_{t+1}, y_t, y_{t-1}, u_t) = 0$$
$$f(y_{t+2}, y_{t+1}, y_t, 0) = 0$$
$$\vdots$$
$$f(y_{t+N+1}, y_{t+N}, y_{t+N-1}, 0) = 0$$

该方程的解依赖于初值 y_{t-1}、终值 y_{t+N+1} 和冲击 u_t，在 N 非常大或者模型的最终状态非常清楚（如知道稳态）的情况下，终值的影响可忽略，此时上面方程的解可表示为

$$Y_{t,N} \equiv \{y_t, \cdots, y_{t+N}\} \equiv H^N(y_{t-1}, u_t)$$

只取上面解集的第一项，即

$$y_t = H_t^N(y_{t-1}, u_t)$$

这样就得到了第 t 期的解 y_t，将 t 期推广到 $t+1$ 期，即将 y_t 视为 y_{t-1}，u_{t+1} 视为 u_t，重复上面的步骤可得到

$$y_{t+1} = H_{t+1}^N(y_t, u_{t+1})$$

假设随机冲击 u_{t+j} 的作用区间为 $[t, \cdots, t+T]$，以此类推最终可得到模型在区

间 $[t, \cdots, t+T]$ 的解,

$$y_t = H_t^N(y_{t-1}, u_t), y_{t+1} = H_{t+1}^N(y_t, u_{t+1}), \cdots, y_{t+T} = H_{t+T}^N(y_{t+T-1}, u_{t+T})$$

以上就是 Fair – Taylor（1983）的确定性路径拓展法。可以看出，该方法实际上将随机冲击 $u_{t+j}(j=0,\cdots,T)$ 对经济的影响通过设计 $(T+1)$ 条相互关联的路径来计算，每条路径的长度为 N，每条路径只包含一项短暂的随机冲击，每条路径的初值为上条路径计算的第一个值。但上面算法成立的一个前提是能够将原模型方程式 $E_t[f(y_{t+1}, y_t, y_{t-1}, u_t)] = 0$ 转换成 $f(E_t y_{t+1}, y_t, y_{t-1}, u_t) = 0$，显然这也违背了 Jensen 不等式，只有在一阶情况下或者特殊情况下，上面转换才成立。但 Fair – Taylor（1983）认为，如果在每条路径上，短暂的冲击不能改变预期或者人们能够确定在完美预见的情况下经济趋向于确定性的稳态，那么上面转换是可以接受的。虽然路径拓展法对路径的长度 N 通常要求很大，从而计算时间很长，但其对模型的非线性动态特征一点也没有丢失，而且对计算的精度控制得非常好，因而该方法是模拟中经常使用的一种方法。

（2）随机性路径拓展法

确定性路径拓展法充分考虑了模型的非线性特征，可是其忽略了未来不确定性对当前经济及预期的影响，这与理性预期的假设是不一致的。对于 DSGE 模型来说，未来不确定性产生的风险及其对预期的影响通常是需要考虑的因素，因而针对确定性路径拓展法的不足之处，Gagnon（1990）、Taylor – Ulig（1990）、Love（2009）和 Adjemian – Juillard（2011, 2013）等学者在随机情况下研究了路径拓展法的应用。

从前面的讨论可以看出，将确定性路径拓展法推广到随机情况的一个关键是如何计算条件期望 $E_t[f(y_{t+1}, y_t, y_{t-1}, u_t)]$，即计算下式：

$$E_t[f(y_{t+1}, y_t, y_{t-1}, u_t)] = \int f(y_{t+1}, y_t, y_{t-1}, u_t) dF(u_{t+1})$$

式中，$F(*)$ 是随机冲击 u_t 的累计分布函数。如果假设随机冲击是一个均值为零、协方差为 Σ 的 m 维正态分布，即

$$E(u_t) = 0, E(u_t u_t') = \Sigma$$

那么上面的条件期望可表示成：

$$E_t[f(y_{t+1}, y_t, y_{t-1}, u_t)] = (2\pi)^{-\frac{m}{2}} |\Sigma|^{-\frac{1}{2}} \int_{R^m} [f(y_{t+1}, y_t, y_{t-1}, u_t)] e^{-\frac{1}{2} u'_{t+1} \Sigma^{-1} u_{t+1}} du_{t+1}$$

对于该积分的运算，Gaussian – Hermite 数值积分近似公式是一个很有用的工具。

引理（Gaussian – Hermite 积分近似公式）：

①若 x 是标量，对于连续函数 $h(x)$，以下 n 阶近似公式成立，

$$\int_{-\infty}^{\infty} h(x) e^{-x^2} dx \approx \sum_{i=1}^{n} w_i h(x_i)$$

式中，x_i 和 w_i（$w_i \geq 0$）分别是 n 阶 Hermite 多项式的根（也称节点）和相应的权重函数，节点 x_i 和权重 w_i 的确定与函数 $h(x)$ 的具体形式无关。

②若 X 是 m 维随机向量，$X \equiv [x_1, \cdots, x_m]'$，其均值为零、协方差为 Σ 的 m 维正态分布，对于连续函数 $H(X)$，以下近似公式成立，

$$E[h(X)] = (2\pi)^{-\frac{m}{2}} \Sigma^{-\frac{1}{2}} \int_{R^m} h(X) e^{-\frac{1}{2} X'_{t+1} \Sigma^{-1} X_{t+1}} dX$$

$$\approx (\pi)^{-\frac{m}{2}} \sum_{i_1, \cdots, i_m = 1}^{n} w_{i_1}, w_{i_2}, \cdots, w_{i_m} h(z_{i_1}, z_{i_2}, \cdots, z_{i_m})$$

式中，$z \equiv [z_1, \cdots, z_m]' = \Sigma^{-\frac{1}{2}} X / \sqrt{2}$ 是均值为零、协方差为单位矩阵的 m 维正态分布，$(z_{i_1}, z_{i_2}, \cdots, z_{i_m})$ 和 $(w_{i_1}, w_{i_2}, \cdots, w_{i_m})$ 分别是节点和权重函数，它们的确定与函数 $H(X)$ 的具体形式无关。

根据以上引理，

$$E_t[f(y_{t+1}, y_t, y_{t-1}, u_t)] = (2\pi)^{-\frac{m}{2}} \Sigma^{-\frac{1}{2}} \int_{R^m} [f(y_{t+1}, y_t, y_{t-1}, u_t)] e^{-\frac{1}{2} u'_{t+1} \Sigma^{-1} u_{t+1}} du_{t+1}$$

$$\approx (\pi)^{-\frac{m}{2}} \sum_{i_1, \cdots, i_m = 1}^{n} w_{i_1}, w_{i_2}, \cdots, w_{i_m} f(y_{t+1}^{i_1, \cdots, i_m}, y_t, y_{t-1}, u_t)$$

式中，$u_{t+1} = (u_{i_1}, u_{i_2}, \cdots, u_{i_m})$ 和 $(w_{i_1}, w_{i_2}, \cdots, w_{i_m})$ 分别是计算上面积分时采用 m 维未来冲击向量 u_{t+1} 的节点和权重函数，$v_{t+1} = \Sigma^{-\frac{1}{2}} u_{t+1} / \sqrt{2} = (v_{i_1}, v_{i_2}, \cdots, v_{i_m})$ 是标准化处理后的节点，$y_{t+1}^{i_1, \cdots, i_m}$ 是在 y_{t+1} 在节点 $(v_{i_1}, v_{i_2}, \cdots, v_{i_m})$ 的取值。这样，条件期望 $E_t[f(y_{t+1}, y_t, y_{t-1}, u_t)]$ 的计算可通过多条路径上 $f(*)$ 的加权平均来计算，$f(y_{t+1}^{i_1, \cdots, i_m}, y_t, y_{t-1}, u_t)(i_1, \cdots, i_m = 1, \cdots, n)$，每条路径上的冲击为节点 $(v_{i_1}, v_{i_2}, \cdots, v_{i_m})$，对应的权重为 $(w_{i_1}, w_{i_2}, \cdots, w_{i_m})$。对于前面介绍的确定性路径拓展法，实际上仅选择了一条路径，即 $f(E_t y_{t+1}, y_t, y_{t-1}, u_t)$，权重为 1，由此可见，随机性路径拓展法的原理与确定性情况并无太大差异，只不过增加了路径数量。

另外，为考虑未来不确定性对预期的影响，可以假设人们预期未来冲击作用的时间为 S 期，即在 $t+S$ 期之后，随机冲击的影响消失，$E_t(u_{t+k}) = 0$（$k > S$），这实际

上确定了随机性路径拓展法中用于计算上面条件期望采用的每条路径长度。由此，随机性路径拓展法使用的路径长度包括两个，一个是在完美预见情况下用于求解的每条路径的长度 N，这一点和确定性路径拓展法相同，称该长度为确定性求解的路径长度；另一个用于计算条件期望的长度 S，称该长度为随机性求解的路径长度。

对近似阶数为 n 和随机性求解的路径长度为 S 的情况，未经排序的节点和权重分别为 $u_{t+q} = (u_{i_1}, u_{i_2}, \cdots, u_{i_m})_{t+q}$ 和 $(w_{i_1}, w_{i_2}, \cdots, w_{i_m})$ ($i_1, \cdots, i_m = 1, \cdots, n, q = 1, \cdots, S$)，为处理方便，对节点和权重重新进行排序，并记为 u^j_{t+q}, w^j ($q = 1, \cdots, S, j = 1, \cdots, n^m$)，相应地，$y^{i_1,\cdots,i_m}_{t+q}$ 记为 y^j_{t+q} ($q = 1, \cdots, S, j = 1, \cdots, n^m$)，同时对权重 w^j 和冲击 u^j_{t+q} 进行标准化处理得到 w^{j*}，$\sum_{j=1}^{n^m} w^{j*} = 1$，$v^j_{t+q} = \sum^{-\frac{1}{2}} u^j_{t+q}/\sqrt{2}$，($q = 1, \cdots, S, j = 1, \cdots, n^m$)。

关于 $S=1$ 的情形，对 y_t 的求解，可通过求解下面的堆栈方程进行，

$$\sum_{j=1}^{n^m} w^{j*} f(y^j_{t+1}, y_t, y_{t-1}, u_t) = 0$$

$$f(y^j_{t+2}, y^j_{t+1}, y_t, v^j_{t+1}) = 0$$

$$f(y^j_{t+3}, y^j_{t+2}, y^j_{t+1}, 0) = 0$$

$$\vdots$$

$$f(y^j_{t+N+1}, y^j_{t+N}, y^j_{t+N-1}, 0) = 0$$

$$j = 1, \cdots, n^m$$

关于 $S=2$ 的情形，对 y_t 的求解，可通过求解下面的堆栈方程进行，

$$\sum_{j=1}^{n^m} w^{j*} f(y^j_{t+1}, y_t, y_{t-1}, u_t) = 0$$

$$\sum_{k=1}^{n^m} w^{k*} f(y^{j,k}_{t+2}, y^j_{t+1}, y_t, v^j_{t+1}) = 0$$

$$f(y^{j,k}_{t+3}, y^{j,k}_{t+2}, y^j_{t+1}, v^k_{t+2}) = 0$$

$$f(y^{j,k}_{t+4}, y^{j,k}_{t+3}, y^{j,k}_{t+2}, 0) = 0$$

$$\vdots$$

$$f(y^{j,k}_{t+N+1}, y^{j,k}_{t+N}, y^{j,k}_{t+N-1}, 0) = 0$$

$$j, k = 1, \cdots, n^m$$

关于一般 S 情形，对 y_t 的求解，可通过求解下面的堆栈方程进行，

$$\sum_{j_1=1}^{n^m} w^{j_1*} f(y_{t+1}^{j_1}, y_t, y_{t-1}, u_t) = 0$$

$$\sum_{j_2=1}^{n^m} w^{j_2*} f(y_{t+2}^{j_1,j_2}, y_{t+1}^{j_1}, y_t, v_{t+1}^{j_1}) = 0$$

$$\vdots$$

$$\sum_{j_S=1}^{n^m} w^{j_S*} f(y_{t+S}^{j_1,\cdots,j_S}, y_{t+S-1}^{j_1,\cdots,j_{S-1}}, y_{t+S-2}^{j_1,\cdots,j_{S-2}}, v_{t+S-1}^{j_{S-1}}) = 0$$

$$f(y_{t+S+1}^{j_1,\cdots,j_S}, y_{t+S}^{j_1,\cdots,j_S}, y_{t+S-1}^{j_1,\cdots,j_{S-1}}, v_{t+s}^{j_S}) = 0$$

$$f(y_{t+S+2}^{j_1,\cdots,j_S}, y_{t+S+1}^{j_1,\cdots,j_S}, y_{t+S}^{j_1,\cdots,j_S}, 0) = 0$$

$$\vdots$$

$$f(y_{t+N+1}^{j_1,\cdots,j_S}, y_{t+N}^{j_1,\cdots,j_S}, y_{t+N-1}^{j_1,\cdots,j_S}, 0) = 0$$

$$j_1, \cdots, j_S = 1, \cdots, n^m$$

在得到第 t 期的解 y_t 后,将 t 期推广到 $t+1$ 期,即将 y_t 视为 y_{t-1},u_{t+1} 视为 u_t,重复上面的步骤可得到 y_{t+1},以此类推最终可得到模型在区间 $[t, \cdots, t+T]$ 的解。

由上面可以看出,随机性路径拓展法计算的选择的路径总数为 n^{mS}(m 是冲击 u_{t+1} 的维数),如果仅有少量的冲击(m 很小)和随机性求解的路径长度很短(S 很小),那么选择的路径总数主要决定于近似阶数,因此,相比较其他随机模拟的计算量,随机性路径拓展法是一个不错的计算方法,另外,若能对这些路径进一步修剪,去掉一些权重很低的路径,那么计算效率会进一步提高。

3. 人工神经元网络方法(Artificial Neural Networks Approach)

前面介绍的投影法是经典的投影法,尽管实际运用中该方法有多种选择形式,但这些不同形式的方法都有一个共同点,即利用基函数的线性组合来逼近目标函数。利用基函数的线性组合来逼近目标函数的一个特点是计算速度快,可是要达到要求的精度对基函数的数目要求也很大。针对这一不足,投影法的一个改进方向是通过非线性函数形式来逼近目标函数,人工神经元网络方法就是一种非线性的投影法。Hornik - Stinchcombe - White (1989) 证明,多层的人工神经元网络能够逼近任何函数,因此,充分利用这一优势将会对投影法的效率大大提高。

人工神经元网络方法在自然科学领域里发展目前比较成熟,已经在人工智能、自动控制、模式识别、图像处理、非线性科学等诸多领域得到了广泛的应用,另外在社会科学领域的预测方面也有很多成果。在经济学领域,Sargent (1993) 对神经元网络在经济上的应用进行了初步介绍，Beltratti – Margarita – Terna（1996）探讨了神经元网络在经济和金融建模的初步应用，Duffy – McNelis（2001）和 Sirakaya – Turnovsky – Alemdar（2006）探讨了神经元网络的遗传算法（Genetic Algorithm）在求解和模拟随机增长模型的应用，McNelis（2005）和 Kendrick – Mercado – Amman（2006）探讨了神经元网络在金融预测方面的应用，而最有代表性的是 Lim – McNelis（2008）利用神经元网络方法对开放经济下的 DSGE 模型在有关求解和模拟等问题进行了深入的研究，全书所有的非线性求解方法均是采用神经元网络方法。以下着重介绍该方法在求解非线性 DSGE 模型的应用。

总体来讲，人工神经元网络是一个信息处理或信号处理的复杂系统，它由大量简单的处理单元（称为神经元，neuron）构成，这些神经元通过相互连接和并行处理来共同完成计算任务。人工元神经网络一个引人注意的地方是它能够改变相互连接的强度或结构来适应环境条件的处理能力。这里，我们仅考虑多层前馈（Feedforward）网络。

令 $u_j^{[s]}$ 代表网络的第 s 层的第 j 个神经元的输入值，其由上一层神经元的输出经过加权得到

$$u_j^{[s]} = \sum_{i=1}^{n_{s-1}} w_{ji}^{[s]} o_i^{[s-1]}, (s = 1, 2, \cdots, p; j = 1, 2, \cdots, n_s)$$

这里，p 是网络的层数，n_s 是第 s 层包含的神经元数目，$o_i^{[s-1]}$ 是第 $(s-1)$ 层的第 i 个神经元的输出，$w_{ji}^{[s]}$ 是连接第 s 层的第 j 个神经元与第 $(s-1)$ 层的第 i 个神经元的权重，对于初始层，$o_i^{[0]} = x_i, i = 1, \cdots, n$，$x_i$ 是最初的输入单元（即初始 n 个输入变量），对于最终层，$o_k^{[p]} = y_k, k = 1, \cdots, m$，$y_k$ 是最终的输出单元（即最终 m 个输出变量），通常 $o_i^{[0]} = x_i (i = 1, \cdots, n)$ 称为输入层的单元，$o_k^{[p]} = y_k (k = 1, \cdots, m)$ 称为输出层的单元，$o_i^{[s]}(s = 1, \cdots, p-1, i = 1, \cdots, n_{s-1})$ 称为隐层的单元。

神经元的输出值是通过一个（Activation）激励函数 $\Phi_j^{[s]}$ 来计算，

$$o_j^{[s]} = \Phi_j^{[s]}(u_j^{[s]}) = \Phi_j^{[s]}\left[\sum_{i=1}^{n_{s-1}} w_{ji}^{[s]} o_i^{[s-1]}\right]$$

其中，激励函数可以是线性函数，也可以是非线性函数，通常我们选择非线性的有界激励函数。

上面一个较紧凑的矩阵表示为

$$y = \Phi[x] = \Phi^{[p]}[w^{[p]}\Phi^{[p-1]}[\cdots[w^{[1]}x]]]$$

式中，$o^{[s]} = [o_1^{[s]},\cdots,o_{n_s}^{[s]}]^T$ 是第 s 层的输出向量，$u^{[s]} = [u_1^{[s]},\cdots,u_{n_s}^{[s]}]^T$ 是第 s 层的输入向量，$o^{[s]} = [\Phi_1^{[s]}(u_1^{[s]}),\cdots,\Phi_{n_s}^{[s]}(u_{n_s}^{[s]})]^T$，$w^{[s]} = [w_{ji}^{[s]}]_{n_s \times n_{s-1}}$ 是第 s 层的权重矩阵，$\Phi^{[s]}[*] = [\Phi_1^{[s]}(*),\cdots,\Phi_{n_s}^{[s]}(*)]^T$ 是非线性算子矩阵。

对于激励函数 $\Phi_j^{[s]}$，通常我们采用 Sigmoid 激励函数形式，即

$$\Phi(z) = \frac{b}{c + e^{-az}},$$

或

$$\Phi(z) = \frac{b - ce^{-az}}{b + ce^{-az}}$$

式中，a、b 和 c 是相关参数，这些参数主要用来控制激励函数的有关特性（如斜率、曲率等），该函数虽然形式简单，但其是一个非线性函数，如果将多层网络联合起来，那么网络能够揭示很多系统的非线性特征，图 5-1 分别是 n 个输入变量 x 和一个输出变量 y 的单隐层和多隐层神经元网络图。

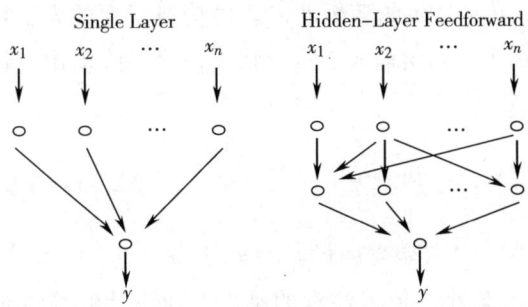

图 5-1　多输入变量—单输出变量的单隐层和多隐层神经元网络

我们的目标是使网络的输出 $y = [y_1,\cdots,y_{n_p}]^T$ 与实际输出 $d = [d_1,\cdots,d_{n_p}]^T$ 接近，即通过改变权重 $w_{ji}^{[s]}$ 使下面的误差函数取得最小，

$$E = 0.5 \sum_{n=1}^{N} \sum_{j=1}^{n_p} (y_{jn} - d_{jn})^2$$

这里，N 是数据点的数目，y_{jn} 和 d_{jn} 分别是第 j 个输出变量的第 n 个模拟值和实际值。对于这个优化问题，反传算法（BP 算法，Back Propagation）是广泛使用的一个方法，其算法公式如下：

$$\Delta w_{ji}^{[s]} = -\eta \sum_{n=1}^{N} \delta_j^{[s]} o_i^{[s-1]}$$

$$\delta_j^{[s]} = \frac{\partial \Phi_j^{[s]}}{\partial u_j^{[s]}} \sum_{i=1}^{n_{s+1}} \delta_i^{[s+1]} w_{ij}^{[s+1]}, s < p$$

$$\delta_j^{[p]} = (d_{jn} - y_{jn}) \frac{\partial \Phi_j^{[p]}}{\partial u_j^{[p]}}, s = p$$

$$w_{ji}^{[s]} = w_{ji}^{[s-1]} + \Delta w_{ji}^{[s]}$$

此处，η 是学习率，它在实际应用中可根据需要进行调整，不一定选为常数。

反传算法的一个优点是充分利用了函数的可导特点，从而计算速度比较快，可是实际中有时函数并不可导，甚至不连续，因此，对于较一般的函数形式，遗传算法是一个选择，并且遗传算法的全局搜索性能很好，从而遗传算法被广泛推广使用。遗传算法的最大弱点是计算速度慢，为此，应针对具体问题选择合适的算法。

按照上面的思路，仍考虑前面的模型，

$$E_t[f(y_{t+1}, y_t, y_{t-1}, u_t)] = 0$$

式中，y_t 是内生变量，u_t 是外生的随机冲击。可构造下面的人工神经元网络算法，首先，在 t 期将 y_{t-1} 和 u_t 作为初始输入变量，将 y_t 作为最终输出变量，构造单层或多层神经元网络如下：

$$y_t = \Phi[x_t] = \Phi^{[p]}[w^{[p]} \Phi^{[p-1]}[\cdots[w^{[1]} x_t]]], x_t = \begin{bmatrix} y_{t-1} \\ u_t \end{bmatrix}$$

其次，代入上面的模型，计算残差向量 $R = E_t[f(y_{t+1}, y_t, y_{t-1}, u_t)]$，通过训练选择权重 $w_{ji}^{[s]}$ 使残差的平方和最小。值得注意的是，上面设计的神经元网络是一个动态网络，它是依赖于时间 t 的一个动态过程，比标准的静态网络要复杂。

（四）近似方法的准确性

对于前面提出的各种近似方法，如何判断和检验其准确性是必须考虑的一个问题，这涉及到方法的改进和比较。Judd（1992）提出了一种方法，该方法从欧拉方程的近似准确度着眼，针对某种近似方法（线性的或非线性的）计算出欧拉方程的误差，并对误差进行处理得到相对误差，从而来判断欧拉方程计算的是否准确。对于 DSGE 模型，模型中有很大一部分方程是基于优化问题得到的欧拉方程，欧拉方程通常涉及到预期，因此，从欧拉方程着眼并考察各种方法对该方程计算得是否准确，是判断该方法对整个模型计算是否准确的关键一步。但是，Judd（1992）方法的一个不足之处是我们无法从统计上进行检验。针对这一不足,Den–Haan–Marcet(1994)提出了一种统计检验方法,该方法基于模型的模拟数据,通过计算 DM 统计量来判断模拟计算是否准确。

仍考虑前面的模型,

$$E_t[f(y_{t+1}, y_t, y_{t-1}, u_t)] = 0$$

式中,y_t 是内生变量,u_t 是外生的随机冲击。按照理性预期的假设,若 I_t 表示在 t 期的信息集,那么,对于任何变量属于信息集 I_t 的变量 Z_t,$Z_t \in I_t$,则有

$$E_t[Z_t f(y_{t+1}, y_t, y_{t-1}, u_t)] = Z_t E_t[f(y_{t+1}, y_t, y_{t-1}, u_t)] = 0$$

这样可得到下面的无条件矩方程,

$$E[Z_t f(y_{t+1}, y_t, y_{t-1}, u_t)] = E\{E_t[Z_t f(y_{t+1}, y_t, y_{t-1}, u_t)]\} = 0$$

假设数据的样本数为 T,根据该矩方程,可计算

$$q = \frac{1}{T} \sum_{i=1}^{T} Z_t f(y_{t+1}, y_t, y_{t-1}, u_t)$$

$$\text{var}(q) = \frac{1}{T} \sum_{i=1}^{T} Z_t f(y_{t+1}, y_t, y_{t-1}, u_t) f(y_{t+1}, y_t, y_{t-1}, u_t)' Z_t'$$

由此可构造 DM 统计量,

$$DM(mn) = Tq'[\text{var}(q)]^{-1} q$$

式中,m 是需要检验的方程数目,n 是工具变量 Z_t 的数目。

Den–Haan–Marcet(1994)证明,如果近似方法精确的话,那么 DM 统计量符合自由度为 mn 的 $\chi^2(mn)$ 分布。以上检验也称 DM 检验,该检验可以对单方程进行,也可以对多方程进行。DM 检验的思路类似于广义矩的过度识别检验,但由于这里不估计参数,因而自由度没有损失。

四、带有体制转换的 DSGE 模型的求解方法

在 DSGE 模型框架下研究体制转换问题是近年来一个重要方向,这一类模型也称为具有马尔科夫体制转换的 DSGE 模型(DSGE Model with Markov–Switching Regime)。与经典的体制转换模型不同的是,经典的体制转换模型是从数据生成的统计过程或者在简化式模型下研究体制转换问题,模型中不涉及体制转换对预期的影响,这与以微观理论为基础的 DSGE 模型不太一致。由于模型的复杂性,带有体制转换的 DSGE 模型是否有解本身就是一个问题,近年来从理论上探讨模型解的特征出现了不

少成果，主要代表有：Lubik – Schorfheide（2004）、Davig – Leeper – Chung（2004）、Blake – Zampolli（2006）、Zampolli（2006）、Svensson – Williams（2007）、Davig – Leeper（2007）、Farmer – Waggoner – Zha（2009，2011）、Benhabib（2009）、Cho – McCallum（2009，2012）、Cho – Moreno（2011）、Bianchi – Ilut – Schneider（2012）、McCallum（2012）、Cho（2012）、Foerster – Rubio – Ramirez – Waggoner – Zha（2013）等，其中，Blake – Zampolli（2006）和 Zampolli（2006）进一步探讨了在体制转换条件下最优货币政策的选择问题。

这里考虑以下形式的模型，

$$x_t = A(s_t)x_{t-1} + B(s_t)E_t x_{t+1} + C(s_t)\varepsilon_t$$

式中，E 表示预期，x_t 是由内生变量组成的向量，ε_t 是符合独立同分布的由各种经济冲击组成的单位向量，且 $E_t\varepsilon_{t+1} = 0$，方程中的系数矩阵 $A(s_t)$、$B(s_t)$ 和 $C(s_t)$ 依赖于经济所处的状态变量 s_t，s_t 是一个取值为有限状态的随机变量，$s_t \in \{1,2,\cdots,N\}$，s_t 的变化通过状态转移矩阵 P 来刻画，$P = [p_{ij}], i,j = 1,\cdots,N$，$p_{ij}$ 表示由本期状态 i 向下一期状态 j 变化的转移概率，即

$$p_{ij} = P[s_{t+1} = j | s_t = i], i,j = 1,\cdots,N, \sum_{j=1}^{N} p_{ij} = 1, i = 1,\cdots,N$$

在没有体制转换（仅有一个状态）的情况下，上面模型已经有很成熟的求解方法，但在存在体制转换的情况下，上面模型的求解很复杂，目前求解解法还不是很多，通常采用待定系数法来求解。假设解的形式如下：

$$x_t = D(s_t)x_{t-1} + F(s_t)\varepsilon_t$$

式中，矩阵 $D(s_t)$ 和 $F(s_t)$ 是待定系数矩阵，它们也依赖于状态变量 s_t。据此假设可得到预期的表示形式如下：

$$\begin{aligned} E_t x_{t+1} &= E_t[D(s_{t+1})x_t + F(s_{t+1})\varepsilon_{t+1}] \\ &= E_t[D(s_{t+1})]x_t \\ &= \overline{D}x_t \\ &= \overline{D}[D(s_t)x_{t-1} + F(s_t)\varepsilon_t] \end{aligned}$$

这里，$\overline{D} = E_t[D(s_{t+1})]$。代入前面的方程可得到

$$x_t = A(s_t)x_{t-1} + B(s_t)\overline{D}[D(s_t)x_{t-1} + F(s_t)\varepsilon_t] + C(s_t)\varepsilon_t$$

$$= [A(s_t) + B(s_t)\overline{D}D(s_t)]x_{t-1} + [B(s_t)\overline{D}F(s_t) + C(s_t)]\varepsilon_t$$

与假设的模型解进行比较得到下式：

$$D(s_t) = [A(s_t) + B(s_t)\overline{D}D(s_t)]$$

$$F(s_t) = [B(s_t)\overline{D}F(s_t) + C(s_t)]$$

记 $A_i = A(s_t = i)$，$B_i = B(s_t = i)$，$C_i = C(s_t = i)$，$D_i = D(s_t = i)$，$F_i = F(s_t = i)$，$i = 1, \cdots, N$，$\overline{D}_i = \sum_{j=1}^{N} p_{ij}D_j$，上面两式可进一步展开写成：

$$D_i = A_i + B_i \sum_{j=1}^{N} p_{ij}D_jD_i$$

$$F_i = B_i \sum_{j=1}^{N} p_{ij}D_jF_i + C_i$$

可以看出，上面第一个方程是关于矩阵 D_i（$i=1, \cdots, N$）的二次方程，第二个方程是关于矩阵 F_i（$i=1, \cdots, N$）的线性方程。前面已经介绍关于矩阵的二次方程和线性方程的有关解法，我们可以通过这些方法最终得到方程的解。

第二节　DSGE 模型的 Bayes 估计方法及模型的比较和选择

一、线性和非线性滤波方法

并不是模型中所有的变量都是可观测的，实际中只能观察到模型中的一部分变量，因而我们期望通过这些可观测的变量，将模型中不可观测的变量表示出来，这样就为模型的估计及比较奠定了基础。

在实际应用时，通常将模型表示成状态空间模型（State–Space Models）的形式，状态空间模型通常包含两个方程，一个是观测方程（Measurement Equation），另一个是状态方程（State Equation）。根据可观测的变量来估计模型的状态变量称为滤波（Filter）。滤波分为线性滤波和非线性滤波，线性滤波的典型代表是卡尔曼滤波（Kalman Filter），非线性滤波的典型代表是粒子滤波（Particle Filter），简要介绍一下这两种滤波方法。

（一）卡尔曼滤波

考虑下面线性形式的状态空间模型，

状态方程：
$$\beta_t = \mu + F\beta_{t-1} + v_t, v_t \sim i.i.d.\ N(0,Q)$$

观测方程：
$$y_t = H\beta_t + AZ_t + e_t, e_t \sim i.i.d.\ N(0,R)$$
$$E(e_t v_s^T) = 0$$

式中，y_t是t期可观测的$n \times 1$维内生向量，β_t是不可观测的$k \times 1$维状态变量，Z_t是$r \times 1$维确定性变量，F是$k \times k$维状态转移矩阵，H是联系可观测变量y_t与不可观测变量β_t的$n \times k$维矩阵，A是$n \times r$维矩阵，μ是$k \times 1$维常数，e_t是观测误差，它符合n维正态独立同分布，协方差矩阵为R，v_t是状态误差，它符合k维正态独立同分布，协方差矩阵为Q，e_t和v_t是不相关的。

卡尔曼滤波包括以下两个步骤，

步骤1：预测（Prediction）

$$\beta_{t|t-1} = E[\beta_t | I_{t-1}] = \mu + F\beta_{t-1|t-1}$$
$$P_{t|t-1} = E[(\beta_t - \beta_{t|t-1})(\beta_t - \beta_{t|t-1})'] = FP_{t-1|t-1}F' + Q$$
$$y_{t|t-1} = E[y_t | I_{t-1}] = H\beta_{t|t-1} + AZ_t$$
$$\eta_{t|t-1} = y_t - y_{t|t-1} = y_t - H\beta_{t|t-1} - AZ_t$$
$$f_{t|t-1} = E[\eta_{t|t-1} \eta'_{t|t-1}] = HP_{t|t-1}H' + R$$

步骤2：利用新的信息对预测进行修正（Updating）

$$\beta_{t|t} = E[\beta_t | I_t] = \beta_{t|t-1} + K_t \eta_{t|t-1}$$
$$P_{t|t} = E[(\beta_t - \beta_{t|t})(\beta_t - \beta_{t|t})'] = P_{t|t-1} - K_t H P_{t|t-1}$$
$$K_t = P_{t|t-1} H' f_{t|t-1}^{-1}$$

这里，I_t表示t期的信息集，$E[*|I_t]$表示条件期望，K_t称为卡尔曼增益矩阵。

通过以上两个步骤，我们就可以得到状态变量的求解结果。为具体考察卡尔曼滤波方法在DSGE模型中的应用，仍考虑前面的模型，

$$E_t[f(y_{t+1}, y_t, y_{t-1}, u_t)] = 0$$

这里，y_t是内生变量，u_t是外生的随机冲击。假定经过对数线性化或者线性化处理后，上面模型可以写成如下线性形式，

$$E_t A(\theta) \hat{y}_{t+1} + B(\theta) \hat{y}_t + C(\theta) \hat{y}_{t-1} + D(\theta) u_t = 0$$

式中，E_t是预期，$\hat{y}_t$是内生变量y_t经过对数线性化（$\hat{y}_t = \ln(y_t) - \ln(y^{ss})$）或者经过

线性化（$\hat{y}_t = y_t - y^{ss}$）处理后的内生变量，u_t是外部冲击，θ是模型中的参数，系数矩阵$A(\theta)$、$B(\theta)$、$C(\theta)$和$D(\theta)$依赖于参数θ。利用前面介绍的方法，模型解的形式可表示为

$$\hat{y}_t = g_y(\theta)\hat{y}_{t-1} + g_u(\theta)u_t$$

式中，矩阵$g_y(\theta)$和$g_u(\theta)$是关于参数θ的非线性函数。

假设实际中可观测的变量为y_t^*，它满足如下方程，

$$\ln(y_t^*) = M(\theta)\ln(y_t) + \eta_t$$

或者

$$y_t^* = M(\theta)y_t + \eta_t$$

式中，η_t是观测误差。

记$E(u_t u_t') = Q(\theta)$和$E(\eta_t \eta_t') = V(\theta)$分别表示冲击$u_t$和$\eta_t$的协方差矩阵，假设$u_t$和$\eta_t$均是满足均值为零的正态分布。根据可观测变量$y_t^*$，采用上面的卡尔曼滤波方法进行求解，可得到状态变量y_t如下的估计方程，

$$F_t(\theta) = M(\theta)P_t(\theta)M'(\theta) + V(\theta)$$

$$K_t(\theta) = g_y(\theta)P_t(\theta)g_y'(\theta)F_t^{-1}(\theta)$$

$$P_{t+1}(\theta) = g_y(\theta)P_t(\theta)[g_y(\theta) - K_t(\theta)M(\theta)]' + g_u(\theta)Q(\theta)g_u'(\theta)$$

$$v_t = \ln(y_t^*) - \ln(y^{*ss}) - M(\theta)\hat{y}_t \text{ 或 } v_t = y_t^* - y^{*ss} - M(\theta)\hat{y}_t$$

$$\hat{y}_{t+1} = g_y(\theta)\hat{y}_t + K_t(\theta)v_t$$

（二）粒子滤波

卡尔曼滤波能够成功利用的基本条件是，模型是线性的且结构性冲击u_t和观测误差η_t是正态分布的，实际应用中这两个条件通常并不满足，为此下面讨论较一般的滤波问题，即在非线性情况下如何根据可观测变量来估计状态变量。

仍考虑前面的模型，

$$E_t[f(y_{t+1}, y_t, y_{t-1}, u_t)] = 0$$

这里，y_t是内生变量，u_t是外生的随机冲击。利用前面介绍的非线性解法，经过求解和一定的变换可得到下面的状态空间形式，

$$y_t = g(y_{t-1}, Y_{t-1}^*, u_t; \theta)$$

式中，$g(*)$是非线性函数，$Y_t^* = \{y_j^*, j = 1, \cdots, t\}$是实际中可观测的变量，$\theta$是模型中的参数，该方程也称状态方程。假设结构性冲击u_t是一般的独立同分布（$i.i.d.$）过程（不一定要求是正态分布），那么通过上面状态方程可以刻画状态转移概率分布函数，状态转移概率密度函数以下式表示，

$$f(y_t | y_{t-1}, Y_{t-1}^*)$$

另外，我们假设初始概率密度函数为$f(y_0 | Y_0^*) = f(y_0)$。

可观测变量y_t^*依赖于状态变量y_t并满足如下的观测方程，

$$y_t^* = h(y_t, Y_{t-1}^*, \eta_t; \theta)$$

式中，$h(*)$是非线性函数，η_t是观测误差。假设η_t也是一般的独立同分布（$i.i.d.$）过程，通过该观测方程可以刻画观测变量的概率分布函数，观测变量的概率密度函数以下式表示，

$$f(y_t^* | y_t, Y_{t-1}^*)$$

根据以上状态转移方程和观测方程以及与它们相应的概率分布函数，我们可以得到下面的条件分布函数，

$$f(y_t | Y_{t-1}^*) = \int f(y_t | y_{t-1}, Y_{t-1}^*) f(y_{t-1} | Y_{t-1}^*) dy_{t-1}, \text{给定} f(y_0 | Y_0^*) = f(y_0)$$

$$f(y_t^* | Y_{t-1}^*) = \int f(y_t^* | y_t, Y_{t-1}^*) f(y_t | Y_{t-1}^*) dy_t$$

根据这两个式子并依据 Bayes 定理可得到状态变量y_t的估计结果，

$$f(y_t | Y_t^*) = \frac{f(y_t^*, y_t | Y_{t-1}^*)}{f(y_t^* | Y_{t-1}^*)} = \frac{f(y_t^* | y_t, Y_{t-1}^*) f(y_t | Y_{t-1}^*)}{f(y_t^* | Y_{t-1}^*)}$$

$$= \frac{f(y_t^* | y_t, Y_{t-1}^*) f(y_t | Y_{t-1}^*)}{\int f(y_t^* | y_t, Y_{t-1}^*) f(y_t | Y_{t-1}^*) dy_t}$$

$$= \frac{f(y_t^* | y_t, Y_{t-1}^*) \int f(y_t | y_{t-1}, Y_{t-1}^*) f(y_{t-1} | Y_{t-1}^*) dy_{t-1}}{\iint f(y_t^* | y_t, Y_{t-1}^*) f(y_t | y_{t-1}, Y_{t-1}^*) f(y_{t-1} | Y_{t-1}^*) dy_{t-1} dy_t}$$

对于线性模型，我们上面通过卡尔曼滤波得到了状态估计的解析表达式，但对于以上非线性模型，虽然可以刻画条件概率分布函数$f(y_t | y_{t-1}, Y_{t-1}^*)$和$f(y_t^* | y_t, Y_{t-1}^*)$，但由于假设结构性冲击$u_t$和观测误差$\eta_t$均是一般的独立同分布（$i.i.d.$）过程以及状

态方程和观测方程均是非线性方程,因此这些条件概率分布函数的形式很复杂,通常不是标准的概率分布函数,我们也很难得到状态估计的解析表达式,而且从上面状态估计的概率分布函数可以看出,对状态的估计依赖于所有历史观测值。针对这种情况,下面采用近年来发展起来的非线性滤波技术——粒子滤波(Particle Filter)来估计状态变量。

粒子滤波的具体做法包括以下几个步骤:

第一步:在给定初始分布 $f(y_0|Y_0^*) = f(y_0)$ 的情况下,依次按照条件分布 $f(y_{t-1}|Y_{t-1}^*)$ 进行抽样得到 N 个样本点 $\{y_{t-1}^{0,i}\}_{i=1}^N$(也称 N 个粒子),根据 $f(y_t|Y_{t-1}^*) = \int f(y_t|y_{t-1}, Y_{t-1}^*) f(y_{t-1}|Y_{t-1}^*) dy_{t-1} \approx \frac{1}{N} \sum_{i=1}^N f(y_t|y_{t-1}^{0,i}, Y_{t-1}^*)$ 可得到分布函数 $f(y_t|Y_{t-1}^*)$ 的估计。

第二步:对于每个粒子 $y_{t-1}^{0,i}$,按条件分布 $f(y_t|y_{t-1}^{0,i}, Y_{t-1}^*)$ 进行抽样得到 N 个新的粒子 $\{y_t^{1,i}\}_{i=1}^N$,由 $f(y_t^*|Y_{t-1}^*) = \int f(y_t^*|y_t, Y_{t-1}^*) f(y_t|Y_{t-1}^*) dy_t \approx \frac{1}{N} \sum_{i=1}^N f(y_t^*|y_t^{1,i}, Y_{t-1}^*)$ 可得到 $f(y_t^*|Y_{t-1}^*)$ 的估计。

第三步:构造权重 $w_t^{0,i} = \dfrac{f(y_t^*|y_t^{1,i}, Y_{t-1}^*)}{f(y_t^*|Y_{t-1}^*)}$,进行混合抽样(Bootstrapping)并以概率 $\{w_t^{0,i}\}_{i=1}^N$ 替换粒子 $\{y_t^{1,i}\}_{i=1}^N$,从而得到新的粒子 $\{y_t^{0,i}\}_{i=1}^N$,并由此可得到 $f(y_t|Y_t^*)$ 的估计。

二、DSGE 模型的 Bayes 估计方法

(一)似然函数的计算

似然函数通常表示为

$$L(\theta|Y_T^*) = \prod_{t=1}^T f(y_t^*|Y_{t-1}^*)$$

式中,$L(\theta|Y_T^*)$ 是样本的似然函数,T 是样本数量。前面通过滤波方法我们得到了状态变量的估计,根据可观测数据我们也就能够得到似然函数的估计。

如果模型是线性的,那么利用前面的卡尔曼滤波方法可得似然函数的表达式如下:

$$\ln L(\theta|Y_T^*) = -\frac{Tn}{2}\ln(2\pi) - \frac{1}{2}\sum_{t=1}^{T}|F_t(\theta)| - \frac{1}{2}v_t^{'}F_t^{-1}(\theta)v_t$$

式中，$L(\theta|Y_T^*)$ 是样本 $Y_T^* = \{y_t^*, t=1,\cdots,T\}$ 的似然函数，T 是样本容量，n 是观测变量 y_t^* 的维数。

如果模型是非线性的，那么利用前面的粒子滤波方法可得到 $f(y_t^*|Y_{t-1}^*) = \int f(y_t^*|y_t, Y_{t-1}^*)f(y_t|Y_{t-1}^*)dy_t$ 及似然函数 $L(\theta|Y_T^*) = \prod_{t=1}^{T}f(y_t^*|Y_{t-1}^*)$ 的估计，当然该结果没有显性的解析表达式。

（二）参数估计

无论是线性情况还是非线性情况，在得到似然函数后，根据 Bayes 定理，参数 θ 的事后概率密度函数为

$$p(\theta|Y_T^*) = \frac{L(\theta|Y_T^*) \cdot p(\theta)}{p(Y_T^*)}$$

或者，

$$\ln p(\theta|Y_T^*) = \ln L(\theta|Y_T^*) + \ln p(\theta) - \ln p(Y_T^*)$$

式中，$p(\theta|Y_T^*)$ 是事后概率密度函数，$p(\theta)$ 是先验概率密度函数，$L(\theta|Y_T^*)$ 是样本的似然函数，$p(Y_T^*)$ 是边际概率密度函数。

边际概率密度函数 $p(Y_T^*)$ 由下式确定，

$$p(Y_T^*) = \int [L(\theta|Y_T^*) \cdot p(\theta)]d\theta$$

由于边际概率密度函数 $p(Y_T^*)$ 不依赖于参数 θ，因此在给定参数 θ 的先验分布后通过使函数 $\ln L(\theta|Y_T^*) + \ln p(\theta)$ 最大化可得到参数 θ 的众数（Mode）估计。另外在随机模拟计算中，采用 MCMC（Markov Chain Monte Carlo）方法，通过计算边际概率密度函数还可计算参数 θ 的事后分布及其他相关统计量。

三、带有体制转换的 DSGE 模型的 Bayes 估计方法

以上我们讨论了固定体制情况下似然函数的计算，对于体制转换模型来说，似然函数的计算比较复杂，我们主要考虑以下线性模型，

$$E_t A(s_t, \theta) y_{t+1} + B(s_t, \theta) y_t + C(s_t, \theta) y_{t-1} + D(s_t, \theta) u_t = 0$$

这里，E 表示预期，y_t 是由内生变量组成的向量，u_t 是符合独立同分布的由各种结构

性冲击组成的单位向量，且 $E_t u_{t+1} = 0$，方程中的系数矩阵 $A(s_t,\theta)$、$B(s_t,\theta)$、$C(s_t,\theta)$ 和 $D(s_t,\theta)$ 不仅依赖于模型中的参数 θ，而且还依赖于经济所处的状态变量 s_t，s_t 是一个取值为有限状态的随机变量，$s_t \in \{1,2,\cdots,N\}$，s_t 的变化通过状态转移矩阵 P 来刻画，$P = [p_{ij}]$，$i,j = 1,\cdots,N$，p_{ij} 表示由本期状态 i 向下一期状态 j 变化的转移概率，即

$$p_{ij} = P[s_{t+1} = j | s_t = i], i,j = 1,\cdots,N, \sum_{j=1}^{N} p_{ij} = 1, i = 1,\cdots,N$$

前面章节介绍了体制转换模型的求解方法，根据这些方法上面模型的解可表示成下式：

$$y_t = F(s_t,\theta) y_{t-1} + G(s_t,\theta) u_t$$

式中，系数矩阵 $F(s_t,\theta)$ 和 $G(s_t,\theta)$ 同时依赖于参数 θ 和状态变量 s_t。

假设实际中可观测的变量为 y_t^*，它与变量 y_t 的关系可通过以下观测方程表示，

$$y_t^* = H(s_t,\theta) y_t + J(s_t,\theta) \eta_t$$

式中，系数矩阵 $H(s_t,\theta)$ 和 $J(s_t,\theta)$ 同时依赖于参数 θ 和状态变量 s_t，η_t 是观测误差，它是符合独立同分布的单位向量，且 $E_t \eta_{t+1} = 0$。

以 $Y_t^* = \{y_j^*, j = 1,\cdots,t\}$ 表示实际中 t 期可观测的变量，在给定随机变量 s_t 和 u_t 的概率分布和初始概率分布函数 $f(y_0 | Y_0^*, s_0, \theta) = f(y_0)$ 后，根据上面状态方程可得到如下的条件概率分布函数，

$$f(y_t | y_{t-1}, Y_{t-1}^*, s_t)$$

和

$$f(y_t | Y_{t-1}^*, s_t) = \int f(y_t | y_{t-1}, Y_{t-1}^*, s_t) f(y_{t-1} | Y_{t-1}^*, s_t) dy_{t-1}$$

同样，在给定随机变量 s_t 和 η_t 的概率分布后，根据观测方程和前面得到的条件概率分布函数可得到观测变量的概率密度函数，

$$f(y_t^* | y_t, Y_{t-1}^*, s_t)$$

和

$$f(y_t^* | Y_{t-1}^*, s_t) = \int f(y_t^* | y_t, Y_{t-1}^*, s_t) f(y_t | Y_{t-1}^*, s_t) dy_t$$

根据以上条件概率分布和 Bayes 定理可得到

$$f(y_t|Y_{t-1}^*) = \sum_{j=1}^{N} f(y_t|Y_{t-1}^*, s_t = j) P(s_t = j|Y_{t-1}^*)$$

$$f(y_t^*|Y_{t-1}^*) = \sum_{j=1}^{N} f(y_t^*|Y_{t-1}^*, s_t = j) P(s_t = j|Y_{t-1}^*)$$

$$f(s_t = j|Y_{t-1}^*) = \sum_{i=1}^{N} f(s_t = j|Y_{t-1}^*, s_{t-1} = i) f(s_{t-1} = i|Y_{t-1}^*) = \sum_{i=1}^{N} p_{ij} f(s_{t-1} = i|Y_{t-1}^*)$$

$$f(s_t = j|Y_t^*) = f(s_t = j|y_t^*, Y_{t-1}^*) = \frac{f(y_t^*|Y_{t-1}^*, s_t = j) f(s_t = j|Y_{t-1}^*)}{f(y_t^*|Y_{t-1}^*)}$$

通过以上条件概率分布函数，我们可得到似然函数 $L(\theta|Y_T^*) = \prod_{t=1}^{T} f(y_t^*|Y_{t-1}^*)$ 的估计。

对于体制转换模型来说，利用下面两个方程还可以计算经济在 t 期处于某种体制或状态的事后估计概率。

$$f(s_t = j|Y_{t-1}^*) = \sum_{i=1}^{N} p_{ij} f(s_{t-1} = i|Y_{t-1}^*)$$

$$f(s_t = j|Y_t^*) = \frac{f(y_t^*|Y_{t-1}^*, s_t = j) f(s_t = j|Y_{t-1}^*)}{\sum_{j=1}^{N} f(y_t^*|Y_{t-1}^*, s_t = j) P(s_t = j|Y_{t-1}^*)}$$

四、DSGE 模型的比较和选择

由于我们需要对不同体制的模拟结果进行比较，因此涉及到模型的比较与选择问题，鉴于 Bayes 方法不仅可以针对嵌套模型进行选择和比较，也可以针对非嵌套模型进行选择和比较，故此其在 DSGE 模型的选择和比较方面更有优势。

假设对模型 M_i 的先验概率为 $p(M_i)$，那么根据 Bayes 定理可得到对模型 M_i 的事后概率为

$$p(M_i|Y) = \frac{p(Y|M_i) \cdot p(M_i)}{\sum_i p(Y|M_i) \cdot p(M_i)}$$

式中，$p(Y|M_i) = \int [L(\theta|Y, M_i) \cdot p(\theta|M_i)] d\theta$ 是模型 M_i 的边际概率密度函数。为比较模型 M_i 和模型 M_j，通常计算模型 M_i 相对于模型 M_j 的事后变异率（Posterior Odds），即

第五章 关于DSGE模型的技术问题

$$PO_{i,j} = \frac{p(M_i|Y)}{p(M_j|Y)} = \frac{p(Y|M_i) \cdot p(M_i)}{p(Y|M_j) \cdot p(M_j)}$$

这里，$PO_{i,j}$是M_i相对于模型M_j的事后变异率，$\frac{p(M_i)}{p(M_j)}$是M_i相对于模型M_j的先验变异率（Prior Odds），$B_{ij} = \frac{p(Y|M_i)}{p(Y|M_j)}$是$M_i$相对于模型$M_j$的Bayes因子（Bayes Factor）。

由此可见，事后变异率是由先验变异率经过Bayes因子调整后得到的。假设我们对模型M_i和模型M_j没有先验的偏好，即对二者的先验概率相等，那么M_i相对于模型M_j的事后变异率就等于M_i相对于模型M_j的Bayes因子$B_{i,j}$，Jeffreys（1961）给出了根据Bayes因子选择模型的一些判据（见表5-1）。

表5-1　　　　　　　　　　　Bayes模型选择的一些判据

$B_{ij} < 1$	接受模型M_j
$1 < B_{ij} < 3$	非常轻微地拒绝模型M_j
$3 < B_{ij} < 10$	轻微地拒绝模型M_j
$10 < B_{ij} < 100$	强烈地拒绝模型M_j
$B_{ij} > 100$	完全拒绝模型M_j，接受模型M_i

除了根据以上判据比较模型外，实际中如果我们能够给出各个模型的先验概率，那么也可以根据上面的公式计算出各个模型的事后概率并以此来选择和比较模型。

假设我们考虑的模型有N个，模型M_i的先验概率为$p(M_i)$，根据上面的结果可以计算出M_i相对于模型M_j的事后变异率，这样我们可得到以下的事后概率，

$$p(M_i|Y) = PO_{i,1}p(M_1|Y), i = 1, \cdots, N$$

将以上事后概率值代入下面的归一化条件，

$$p(M_1|Y) + \cdots + p(M_i|Y) + \cdots + p(M_N|Y) = 1$$

经过处理可得到，

$$p(M_1|Y) + \cdots + PO_{i,1}p(M_1|Y) + \cdots + PO_{N,1}p(M_1|Y) = 1$$

依据该式可以计算出模型M_1的事后概率值$p(M_1|Y)$，进而我们可以计算出模型M_i的事后概率值$p(M_i|Y)$，根据这些事后概率值可以选择和比较模型。

第三节 DSGE 模型中最优政策的求解

一、不同决策方式下最优政策的求解

为讨论方便,我们求解下面的优化问题,

$$\min_{\{u_t\}}(L = E_t \sum_{j=0}^{\infty} \beta^j L_{t+j}), L_t = \begin{bmatrix} x'_t & u'_t \end{bmatrix} \begin{bmatrix} Q & U \\ U' & R \end{bmatrix} \begin{bmatrix} x_t \\ u_t \end{bmatrix}, x_t = \begin{bmatrix} x_{1t} \\ x_{2t} \end{bmatrix}$$

$$s.t. \quad \begin{bmatrix} x_{1t+1} \\ E_t x_{2t+1} \end{bmatrix} = A \begin{bmatrix} x_{1t} \\ x_{2t} \end{bmatrix} + B u_t + \begin{bmatrix} \varepsilon_{t+1} \\ 0 \end{bmatrix}$$

式中,β 是贴现因子,$0 < \beta < 1$,L 是政策决策部门的损失函数,E_t 表示条件数学期望,x_t 是状态变量,u_t 是控制变量,状态变量 x_t 由前定变量(Predetermined Variables)x_{1t} 和前瞻性变量(Forward-looking Variables)x_{2t} 组成,ε_t 是符合独立同分布的随机误差向量,其协方差为 Ω。

(一)相机抉择

在相机抉择的方式下,对上述最优控制问题的求解是一个多期优化问题,即在每期 t,政策决策部门假定人们的预期给定,从而根据该期的经济状态求解上述优化问题,这意味着相机抉择在每期都利用了信息优势。由于时间不一致性问题的存在,因而我们期望在相机抉择的方式下寻找时间一致的最优解,Söderlind(1999)给出了该问题的详细算法。

在 t 期,政策决策部门假定人们的预期给定,从而在 t 期对上述优化问题的求解是一个标准的二次型最优问题。假设损失函数可表示为

$$J_t = x'_{1t} V_t x_{1t} + v_t$$

式中,V_t 和 v_t 分别是待定的矩阵和常数。采用动态规划方法,上述优化问题的 Bellman 方程为

$$x'_{1t} V_t x_{1t} + v_t = \min_{\{u_t\}} \{(x'_t Q x_t + 2 x'_t U_t u_t + u'_t R u_t) + \beta E_t [x'_{1t+1} V_{t+1} x_{1t+1} + v_{t+1}]\}$$

虽然政策决策部门假定人们的预期给定,但上面的 Bellman 方程包含 x_{2t},而状态方程表明 x_{2t} 是内生变量,且依赖于预期变量,因而对 x_{2t+1} 的预期也是内生的。假设人们根据当前的经济状态采用下面的预期形式,

$$E_t x_{2t+1} = C_{t+1} E_t x_{1t+1}$$

式中，C_{t+1} 是待定的矩阵。对状态方程中的矩阵 A 和 B 进行分块，利用上式可得到

$$\begin{aligned} E_t x_{2t+1} &= A_{21} x_{1t} + A_{22} x_{2t} + B_2 u_t \\ &= C_{t+1} E_t x_{1t+1} \\ &= C_{t+1} [A_{11} x_{1t} + A_{12} x_{2t} + B_1 u_t] \end{aligned}$$

从而得到

$$x_{2t} = D_t x_{1t} + G_t u_t$$

式中，$D_t = [A_{22} - C_{t+1} A_{12}]^{-1} [C_{t+1} A_{11} - A_{21}]$，$G_t = [A_{22} - C_{t+1} A_{12}]^{-1} [C_{t+1} B_1 - B_2]$。代入状态方程可得到

$$\begin{aligned} x_{1t+1} &= A_{11} x_{1t} + A_{12} x_{2t} + B_1 u_t \\ &= A_t^* x_{1t} + B_t^* u_t + \varepsilon_{t+1} \end{aligned}$$

式中，$A_t^* = A_{11} + A_{12} D_t$，$B_t^* = B_1 + A_{12} G_t$。

对矩阵 Q、U 和 R 进行分块，利用上述方程可得到

$$x'_t Q x_t + 2 x'_t U u_t + u'_t R u_t = x'_{1t} Q_t^* x_{1t} + 2 x'_{1t} U_t^* u_t + u'_t R_t^* u_t$$

其中，

$$Q_t^* = Q_{11} + Q_{12} D_t + D'_t Q_{21} + D'_t Q_{22} D_t$$

$$U_t^* = Q_{12} G_t + D'_t Q_{22} G_t + U_1 + D'_t U_2$$

$$R_t^* = R + G'_t Q_{22} G_t + G'_t U_2 + U'_2 G_t$$

利用上式，Bellman 方程可写为

$$x'_{1t} V_t x_{1t} + v_t = \min_{u_t} \left\{ \begin{array}{l} (x'_{1t} Q_t^* x_{1t} + 2 x'_{1t} U_t^* u_t + u'_t R_t^* u_t) \\ + \beta E_t [(A_t^* x_{1t} + B_t^* u_t + \varepsilon_{t+1})' V_{t+1} (A_t^* x_{1t} + B_t^* u_t + \varepsilon_{t+1}) + v_{t+1}] \end{array} \right\}$$

上式的一阶条件为

$$U_t^{*'} x_{1t} + R_t^* u_t + \beta B_t^{*'} V_{t+1} A_t^* x_{1t} + \beta B_t^{*'} V_{t+1} B_t^* u_t = 0$$

从而得到

$$u_t = -F_t x_{1t}$$

$$F_t = [R_t^* + \beta B_t^{*'} V_{t+1} B_t^*]^{-1} [U_t^{*'} + \beta B_t^{*'} V_{t+1} A_t^*]$$

进而可得到

$$x_{2t} = (D_t - G_t F_t) x_{1t} = C_t x_{1t}, C_t = (D_t - G_t F_t)$$

$$V_t = Q_t^* - U_t^* F_t - F'_t U_t^{*'} + F'_t R_t^* F_t + \beta(A_t^* - B_t^* F_t)' V_{t+1}(A_t^* - B_t^* F_t)$$
$$v_t = \beta E_t[\varepsilon'_{t+1} V_{t+1} \varepsilon_{t+1} + v_{t+1}]$$

假设矩阵 C_{t+1}、F_t 和 V_{t+1} 最终收敛到 C、F 和 V，那么，相机抉择下的最优解可表示为

$$u_t = -Fx_{1t}$$
$$x_{2t} = Cx_{1t}$$
$$x_{1t+1} = Mx_{1t} + \varepsilon_{t+1}, M = A_{11} + A_{12}C - B_1F$$

损失函数为

$$J_0 = x'_{10} V x_{10} + \frac{\beta}{1-\beta} tr(V\Omega)$$

式中，tr 表示矩阵的迹，Ω 是误差变量 ε_t 的协方差矩阵，x_{10} 是初值条件。

(二) 政策规则

政策决策的另一种方式是政策规则。政策规则大体上可分为三类，第一类是完全承诺的政策规则（Completely Commitment Policy Rules），这种最优政策也称 Ramsey 最优政策，第二类是最优简单政策规则（Optimal Simple Policy Rules），第三类是不完全承诺或者准完全承诺的政策规则（Loose Commitment 或 Quasi-commitment Policy Rules），下面分别讨论这三种规则。

1. 完全承诺的政策规则

完全承诺的政策规则就是在某期对上述最优控制问题求解得到最优控制 u_t 后，它将成为政策决策部门在以后各期选择控制变量的原则。从此可以看出，在整个决策过程中，政策决策部门承诺仅在初期进行了 1 次优化，而以后各期严格按照此最优解来进行决策。

具体来讲，假设约束方程对应的 Lagrange 乘子为 $\rho_{t+1} = \begin{bmatrix} \rho_{1t+1} \\ \rho_{2t+1} \end{bmatrix}$，其中，$\rho_{1t+1}$ 和 ρ_{2t+1} 分别对应前定变量和前瞻性变量的方程，记，$\xi_{t+1} = \begin{bmatrix} \varepsilon_{t+1} \\ x_{2t+1} - E_t x_{2t+1} \end{bmatrix}$，那么在 t_0 期对上述优化问题的求解表示为下式：

$$\min_{\{u_t\}} E_{t_0} \sum_{j=0}^{\infty} \beta^j [L_{t_0+j} + 2\rho_{t_0+1+j}(Ax_{t_0+j} + Bu_{t_0+j} + \xi_{t_0+1+j} - x_{t_0+1+j})]$$

该问题的一阶条件为

$$\begin{bmatrix} I & 0 & 0 \\ 0 & 0 & \beta A' \\ 0 & 0 & -B' \end{bmatrix} \begin{bmatrix} x_{t+1} \\ u_{t+1} \\ E_t \rho_{t+1} \end{bmatrix} = \begin{bmatrix} A & B & 0 \\ -\beta Q & -\beta U & I \\ U' & R & 0 \end{bmatrix} \begin{bmatrix} x_t \\ u_t \\ \rho_t \end{bmatrix} + \begin{bmatrix} \xi_{t+1} \\ 0 \\ 0 \end{bmatrix}, t > t_0$$

为求解上面的方程,我们需要给出初值条件,即给定前定变量在 t_0 期的初值。由于 Lagrange 乘子 ρ_{1t+1} 和 ρ_{2t+1} 分别对应前定变量和前瞻性变量的方程,因而 ρ_{2t+1} 是前定变量,ρ_{1t+1} 是前瞻性变量,由此初值由 x_{1t_0} 和 ρ_{2t_0} 给出。Lagrange 乘子 ρ_{2t+1} 的不可观测性使得政策决策部门通常将初值 ρ_{2t_0} 选定为零。当 ρ_{2t_0} 选定为零时,那么上述的最优解可能是时间不一致的,因为政策决策部门虽然承诺仅在初期进行了 1 次优化求解,但初期选在哪一期将会影响求解结果。假设政策决策部门在 t_1($t_1 > t_0$)期对上述问题求解时,若其将初值 ρ_{2t_1} 选定为零,那么此时得到的求解结果与在 t_0 期得到的是不一致的,实际上从上述方程可以看出 ρ_{2t_1} 通常不为零。初值 ρ_{2t_0} 设置为零实际上意味着政策决策部门在 t_0 期利用信息优势,而没有受到前瞻性变量对应的行为方程的约束。可是,完全承诺的政策规则与相机抉择的最大不同之处在于,它并不像相机抉择那样在每期都利用信息优势,而仅在初期利用了信息优势。

对于上面的一阶条件,采用 Söderlind(1999)的方法,最终求解结果为

$$\begin{bmatrix} x_{1t+1} \\ \rho_{2t+1} \end{bmatrix} = M \begin{bmatrix} x_{1t} \\ \rho_{2t} \end{bmatrix} + \begin{bmatrix} \varepsilon_{t+1} \\ 0 \end{bmatrix}$$

$$x_{2t} = -[N_{21} \quad N_{22}] \begin{bmatrix} x_{1t} \\ \rho_{2t} \end{bmatrix}$$

$$u_t = -F \begin{bmatrix} I & 0 \\ -N_{21} & -N_{22} \end{bmatrix} \begin{bmatrix} x_{1t} \\ \rho_{2t} \end{bmatrix}$$

其中,

$$M = \begin{bmatrix} I & 0 \\ S_{21} & S_{22} \end{bmatrix} G \begin{bmatrix} I & 0 \\ -N_{21} & -N_{22} \end{bmatrix}$$

$$G = A - BF$$

$$F = -(R + B'SB)^{-1}(B'SA + U')$$

$$S = Q - UF - F'U' + F'RF + \beta(A - BF)'S(A - BF)$$

$$S = \begin{bmatrix} S_{11} & S_{12} \\ S_{21} & S_{22} \end{bmatrix}$$

$$N = \begin{bmatrix} N_{11} & N_{12} \\ N_{21} & N_{22} \end{bmatrix} = \begin{bmatrix} S_{11} - S_{12}S_{22}^{-1}S_{21} & S_{12}S_{22}^{-1} \\ -S_{22}^{-1}S_{21} & S_{22}^{-1} \end{bmatrix}$$

损失函数为

$$J_0 = x'_{10}N_{11}x_{10} + \rho'_{20}N_{22}\rho_{20} + \frac{\beta}{1-\beta}tr(V\Omega)$$

可以看出，完全承诺的政策规则 u_t 不仅依赖于前定变量 x_{1t}，而且还依赖于 Lagrange 乘子 ρ_{2t}。由于 ρ_{2t} 依赖于 x_{1t} 的历史值，因而完全承诺的最优政策规则 u_t 依赖于整个 x_{1t} 的历史值，即其是与历史有关的，这其实对政策的决策施加了一种约束，使政策决策部门不能忽略过去的承诺。

为保证最优解不受初期选择的影响，即保证完全承诺的政策规则是时间一致的，对初值 ρ_{2t_0} 的选取至关重要。Woodford（1999）和 Svensson（1999）对于上述问题的解决方法是，将 t_0 选为 $-\infty$，这样得到的解具有与时间无关的性质（Timeless Perspective）。Juillard – Pelgrin（2007）指出，这种做法在实际操作中通常很难实行，他们提出了一种算法来求解与时间无关的最优政策规则。实际上，如果我们能从上面已求解的方程 $\begin{bmatrix} x_{1t} \\ \rho_{2t} \end{bmatrix} = M \begin{bmatrix} x_{1t-1} \\ \rho_{2t-1} \end{bmatrix} + \begin{bmatrix} \varepsilon_t \\ 0 \end{bmatrix}$ 中消去 ρ_{2t} 而变成仅有 x_{1t} 的方程，那么就可以保证解具有与时间无关的性质。

为此，首先将上面的方程写成下面的形式：

$$\begin{bmatrix} x_{1t} \\ \rho_{2t} \end{bmatrix} = [M_1, \quad M_2] \begin{bmatrix} x_{1t-1} \\ \rho_{2t-1} \end{bmatrix} + \begin{bmatrix} I \\ 0 \end{bmatrix} \varepsilon_t$$

$$= M_1 x_{1t-1} + M_2 \rho_{2t-1} + P\varepsilon_t$$

式中，$M = [M_1, \quad M_2] = \begin{bmatrix} M_{11} & M_{12} \\ M_{21} & M_{22} \end{bmatrix}$，$P = \begin{bmatrix} I \\ 0 \end{bmatrix}$，$I$ 是相应的单位矩阵，显然，矩阵 M_1、M_2 和 P 都是行数大于列数的矩阵。

其次，对矩阵 M_2 进行 QR 分解，

$$M_2 E = QR = \begin{bmatrix} Q_{11} & Q_{12} \\ Q_{21} & Q_{22} \end{bmatrix} \begin{bmatrix} R_1 & R_2 \\ 0 & 0 \end{bmatrix}$$

式中，E 是置换矩阵，Q 是正交矩阵，R 是上三角矩阵，若矩阵 M_2 是列满秩矩阵，那么 R_2 矩阵是空矩阵。利用该分解结果可得到

$$Q' \begin{bmatrix} x_{1t} \\ \rho_{2t} \end{bmatrix} = Q' M_1 x_{1t-1} + RE' \rho_{2t-1} + Q' P \varepsilon_t$$

取上面方程的下半部可得到

$$Q'_{12} x_{1t} + Q'_{22} \rho_{2t} = [Q'_{12}, Q'_{22}](M_1 x_{1t-1} + P\varepsilon_t)$$

由于矩阵 Q'_{22} 是可逆方阵，从而继续对 Q'_{22} 进行 QR 分解可得到

$$Q'_{22} = \widetilde{Q} \widetilde{R}$$

利用上述结果可得到

$$\rho_{2t} = \widetilde{R}_1^{-1} \widetilde{Q}'([Q'_{12}, Q'_{22}](M_1 x_{1t-1} + P\varepsilon_t) - Q'_{12} x_{1t})$$

$$\rho_{2t-1} = \widetilde{R}_1^{-1} \widetilde{Q}'([Q'_{12}, Q'_{22}](M_1 x_{1t-2} + P\varepsilon_{t-1}) - Q'_{12} x_{1t-1})$$

最终可消去 ρ_{2t} 得到仅有 x_{1t} 的方程，

$$x_{1t} = H_1 x_{1t-1} + H_2 x_{1t-2} + H_3 \varepsilon_t + H_3 \varepsilon_{t-1}$$

其中，

$$H_1 = M_{11} - M_{12} \widetilde{R}_1^{-1} \widetilde{Q}'[Q'_{12}, Q'_{22}] Q'_{12}$$

$$H_2 = M_{12} \widetilde{R}_1^{-1} \widetilde{Q}'[Q'_{12}, Q'_{22}] M_1$$

$$H_3 = I$$

$$H_4 = M_{12} \widetilde{R}_1^{-1} \widetilde{Q}'[Q'_{12}, Q'_{22}] P$$

经过以上几个步骤，我们最后就可以保证完全承诺的政策规则解具有与时间无关的性质。

2. 最优简单政策规则

由于完全承诺的政策规则形式上非常复杂，特别是它还依赖于不可观测的变量 ρ_{2t}，因而在应用方面具有一定的难度。为此，人们尝试是否能用一些简单政策规则来逼近完全承诺的最优政策规则。其中最为常见的简单规则形式为，$u_t = -Fx_t =$

$-F\begin{bmatrix}x_{1t}\\x_{2t}\end{bmatrix}$，即规则仅仅依赖于当期可观测的变量，最优简单规则就是求解下列优化问题，

$$\min_{\{F\}}(L = E_t \sum_{j=0}^{\infty} \beta^j L_{t+j}), L_t = [x_t', u_t']\begin{bmatrix}Q & U\\U' & R\end{bmatrix}\begin{bmatrix}x_t\\u_t\end{bmatrix}$$

$$s.t. \begin{bmatrix}x_{1t+1}\\E_t x_{2t+1}\end{bmatrix} = (A - BF)\begin{bmatrix}x_{1t}\\x_{2t}\end{bmatrix} + \begin{bmatrix}\varepsilon_{t+1}\\0\end{bmatrix}$$

对于上述问题，首先猜测矩阵 F，并按照 Söderlind（1999）的方法对状态方程进行求解，求解的结果可表示为

$$u_t = -Fx_t$$
$$x_{2t} = Cx_{1t}$$
$$x_{1t+1} = Mx_{1t} + \varepsilon_{t+1}$$

式中，矩阵 C 和 M 依赖于 F。将上面的结果代入损失函数，选择使损失函数达到最小值 F，从而最终得到最优的简单政策规则。

以上简单政策规则是直接针对状态变量 x_t 提出的，实际中我们通常还采用下面的简单政策规则，

$$u_t = -F_Y Y_t$$

式中，Y 是目标变量，它是状态变量和控制变量的线性组合，即

$$Y_t = [N_x, N_u]\begin{bmatrix}x_t\\u_t\end{bmatrix}$$

此时当期损失函数可表示为

$$L_t = Y_t' K Y_t = [x_t', u_t']\begin{bmatrix}N_x'\\N_u'\end{bmatrix}K[N_x, N_u]\begin{bmatrix}x_t\\u_t\end{bmatrix}$$

$$= [x_t', u_t']\begin{bmatrix}Q & U\\U' & R\end{bmatrix}\begin{bmatrix}x_t\\u_t\end{bmatrix}$$

式中，K 是权重矩阵，$Q = N_x' K N_x$，$U = N_x' K N_u$，$R = N_u' K N_u$，进行变换可得到

$$u_t = -F_Y Y_t$$
$$= -F_Y[N_x x_t + N_u u_t]$$

$$= -Fx_t$$

式中，$F = [I + F_Y N_u]^{-1} F_Y N_x$。按照上面的求解方法，我们可求解出最优简单规则。

一般来说，简单规则并不能使政策目标函数达到最优值，但如果这种简单规则能使目标函数值充分接近在完全承诺的政策规则作用下的目标函数值，那么它也是可取的。

3. 不完全承诺的政策规则

从上面分析可以看出，相机抉择和完全承诺的政策规则是政策决策的两种极端情况，相机抉择表明决策者每期都对自己的决策进行选择，而完全承诺的政策规则表明决策者仅在初期对自己的决策进行选择，因此相机抉择实际上每期都对原来的政策选择进行了调整，这显然对预期的稳定会产生不利的影响，同时也对政策的可信性和有效性会产生影响。在相机抉择和完全承诺的政策规则两种极端情况之间，还存在另一种政策规则，即不完全承诺或者准完全承诺的政策规则（Loose Commitment 或 Quasi-commitment Policy Rules），这种规则最初由 Roberds（1987）提出，近年来在 Schaumburg-Tambalotti（2007）、Dennis（2007）和 Debortoli-Nunes（2010）的拓展下得到了较为广泛的应用。不完全承诺的政策规则假设在每期的政策决策中，决策者一方面可能会改变原来的决策，另一方面也可能会保持原来的决策，并且假设决策是否改变是一个随机过程。显然不完全承诺的规则既有相机抉择的特点（即改变原来的决策），又有完全承诺的政策规则的特点（即保持原来的决策），这种决策方式类似于垄断竞争条件下厂商采取的 Calvo 定价行为，从而更能体现实际情况。

为讨论方便，我们将前面的优化问题改写为下面的形式：

$$\min_{\{y_t\}} E_0 \sum_{t=0}^{\infty} \beta^t y'_t W y_t$$

$$s.t. \quad A_{-1} y_{t-1} + A_0 y_t + A_1 E_t y_{t+1} + B v_t = 0$$

式中，E 表示数学期望，β 是贴现因子，$0 < \beta < 1$，y_t 是状态变量，W 是损失函数中的权重矩阵，假设它是正定矩阵，v_t 是符合均值为零的独立同分布随机误差向量，其协方差为 $E v_t v'_t = \sum_v$，A_{-1}、A_0、A_1 和 B 是约束方程中相应的矩阵。

现在假设每期继续保持原有的最优政策的概率为 γ，这样进行重新优化的概率为

$(1-\gamma)$,由此在不完全承诺的条件下优化问题变成:

$$y'_{-1}Py_{-1} + d = \min_{\{y_t\}} E_{-1} \sum_{t=0}^{\infty} (\beta\gamma)^t [y'_t W y_t + \beta(1-\gamma)(y'_t P y_t + d)]$$

$$s.t. \quad A_{-1}y_{t-1} + A_0 y_t + \gamma A_1 E_t y_{t+1} + (1-\gamma) A_1 E_t y_{t+1}^r + Bv_t = 0$$

这里,损失函数最终解的形式假设为$(y'_{-1}Py_{-1}+d)$,P 和 d 分别是待定的矩阵和常数。由于存在再优化问题,从而对于约束方程中预期项 $E_t y_{t+1}$ 的处理包括两方面,一是预期政策继续保持原有的最优政策($\gamma E_t y_{t+1}$),二是预期政策进行重新优化($(1-\gamma)E_t y_{t+1}^r$)。类似于相机抉择的处理方法,这里假设对于再优化的预期依赖于状态变量,$E_t y_{t+1}^r = \tilde{H} y_t$。假设上面约束方程对应的 Lagrange 乘子为 λ_t,上面优化问题可改写成:

$$\min_{\{y_t\}} E_{-1} \sum_{t=0}^{\infty} (\beta\gamma)^t \left\{ \begin{array}{l} y'_t[W+\beta(1-\gamma)P]y_t + \lambda'_{t-1}\beta^{-1} A_1 y_t \\ + \lambda'_t [A_{-1}y_{t-1} + (A_0 + (1-\gamma)A_1\tilde{H})y_t + Bv_t] \end{array} \right\}$$

$$s.t. \quad \lambda_{-1} = 0, y_{-1}, \tilde{H} \text{ 给定}$$

该优化问题的一阶条件为

$$2Wy_t + 2\beta(1-\gamma)Py_t + [A_0 + (1-\gamma)A_1\tilde{H}]'\lambda_t + \beta\gamma A'_{-1} E_t \lambda_{t+1} + I_\gamma \beta^{-1} A'_1 \lambda_{t-1} = 0$$

$$A_{-1}y_{t-1} + [A_0 + (1-\gamma)A_1\tilde{H}]y_t + \gamma A_1 E_t y_{t+1} + Bv_t = 0$$

$$2Py_t = A'_{-1} E_t \lambda_{t+1}^r$$

式中,$I_\gamma = \begin{cases} 0, \gamma = 0 \\ 1, \gamma \neq 0 \end{cases}$,$E_t \lambda_{t+1}^r$ 是在预期政策进行重新优化的条件下得到的预期 Lagrange 乘子,其与 $E_t \lambda_{t+1}$ 不同的是,$E_t \lambda_{t+1}$ 是在预期政策继续保持原有政策的条件下得到的预期 Lagrange 乘子。

假设以上问题的解可表示为

$$\begin{bmatrix} y_t \\ \lambda_t \end{bmatrix} = \begin{bmatrix} H_{yy} & H_{y\lambda} \\ H_{\lambda y} & H_{\lambda\lambda} \end{bmatrix} \begin{bmatrix} y_{t-1} \\ \lambda_{t-1} \end{bmatrix} + \begin{bmatrix} G_y \\ G_\lambda \end{bmatrix} v_t$$

如果在 t 期进行再优化,那么意味着再优化时利用了条件 $\lambda_{t-1} = 0$,因此,可得到下面的方程:

$$E_t y_{t+1}^r = H_{yy} y_t = \widetilde{H} y_t \text{ 或 } H_{yy} = \widetilde{H}$$
$$E_t y_{t+1} = H_{yy} y_t + H_{y\lambda} \lambda_t$$
$$E_t \lambda_{t+1} = H_{\lambda y} y_t + H_{\lambda\lambda} \lambda_t$$
$$E_t \lambda_{t+1}^r = H_{\lambda y} y_t$$

将上面方程代入一阶条件并进行整理可得到

$$\Gamma_0 \begin{bmatrix} y_t \\ \lambda_t \end{bmatrix} + \Gamma_1 \begin{bmatrix} y_{t-1} \\ \lambda_{t-1} \end{bmatrix} + \Gamma_v v_t = 0$$

其中，

$$\Gamma_0 = \begin{bmatrix} A_0 + A_1 \widetilde{H} & \gamma A_1 H_{y\lambda} \\ 2W + \beta A'_{-1} H_{\lambda y} & A'_0 + (1-\gamma) \widetilde{H}' A'_1 + \beta\gamma A'_{-1} H_{\lambda\lambda} \end{bmatrix}$$

$$\Gamma_1 = \begin{bmatrix} A_{-1} & 0 \\ 0 & \beta^{-1} I_\gamma A'_1 \end{bmatrix}$$

$$\Gamma_v = \begin{bmatrix} B \\ 0 \end{bmatrix}$$

经过求解可得到解的形式如下：

$$\begin{bmatrix} y_t \\ \lambda_t \end{bmatrix} = -\Gamma_0^{-1} \Gamma_1 \begin{bmatrix} y_{t-1} \\ \lambda_{t-1} \end{bmatrix} - \Gamma_0^{-1} \Gamma_v v_t$$

由于开始我们并不知道矩阵 $\widetilde{H}$，因此将上面解的形式与原有假设解的形式比较，可得到下面的条件：

$$\begin{bmatrix} \widetilde{H} & H_{y\lambda} \\ H_{\lambda y} & H_{\lambda\lambda} \end{bmatrix} = -\Gamma_0^{-1} \Gamma_1$$

这样经过反复迭代，最终可得到以上优化问题的解。将求解结果代入上面的动态规划迭代方程，我们可得到待定矩阵 P 和待定常数 d 的表达式，并得到损失函数的表达式。具体来讲，将损失函数写成下面的形式：

$$\begin{bmatrix} y_{t-1} \\ \lambda_{t-1} \\ v_t \end{bmatrix}' N \begin{bmatrix} y_{t-1} \\ \lambda_{t-1} \\ v_t \end{bmatrix} + \widetilde{d} = y'_t W y_t + \beta\gamma E_t \left(\begin{bmatrix} y_t \\ \lambda_t \\ v_{t+1} \end{bmatrix}' N \begin{bmatrix} y_t \\ \lambda_t \\ v_{t+1} \end{bmatrix} + \widetilde{d} \right)$$

$$+ \beta(1-\gamma) E_t \left(\begin{bmatrix} y_t \\ 0 \\ v_{t+1} \end{bmatrix}' N \begin{bmatrix} y_t \\ 0 \\ v_{t+1} \end{bmatrix} + \tilde{d} \right)$$

这里，根据上面的求解结果和动态规划的迭代方程可写出矩阵 N 和常数 $\tilde{d}$。记，

$$H = \begin{bmatrix} \hat{H} & H_{y\lambda} \\ H_{\lambda y} & H_{\lambda\lambda} \end{bmatrix}, G = \begin{bmatrix} G_y \\ G_\lambda \end{bmatrix}, \tilde{P} = 0.5 \begin{bmatrix} 0 & A'_{-1} \\ \beta^{-1}A_1 & 0 \end{bmatrix} H,$$

$$\tilde{V} = \left(\begin{bmatrix} W & 0 \\ A_0 + (1-\gamma)A_1 H_{yy} & 0 \end{bmatrix} + \beta(1-\gamma) \begin{bmatrix} A'_{-1}H_{\lambda y} & 0 \\ 0 & 0 \end{bmatrix} + \beta\gamma\tilde{P} \right),$$

并考虑到

$$E_t \left(\begin{bmatrix} y_t \\ \lambda_t \\ v_{t+1} \end{bmatrix}' N \begin{bmatrix} y_t \\ \lambda_t \\ v_{t+1} \end{bmatrix} + \tilde{d} \right) = \left(\begin{bmatrix} y_t \\ \lambda_t \end{bmatrix}' \tilde{P} \begin{bmatrix} y_t \\ \lambda_t \end{bmatrix} + d \right)$$

代入前面的方程可得到

$$\begin{bmatrix} y_{t-1} \\ \lambda_{t-1} \\ v_t \end{bmatrix}' N \begin{bmatrix} y_{t-1} \\ \lambda_{t-1} \\ v_t \end{bmatrix} + \tilde{d} = \left(H \begin{bmatrix} y_{t-1} \\ \lambda_{t-1} \end{bmatrix} + Gv_t \right)' \tilde{V} \left(H \begin{bmatrix} y_{t-1} \\ \lambda_{t-1} \end{bmatrix} + Gv_t \right)$$

$$+ \left(H \begin{bmatrix} y_{t-1} \\ \lambda_{t-1} \end{bmatrix} + Gv_t \right)' \left(\begin{bmatrix} 0 & \beta^{-1}A'_{-1} \\ A_{-1} & 0 \end{bmatrix} \begin{bmatrix} y_{t-1} \\ \lambda_{t-1} \end{bmatrix} + \begin{bmatrix} 0 \\ B \end{bmatrix} v_t \right) + \beta d$$

通过比较方程的两边可得到待定矩阵 P 和待定常数 d 的表达式，并得到损失函数的表达式。

二、体制转换条件下的最优政策选择

前面我们介绍了体制转换模型，可以看出，体制转换实际上体现了一种不确定性，这种不确定性是一种结构性的离散形式不确定性，其通过多条马尔科夫链的方法来描述。体制转换模型是一种隐性的状态转移模型，其假设经济中存在着有限的几个状态，状态之间的跳转通过状态转移矩阵来刻画，但状态变量是不能直接观测的。在这种不确定环境下，我们期望求解以下优化问题：

$$\min_{\{u\}} E_t \sum_{t=0}^{\infty} \beta^t r(x_t, u_t), r(x_t, u_t) = x'_t R x_t + u'_t Q u_t$$
$$s.t. \quad x_t = A(s_t)x_{t-1} + B(s_t)u_{t-1} + D(s_t)E_t x_{t+1} + C(s_t)\varepsilon_t$$

式中，E_t 表示预期，β 是贴现因子，$0 < \beta < 1$，$r(x_t, u_t)$ 是政策决策部门的损失函数，x_t 是由内生变量组成的向量，ε_t 是符合独立同分布的由各种经济冲击组成的单位向量，且 $E_t \varepsilon_{t+1} = 0$，$u_t$ 是决策部门的控制变量，矩阵 R 和 Q 均是正定矩阵，约束方程中的系数矩阵 $A(s_t)$、$B(s_t)$、$C(s_t)$ 和 $D(s_t)$ 依赖于经济所处的状态变量 s_t，s_t 是一个取值为有限状态的随机变量，$s_t \in \{1, 2, \cdots, N\}$，状态 s_t 的变化通过状态转移矩阵 P 来刻画，$P = [p_{ij}], i, j = 1, \cdots, N$，$p_{ij}$ 表示由本期状态 i 向下一期状态 j 变化的转移概率，即

$$p_{ij} = P[s_{t+1} = j | s_t = i], i, j = 1, \cdots, N, \sum_{j=1}^{N} p_{ij} = 1, i = 1, \cdots, N$$

前面在固定体制下讨论了相机抉择及政策规则等决策方式对最优政策选择的影响，这些结果都可以推广到体制转换的情况，这里仅选取以下规则为例来看看体制转换条件下最优政策的选择。另外，在固定体制下我们已经看到，相机抉择的经济政策会带来静态偏差和动态偏差，具有规则约束的经济政策能够减少这两方面的偏差，因此下面着重考虑体制转换对最优政策规则选择的影响。

假设决策部门采用以下依赖于状态 s_t 的规则形式，

$$u_t = -F(s_t)x_t$$

式中，矩阵 $F(s_t)$ 是一个依赖于状态 s_t 的待定矩阵。

将规则和约束方程写成下面的联立形式，

$$\begin{bmatrix} I & 0 \\ F(s_t) & I \end{bmatrix} \begin{bmatrix} x_t \\ u_t \end{bmatrix} = \begin{bmatrix} A(s_t) & B(s_t) \\ 0 & 0 \end{bmatrix} \begin{bmatrix} x_{t-1} \\ u_{t-1} \end{bmatrix} + E_t \begin{bmatrix} D(s_t) & 0 \\ 0 & 0 \end{bmatrix} \begin{bmatrix} x_{t+1} \\ u_{t+1} \end{bmatrix} + \begin{bmatrix} C(s_t) \\ 0 \end{bmatrix} \varepsilon_t$$

记，$z_t = \begin{bmatrix} x_t \\ u_t \end{bmatrix}$，$A^+(s_t) = \begin{bmatrix} I & 0 \\ -F(s_t) & I \end{bmatrix} \begin{bmatrix} A(s_t) & B(s_t) \\ 0 & 0 \end{bmatrix}$，

$D^+(s_t) = \begin{bmatrix} I & 0 \\ -F(s_t) & I \end{bmatrix} \begin{bmatrix} D(s_t) & 0 \\ 0 & 0 \end{bmatrix}$，$C^+(s_t) = \begin{bmatrix} I & 0 \\ -F(s_t) & I \end{bmatrix} \begin{bmatrix} C(s_t) \\ 0 \end{bmatrix}$

则上面的方程可写成：

$$z_t = A^+(s_t)z_{t-1} + D^+(s_t)E_t z_{t+1} + C^+(s_t)\varepsilon_t$$

经过这样处理后，利用前面章节介绍的方法可对该方程进行求解，具体来讲，假设解的形式如下：

$$z_t = G(s_t)z_{t-1} + H(s_t)\varepsilon_t$$

式中，矩阵 $G(s_t)$ 和 $H(s_t)$ 是待定系数矩阵。记 $A_i^+ = A^+(s_t = i)$，$D_i^+ = D^+(s_t = i)$，$C_i^+ = C^+(s_t = i)$，$G_i = G(s_t = i)$，$F_i = F(s_t = i)$，$i = 1, \cdots, N$，$\overline{G}_i = \sum_{j=1}^{N} p_{ij}G_j$，将假设的解代入上面的方程并通过比较系数矩阵，待定矩阵 $G(s_t)$ 和 $H(s_t)$ 最终通过求解下面方程来获得

$$G_i = A_i^+ + D_i^+ \sum_{j=1}^{N} p_{ij}G_j G_i$$

$$H_i = D_i^+ + \sum_{j=1}^{N} p_{ij}G_j H_i + C_i^+$$

在得到解 z_t 后，进一步将解展开写成下面的形式，

$$\begin{bmatrix} x_t \\ u_t \end{bmatrix} = \begin{bmatrix} G_{xx}(s_t) & G_{xu}(s_t) \\ G_{ux}(s_t) & G_{uu}(s_t) \end{bmatrix} \begin{bmatrix} x_{t-1} \\ u_{t-1} \end{bmatrix} + \begin{bmatrix} H_x(s_t) \\ H_u(s_t) \end{bmatrix} \varepsilon_t$$

由此可得到

$$\begin{aligned} x_t &= G_{xx}(s_t)x_{t-1} + G_{xu}(s_t)u_{t-1} + H_x(s_t)\varepsilon_t \\ &= [G_{xx}(s_t) - G_{xu}(s_t)F(s_{t-1})]x_{t-1} + H_x(s_t)\varepsilon_t \\ &= D(s_{t-1}, s_t)x_{t-1} + H_x(s_t)\varepsilon_t \end{aligned}$$

式中，$D(s_{t-1}, s_t) = G_{xx}(s_t) - G_{xu}(s_t)F(s_{t-1})$。

由于损失函数是二次型形式，我们假设损失函数最终的求解结果为下面的二次型形式，

$$v(x_t, s_t) = \min_{\{u\}} E_t[(x'_t R x_t + u'_t Q u_t) + v(x_{t+1}, s_{t+1})]$$

$$v(x_t, s_t) = x'_t V(s_t) x_t + d(s_t)$$

这里，$v(x_t, s_t)$ 是损失函数，$V(s_t)$ 和 $d(s_t)$ 分别为依赖于状态 s_t 的待定矩阵和待定向量，$V(s_t)$ 是正定矩阵。记 $V_i = V(s_t = i)$，$d_i = d(s_t = i)$，$F_i = F(s_t = i)$，$H_{x,i} = H_x(s_t = i)$，$D_{ij} = D(s_t = i, s_{t+1} = j)$，将 $x_{t+1} = D(s_t, s_{t+1})x_t + H_x(s_{t+1})\varepsilon_{t+1}$ 代入上面的动态规划方程，通过比较系数可得到以下方程：

$$V_i = R + F'_i Q F_i + \beta \sum_{j=1}^{N} p_{ij} D'_{ij} V_j D_{ij}$$

$$d = (I_N - \beta P)^{-1}\beta P\Gamma$$

式中，d 是由 d_i 组成的对角矩阵，$d = diag(d_i)$，矩阵 $\Gamma = diag[tr(V_i H_{x,i} H'_{x,i})]$ 也是对角矩阵，对角线上的元素为 $tr(V_i H_{x,i} H'_{x,i})$，tr 表示矩阵的迹。

反复迭代，选择使损失函数在各种状态 $s_t \in \{1,2,\cdots,N\}$ 达到最小值的矩阵 $F(s_t)$，可得到存在体制转换的最优政策规则 $u_t = -F(s_t)x_t$。

第六章 关于我国物价水平决定机制的实证研究

在详细介绍物价水平的决定理论之后,本章将针对我国的具体情况对我国物价水平的决定机制进行实证研究。前面几章的分析已经告诉我们,DSGE 模型在研究物价水平的决定机制中具有独特的优势,为此,本章将以该模型为基础,考虑到在研究物价水平的决定机制时,财富效应是不可忽略的一个重要因素,因而下面在实证研究时,将从 OLG 模型出发,并同时比较典型经济人模型和 OLG 模型的差别。

第一节 对我国实证采用的模型

一、模型中的经济主体

我们采用的模型是一个封闭经济的模型,模型中包含的经济主体有:居民、厂商、中央银行及政府。其中,厂商假设是同质的,其分为生产最终产品的厂商、生产中间产品的厂商和生产资本品的厂商三类;而居民假设是异质的,即在每个时期居民由不同时代的居民组成。

居民在预算约束条件下,对消费需求、劳动力供给及资产的选择进行决策,其中可供居民选择的资产包括实物资产和金融资产,实物资产主要是居民持有的资本存量,金融资产包括货币及政府债券。在垄断竞争的环境下,居民面临劳动力需求约束对工资有一定的定价权。

生产最终产品的厂商将中间产品进行加工成最终产品,并提供给其他经济主体,模型假设最终产品的市场处于完全竞争状态。

生产中间产品的厂商利用劳动力和资本进行生产,并将中间产品出售给生产最终产品的厂商。在垄断竞争的环境下,生产中间产品的厂商面临市场需求约束对中间产品有一定的定价权，同时在剔除劳动力成本及资本成本后，将超额利润转移支付给居民。

生产资本品的厂商利用现存资本存量及追加的投资进行加工得到资本品，并出售给居民。在追加投资时，其受到调整成本的影响。

中央银行可采用盯住货币供应量的政策规则，也可以采用利率规则。

政府部门的收入来源于税收和发债，支出主要用于政府的日常支出、债务的本息支付及对居民的转移支付。在不同的体制下，财政政策将采用相应的决策形式。

中央银行和政府部门构成广义政府部门，并受到广义政府部门的跨期预算等式约束。

模型中居民是异质的，在每个时期，经济主体由不同时代的居民组成，这里不同时代的居民以其出生时间来刻画，假设在每个时期居民的死亡概率为 $1-q$，同时假设每个时期新出生的居民数量等于死亡的居民数量。这样，在 t 期，年龄为 a 的居民数量为 $(1-q)q^{a-1}$，居民的总数量为 $\sum_{s=-\infty}^{t}(1-q)q^{t-s}=1$。居民的平均生命周期为 $\sum_{a=1}^{\infty}a(1-q)q^{a-1}=1/(1-q)$。可以看出，如果 $q\to 1$，那么居民的生命周期将趋于无穷大，这意味着居民是永久生存的，从而以出生年龄刻画居民的异质性没有太大的意义，此时每一期的居民人数都是不变的，模型也就退化为典型经济人模型。

二、经济主体的行为刻画

（一）居民的行为决策

对于在 s 期出生的这一代居民中的第 h 个居民，其预算约束等式为

$$M_{s,t}(h) + B_{s,t}(h) + Q_t k_{s,t}(h) = \frac{1}{q}[M_{s,t-1}(h) + (1+i_{t-1})B_{s,t-1}(h) \\
+ ((1-dep)Q_t + P_t r_t^k)k_{s,t-1}(h)] \\
+ W_{s,t}(h)l_{s,t}(h) + P_t[\Pi_t(h) - \tau_t(h) - c_{s,t}(h)]$$

式中，居民持有的资产包括实物资产和金融资产，实物资产是居民持有的资本存量，金融资产包括居民持有的货币和政府债券，$1-q$ 是居民的死亡概率，$M_{s,t}(h)$、$B_{s,t}(h)$ 和 $k_{s,t}(h)$ 分别表示 s 期出生的一代居民中第 h 个居民在 t 期末持有的名义货币余额、名义政府债券余额和实际资本存量，P_t 是物价水平，Q_t 是资本品的价格，i_t

是政府债券的名义利率，dep 是资本的折旧率，r_t^k 是资本的实际收益率，$l_{s,t}(h)$、$W_{s,t}(h)$、$c_{s,t}(h)$、$\tau_t(h)$ 和 $\Pi_t(h)$ 分别表示 s 期出生的一代居民中第 h 个居民在 t 期提供的劳动力、得到的名义工资、实际消费、向政府缴纳的实际税收和从生产中间产品的厂商分配到的实际垄断利润，这里假设实际税收和实际分配的垄断利润与出生日期 s 无关。

由于劳动力市场处于垄断竞争的状态，因而居民面临劳动力需求约束对工资有一定的定价权，居民面临的劳动力需求约束为

$$l_{s,t}(h) = \left(\frac{W_{s,t}(h)}{W_t}\right)^{-\eta_t} l_t$$

这里，l_t 是 t 期厂商对劳动力的总需求，W_t 是 t 期的平均工资水平，η_t 是劳动力的需求弹性，W_t 可表示为：

$$W_t = \left(\sum_{s=-\infty}^{t} \int_0^{(1-q)q^{t-s}} W_{s,t}^{1-\eta_t}(h)dh\right)^{\frac{1}{1-\eta_t}}$$

居民的效用函数取下面的形式：

$$E_0 \sum_{t=0}^{\infty} (\beta q)^t \ln\left[z_t^c (c_{s,t}(h))^{1-\delta} (M_{s,t}(h)/P_t)^{\delta} - \frac{A}{1+\frac{1}{\varepsilon}} (l_{s,t}(h))^{1+\frac{1}{\varepsilon}}\right]$$

$$0 < \beta, q, \delta < 1, A, \varepsilon > 0$$

这里，E_t 表示预期，β 是贴现因子，z_t^c 是总需求冲击，参数 ε 是劳动力的供给弹性。

居民在预算约束及劳动力需求约束下，使上面的效用函数最大化，从而对消费、劳动力供给及资产选择进行决策。上面优化问题的一阶条件为

$$E_t\left[\frac{\tilde{c}_{s,t+1}(h)}{\beta(1+r_t)\tilde{c}_{s,t}(h)}\right] = 1$$

$$\beta E_t\left[\frac{\tilde{c}_{s,t}(h)}{\tilde{c}_{s,t+1}(h)} \frac{P_t}{P_{t+1}} \frac{[(1-dep)Q_{t+1}+P_{t+1}r_{t+1}^k]}{Q_t}\right] = 1$$

$$m_{s,t}(h) = \frac{\delta}{1-\delta} \frac{1+i_t}{i_t} c_{s,t}(h)$$

$$\frac{W_{s,t}(h)}{P_t} = A \frac{1+u_t^w}{1-\delta}\left(\frac{c_{s,t}(h)}{m_{s,t}(h)}\right)^{\delta} l_{s,t}^{\frac{1}{\varepsilon}}(h)/z_t^c$$

式中，$\tilde{c}_{s,t}(h) = c_{s,t}(h) - (c_{s,t}(h)/m_{s,t}(h))^{\delta} \dfrac{A}{1+\dfrac{1}{\varepsilon}} (l_{s,t}(h))^{1+\frac{1}{\varepsilon}}/z_t^c$，$m_{s,t}(h) = M_{s,t}(h)/P_t$ 为实际货币余额，$r_t = (1+i_t)/(1+\pi_{t+1}) - 1$ 为实际利率，$\pi_t = P_t/P_{t-1} - 1$ 为通胀率，$u_t^w = 1/(\eta_t - 1)$ 是工资的加成率（Mark-up）。

由于消费与实际货币余额的比例 $d_t = \dfrac{c_{s,t}(h)}{m_{s,t}(h)} = \dfrac{1-\delta}{\delta} \dfrac{i_t}{1+i_t}$ 与 s 和 h 无关，因而对于 s 期出生的一代居民中的任何第 h 个居民，由上面一阶条件的最后一个方程和劳动力需求方程并考虑均衡的对称性可知，在 t 期的名义工资和劳动力供给也是与 s 和 h 无关的，即，$W_{s,t}(h) = W_t$，$l_{s,t}(h) = l_t$。由此进一步可得到，实际工资 $w_{s,t}(h) = \dfrac{W_{s,t}(h)}{P_t} = w_t$ 也是与 s 和 h 无关的，且，$\tilde{c}_{s,t}(h) = c_{s,t}(h) - \dfrac{A}{1+\dfrac{1}{\varepsilon}} l_t^{1+\frac{1}{\varepsilon}} d_t^{\delta}/z_t^c$。

定义居民的跨期替代率为

$$\Lambda_{t,t+j}(s,h) = \beta^j \frac{\tilde{c}_{s,t}(h)}{\tilde{c}_{s,t+j}(h)}$$

由上面一阶条件中关于消费的方程可以看出：

$$E_t \left[\Lambda_{t,t+j}(s,h) \prod_{i=0}^{j-1} (1 + r_{t+i}) \right] = 1$$

从而跨期替代率也是与 s 和 h 无关的，即，$\Lambda_{t,t+j}(s,h) = \Lambda_{t,t+j}$。

利用上面的结果可以得到下面有关无套利关系式：

$$E_t \left[\Lambda_{t,t+1} \frac{P_t}{P_{t+1}} \frac{[(1-dep)Q_{t+1} + P_{t+1}r_{t+1}^k]}{Q_t} \right] = 1$$

或者

$$E_t \left[\Lambda_{t,t+1} \frac{[(1-dep)q_{t+1} + r_{t+1}^k]}{q_t} \right] = 1$$

这里，$q_t = Q_t/P_t$ 是以消费品价格为基准的资本品相对价格。

假设居民在刚出生时不拥有财富，定义在 s 期出生的一代居民中第 h 个居民在 $t+1$ 期期初的名义财富为

$$W_{s,t+1}^h(h) = \frac{1}{q} \{ M_{s,t}(h) + (1+i_t)B_{s,t}(h) + [(1-dep)Q_{t+1} + P_{t+1}r_{t+1}^k] k_{s,t}(h) \}$$

$$W_{s,s}^h(h) = 0$$

相应的实际财富为

$$w_{s,t+1}^h(h) = W_{s,t+1}^h(h)/P_{t+1}, w_{s,s}^h(h) = 0$$

这样居民的跨期预算等式可表示为

$$c_{s,t}(h) + \frac{i_t}{1+i_t}m_{s,t}(h) + qE_t[\Lambda_{t,t+1}w_{s,t+1}^h(h)] = w_{s,t}^h(h) + w_t l_t + \Pi_t - \tau_t$$

将一阶条件中的货币需求方程代入上式得到

$$\frac{1}{1-\delta}c_{s,t}(h) + qE_t[\Lambda_{t,t+1}w_{s,t+1}^h(h)] = w_{s,t}^h(h) + w_t l_t + \Pi_t - \tau_t$$

或者

$$\frac{\tilde{c}_{s,t}(h)}{1-\delta} + qE_t[\Lambda_{t,t+1}w_{s,t+1}^h(h)]$$

$$= w_{s,t}^h(h) + w_t l_t + \Pi_t - \tau_t - \frac{1}{1-\delta}\left(\frac{A}{1+\frac{1}{\varepsilon}}l_t^{1+\frac{1}{\varepsilon}}d_t^\delta/z_t^c\right)$$

对此式向前迭代,并为了避免 Ponzi 策略施加下面的横截性条件,

$$\lim_{j\to\infty}(q^j\Lambda_{t,t+j}w_{t+j}^h(h)) = 0$$

从而可得到下式:

$$\frac{1}{1-\delta}E_t\sum_{j=0}^\infty q^j\Lambda_{t,t+j}\tilde{c}_{s,t+j}(h)$$

$$= w_{s,t}^h + E_t\sum_{j=0}^\infty q^j\Lambda_{t,t+j}\left\{w_t l_t + \Pi_t - \tau_t - \frac{1}{1-\delta}\left(\frac{A}{1+\frac{1}{\varepsilon}}l_t^{1+\frac{1}{\varepsilon}}d_t^\delta/z_t^c\right)\right\}$$

将 $E_t[\Lambda_{t,t+j}\tilde{c}_{s,t+j}(h)] = \beta^j\tilde{c}_{s,t}(h)$ 代入上式可得到

$$\tilde{c}_{s,t}(h) = (1-\delta)(1-q\beta)[w_{s,t}^h + H_t]$$

因此,对于每个居民,消费与居民的总财富成正比,总财富包括物质财富和人力财富,其中,人力财富可表示为

$$H_t = E_t\sum_{j=0}^\infty q^j\Lambda_{t,t+j}\left\{w_t l_t + \Pi_t - \tau_t - \frac{1}{1-\delta}\left(\frac{A}{1+\frac{1}{\varepsilon}}l_t^{1+\frac{1}{\varepsilon}}d_t^\delta/z_t^c\right)\right\}$$

上式可进一步写成递归的形式，

$$H_t = \left\{ w_t l_t + \Pi_t - \tau_t - \frac{1}{1-\delta}\left(\frac{A}{1+\frac{1}{\varepsilon}} l_t^{1+\frac{1}{\varepsilon}} d_t^{\delta}/z_t^c\right)\right\} + E_t(q\Lambda_{t,t+1} H_{t+1})$$

以上我们得到了 s 期出生的一代居民中第 h 个居民在 t 期的行为变量，为从总量上研究居民的决策行为，我们必须研究有关变量的加总问题。由于在每个时期生活着不同时代的居民，因而利用下面的方法来研究变量的加总问题，

$$x_t = \sum_{s=-\infty}^{t} \left(\int_0^{(1-q)q^{t-s}} x_{s,t}(h)\, dh \right)$$

这里，$x_{s,t}(h)$ 表示 s 期出生的一代居民中第 h 个居民在 t 期的某个变量，x_t 是对该变量加总后对应的总量。

按照该加总方法，消费、货币需求、劳动力供给及财富构成可写成下式：

$$\tilde{c}_t = (1-\delta)(1-q\beta)[w_t^h + H_t]$$

$$m_t = \frac{\delta}{1-\delta} \frac{1+i_t}{i_t} c_t$$

$$\frac{W_t}{P_t} = A \frac{1+u_t^w}{1-\delta} d_t^{\delta} l_t^{\frac{1}{\varepsilon}}$$

$$W_{t+1}^h = M_t + (1+i_t)B_t + [(1-dep)Q_{t+1} + P_{t+1} r_{t+1}^k] k_t$$

$$w_{t+1}^h = W_{t+1}^h / P_{t+1}$$

式中，$\tilde{c}_t = c_t - \dfrac{A}{1+\frac{1}{\varepsilon}} l_t^{1+\frac{1}{\varepsilon}} d_t^{\delta}/z_t^c$。

加总后的预算约束等式可写成下式：

$$\frac{c_t}{1-\delta} + E_t[\Lambda_{t,t+1} w_{t+1}^h] = w_t^h + w_t l_t + \Pi_t - \tau_t$$

或

$$\frac{1}{1-\delta}\left[\tilde{c}_t + \frac{A}{1+\frac{1}{\varepsilon}} l_t^{1+\frac{1}{\varepsilon}} d_t^{\delta}/z_t^c\right] + E_t[\Lambda_{t,t+1} w_{t+1}^h] = w_t^h + w_t l_t + \Pi_t - \tau_t$$

根据以上方程进行下面的推导可得到

$$qE_t[\Lambda_{t,t+1} \tilde{c}_{t+1}] = q(1-\delta)(1-q\beta)E_t[\Lambda_{t,t+1}(w_{t+1}^h + H_{t+1})]$$

$$= q(1-\delta)(1-q\beta)E_t\Lambda_{t,t+1}w_{t+1}^h$$
$$+ (1-\delta)(1-q\beta)\left\{H_t - \left[w_t l_t + \Pi_t - \tau_t - \frac{1}{1-\delta}\left(\frac{A}{1+\frac{1}{\varepsilon}}l_t^{1+\frac{1}{\varepsilon}}d_t^\delta z_t^c\right)\right]\right\}$$

$$= q(1-\delta)(1-q\beta)E_t\Lambda_{t,t+1}w_{t+1}^h + \tilde{c}_t$$
$$- (1-\delta)(1-q\beta)\left\{w_t^h + w_t l_t + \Pi_t - \tau_t - \frac{1}{1-\delta}\left(\frac{A}{1+\frac{1}{\varepsilon}}l_t^{1+\frac{1}{\varepsilon}}d_t^\delta z_t^c\right)\right\}$$

$$= q(1-\delta)(1-q\beta)E_t\Lambda_{t,t+1}w_{t+1}^h + \tilde{c}_t - (1-q\beta)\left[(1-\delta)E_t\Lambda_{t,t+1}w_{t+1}^h + \tilde{c}_t\right]$$

$$= (1-\delta)(1-q\beta)(q-1)E_t\Lambda_{t,t+1}w_{t+1}^h + q\beta\tilde{c}_t$$

进一步整理可得到

$$\tilde{c}_t = E_t\left(\frac{\tilde{c}_{t+1}}{\beta(1+r_t)}\right) + (1-\delta)(1-q\beta)(1/q-1)\left(\frac{w_{t+1}^h}{\beta(1+r_t)}\right)$$

（二）最终产品的生产

模型假设经济中生产产品的厂商可分为两类，一类是生产最终产品的厂商，另一类是生产不同中间产品的厂商。最终产品市场处于完全竞争状态，中间产品市场处于垄断竞争状态。假设中间产品的种类连续分布于区间 $[0,1]$。

对于生产最终产品的典型厂商来说，其行为决策由下面的优化问题来描述，

$$\max\left[P_t Z_t - \int_0^1 P_t(i) Z_t(i) di\right]$$
$$s.t.\ Z_t = \left[\int_0^1 Z_t(i)^{(\theta_t-1)/\theta_t} di\right]^{\theta_t/(\theta_t-1)}, \theta_t > 1$$

式中，Z_t 是最终产品，$Z_t(i)$ 是生产最终产品所使用的第 i 类中间产品，P_t 是最终产品的价格，$P_t(i)$ 是第 i 类中间产品的价格，θ_t 是中间产品的相互替代弹性。通过求解该优化问题可得到对中间产品的需求方程：

$$Z_t(i) = [P_t(i)/P_t]^{-\theta_t} Z_t$$

由于假设最终产品市场处于完全竞争状态，因而当经济处于均衡状态时，生产最终产品的典型厂商的利润为零，这要求最终产品的价格满足下列等式：

$$P_t = \left[\int_0^1 P_t(i)^{1-\theta_t} di\right]^{1/(1-\theta_t)}$$

最终产品分为三类，分别是消费 c_t、投资 in_t 和政府支出 g_t，按照上面的处理方法，可以分别得到生产这三类最终产品所需要的中间产品的需求方程：

$$c_t(i) = \left(\frac{P_t(i)}{P_t}\right)^{-\theta_t} c_t$$

$$g_t(i) = \left(\frac{P_t(i)}{P_t}\right)^{-\theta_t} g_t$$

$$in_t(i) = \left(\frac{P_t(i)}{P_t}\right)^{-\theta_t} in_t$$

如果定义最终产品和中间产品的总需求分别为

$$AD_t = (c_t + g_t + in_t)$$

及

$$AD_t(i) = [c_t(i) + g_t(i) + in_t(i)]$$

那么显然有下面的关系式：

$$AD_t(i) = \left(\frac{P_t(i)}{P_t}\right)^{-\theta_t} AD_t$$

(三) 中间产品的生产

生产第 i 类中间产品采用下面的生产函数形式：

$$y_t(i) = \frac{a_t}{\alpha^\alpha (1-\alpha)^{1-\alpha}} (k_{t-1}(i))^\alpha (l_t(i))^{1-\alpha} - \varphi$$

式中，$y_t(i)$ 是第 i 类中间产品的产出，a_t 是生产率，$k_{t-1}(i)$ 是生产中间产品使用的资本，$l_t(i)$ 是生产中间产品使用的劳动力，α 和 $1-\alpha$ 分别是产出关于资本和劳动力的弹性。由于中间产品的市场处于垄断竞争状态，因此在生产函数中增加一个常数项是为了在后面处理垄断利润的方便。

中间产品的生产可通过下面的优化问题来刻画：

$$\min_{\{k_{t-1}(i), l_t(i)\}} [w_t l_t(i) + r_t^k k_{t-1}(i)]$$

$$s.t. \quad y_t(i) = \frac{a_t}{\alpha^\alpha (1-\alpha)^{1-\alpha}} (k_{t-1}(i))^\alpha (l_t(i))^{1-\alpha} - \varphi$$

式中，w_t 是实际工资，r_t^k 是资本的实际收益率。

假设生产单位产品的实际边际成本为 mc_t，那么求解上面优化问题可得到下面的方程：

$$mc_t = \frac{(r_t^k)^\alpha w_t^{1-\alpha}}{a_t}$$

$$r_t^k k_{t-1}(i) = \alpha mc_t [y_t(i) + \varphi]$$

$$w_t l_t(i) = (1-\alpha) mc_t [y_t(i) + \varphi]$$

由于中间产品的种类连续分布于区间 $[0,1]$，因此定义以下总量：

$$k_{t-1} = \int_0^1 k_{t-1}(i) di$$

$$l_t = \int_0^1 l_t(i) di$$

$$y_t = \int_0^1 y_t(i) di$$

利用条件 $\frac{k_{t-1}(i)}{l_t(i)} = \frac{\alpha w_t}{(1-\alpha) r_t^k}$，可得到下列各式：

$$y_t = \frac{a_t}{\alpha^\alpha (1-\alpha)^{1-\alpha}} (k_{t-1})^\alpha (l_t)^{1-\alpha} - \varphi$$

$$r_t^k k_{t-1} = \alpha mc_t \left[\int_0^1 y_t(i) di + \varphi \right] = \alpha mc_t (y_t + \varphi)$$

$$w_t l_t = (1-\alpha) mc_t \left[\int_0^1 y_t(i) di + \varphi \right] = (1-\alpha) mc_t (y_t + \varphi)$$

$$r_t^k k_{t-1} + w_t l_t = mc_t (y_t + \varphi)$$

中间产品市场的均衡条件为

$$\int_0^1 y_t(i) di = \int_0^1 AD(i) di = \int_0^1 \left(\frac{P_t(i)}{P_t} \right)^{-\theta_t} AD_t di = AD_t s_t$$

式中，$AD_t(i) = [c_t(i) + g_t(i) + in_t(i)]$ 是中间产品的总需求，$AD_t = (c_t + g_t + in_t)$ 是最终产品的总需求，$s_t = \int_0^1 \left(\frac{P_t(i)}{P_t} \right)^{-\theta_t} di$。利用前面各式可得到如下方程：

$$r_t^k k_{t-1} = \alpha mc_t (s_t AD_t + \varphi)$$

$$w_t l_t = (1-\alpha) mc_t (s_t AD_t + \varphi)$$

由 $r_t^k k_{t-1} + w_t l_t = mc_t (s_t AD_t + \varphi)$ 和 $r_t^k k_{t-1} + w_t l_t = mc_t (y_t + \varphi)$ 可得到下式：

$$y_t = s_t AD_t$$

或者

$$\frac{a_t}{\alpha^\alpha(1-\alpha)^{1-\alpha}}(k_{t-1})^\alpha(l_t)^{1-\alpha} - \varphi = s_t(c_t + g_t + in_t)$$

从这里可以看出，变量 $s_t = \int_0^1 \left(\frac{P_t(i)}{P_t}\right)^{-\theta_t} di$ 反映了垄断竞争对资源配置效率的影响。

另外，生产第 i 类中间产品的厂商需要的劳动力 $l_t(i)$ 由不同代的居民构成，即

$$l_t(i) = \left(\sum_{s=-\infty}^{t}\int_0^{(1-q)q^{t-s}}(l_{s,t}(i,h))^{\frac{\eta_t-1}{\eta_t}}dh\right)^{\frac{\eta_t}{\eta_t-1}}$$

式中，$l_{s,t}(i,h)$ 是第 i 个厂商在 t 期对 s 期出生的一代居民中第 h 个居民的劳动力需求，η_t 是不同劳动力的相互替代弹性。采用类似的方法，可得到劳动力的需求方程：

$$l_{s,t}(i,h) = \left(\frac{W_{s,t}(h)}{W_t}\right)^{-\eta_t}l_t(i)$$

式中，$W_{s,t}(h)$ 表示 s 期出生的一代居民中第 h 个居民在 t 期的名义工资，W_t 是 t 期的平均工资水平，

$$W_t = \left(\sum_{s=-\infty}^{t}\int_0^{(1-q)q^{t-s}}W_{s,t}^{1-\eta_t}(h)dh\right)^{\frac{1}{1-\eta_t}}$$

所有厂商对劳动力的需求为

$$l_{s,t}(h) = \int_0^1 l_{s,t}(i,h)di = \left(\frac{W_{s,t}(h)}{W_t}\right)^{-\eta_t}\int_0^1 l_t(i)di = \left(\frac{W_{s,t}(h)}{W_t}\right)^{-\eta_t}l_t$$

这里，$l_{s,t}(h)$ 是厂商在 t 期对 s 期出生的一代居民中第 h 个居民的劳动力需求，l_t 是 t 期厂商对劳动力的总需求。

（四）资本品的生产及投资

生产资本品的厂商利用现存资本存量及追加的投资进行加工得到资本品，并出售给居民。在追加投资时，其受到调整成本的影响。

资本存量的变化由下面的方程确定：

$$k_t = (1-dep)k_{t-1} + \left[1 - S\left(\frac{in_t}{in_{t-1}}\right)\right]in_t z_t^i$$

式中，k_t 是资本存量，in_t 是投资，z_t^i 是投资冲击，$S\left(\frac{in_t}{in_{t-1}}\right)$ 是投资的调整成本函数，dep 是资本的折旧率。假设投资的调整成本函数采用下面的二次函数形式：

$$S\left(\frac{in_t}{in_{t-1}}\right) = \frac{1}{2}h\left(\frac{in_t}{in_{t-1}} - 1\right)^2$$

在上面的约束下，生产资本品的厂商通过求解下面的优化问题来确定最优的投资选择，

$$\max E_t\left\{\sum_{j=0}^{\infty} \Lambda_{t,t+j}[r^k_{t+j}k_{t+j-1} - in_{t+j}]\right\}$$

其中，E_t 表示预期，$\Lambda_{t,t+j}$ 是跨期替代率，由于厂商代表居民进行生产，因而其使用的贴现率应是居民的跨期替代率。用变量 q_t 表示资本品的相对价格，上面优化问题的一阶条件是

$$E_t\left[q_t\left(1 - S - \frac{in_t}{in_{t-1}}S'\right)z^i_t + \Lambda_{t,t+1}q_{t+1}z^i_{t+1}\left(\frac{in_{t+1}}{in_t}\right)^2 S'\right] = 1$$

（五）中间产品的定价

由于中间产品的市场处于垄断竞争的状态，因此，生产中间产品的厂商在需求的约束下，对中间产品具有一定的定价权，模型假设中间产品的定价策略采用 Calvo（1983）定价策略。Calvo 假设在每期并不是所有的厂商都调整自己的价格水平，进行价格调整的厂商只占一定的比例。假设在每期生产中间产品的厂商调整价格所占的比例为 $1-d$，对于没有调整价格的厂商，他的价格盯住上期通胀率及稳态时的通胀率，盯住的权重分别为 γ 和 $1-\gamma$，因此，厂商的定价行为可通过下面的利润最大化问题来描述：

$$\max_{\{P^*_t(i)\}} E_t \sum_{j=0}^{\infty} [d^j \Lambda_{t,t+j}(P^a_{t+j}(i)/P_{t+j} - mc_{t+j})y_{t+j}(i)]$$

$$s.t. \quad y_{t+j}(i) = \left(\frac{P^a_{t+j}(i)}{P_{t+j}}\right)^{-\theta_t} y_{t+j}$$

$$P^a_{t+j}(i) = P^*_t(i) \cdot (1 + \pi^{ss})^{j(1-\gamma)} \cdot ((1 + \pi_t)\cdots(1 + \pi_{t+j-1}))^{\gamma}$$

$$1 + \pi_{t+1} = P_{t+1}/P_t$$

式中，y_t 是最终产品，$y_t(i)$ 是第 i 类中间产品，P_t 是总价格水平，$P_t(i)$ 是第 i 类中间产品的价格水平，π_t 是通胀率，π^{ss} 是稳态时的通胀率，mc_t 是生产单位产品的实际边际成本，$\Lambda_{t,t+j}$ 是跨期替代率。由于厂商代表居民进行生产，因而其使用的贴现率是居民的跨期替代率。

上面优化问题的一阶条件是

$$E_t\left[\frac{P_t^*(i)}{P_t}pa_t - pb_t\right] = 0$$

$$pb_t = y_t mc_t \theta_t + d\Lambda_{t,t+1}(1+\pi^{ss})^{-(1-\gamma)\theta_t}(1+\pi_t)^{-\gamma\theta_t}(1+\pi_{t+1})^{\theta_t}pb_{t+1}$$

$$pa_t = y_t(1-\theta_t) + d\Lambda_{t,t+1}(1+\pi^{ss})^{(1-\gamma)(1-\theta_t)}(1+\pi_t)^{\gamma(1-\theta_t)}(1+\pi_{t+1})^{\theta_t-1}pa_{t+1}$$

定义 $u_t^\theta = 1/(\theta_t - 1)$ 为中间产品的加成率（Mark - up），在得到最优的中间产品定价后，考虑经济均衡的对称性特点 $P_t^*(i) = P_t^*$，可得到最优价格水平的方程：

$$\frac{P_t^*}{P_t} = \frac{pb_t}{pa_t}$$

总价格水平由下面的方程来确定：

$$P_t = \left[(1-d)(P_t^*)^{1-\theta_t} + d((1+\pi^{ss})^{1-\gamma}(1+\pi_{t-1})^\gamma P_{t-1})^{1-\theta_t}\right]^{\frac{1}{1-\theta_t}}$$

或

$$1 = \left[(1-d)\left(\frac{P_t^*}{P_t}\right)^{1-\theta_t} + d\left(\frac{(1+\pi^{ss})^{1-\gamma}(1+\pi_{t-1})^\gamma}{(1+\pi_t)}\right)^{1-\theta_t}\right]$$

前面分析指出，变量 $s_t = \int_0^1 \left(\frac{P_t(i)}{P_t}\right)^{-\theta_t} di$ 反映了垄断竞争对资源配置效率的影响，利用上面的结果，我们可以进一步得到该变量的递推形式：

$$s_t = \left[(1-d)\left(\frac{P_t^*}{P_t}\right)^{-\theta_t} + d\left(\frac{(1+\pi^{ss})^{1-\gamma}(1+\pi_{t-1})^\gamma}{(1+\pi_t)}\right)^{-\theta_t} s_{t-1}\right]$$

（六）政府和中央银行的决策

从广义政府（包括政府和中央银行）的角度来看，广义政府通过收税、发行债券及货币来保持下面的预算平衡，

$$B_t + M_t = (1+i_{t-1})B_{t-1} + P_t(g_t - \tau_t) + M_{t-1}$$

其中，M_t 和 B_t 分别是中央银行和政府发行的货币和政府债券，i_t 是名义利率，P_t 是物价水平，τ_t 和 g_t 分别是政府的实际税收和实际支出。定义货币和政府债券的实际余额分别为 $b_t = B_t/P_t$ 和 $m_t = M_t/P_t$，实际利率为 $r_t = (1+i_t)/(1+\pi_{t+1}) - 1$，上面的预算约束可表示为

$$b_t = (1+r_{t-1})b_{t-1} + g_t - \tau_t - [m_t - m_{t-1}/(1+\pi_t)]$$

实际中，我们假设政府支出的变化是外生的并不失一般性，即

$$g_t = (g^{ss})^{1-\rho_g} g_{t-1}^{\rho_g} e^{\varepsilon_t^g}$$

式中，g_t 是政府支出，g^{ss} 是稳态时的政府支出，ε_t^g 是政府支出冲击。若税收和政府债

务余额也任意选择,则上面的跨期预算等式将会通过中央银行来维持,显然财政政策的任意性将会对中央银行的决策产生影响。以下从两个角度来看政府和中央银行的行为决策,不同的决策方式对物价水平的影响具有各自的特点。

1. 基于政策的占优性角度考虑

对上面的跨期预算等式向前进行迭代,并考虑 $E_t[\Lambda_{t,t+j}\prod_{i=0}^{j-1}(1+r_{t+i})]=1$ 和非 Ponzi 条件 $\lim_{j\to\infty}E_t(\Lambda_{t,t+j}b_{t+j})=0$,可得到下式:

$$\sum_{j=0}^{\infty}\Lambda_{t,t+j}[(\tau_{t+j}-g_{t+j})+sg_{t+j}]=b_{t-1}(1+r_{t-1})$$

式中,$sg_t=[m_t-m_{t-1}/(1+\pi_t)]$ 是铸币税。令变量 $V_t^{gov}=\sum_{j=0}^{\infty}\Lambda_{t,t+j}(\tau_{t+j}-g_{t+j})$ 和变量 $V_t^{cb}=\sum_{j=0}^{\infty}\Lambda_{t,t+j}sg_{t+j}$ 分别表示基本财政盈余和铸币税的贴现和,上式可改写为

$$b_{t-1}(1+r_{t-1})=V_t^{gov}+V_t^{cb}$$

同时,变量 V_t^{gov} 和 V_t^{cb} 可表示递归的形式:

$$V_t^{gov}=(\tau_t-g_t)+\Lambda_{t,t+1}V_{t+1}^{gov}$$

$$V_t^{cb}=sg_t+\Lambda_{t,t+1}V_{t+1}^{cb}$$

假设由一般财政盈余的贴现值支持的债务水平占其总债务水平的比例为 k,即

$$V_t^{gov}=kb_{t-1}(1+r_{t-1})$$

那么,由铸币税的贴现值支持的债务水平占其总债务水平的比例为 $1-k$,即

$$V_t^{cb}=(1-k)b_{t-1}(1+r_{t-1})$$

以上两个方程也可以改写为

$$(\tau_t-g_t)=k[(1+r_{t-1})b_{t-1}-b_t]$$

$$sg_t=(1-k)[(1+r_{t-1})b_{t-1}-b_t]$$

这两个方程实际上分别反映了财政政策和货币政策的决策规则,实际中政府对财政税收、财政支出和政府债务这三种工具的决策和调整有一定的相机抉择性,但规定一般财政盈余支持政府债务的比例 k 实际上是对财政政策任意性的一种限制,当然这种限制并不能完全保证广义政府的跨期预算平衡成立,当一般财政盈余不能完全支持全部政府债务时,其势必会通过铸币税来支持政府债务规模的缺口,而铸币税的变化将会影响中央银行的货币供应情况,如果中央银行采用盯住货币供应量的规则,那么

上面的方程显然隐含了对利率的刻画;如果中央银行采用利率规则,那么上面的方程和前面的货币需求方程实际上是货币市场均衡条件的反映。

前面几章我们在典型经济人 DSGE 模型中关于参数 k 的变化对物价水平的影响进行了分析并得到结论:参数 k 越大,货币政策越占优,参数 k 越小,财政政策越占优,如果我们能够根据实际数据估计出参数 k,那么我们也就能够对物价水平确定中哪种政策起主导作用作评价和检验。虽然实证表明铸币税并不是税收的主要部分,但并不说明财政政策对物价水平不产生影响,只要政府债务不能完全由一般财政盈余的贴现值支持 ($k \neq 1$),那么财政政策就会对货币政策在物价水平确定中的主导性产生影响。另外,实际中货币政策和财政政策的主导性并不是一成不变的,可能在某个时期货币政策占优,也可能在另一个时期财政政策占优,因此,通过估计参数 k 不仅可以对某个时期的货币政策和财政政策的主导性进行评价,也可以对整个时期二者的主导性进行评价。但是,与前面几章分析不同的是,前面几章的模型假定价格是弹性的,经济中没有生产部门,而在我们要采用的模型中,价格是粘性的,模型中也包含了生产部门,并且最重要的一点是,我们采用的模型是 OLG 模型,由于每一时期居民是异质的,政府不仅在当期对现存的居民进行征税,而且在未来各期对后来出生的居民征税,在每期政府对活着的居民征税一视同仁的情况下,当期居民在未来的一部分税收负担将会被后来出生的居民承担,因而当期居民持有的政府债券就有一部分成为居民的净财富,因此即使李嘉图体制下的财政政策 ($k = 1$) 在 OLG 模型中也会产生财富效应,更不用说非李嘉图体制下的财政政策 ($k < 1$),故此前面的结论是否还成立是我们实证要回答的一个问题。

2. 基于政策的主动性角度考虑

目前世界上大多数的中央银行通常采用的一种货币政策规则表现为 Taylor (1993) 规则的形式,这里我们采用以下形式:

$$(1+i_t) = (1+i^{ss})^{1-\phi_m} \left[(1+i_{t-1})^{\phi_m} \left(\frac{1+\pi_t}{1+\pi^{ss}} \right)^{(1-\phi_m)\phi_\pi} \left(\frac{y_t}{y^{ss}} \right)^{(1-\phi_m)\phi_y} \right] e^{\varepsilon_t^m},$$

$$\varepsilon_t^m \sim N(0, \sigma^m)$$

式中,i_t 是名义利率,i^{ss} 是稳态时的名义利率,π_t 是通胀率,π^{ss} 是稳态时的通胀率,y_t 是产出,y^{ss} 是稳态时的产出,ε_t^m 是货币冲击。可以看出,中央银行在调整利率时,不仅要考虑通胀率和产出的变化,而且为避免利率的大幅波动对经济的影响,还考虑了利率的平滑（Smoothing）作用，这样利率的调整具有一定的惯性。

在假设政府支出是外生的情况下，我们采用下面的财政政策规则：

$$\tau_t = \tau^{ss}\left[\left(\frac{b_{t-1}}{b^{ss}}\right)^{\gamma_b}\left(\frac{y_t}{y^{ss}}\right)^{\gamma_{by}}\right]z_t^\tau$$

式中，τ_t是税收，τ^{ss}是稳态时的税收，b_t是政府的实际债务水平，b^{ss}是稳态时的政府实际债务水平，z_t^τ是政府税收冲击。这个规则表明，政府在制定税收政策时，不仅要考虑产出的变化，而且还要考虑已有债务水平的变化。在物价水平的财政决定理论下，上面方程中税收关于债务水平的弹性接近于零。

已有的国外实证表明铸币税并不是税收的主要部分，因此为着重考虑在铸币税很小或者几乎可以忽略的情况下财政政策与货币政策在物价水平的决定作用，我们考虑政府将铸币税收入 $sg_t = [m_t - m_{t-1}/(1+\pi_t)]$ 转移支付给居民，这样广义政府的跨期预算等式可改写为

$$b_t = (1 + r_{t-1})b_{t-1} + g_t - \tau_t$$

这种情况实际上杜绝了财政政策将铸币税作为一般税收的补充手段，我们实证要回答的问题是，在这种情况下，物价水平的确定是否仍然需要货币政策和财政政策的合作。

三、模型总结

对于前面的模型，我们可以概括为两部分，一部分是描述外生变量的方程，另一部分是描述内生变量的方程。

模型中外生变量主要包括生产率（a_t）、总需求冲击（z_t^c）、投资冲击（z_t^i）、价格加成率（$u_t^\theta = 1/(\theta_t - 1)$，或中间产品的替代率 θ_t）、工资加成率（$u_t^u = 1/(\eta_t - 1)$，或劳动力的替代弹性 η_t）、政府支出（g_t）、税收冲击（z_t^τ）和货币政策冲击 ε_t^m。除了货币政策冲击 ε_t^m 外，其他外生变量的变化采用下面的形式刻画（即变量取对数变换后符合一阶自回归 AR（1）过程）：

$$a_t = (a^{ss})^{1-\rho^a}(a_{t-1})^{\rho^a}e^{\varepsilon_t^a}, \varepsilon_t^a \sim N(0, \sigma^a)$$

$$z_t^c = (z^{css})^{1-\rho^c}(z_{t-1}^c)^{\rho^c}e^{\varepsilon_t^c}, \varepsilon_t^c \sim N(0, \sigma^c)$$

$$z_t^i = (z^{iss})^{1-\rho^i}(z_{t-1}^i)^{\rho^i}e^{\varepsilon_t^i}, \varepsilon_t^i \sim N(0, \sigma^i)$$

$$u_t^\theta = (u^{\theta ss})^{1-\rho^\theta}(u_{t-1}^\theta)^{\rho^\theta}e^{\varepsilon_t^\theta}, \varepsilon_t^\theta \sim N(0, \sigma^\theta)$$

$$u_t^w = (u^{wss})^{1-\rho^w}(u_{t-1}^w)^{\rho^w}e^{\varepsilon_t^w}, \varepsilon_t^w \sim N(0, \sigma^w)$$

$$g_t = (g^{ss})^{1-\rho^g}(g_{t-1})^{\rho^g}e^{\varepsilon_t^g}, \varepsilon_t^g \sim N(0,\sigma^g)$$
$$z_t^\tau = (z^{\tau ss})^{1-\rho^\tau}(z_{t-1}^\tau)^{\rho^\tau}e^{\varepsilon_t^\tau}, \varepsilon_t^\tau \sim N(0,\sigma^\tau)$$
$$\varepsilon_t^m \sim N(0,\sigma^m)$$

这里,对于某个变量 y_t,y^{ss} 是表示其稳态值,ε_t^a、ε_t^c、ε_t^i、ε_t^p、ε_t^w、ε_t^g 和 ε_t^τ 分别表示影响生产率、总需求、投资、价格加成率、工资加成率、政府支出和税收变化的外部冲击,这些冲击和货币政策冲击 ε_t^m 均假设为均值为零的独立同分布(i. i. d.)随机过程。模型中内生变量的刻画总结为以下方程:

$$y_t = s_t(c_t + g_t + in_t)$$
$$s_t = \left[(1-d)\left(\frac{P_t^*}{P_t}\right)^{-\theta_t} + d\left(\frac{(1+\pi^{ss})^{1-\gamma}(1+\pi_{t-1})^\gamma}{(1+\pi_t)}\right)^{-\theta_t}s_{t-1}\right]$$
$$\theta_t = 1/u_t^\theta + 1$$
$$E_t\left[q_t\left(1 - S - \frac{in_t}{in_{t-1}}S'\right)z_t^i + \Lambda_{t,t+1}q_{t+1}z_{t+1}^i\left(\frac{in_{t+1}}{in_t}\right)^2 S'\right] = 1$$
$$S\left(\frac{in_t}{in_{t-1}}\right) = \frac{1}{2}h\left(\frac{in_t}{in_{t-1}} - 1\right)^2$$
$$E_t\left[\Lambda_{t,t+1}\frac{[(1-dep)q_{t+1} + r_{t+1}^k]}{q_t}\right] = 1$$
$$E_t[\Lambda_{t,t+1}(1+r_t)] = 1$$
$$1 + r_t = (1+i_t)/(1+\pi_{t+1})$$
$$c_t = \tilde{c}_t + \frac{A}{1+\frac{1}{\varepsilon}}l_t^{1+\frac{1}{\varepsilon}}\left(\frac{c_t}{m_t}\right)^\delta/z_t^c$$
$$\tilde{c}_t = E_t\left(\frac{\tilde{c}_{t+1}}{\beta(1+r_t)}\right) + (1-\delta)(1-q\beta)(1/q-1)\left(\frac{w_{t+1}^h}{\beta(1+r_t)}\right)$$
$$w_{t+1}^h = m_t/(1+\pi_{t+1}) + (1+r_t)b_t + [(1-dep)q_{t+1} + r_{t+1}^k]k_t$$
$$m_t = \frac{\delta}{1-\delta}\frac{1+i_t}{i_t}c_t$$
$$w_t = A\frac{1+u_t^w}{1-\delta}\left(\frac{c_t}{m_t}\right)^\delta l_t^{\frac{1}{\varepsilon}}$$
$$r_t^k k_{t-1} = \alpha mc_t(y_t + \varphi)$$

$$w_t l_t = (1-\alpha) mc_t (y_t + \varphi)$$

$$mc_t = \frac{(r_t^k)^\alpha w_t^{1-\alpha}}{a_t}$$

$$k_t = (1-dep) k_{t-1} + \left[1 - S\left(\frac{in_t}{in_{t-1}}\right)\right] in_t z_t^i$$

$$1 = \left[(1-d)\left(\frac{pb_t}{pa_t}\right)^{1-\theta_t} + d\left(\frac{(1+\pi^{ss})^{1-\gamma}(1+\pi_{t-1})^\gamma}{(1+\pi_t)}\right)^{1-\theta_t}\right]$$

$$pb_t = y_t mc_t \theta_t + d\Lambda_{t,t+1} (1+\pi^{ss})^{-(1-\gamma)\theta_t} (1+\pi_t)^{-\gamma\theta_t} (1+\pi_{t+1})^{\theta_t} pb_{t+1}$$

$$pa_t = y_t (1-\theta_t) + d\Lambda_{t,t+1} (1+\pi^{ss})^{(1-\gamma)(1-\theta_t)} (1+\pi_t)^{\gamma(1-\theta_t)} (1+\pi_{t+1})^{\theta_t-1} pa_{t+1}$$

$$b_t = (1+r_{t-1}) b_{t-1} + g_t - \tau_t - [m_t - m_{t-1}/(1+\pi_t)]$$

为同时在长短期比较讨论货币政策和财政政策的作用对物价水平的影响,我们假设中央银行均采用利率规则:

$$(1+i_t) = (1+i^{ss})^{1-\phi_m}\left[(1+i_{t-1})^{\phi_m}\left(\frac{1+\pi_t}{1+\pi^{ss}}\right)^{(1-\phi_m)\phi_\pi}\left(\frac{y_t}{y^{ss}}\right)^{(1-\phi_m)\phi_y}\right] e^{\varepsilon_t^m}$$

在考虑由一般财政盈余的贴现值支持的债务占总债务的比例为 k 的财政政策规则下,可得到下面方程:

$$(\tau_t - g_t) = k[(1+r_{t-1}) b_{t-1} - b_t]$$

除了上面这个财政政策规则外,我们还考虑下面的规则:

$$\tau_t = \tau^{ss}\left[\left(\frac{b_{t-1}}{b^{ss}}\right)^{\gamma_b}\left(\frac{y_t}{y^{ss}}\right)^{\gamma_{by}}\right] z_t^\tau$$

可以看出,整个模型是一个非线性模型,涉及的参数非常多,接下来我们将讨论模型的有关细节。

第二节 模型的稳态、有关参数的校准及模型的对数线性化

一、模型的稳态

前面的模型经过变换可以写成下面的形式:

$$E_t\{f(y_{t+1}, y_t, y_{t-1}, u_t; \theta)\} = 0$$

式中，E_t 是预期，y_t 是内生变量，u_t 是外部冲击，θ 是参数。

经济最终达到的均衡状态（即稳态）是我们关心的一个重要方面，稳态是否存在、稳态是否唯一及不同稳态反映的经济特征有何不同等问题都需要给出答案。上面模型的稳态可通过求解下面的方程得到：

$$f(y^{ss}, y^{ss}, y^{ss}, 0; \theta) = 0$$

式中，y^{ss} 是 y_t 的稳态值。

对于前面的模型，模型的稳态可通过下面的方程详细描述：

$$s^{ss} = 1$$

$$q^{ss} = 1$$

$$z^{iss} = 1$$

$$z^{css} = 1$$

$$z^{\tau ss} = 1$$

$$a^{ss} = 1$$

$$y^{ss} = s^{ss}(c^{ss} + g^{ss} + in^{ss})$$

$$y^{ss} = \frac{a^{ss}}{\alpha^\alpha (1-\alpha)^{1-\alpha}} (k^{ss})^\alpha (l^{ss})^{1-\alpha} - \varphi$$

$$k^{ss} = (1 - dep)k^{ss} + z^{iss} in^{ss}$$

$$\Lambda^{ss} = \frac{1}{1 + r^{ss}}$$

$$r^{kss} = r^{ss} + dep$$

$$mc^{ss} = \frac{(r^{kss})^\alpha (w^{ss})^{1-\alpha}}{a^{ss}}$$

$$r^{kss} k^{ss} = \alpha mc^{ss}(y^{ss} + \varphi)$$

$$w^{ss} l^{ss} = (1 - \alpha) mc^{ss}(y^{ss} + \varphi)$$

$$1 + r^{ss} = (1 + i^{ss})/(1 + \pi^{ss})$$

$$pb^{ss} = mc^{ss} y^{ss} \theta^{ss} + \frac{d}{1 + r^{ss}} pb^{ss}$$

$$pa^{ss} = y^{ss}(1 - \theta^{ss}) + \frac{d}{1 + r^{ss}} pa^{ss}$$

$$pa^{ss} = pb^{ss}$$

$$\theta^{ss} - 1 = 1/u^{\theta ss}$$

$$m^{ss} = \frac{\delta}{1-\delta}\frac{1+i^{ss}}{i^{ss}}c^{ss}$$

$$w^{ss} = A\frac{(1+u^{wss})}{(1-\delta)}\left(\frac{c^{ss}}{m^{ss}}\right)^{\delta}(l^{ss})^{\frac{1}{\varepsilon}}/z^{css}$$

$$\tilde{c}^{ss} = c^{ss} - \frac{A}{1+\frac{1}{\varepsilon}}(l^{ss})^{1+\frac{1}{\varepsilon}}\left(\frac{c^{ss}}{m^{ss}}\right)^{\delta}/z^{css}$$

$$[\beta(1+r^{ss})-1]\tilde{c}^{ss} = (1-\delta)(1-q\beta)(1/q-1)w^{hss}$$

$$r^{ss}b^{ss} = \tau^{ss} - g^{ss} + m^{ss}[\pi^{ss}/(1+\pi^{ss})]$$

$$w^{hss} = m^{ss}/(1+\pi^{ss}) + (1+r^{ss})b^{ss} + [(1-dep)q^{ss} + r^{kss}]k^{ss}$$

在考虑由一般财政盈余的贴现值支持的债务占总债务的比例为 k 的情况下，还可得到下面方程：

$$kr^{ss}b^{ss} = \tau^{ss} - g^{ss}$$

在进行有关参数的校准之前，我们先来看看稳态的有关特征。

首先，由方程 $[\beta(1+r^{ss})-1]\tilde{c}^{ss} = (1-\delta)(1-q\beta)(1/q-1)w^{hss}$ 可以看出，在 OLG 模型中，稳态时的实际利率为 $r^{ss} > \frac{1}{\beta} - 1$，而在典型经济人模型中（即 $q \to 1$ 时），稳态时的实际利率为 $r^{ss} = \frac{1}{\beta} - 1$，因此，OLG 模型与典型经济人模型一个鲜明的不同之处是，稳态时的实际利率 r^{ss} 并不能完全由贴现率 β 来确定，还需要考虑上面方程的约束。

其次，若一般财政盈余不能支持政府的全部债务（即 $k \neq 1$），则由方程 $r^{ss}b^{ss} = \tau^{ss} - g^{ss} + m^{ss}[\pi^{ss}/(1+\pi^{ss})]$ 和 $kr^{ss}b^{ss} = \tau^{ss} - g^{ss}$ 可以得到

$$\frac{m^{ss}\pi^{ss}}{1+\pi^{ss}} = \frac{1-k}{k}(\tau^{ss} - g^{ss})$$

或者

$$\pi^{ss} = \frac{\frac{(1-k)}{k}\frac{(\tau^{ss}-g^{ss})}{m^{ss}}}{1 - \frac{(1-k)}{k}\frac{(\tau^{ss}-g^{ss})}{m^{ss}}}$$

也就是说，在一般财政盈余不能支持政府全部债务的情况下，铸币税将作为补充手段

来维持广义政府的跨期预算平衡，而这将会对稳态时的通胀率产生影响，并且，k 越小（即由一般财政盈余支持的政府债务比例越小），其稳态时的通胀率越大。只有当一般财政盈余完全能够支持政府债务（$k=1$）时，稳态时的通胀率才为零。

最后，在 OLG 模型中，即使在一般财政盈余完全能够支持政府债务（$k=1$）的情况下，虽然稳态时的通胀率为零，但稳态时的物价水平仍不能由货币来确定。由方程 $[\beta(1+r^{ss})-1]\tilde{c}^{ss}=(1-\delta)(1-q\beta)(1/q-1)\left[\dfrac{M^{ss}}{P^{ss}}+(1+r^{ss})\dfrac{B^{ss}}{P^{ss}}+(1+r^{ss})k^{ss}\right]$ 可清楚地看到，政府债务 B^{ss} 和货币 M^{ss} 都会对稳态时的物价水平 P^{ss} 产生影响，尽管政府债务完全由一般财政盈余支持，可是当期居民在未来的一部分税收负担将会被后来出生的居民承担，因而当期居民持有的政府债券就有一部分成为居民的净财富，因此即使李嘉图体制下的财政政策（$k=1$）在 OLG 模型中也会产生财富效应，政府债务就像货币一样会对稳态时的物价水平产生影响，稳态时的物价水平也不全是由货币决定的。

总结以上分析可看出，非李嘉图体制下的财政政策（$k<1$）无论在典型经济人模型中还是在 OLG 模型中都会对稳态时的通胀率和物价水平产生影响，李嘉图体制下的财政政策（$k=1$）虽然在典型经济人模型或 OLG 模型中均不会对稳态时的通胀率产生影响，且在典型经济人模型中也不对稳态时的物价水平产生影响，但在 OLG 模型中仍然对稳态时的物价水平产生影响。

二、有关参数的校准

根据上面稳态值的特征，下面讨论有关参数的校准方法和过程。

1. 由于模型将所有的价格水平以总需求的价格水平 P_t 为基准（Numeraire）换算成相对价格，因此在校准参数时，保持所有的相对价格水平在稳态时取值为 1，即 $q^{ss}=1$。我们将所有外部冲击进行标准化处理，将其稳态值取值为 1，即，$z^{iss}=z^{css}=z^{\tau ss}=a^{ss}=1$。另外，假设在稳态时 $s^{ss}=1$。

2. 将方程 $pb^{ss}=mc^{ss}y^{ss}\theta^{ss}+\dfrac{d}{1+r^{ss}}pb^{ss}$ 和 $pa^{ss}=y^{ss}(1-\theta^{ss})+\dfrac{d}{1+r^{ss}}pa^{ss}$ 代入方程 $pa^{ss}=pb^{ss}$ 可得到：$(1+u^{\theta ss})mc^{ss}=1$，根据实际情况中价格的平均加成率（Mark-up），我们设定稳态时价格的加成率为 $u^{\theta ss}$，这样基于上式能够确定稳态时的实际边际成本 mc^{ss}。

3. 若由一般财政盈余的贴现值支持的债务所占的比例为 k，则稳态时满足关系式：$kr^{ss}b^{ss} = \tau^{ss} - g^{ss}$，定义总产出为 $Y^{ss} = \dfrac{a^{ss}}{\alpha^{\alpha}(1-\alpha)^{1-\alpha}}(k^{ss})^{\alpha}(l^{ss})^{1-\alpha} = y^{ss} + \varphi$，根据我国历史数据的平均值可确定财政支出、税收和政府债务规模与产出的比例 $\left(\dfrac{g^{ss}}{Y^{ss}}, \dfrac{\tau^{ss}}{Y^{ss}}, \dfrac{b^{ss}}{Y^{ss}}\right)$，这样稳态时的实际利率 r^{ss} 也就能够确定。一旦实际利率 r^{ss} 确定后，在给定资本的折旧率 dep 后，资本收益率 $r^{kss} = r^{ss} + dep$ 也就能确定。

4. 上面已经确定稳态时的边际成本 mc^{ss}、生产率 a^{ss} 和资本收益率 r^{kss}，根据 $mc^{ss} = \dfrac{(r^{kss})^{\alpha}(w^{ss})^{1-\alpha}}{a^{ss}}$，在给定参数 α 后，可以确定稳态时的实际工资 w^{ss}。进一步通过方程 $r^{kss}k^{ss} = \alpha mc^{ss}Y^{ss}$ 和 $w^{ss}l^{ss} = (1-\alpha)mc^{ss}Y^{ss}$ 可以确定稳态时的资本和劳动力与产出的比例为 $\left(\dfrac{k^{ss}}{Y^{ss}}, \dfrac{l^{ss}}{Y^{ss}}\right)$。前面指出，在生产函数中增加常数项是为了反映由垄断竞争带来的垄断利润，根据以上稳态关系式可得到垄断利润与产出的比重为 $\dfrac{\varphi}{Y^{ss}} = 1 - mc^{ss} = \dfrac{u^{\theta ss}}{1+u^{\theta ss}}$。在进一步确定稳态时的产出 Y^{ss} 后，参数 φ 也就能够确定。可以看出，当 $u^{\theta ss} \to 0$（或 $\theta^{ss} \to \infty$）时，即在完全竞争情况下，垄断利润为零，$\varphi \to 0$。

5. 在知道资本与产出的比例 $\dfrac{k^{ss}}{Y^{ss}}$ 后，由 $\dfrac{in^{ss}}{Y^{ss}} = dep \dfrac{k^{ss}}{Y^{ss}}$ 可确定投资与产出的比例 $\dfrac{in^{ss}}{Y^{ss}}$。由于模型是一个封闭经济模型，稳态满足条件 $\dfrac{c^{ss}}{Y^{ss}} + \dfrac{g^{ss}}{Y^{ss}} + \dfrac{in^{ss}}{Y^{ss}} + \dfrac{\phi}{Y^{ss}} = 1$，前面已经确定政府支出、投资和垄断利润在产出所占的比重 $\dfrac{g^{ss}}{Y^{ss}}$、$\dfrac{in^{ss}}{Y^{ss}}$ 和 $\dfrac{\varphi}{Y^{ss}}$，从而根据上式消费在产出所占的比重 $\dfrac{c^{ss}}{Y^{ss}}$ 也就能够确定。

6. 根据历史的平均值计算稳态时的通胀率 π^{ss}，前面已经确定稳态时的实际利率 r^{ss}，由方程 $1 + r^{ss} = \dfrac{1 + i^{ss}}{1 + \pi^{ss}}$ 可以确定稳态时的名义利率 i^{ss}；由方程 $r^{ss}b^{ss} = \tau^{ss} - g^{ss} + m^{ss}[\pi^{ss}/(1+\pi^{ss})]$、$kr^{ss}b^{ss} = \tau^{ss} - g^{ss}$ 和 $m^{ss} = \dfrac{\delta}{1-\delta}\dfrac{1+i^{ss}}{i^{ss}}c^{ss}$ 可得出，$(1-k)r^{ss}\dfrac{b^{ss}}{Y^{ss}} = \dfrac{\delta}{1-\delta}\dfrac{(1+r^{ss})\pi^{ss}}{i^{ss}}\dfrac{c^{ss}}{Y^{ss}}$，前面已经给出政府债务余额和消费与产出的比例（$\dfrac{b^{ss}}{Y^{ss}}, \dfrac{c^{ss}}{Y^{ss}}$），

那么通过上式可以计算出参数 δ。

7. 一旦参数 δ 确定后，前面已确定资本折旧率 dep 和资本收益率 r^{kss}，由 $\frac{m^{ss}}{Y^{ss}} = \frac{\delta}{1-\delta} \frac{1+i^{ss}}{i^{ss}} \frac{c^{ss}}{Y^{ss}}$ 和 $\frac{w^{hss}}{Y^{ss}} = \frac{m^{ss}}{Y^{ss}} \frac{1}{(1+\pi^{ss})} + (1+r^{ss}) \frac{b^{ss}}{Y^{ss}} + [(1-dep) + r^{kss}] \frac{k^{ss}}{Y^{ss}}$ 可以确定货币余额和财富余额与产出的比例 $\left(\frac{m^{ss}}{Y^{ss}}, \frac{w^{hss}}{Y^{ss}}\right)$；在进一步给出贴现率 β 和生存概率 q 的情况下，由方程 $[\beta(1+r^{ss}) - 1] \frac{\tilde{c}^{ss}}{Y^{ss}} = (1-\delta)(1-q\beta)(1/q-1) \frac{w^{hss}}{Y^{ss}}$ 可以确定调整后的消费与产出的比例为 $\frac{\tilde{c}^{ss}}{Y^{ss}}$。

8. 由方程 $w^{ss} = A \frac{(1+u^{wss})}{(1-\delta)} \left(\frac{c^{ss}}{m^{ss}}\right)^{\delta} (l^{ss})^{\frac{1}{\varepsilon}}$ 和 $\tilde{c}^{ss} = c^{ss} - \frac{A}{1+\frac{1}{\varepsilon}} (l^{ss})^{1+\frac{1}{\varepsilon}} \left(\frac{c^{ss}}{m^{ss}}\right)^{\delta}$ 可得到：$\frac{\tilde{c}^{ss}}{Y^{ss}} = \frac{c^{ss}}{Y^{ss}} - \frac{l^{ss}}{Y^{ss}} \frac{(1-\delta)w^{ss}}{(1+\frac{1}{\varepsilon})(1+u^{wss})}$，前面已经确定参数 δ 及稳态时的 $\frac{\tilde{c}^{ss}}{Y^{ss}}$、$\frac{c^{ss}}{Y^{ss}}$、$\frac{l^{ss}}{Y^{ss}}$ 和 w^{ss}，在给定参数 ε 后，通过该式可确定稳态时的工资加成率 u^{wss}；若给定参数 A，由 $w^{ss} = A \frac{(1+u^{wss})}{(1-\delta)} \left(\frac{c^{ss}}{m^{ss}}\right)^{\delta} (l^{ss})^{\frac{1}{\varepsilon}} = A \frac{(1+u^{wss})}{(1-\delta)} \left(\frac{1-\delta}{\delta} \frac{i^{ss}}{1+i^{ss}}\right)^{\delta} \left(\frac{l^{ss}}{Y^{ss}} Y^{ss}\right)^{\frac{1}{\varepsilon}}$ 可以确定稳态时的产出 Y^{ss}；或者，若考虑实际中休闲与工作时间的比例，那么在总工长时间为 1 的情况下，我们确定稳态时的劳动力 l^{ss}，由方程 $w^{ss} = A \frac{(1+u^{wss})}{(1-\delta)} \left(\frac{c^{ss}}{m^{ss}}\right)^{\delta} (l^{ss})^{\frac{1}{\varepsilon}}$ 可以确定参数 A；一旦稳态时的劳动力 l^{ss} 确定后，根据前面劳动力与产出的比例就能确定稳态时的产出 Y^{ss}。在确定稳态时的产出 Y^{ss} 后，根据前面的各变量与产出的比例就能确定出相应变量的稳态值。

从以上参数值的校准过程可看出，一些参数是需要我们进一步确定的，而且这些参数会对模型的稳态产生影响，这些参数包括居民的死亡概率 $(1-q)$、资本的折旧率 dep、生产函数中的资本弹性 α、效用函数中的劳动力供给弹性 ε 及由一般财政盈余支持的债务比例 k 等，只有在给出这些参数的情况下，模型的其他参数以及模型的稳态才能确定。显然这些参数需要通过别的方法来确定，后面我们将采用 Bayes 方法进行估计。

根据上面的校准过程，模型的部分稳态值及确定稳态的有关参数的具体校准值如表 6-1 所示。

表 6-1   模型的部分稳态值及有关参数的校准值

参数	取值	参数	取值
s^{ss}	1	$\dfrac{\tau^{ss}}{Y^{ss}}$	0.197
q^{ss}	1	$\dfrac{c^{ss}}{Y^{ss}}$	0.41
z^{iss}	1	$\dfrac{in^{ss}}{Y^{ss}}$	0.34
z^{css}	1	$\dfrac{\varphi}{Y^{ss}}$	0.091
$z^{\tau ss}$	1	$\dfrac{b^{ss}}{Y^{ss}}$	0.20
a^{ss}	1	β	0.994
$u^{\theta ss}$	0.10	π^{ss}	0.005
mc^{ss}	0.91	A	1
$\dfrac{g^{ss}}{Y^{ss}}$	0.195		

三、模型的对数线性化

前面得到的模型是一个非线性模型，我们可以直接采用非线性求解方法对该模型进行求解，但可能求解所需的时间很长，另外，我们不仅要考虑模型的求解，而且要根据实际数据来校准或估计模型中的参数，因此直接对非线性模型进行估计，计算量将会进一步增大。但是随着近年来非线性模型求解技术及估计方法的迅速发展，直接对非线性模型进行求解和估计已成为可能。我们下面将采取两种模式对模型进行求解和估计，一是间接方法，即先采用对数线性化的方法对模型进行处理，然后再对模型进行估计。二是直接方法，即直接对模型进行求解和估计。

在前面得到模型的稳态后，在稳态附近对模型进行对数线性化，从而可得到模型的一阶近似方程。经过这样处理后，我们可以利用前面介绍的线性求解方法，对模型进行求解和估计，当然这只是一阶近似，但如果一阶近似能够解决得好，那么也就为高阶求解奠定了基础。

在下面的表达式中，对于利率、通胀率等表示相对变化的变量，变量 $\hat{y}_t = y_t - y^{ss}$ 表示在稳态值 y^{ss} 对 y_t 进行线性化，而对于表示绝对变化的其他变量，变量 $\hat{y}_t = \ln(y_t) - \ln(y^{ss})$ 表示在稳态值 y^{ss} 对 y_t 进行对数线性化。模型的动态方程包括两部分，一部分是外生变量的动态方程，另一部分是行为方程和其他恒等式。

外生变量的变化除了货币政策冲击 ε_t^m 外，其他变量均由一阶自回归 AR（1）来刻画，具体描述如下：

$$\hat{a}_t = \rho^a \hat{a}_{t-1} + \varepsilon_t^a, \varepsilon_t^a \sim N(0, \sigma^a)$$

$$\hat{z}_t^c = \rho^c \hat{z}_{t-1}^c + \varepsilon_t^c, \varepsilon_t^c \sim N(0, \sigma^c)$$

$$\hat{z}_t^i = \rho^i \hat{z}_{t-1}^i + \varepsilon_t^i, \varepsilon_t^i \sim N(0, \sigma^i)$$

$$\hat{u}_t^\theta = \rho^\theta \hat{u}_{t-1}^\theta + \varepsilon_t^\theta, \varepsilon_t^\theta \sim N(0, \sigma^\theta)$$

$$\hat{u}_t^w = \rho^w \hat{u}_{t-1}^w + \varepsilon_t^w, \varepsilon_t^w \sim N(0, \sigma^w)$$

$$\hat{g}_t = \rho^g \hat{g}_{t-1} + \varepsilon_t^g, \varepsilon_t^g \sim N(0, \sigma^g)$$

$$\hat{z}_t^\tau = \rho^\tau \hat{z}_{t-1}^\tau + \varepsilon_t^\tau, \varepsilon_t^\tau \sim N(0, \sigma^\tau)$$

$$\varepsilon_t^m \sim N(0, \sigma^m)$$

模型中的行为方程和其他等式由下面的动态方程来刻画：

$$\hat{y}_t = \hat{s}_t + \frac{g^{ss}}{y^{ss}}\hat{g}_t + \frac{in^{ss}}{y^{ss}}\hat{in}_t + \frac{c^{ss}}{y^{ss}}\hat{c}_t$$

$$\hat{s}_t = d\hat{s}_{t-1}$$

$$\hat{in}_t = \frac{1}{1+\Lambda^{ss}} E_t(\hat{in}_{t-1} + \Lambda^{ss}\hat{in}_{t+1} + \Lambda^{ss}\hat{z}_{t+1}^i - \hat{z}_t^i + (1/h)\hat{q}_t)$$

或 $\quad \hat{in}_t = \frac{1+r^{ss}}{2+r^{ss}} E_t\left(\hat{in}_{t-1} + \frac{1}{1+r^{ss}}\hat{in}_{t+1} + \frac{1}{1+r^{ss}}\hat{z}_{t+1}^i - \hat{z}_t^i + (1/h)\hat{q}_t\right)$

$$\hat{q}_t = E_t\left(\frac{(1-dep)\hat{q}_{t+1} + r^{kss}\hat{r}_t^k}{1-dep+r^{kss}} + \hat{\Lambda}_{t,t+1}\right)$$

$$\hat{\Lambda}_{t,t+1} = -\hat{r}_t$$

$$\hat{r}_t = \hat{i}_t - \hat{\pi}_{t+1}$$

$$\hat{\tilde{c}}_t = \frac{1}{\beta(1+r^{ss})}E_t\hat{\tilde{c}}_{t+1} + \left(\frac{(1-\delta)(1-q\beta)(1/q-1)w^{hss}}{\beta(1+r^{ss})\tilde{c}^{ss}}\right)\hat{w}^h_{t+1} - \hat{r}_t$$

$$\hat{c}_t = \frac{\tilde{c}^{ss}}{c^{ss}}\hat{\tilde{c}}_t + \frac{(c^{ss}-\tilde{c}^{ss})}{c^{ss}}\left[\left(1+\frac{1}{\varepsilon}\right)\hat{l}_t + \delta(\hat{c}_t - \hat{m}_t) - \hat{z}^c_t\right]$$

$$\hat{w}^h_{t+1} = \frac{m^{ss}}{w^{hss}(1+\pi^{ss})}(\hat{m}_t - \hat{\pi}_{t+1}) + \frac{(1+r^{ss})b^{ss}}{w^{hss}}(\hat{b}_t + \hat{r}_t)$$

$$+ \frac{k^{ss}}{w^{hss}}[(1-dep)(\hat{q}_{t+1} + \hat{k}_t) + r^{kss}(\hat{r}^k_{t+1} + \hat{k}_t)]$$

$$\hat{m}_t = \hat{c}_t - \frac{1}{i^{ss}}\hat{i}_t$$

$$\hat{w}_t = \hat{u}^w_t + \delta(\hat{c}_t - \hat{m}_t) + \frac{1}{\varepsilon}\hat{l}_t$$

$$\hat{r}^k_t = \hat{mc}_t - \hat{k}_{t-1} + \frac{Y^{ss}}{Y^{ss}}\hat{y}_t$$

$$\hat{l}_t = \hat{mc}_t - \hat{w}_t + \frac{Y^{ss}}{Y^{ss}}\hat{y}_t$$

$$\hat{mc}_t = (1-\alpha)\hat{w}_t + \alpha\hat{r}^k_t - \hat{a}_t$$

$$\hat{k}_t = (1-dep)\hat{k}_{t-1} + dep\,\hat{in}_t$$

$$\hat{\pi}_t = \frac{1-d}{d}(\hat{pb}_t - \hat{pa}_t) + \gamma\hat{\pi}_{t-1}$$

$$\hat{pb}_t = (1-d\Lambda^{ss})(\hat{y}_t + \hat{mc}_t + \hat{\theta}_t) + d\Lambda^{ss}E_t[\hat{\Lambda}_{t,t+1} + \hat{pb}_{t+1} + \theta^{ss}(\hat{\pi}_{t+1} - \gamma\hat{\pi}_t)]$$

$$\hat{pa}_t = (1-d\Lambda^{ss})\left(\hat{y}_t + \frac{\theta^{ss}}{\theta^{ss}-1}\hat{\theta}_t\right) + d\Lambda^{ss}E_t[\hat{\Lambda}_{t,t+1} + \hat{pa}_{t+1} + (\theta^{ss}-1)(\hat{\pi}_{t+1} - \gamma\hat{\pi}_t)]$$

$$\hat{u}^\theta_t = \frac{\theta^{ss}}{1-\theta^{ss}}\hat{\theta}_t$$

$$\hat{b}_t = (1+r^{ss})(\hat{b}_{t-1} + \hat{r}_{t-1}) + \frac{g^{ss}}{b^{ss}}\hat{g}_t - \frac{\tau^{ss}}{b^{ss}}\hat{\tau}_t - \frac{m^{ss}}{b^{ss}}\hat{m}_t + \frac{m^{ss}}{b^{ss}(1+\pi^{ss})}(\hat{m}_{t-1} - \hat{\pi}_t)$$

第六章　关于我国物价水平决定机制的实证研究

$$\hat{i}_t = \phi_m \hat{i}_{t-1} + (1-\phi_m)[\phi_\pi \hat{\pi}_t + \phi_y \hat{y}_t] + \varepsilon_t^m$$

在考虑由一般财政盈余的贴现值支持的债务占总债务的比例为 k 的财政政策规则下，可得到下面方程：

$$\frac{\tau^{ss}}{b^{ss}}\hat{\tau}_t = k(1+r^{ss})(\hat{b}_{t-1} + \hat{r}_{t-1}) - k\hat{b}_t + \frac{g^{ss}}{b^{ss}}\hat{g}_t$$

除了上面这个财政政策规则外，我们还考虑下面的规则：

$$\hat{\tau}_t = \gamma_b \hat{b}_{t-1} + \gamma_{by}\hat{y}_t + z_t^\tau$$

第三节　不同物价水平决定机制下的 Bayes 估计结果

一、模型估计采用的数据

前面模型中的外部冲击主要包括 8 项，分别是生产率冲击（ε_t^a）、总需求冲击（ε_t^c）、投资冲击（ε_t^i）、价格加成率冲击（ε_t^θ）、工资加成率冲击（ε_t^w）、政府支出冲击（ε_t^g）、税收冲击（ε_t^τ）及货币冲击 ε_t^m，这些冲击均是符合独立同分布（$i.i.d$）的随机变量，假设它们均是满足均值为零的正态分布，其中方差分别是 σ^a、σ^c、σ^i、σ^θ、σ^g、σ^τ 和 σ^m。

为避免估计中的随机奇异性（Stochastic Singularity）问题，模型中选择的可观测变量数目要求不超过外部冲击的数目，这里选择的可观测变量包括以下经济指标，即我国的 GDP、消费、投资、政府支出、财政收入、国债余额、GDP 平减指数及银行间国债市场加权利率等指标。这些数据来源于 CEIC 数据库及中国人民银行统计司的《金融市场统计月报》，数据为季度数据，样本区间为 1992 年第一季度至 2012 年第四季度。由于模型是针对封闭经济而建立的，因而以 GDP 剔除净出口后得到的变量来代替模型中的产出变量。对于产出、消费、投资、政府支出及国债余额等名义变量，我们均采用 GDP 平减指数进行折实从而得到实际产出、实际消费、实际投资、实际政府支出及国债的实际余额，并且采用 X-12 方法对这些数据进行季节性调整以消除季节性因素。另外，为保证数据的平稳性，我们对数据采用 HP 滤波剔除趋势项。

二、我国财政政策是否体现李嘉图体制的特征

在利用前面模型对我国物价水平的决定因素进行实证之前，我们首先来看看我国

财政收支及债务的基本运行状况,图6-1绘出了自1990年以来我国财政收入、财政支出、基本赤字及国内债务余额四项指标与GDP的比例的变化曲线。

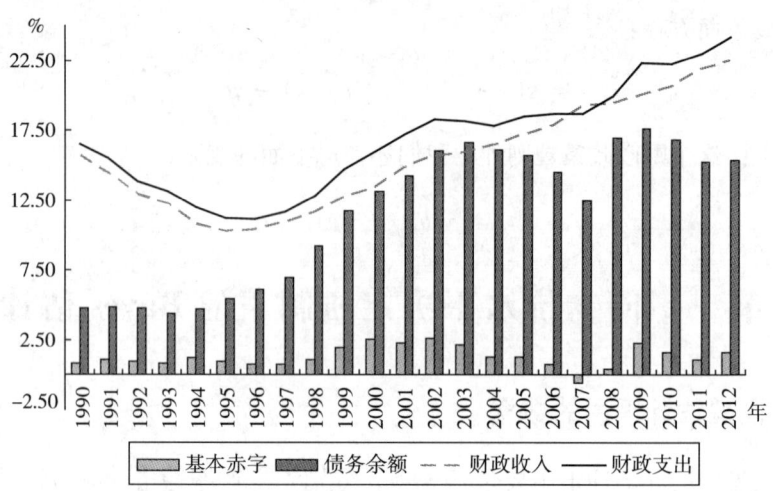

数据来源:CEIC数据库及我国1990—2012年统计年鉴

图6-1 我国财政四项指标与GDP的比例

从图6-1可以看出,这些指标的变化在不同的阶段体现出不同的特征,这四个阶段分别是1990—1996年、1997—2003年、2004—2007年以及2008年以后的四个阶段。

在1990—1996年,我国财政收入及财政支出与GDP的比例基本上呈现出缓慢下降的趋势,基本赤字与GDP的比例保持在较低的水平(低于1.5%),同时债务余额与GDP的比例也保持在一个较稳定的水平,基本上维持在5%附近。

在1997—2003年,为了走出由亚洲金融危机引起的经济下滑和通货紧缩困境,我国采取了一系列的经济扩张政策,我国的财政支出与GDP的比例呈现明显的加快趋势,虽然随着产出的增加我国的财政收入与GDP的比例也有所上升,但其增加的幅度相对于财政支出来说显得较为缓慢,从而这个阶段我国的基本赤字与GDP的比例也呈现了上升的趋势,其明显高于上一个阶段,特别是在2000—2003年间基本赤字与GDP的比例均高于2%。相应的,此间我国的债务余额与GDP的比例也迅速增加,自1999年该比例超过10%后,在2003年甚至超过了15%,此阶段债务余额与GDP的比例均值已经超过两位数,且增速比前一阶段明显加快。

在2004—2007年，随着我国抑制经济过热的各项政策的全面实施，特别是在稳健的财政政策取向下，我国的财政政策基本上呈现中性而略微偏紧的状态。从图6-1可以看出，在这个阶段我国的财政支出与GDP的比例基本保持在较平稳的平台上，而我国的财政收入与GDP的比例却呈现出明显加快的趋势，尤其是在2007年财政收入与GDP的比例首次超过了财政支出与GDP的比例，从而我国的基本赤字与GDP的比例在此间呈现了快速下降的态势，基本赤字与GDP的比例从2004年的1.3%下降到2006年的0.78%，并在2007年进一步转化为财政盈余。相应地，我国的债务余额与GDP的比例在此间也出现了下降的态势，但下降的幅度不是很大，该比例基本上保持在12%左右的水平。

在2008—2010年，为避免金融风暴对我国经济产生的不良影响，我国采取了一系列扩张内需的经济政策，特别是在四万亿元投资计划的大环境下，我国的财政支出与GDP的比例呈现明显的加快趋势，虽然随着产出的增加我国的财政收入与GDP的比例也有所上升，但其增加的幅度相对于财政支出来说显得较为缓慢，从而这个阶段我国的基本赤字与GDP的比例也呈现了上升的趋势，其明显地高于上一个阶段，同时，此间我国的债务余额与GDP的比例也迅速增加，在2008—2010年的三年时间里，我国的债务余额与GDP的比例均在15%以上，明显高于以上各个历史阶段。

对于以上这些指标的变化，我们提出的一个问题是，我国的财政收支状况是否完全能够能保证债务水平的稳定，或者说，我国的财政政策是否具有李嘉图体制的特征。具体来讲，我国的一般财政盈余能否完全支持债务水平？如果不能完全支持，那么是否会通过铸币税作为补充手段来支持债务水平？这将会对物价产生什么影响？显然仅从图6-1这些指标的变化是无法得到判断的，因此需要使用前面的模型进一步进行实证和检验。

下面先对经过对数线性化处理的模型进行求解和估计，然后直接对非线性模型进行求解和估计。

（一）典型经济人模型的估计结果

在利用前面的OLG模型进行实证之前，我们首先从典型经济人模型出发，来看看我国财政政策是否具有李嘉图体制的特征，并研究非李嘉图体制的财政政策对物价水平的影响。具体做法是，我们在前面的OLG模型中假设居民的死亡概率为零（即$q=1$），此时上面的OLG模型变成典型经济人模型，同时在模型中采用由一般财政盈余的贴现值支持的政府债务比例为 k 的财政政策规则。采用上面的 Bayes 方法并利用我国的实际数据进行估计，模型的估计结果如表 6-2 所示。

表 6-2　　　　　　　　　典型经济人模型的参数估计结果

参数	先验分布	事后众数	事后均值	事后分布区间
k	$B(0.6, 0.2)$	0.64	0.65	[0.61, 0.67]
dep	$N(0.025, 0.005)$	0.025	0.026	[0.024, 0.027]
ε	$\Gamma(1, 0.25)$	0.94	0.91	[0.84, 0.97]
α	$N(0.45, 0.05)$	0.45	0.46	[0.45, 0.47]
d	$B(0.7, 0.15)$	0.72	0.73	[0.71, 0.75]
γ	$B(0.3, 0.1)$	0.27	0.26	[0.25, 0.28]
h	$\Gamma(4, 1)$	4.16	4.12	[3.87, 4.36]
ϕ_m	$B(0.7, 0.1)$	0.69	0.69	[0.68, 0.70]
ϕ_π	$\Gamma(0.25, 0.1)$	0.24	0.23	[0.21, 0.26]
ϕ_y	$\Gamma(0.5, 0.1)$	0.49	0.48	[0.47, 0.50]
ρ^a	$B(0.6, 0.2)$	0.57	0.53	[0.47, 0.58]
ρ^c	$B(0.6, 0.2)$	0.55	0.50	[0.42, 0.57]
ρ^i	$B(0.6, 0.2)$	0.60	0.60	[0.57, 0.64]
ρ^g	$B(0.6, 0.2)$	0.59	0.58	[0.55, 0.62]
ρ^τ	$B(0.6, 0.2)$	0.58	0.58	[0.57, 0.59]
ρ^θ	$B(0.6, 0.2)$	0.61	0.59	[0.58, 0.62]
ρ^w	$B(0.6, 0.2)$	0.61	0.59	[0.57, 0.62]
σ^a	$\Gamma^{-1}(0.05, \infty)$	0.15	0.15	[0.13, 0.18]
σ^c	$\Gamma^{-1}(0.05, \infty)$	0.023	0.027	[0.012, 0.044]
σ^i	$\Gamma^{-1}(0.05, \infty)$	0.55	0.55	[0.44, 0.66]
σ^g	$\Gamma^{-1}(0.05, \infty)$	0.057	0.057	[0.049, 0.064]
σ^τ	$\Gamma^{-1}(0.05, \infty)$	0.67	0.67	[0.55, 0.81]
σ^θ	$\Gamma^{-1}(0.05, \infty)$	0.45	0.46	[0.39, 0.51]
σ^w	$\Gamma^{-1}(0.05, \infty)$	0.021	0.023	[0.011, 0.034]
σ^m	$\Gamma^{-1}(0.05, \infty)$	0.0077	0.0079	[0.0069, 0.0089]

注：$B(\mu,\sigma)$、$\Gamma(\mu,\sigma)$、$N(\mu,\sigma)$ 和 $\Gamma^{-1}(\mu,\sigma)$ 分别表示均值为 μ，方差为 σ 的 Beta 分布、Gamma 分布、正态分布和逆 Gamma 分布。

从估计结果可以看出，(1) 资本折旧率折成年率在 10% 左右，与国内其他研究的结果基本一致。(2) 生产函数中产出关于资本的弹性为 46%，即资本收入占总收入的比例为46%，该数值高于发达国家的估计结果。(3) 在垄断竞争状态下，生产中间产品的厂商在需求的约束下对产品具有一定的定价权，厂商调整价格的平均期限为 1/ (1-0.73) =3.7 个季度，另外，厂商调价时盯住前期和稳态时通胀率的权重分别为 0.26 和 0.74，说明模型中名义刚性是较强的。(4) 厂商在追加投资时受到调整成本的影响，从估计结果来看，调整成本的影响是显著的，这说明模型中存在着实际刚性。(5) 劳动力供给弹性值约为 0.91，基本适中。(6) 除了货币冲击外，其他冲击的持续性还是比较强的，均在两个季度以上，但各个冲击的强度不尽相同，相比较而言，投资冲击、税收冲击、价格加成率冲击和生产率冲击的强度比较大，而其他冲击的强度比较小。

以上是关于模型中基本参数的估计结果，我们这里最为关注的一个参数估计结果是由一般财政盈余支持的政府债务比例 k，从表 6-2 的估计结果可以看出，该比例的事后均值为 0.65，这说明我国的一般财政盈余并不能完全支持政府的债务水平，铸币税作为税收的补充手段支持了政府债务规模的缺口，显然我国的财政政策并不具有李嘉图体制的特点。这种非李嘉图体制的财政政策反映了我国的物价水平并不是完全由货币政策确定的，财政政策也起到了重要的作用。

上面是从全体样本区间得到的估计结果，为进一步在不同样本期考察财政政策对物价水平的影响，我们分为几个样本期进一步估计以上模型。前面我们针对四个阶段描述初步分析了我国的财政运行状况，理想的做法是针对这四个阶段对以上模型进行估计，但考虑到每个阶段样本数据不足的问题，我们采用逐步增加数据样本的递归估计方法。首先选用 1992 年第一季度至 2003 年第四季度的数据进行估计，然后增加 4 年的数据，选用 1992 年第一季度至 2008 年第三季度的数据进行估计，最后再增加 4 年的数据，选用 1992 年第一季度至 2012 年第四季度的数据进行估计，表 6-3 是不同区间关于由一般财政盈余支持的政府债务比例 k 的估计结果。

表 6-3　　　　典型经济人模型中参数 k 的不同区间估计结果

区间	事后众数	事后均值	事后分布区间
1992.1—2003.4	0.72	0.71	[0.69, 0.74]
1992.1—2008.3	0.74	0.76	[0.73, 0.79]
1992.1—2012.4	0.64	0.65	[0.61, 0.67]

从 1992 年第一季度至 2003 年第四季度的估计结果来看，由一般财政盈余支持的政府债务比例 k 事后均值为 0.71，这说明财政政策在该阶段对物价水平产生了重要的影响，这与实际情况也是基本相符的。事实上，我国的中央银行法在 1995 年才正式公布，此法明确了以广义货币供应量为我国货币政策的中介目标，并且禁止中央银行以各种方式为财政进行融资及垫支，加之在 1994 年至 1996 年我国严格控制货币供应量和信贷的增长，从而在经济从过热状态成功进行软着陆的过程中，通胀率得到非常好的控制，通胀率从两位数的增长控制到一位数以内，因此，我国中央银行法的颁布及中央银行严格控制货币供应量的增长为杜绝和减少财政部门通过铸币税作为税收补充手段起到了积极的作用。但是，如果不对财政部门决策和实施的相对任意性进行约束，那么维持广义政府的跨期预算平衡责任也将不可避免地落到中央银行的头上来，这也将对物价水平产生重要的影响。本来 1994 年至 1996 年间适度从紧的财政政策对长期以来我国相对任意的财政政策是一个很好的修正，且期间在货币政策也采取适度从紧政策的配合下，财政部门通过铸币税作为税收补充手段得到了有效的控制，可是面对 1997 年的亚洲金融危机，尤其是为了走出通货紧缩的困境，我国又采取了积极的财政政策和适度宽松的货币政策以及其他一系列经济扩张政策，因而我国的财政支出、基本赤字呈现了明显的上升趋势，特别是在 2000—2003 年间基本赤字与 GDP 的比例均高于 2%，呈现明显的加快趋势，此间我国的债务余额与 GDP 的比例也迅速增加，从 1997 年之前的 10% 以内水平迅速上升，自 1999 年该比例超过 10% 后再也没有回到个位数水平，甚至在 2003 年超过了 15%。因此，该阶段相对任意的财政政策及较宽松的货币政策又为铸币税的增加提供了很好的途径。综合这两个阶段的实际情况，我们模型的估计结果表明，由一般财政盈余支持的政府债务比例为 0.71，财政政策对物价水平的确定产生了重要的影响。

如果增加四年的数据，选用 1992 年第一季度—2008 年第三季度的数据进行估计，那么估计结果表明，由一般财政盈余支持的政府债务比例 k 事后均值为 0.76，比上个样本期（1993 年第一季度至 2003 年第四季度）的估计结果（0.71）显著提高，由于我们不是采用分段的估计方法而是采用递归的估计方法，这说明在 2004 年第一季度至 2008 年第三季度期间，由一般财政盈余支持的政府债务比例比 0.76 还高，这样总体平均结果为 0.76，同时也说明，在此期间财政政策的相对任意性在减弱，财政政策对税收、支出及债务三者之间的跨期预算平衡关注的程度在提高，从而依靠铸币税补充一般税收不足的程度在降低，财政政策日益表现出李嘉图体制的特征。的确，在2004年第一季度至2008年第三季度期间，随着我国抑制经济过热的各项经济政策的全面实施，特别是在稳健的财政政策取向下，我国的财政政策基本上呈现中性而略微偏紧的状态。相比较财政支出，我国的财政收入增长呈现出明显加快的趋势，尤其是在2007年财政收入首次超过了财政支出，因而我国的基本赤字在此间也呈现了快速下降的态势，并在2007年进一步转化为财政盈余。同时，我国的债务余额与GDP的比例在此间也出现了下降的态势，基本保持在12%左右的水平。该阶段财政政策体现出的李嘉图体制特征也说明了，此间财政政策对物价水平的影响作用在减弱。

如果再增加四年的数据，选用1992年第一季度至2012年第四季度的数据进行估计，那么估计结果表明，由一般财政盈余支持的政府债务比例k事后均值又降为0.65，这说明在2008年第四季度至2012年第四季度期间，由一般财政盈余支持的政府债务比例比0.65还低，因而在该阶段财政政策的相对任意性显然进一步加强，财政政策的非李嘉图体制特征也明显地表现出来，这对物价水平的确定产生了重要的影响。实际上，为避免金融风暴对我国经济产生的不良影响，我国自2008年第四季度起采取了一系列扩张内需的经济政策，特别是在四万亿元投资计划的大环境下，我国的财政支出和基本赤字显著增加，与以前不同的是，在该阶段我国的债务规模增长也呈现明显加快的趋势，我国的债务余额与GDP的比例在2008—2010年的三年时间里均在15%以上，明显高于以上各个历史阶段（若再考虑地方政府发行的债务及融资平台中由政府承担的债务，该比例还要高），而且此间我国的货币增长也非常快，因此，该阶段相对任意的财政政策及较宽松的货币政策又为铸币税的增加提供了很好的途径，财政政策对物价水平的确定也产生了重要的影响。

（二）OLG模型的估计结果及两种模型的比较

上面给出了典型经济人模型的估计结果，下面同样采用由一般财政盈余的贴现值支持的政府债务比例为k的财政政策规则，进一步来看OLG模型的估计结果。此时我们不再假设居民的死亡概率为零，而需要将居民的死亡概率和模型中的其他参数一起估计，OLG模型的估计结果如表6-4所示。

表 6-4　　　　　　　　　　OLG 模型的参数估计结果

参数	先验分布	事后众数	事后均值	事后分布区间
$1-q$	$\Gamma(0.01, 0.005)$	0.0073	0.0068	[0.0053, 0.0078]
k	$B(0.6, 0.2)$	0.73	0.74	[0.71, 0.80]
dep	$N(0.025, 0.005)$	0.028	0.028	[0.027, 0.029]
ε	$\Gamma(1, 0.25)$	1.07	1.08	[1.06, 1.11]
α	$N(0.45, 0.05)$	0.42	0.43	[0.40, 0.45]
d	$B(0.7, 0.15)$	0.84	0.85	[0.83, 0.86]
γ	$B(0.3, 0.1)$	0.23	0.20	[0.19, 0.24]
h	$\Gamma(4, 1)$	5.00	5.66	[4.87, 5.79]
ϕ_m	$B(0.7, 0.1)$	0.68	0.68	[0.66, 0.69]
ϕ_π	$\Gamma(0.25, 0.1)$	0.16	0.15	[0.14, 0.17]
ϕ_y	$\Gamma(0.5, 0.1)$	0.32	0.31	[0.29, 0.33]
ρ^a	$B(0.6, 0.2)$	0.62	0.63	[0.61, 0.64]
ρ^c	$B(0.6, 0.2)$	0.61	0.61	[0.60, 0.62]
ρ^i	$B(0.6, 0.2)$	0.94	0.97	[0.92, 0.98]
ρ^g	$B(0.6, 0.2)$	0.63	0.64	[0.61, 0.66]
ρ^τ	$B(0.6, 0.2)$	0.095	0.098	[0.064, 0.13]
ρ^θ	$B(0.6, 0.2)$	0.56	0.54	[0.53, 0.57]
ρ^w	$B(0.6, 0.2)$	0.65	0.65	[0.64, 0.66]
σ^a	$\Gamma^{-1}(0.05, \infty)$	0.13	0.12	[0.11, 0.14]
σ^c	$\Gamma^{-1}(0.05, \infty)$	0.025	0.024	[0.011, 0.039]
σ^i	$\Gamma^{-1}(0.05, \infty)$	1.06	1.28	[1.00, 1.74]
σ^g	$\Gamma^{-1}(0.05, \infty)$	0.057	0.059	[0.052, 0.061]
σ^τ	$\Gamma^{-1}(0.05, \infty)$	0.29	0.32	[0.27, 0.37]
σ^θ	$\Gamma^{-1}(0.05, \infty)$	0.81	0.80	[0.69, 0.88]
σ^w	$\Gamma^{-1}(0.05, \infty)$	0.021	0.024	[0.013, 0.036]
σ^m	$\Gamma^{-1}(0.05, \infty)$	0.0076	0.0074	[0.0064, 0.0084]

注：$B(\mu,\sigma)$、$\Gamma(\mu,\sigma)$、$N(\mu,\sigma)$ 和 $\Gamma^{-1}(\mu,\sigma)$ 分别表示均值为 μ、方差为 σ 的 Beta 分布、Gamma 分布、正态分布和逆 Gamma 分布。

先来看两个模型中一些共同参数的估计结果。比较表 6-2 和表 6-4 可以看出，（1）资本折旧率折成年率在 OLG 模型的估计值为 11% 左右，略高于典型经济人模型的估计值（10%）。（2）生产函数中产出关于资本的弹性在 OLG 模型的估计值为 43%，低于典型经济人模型的估计值（46%）。（3）在 OLG 模型的估计结果中，厂商调整价格的平均期限为 1/（1－0.85）＝6.7 个季度，高于典型经济人模型估计的 3.7 个季度，但厂商调价时盯住前期通胀率的权重在 OLG 模型中估计值为 0.2，低于典型经济人模型估计值 0.26，因此，这两个模型中名义刚性到底哪个强很难断定。（4）OLG 模型中存在的实际刚性比典型经济人模型强。（5）劳动力供给弹性值在 OLG 模型的估计值约为 1.08，高于典型经济人的估计值（0.91）。（6）在 OLG 模型中，税收冲击的持续性估计值（0.098）远远低于典型经济人的估计值（0.58），其他冲击的持续性估计值均高于典型经济人的估计结果，特别是投资冲击的持续性估计值（0.97）非常高，接近于 1。比较两个模型中各个冲击的强度可发现，除了投资冲击、税收冲击和价格加成率冲击外，其他冲击的强度估计值两个模型的估计结果基本相当。（7）在 OLG 模型中，由一般财政盈余支持的政府债务比例 k 的事后均值为 0.74，高于典型经济人模型的估计结果 0.65。进一步按照上面典型经济人模型的做法，我们对不同的样本区间采用递归方法对参数 k 进行估计，估计结果见表 6－5。从各样本区间的估计结果来看，OLG 模型中参数值 k 的变化规律与典型经济人模型的变化规律基本相同，但事后均值都高于典型经济人模型的估计结果。这是因为，在 OLG 模型中，每一时期居民是异质的，政府不仅在当期对现存的居民进行征税，而且在未来各期对后来出生的居民征税，因而政府未必一定要将铸币税作为一般税收的补充手段，故由一般财政盈余支持的政府债务比例估计值可能高于典型经济人模型的估计值。虽然两种模型对参数 k 的估计结果存在差异，但都表明我国的一般财政盈余并不能完全支持政府的债务水平，铸币税仍然作为税收的补充手段支持了政府债务规模的缺口，这将对物价水平的确定产生影响。

表 6－5　　　　　OLG 模型中参数 k 的不同区间估计结果

区间	事后众数	事后均值	事后分布区间
1992.1—2003.4	0.80	0.79	[0.72, 0.89]
1992.1—2008.3	0.84	0.83	[0.75, 0.91]
1992.1—2012.4	0.73	0.74	[0.71, 0.80]

另外从表 6－4 中关于死亡概率的估计结果可推算出，居民从事生产活动的有效时间为 35 年左右，从我国实际情况来看，OLG 模型的估计结果偏高，但与典型经济

人模型中从事生产活动的时间为无穷期相比,还是有现实意义的。

那么 OLG 模型和典型经济人模型到底哪个更能刻画我国的实际情况呢? 为此,我们进一步对以上两个模型进行 Bayes 比较。根据前面介绍的方法,我们计算 OLG 模型关于典型经济人模型的 Bayes 因子,即

$$B = \frac{p(Y|\text{OLG模型})}{p(Y|\text{典型经济人模型})} = e^{(349-225)} >> 100$$

对照表 5-1 给出的 Bayes 因子判断值,我们可以得出,实际数据更倾向于支持 OLG 模型。

总结以上实证结果,无论是采用典型经济人模型还是采用 OLG 模型,从不同的样本区间的估计结果可看出,我国的一般财政盈余并不能完全支持政府的全部债务,铸币税也承担了部分的支撑作用,我国的财政政策表现出非李嘉图体制的特征,财政政策的这种相对任意性对货币政策在物价水平确定中的主导性产生了重要影响。尽管不同时期财政政策影响的力度不同,但只要政府债务不能完全由一般财政盈余的贴现值支持($k \neq 1$),那么财政政策就会对货币政策在物价水平确定中的主导性产生影响,因此,物价水平的确定需要货币政策和财政政策的协调作用。

(三) 线性和非线性估计结果比较

上面对模型进行了对数线性化处理,然后再进行估计,这种方法是一阶方法,其具有计算速度快的特点,近年来随着非线性求解和估计技术的飞速发展,直接对非线性模型进行求解和估计已经成为可能,另外,我们不仅对有关变量的一阶矩感兴趣,还对高级矩感兴趣,因而下面直接对模型进行非线性估计。前面已经看到,OLG 模型非线性程度相对于典型经济人模型来说比较高,下面选择 OLG 模型为代表,表 6-6 显示的是非线性估计结果。

表 6-6　　　　　　　　　　OLG 模型的非线性估计结果

参数	先验分布	事后众数	事后均值	事后分布区间
$1-q$	$\Gamma(0.01, 0.005)$	0.0071	0.0072	[0.0051, 0.0079]
k	$B(0.6, 0.2)$	0.72	0.75	[0.70, 0.79]
dep	$N(0.025, 0.005)$	0.026	0.027	[0.025, 0.029]
ε	$\Gamma(1, 0.25)$	1.09	1.08	[1.05, 1.13]
α	$N(0.45, 0.05)$	0.44	0.43	[0.40, 0.47]

续表

参数	先验分布	事后众数	事后均值	事后分布区间
d	B (0.7, 0.15)	0.84	0.86	[0.85, 0.88]
γ	B (0.3, 0.1)	0.22	0.21	[0.19, 0.25]
h	Γ (4, 1)	5.05	5.77	[4.97, 6.69]
ϕ_m	B (0.7, 0.1)	0.67	0.68	[0.66, 0.72]
ϕ_π	Γ (0.25, 0.1)	0.14	0.16	[0.13, 0.18]
ϕ_y	Γ (0.5, 0.1)	0.30	0.31	[0.28, 0.34]
ρ^a	B (0.6, 0.2)	0.61	0.63	[0.59, 0.65]
ρ^c	B (0.6, 0.2)	0.61	0.61	[0.60, 0.63]
ρ^i	B (0.6, 0.2)	0.91	0.93	[0.89, 0.97]
ρ^g	B (0.6, 0.2)	0.65	0.65	[0.61, 0.69]
ρ^τ	B (0.6, 0.2)	0.098	0.11	[0.089, 0.13]
ρ^θ	B (0.6, 0.2)	0.55	0.53	[0.51, 0.57]
ρ^w	B (0.6, 0.2)	0.62	0.62	[0.59, 0.67]
σ^a	Γ^{-1} (0.05, ∞)	0.12	0.11	[0.09, 0.14]
σ^c	Γ^{-1} (0.05, ∞)	0.021	0.022	[0.011, 0.041]
σ^i	Γ^{-1} (0.05, ∞)	1.02	1.38	[0.98, 1.84]
σ^g	Γ^{-1} (0.05, ∞)	0.056	0.062	[0.053, 0.071]
σ^τ	Γ^{-1} (0.05, ∞)	0.28	0.33	[0.26, 0.38]
σ^θ	Γ^{-1} (0.05, ∞)	0.79	0.82	[0.66, 0.92]
σ^w	Γ^{-1} (0.05, ∞)	0.019	0.022	[0.012, 0.037]
σ^m	Γ^{-1} (0.05, ∞)	0.0083	0.0085	[0.0054, 0.0094]

注：$B(\mu,\sigma)$、$\Gamma(\mu,\sigma)$、$N(\mu,\sigma)$ 和 $\Gamma^{-1}(\mu,\sigma)$ 分别表示均值为 μ，方差为 σ 的 Beta 分布、Gamma 分布、正态分布和逆 Gamma 分布。

比较表 6-4 和表 6-6 可以看出，两种方法对参数的事后众数和事后均值的估计结果比较接近，但非线性方法估计的事后分布区间要比线性估计结果要宽，这说明非线性估计方法中不确定性产生的影响更丰富，各种不确定性本身的规模和持续性以及它们之间的相互作用等各种因素在非线性模型中对分布估计的影响比较显著。同样为比较两种方法，我们计算 Bayes 因子，即

$$B = \frac{p(Y|\text{非线性模型})}{p(Y|\text{对数线性化线性模型})} = e^{(350.1-349.3)} < 3$$

对照表 5-1 给出的 Bayes 因子判断值，我们可以得出，实际数据非常轻微地倾向于支持非线性模型，但二者差别不是太显著。

根据以上结果，下面基于计算效率的角度考虑我们采用经过对数线性的 OLG 模型来进行进一步的实证研究。

三、在物价水平的确定中货币政策和财政政策到底谁主动

以上从政府债务是否能够完全由一般财政盈余得到支持的角度讨论了财政政策在物价水平确定中的作用，并且从长期探讨了由财政政策的主导性导致铸币税作为一般税收的补充手段支撑政府债务并进而对物价水平的影响。虽然各国的实际情况表明，铸币税并不是一般税收的一个主要补充手段，但前面章节的理论结果表明，即使排除铸币税这个渠道，财政政策对物价水平的影响依然很重要，物价水平仍需要货币政策和财政政策的协调才能确定。考虑到实证中铸币税不是税收的主要来源情况，我们假设政府将铸币税通过转移支付的形式返还给居民，这样就撇开了铸币税因素，纯粹讨论货币政策和财政政策对物价水平的确定问题。

尽管 Woodford（2001）认为李嘉图体制下主动的财政政策是一种局部的非李嘉图体制财政政策（Locally Non-Recardian Fiscal Policy），非李嘉图体制下的财政政策包含的范围要广，但 Canzoneri-Cumby-Diba（2011）通过实证模拟发现，李嘉图体制下的主动财政政策在一定程度上能够很好地近似非李嘉图体制下的财政政策，因此，在以下的实证中，我们主要考虑李嘉图体制下财政政策的主动性与被动性对物价水平的影响。关于李嘉图体制下物价水平的确定问题，Leeper（1991，1993）给出了四种政策组合，一是主动的货币政策和被动的财政政策组合；二是主动的财政政策和被动的货币政策组合；三是主动的货币政策和主动的财政政策组合；四是被动的货币政策和被动的财政政策组合。前两种政策组合分别反映了物价水平决定的货币理论和财政理论，它们能够确定物价水平，第三种政策组合将会导致均衡的物价水平不存在，第四种政策组合将会导致均衡物价水平的多重解（特别是爆炸性的物价水平增长路径），因而后两种政策组合都不能稳定物价水平。

根据以上理论分析，针对前面我国的财政运行状况，我们提出的一个问题是，我国的税收对债务水平是否有足够的弹性，从而能够在保证政府日常支出的情况下，同时能够保证债务水平的稳定。

如果税收对债务水平确实有足够的弹性，那么要使经济稳定，就需要前面我们讨论的一种政策组合，即被动的财政政策与主动的货币政策组合，此时货币政策的状态应该是主动的，即货币政策规则中名义利率关于通胀率的弹性大于1。这种政策组合本质上反映了在中央银行采用主动的货币政策情况下，财政政策不能任意地选择，其必须考虑财政税收、政府支出及发债规模三者之间的跨期预算约束，只有在保证实际债务水平得到稳定的条件下，稳定物价的目的才能够真正实现。

如果税收对债务水平没有足够的弹性，尤其是，在我国的实践中政府面对经济中的不确定性经常采用相机抉择的财政政策，从而使政府支出、税收和债务水平的选择均具有相对的任意性，那么此时财政政策体现出一种主动的状态，根据前面的分析，这种主动的财政政策将会使中央银行的选择是采用被动的货币政策，即货币政策规则中名义利率关于通胀率的弹性小于1。这种政策组合本质上意味着货币政策和财政政策在稳定经济的角色进行了适当的换位，即货币政策在保证名义利率稳定的同时，保证了政府实际债务水平的稳定，而财政政策在通过相对任意的税收和支出手段调控经济的同时，由于货币政策的支持充当了稳定实体经济及物价的角色。

究竟是哪种政策组合起作用，我们仅从对于图6-1中这些指标的变化是无法得到判断的，因此需要使用前面的模型进一步进行实证和检验。

在下面的实证分析中，我们将主动的货币政策和被动的财政政策组合称之为体制1，这种体制实际上是物价水平的货币决定理论的充分体现，而将主动的财政政策和被动的货币政策组合称之为体制2，这种体制实际上是物价水平的财政决定理论的充分体现。具体来讲，在下面的税收规则和货币政策规则中：

$$\hat{\tau}_t = \gamma_b \hat{b}_{t-1} + \gamma_{by} \hat{y}_t + z_t^{\tau}$$

$$\hat{i}_t = \phi_m \hat{i}_{t-1} + (1 - \phi_m)[\phi_\pi \hat{\pi}_t + \phi_y \hat{y}_t] + \varepsilon_t^m$$

由前面对数线性化的方程可得到，体制1要求 $\gamma_b > (b^{ss}/\tau^{ss})r^{ss}$ 且 $\phi_\pi > 1$，体制2要求 $\gamma_b < (b^{ss}/\tau^{ss})r^{ss}$ 且 $\phi_\pi < 1$，这里 b^{ss}、τ^{ss} 和 r^{ss} 分别是稳态时的实际政府债务、实际税收和实际利率。

前面分析得到，稳态时的实际利率在OLG模型中满足 $r^{ss} > \frac{1}{\beta} - 1$，而在典型经济人模型中满足 $r^{ss} = \frac{1}{\beta} - 1$，因此，与Leeper（1991，1993）典型经济人模型得到的结论不同的是，在 OLG 模型中要完全刻画税收规则中税收关于债务的弹性 γ_b 所在的范围更加复杂，并不能单由贴现率 β 来刻画，但基本上来看，体制 1 要求 γ_b 大于某个临界值，体制 2 要求 γ_b 小于该临界值。针对这两种体制分别对模型进行 Bayes 估计，估计结果分别见表 6-7 和表 6-8。

表 6-7　　　　　　　　　体制 1 下模型参数的估计结果

参数	先验分布	事后众数	事后均值	事后分布区间
$1-q$	$\Gamma(0.01, 0.005)$	0.0086	0.0062	[0.0038, 0.0092]
dep	$N(0.025, 0.005)$	0.027	0.028	[0.026, 0.029]
ε	$\Gamma(1, 0.25)$	1.19	1.32	[1.14, 1.50]
α	$N(0.45, 0.05)$	0.43	0.44	[0.42, 0.46]
d	$B(0.7, 0.15)$	0.46	0.39	[0.31, 0.65]
γ	$B(0.3, 0.1)$	0.33	0.31	[0.27, 0.35]
h	$\Gamma(4, 1)$	2.75	2.56	[2.23, 2.88]
ϕ_m	$B(0.7, 0.1)$	0.93	0.93	[0.89, 0.97]
ϕ_π	$\Gamma(1.5, 0.3)$	2.02	2.15	[1.91, 2.38]
ϕ_y	$\Gamma(0.5, 0.1)$	0.34	0.40	[0.31, 0.46]
γ_b	$\Gamma(0.15, 0.05)$	0.13	0.16	[0.12, 0.19]
γ_{by}	$\Gamma(0.1, 0.05)$	0.049	0.050	[0.039, 0.059]
ρ^a	$B(0.6, 0.2)$	0.69	0.73	[0.65, 0.85]
ρ^c	$B(0.6, 0.2)$	0.53	0.67	[0.47, 0.84]
ρ^i	$B(0.6, 0.2)$	0.51	0.49	[0.42, 0.55]
ρ^g	$B(0.6, 0.2)$	0.36	0.33	[0.24, 0.42]
ρ^τ	$B(0.6, 0.2)$	0.30	0.22	[0.17, 0.43]
ρ^θ	$B(0.6, 0.2)$	0.76	0.84	[0.74, 0.94]
ρ^w	$B(0.6, 0.2)$	0.75	0.83	[0.73, 0.92]
σ^a	$\Gamma^{-1}(0.05, \infty)$	0.11	0.10	[0.061, 0.19]
σ^c	$\Gamma^{-1}(0.05, \infty)$	0.073	0.33	[0.049, 0.70]
σ^i	$\Gamma^{-1}(0.05, \infty)$	0.33	0.38	[0.30, 0.45]
σ^g	$\Gamma^{-1}(0.05, \infty)$	0.054	0.057	[0.048, 0.067]
σ^τ	$\Gamma^{-1}(0.05, \infty)$	0.069	0.070	[0.062, 0.079]
σ^θ	$\Gamma^{-1}(0.05, \infty)$	0.10	0.33	[0.079, 0.76]
σ^w	$\Gamma^{-1}(0.05, \infty)$	0.023	0.045	[0.011, 0.10]
σ^m	$\Gamma^{-1}(0.05, \infty)$	0.0059	0.0061	[0.0057, 0.0065]

注：(1) $B(\mu,\sigma)$、$\Gamma(\mu,\sigma)$、$N(\mu,\sigma)$ 和 $\Gamma^{-1}(\mu,\sigma)$ 分别表示均值为 μ、方差为 σ 的 Beta 分布、Gamma 分布、正态分布和逆 Gamma 分布。(2) 体制 1 代表主动的货币政策和被动的财政政策组合。

表 6-8　　　　　　　　　体制 2 下模型参数的估计结果

参数	先验分布	事后众数	事后均值	事后分布区间
$1-q$	$\Gamma(0.01, 0.005)$	0.0073	0.0069	[0.0061, 0.0079]
dep	$N(0.025, 0.005)$	0.023	0.023	[0.022, 0.025]
ε	$\Gamma(1, 0.25)$	1.23	1.24	[1.20, 1.29]
α	$N(0.45, 0.05)$	0.51	0.51	[0.48, 0.52]
d	$B(0.7, 0.15)$	0.69	0.69	[0.66, 0.72]
γ	$B(0.3, 0.1)$	0.16	0.18	[0.15, 0.20]
h	$\Gamma(4, 1)$	3.76	3.67	[3.59, 3.88]
ϕ_m	$B(0.7, 0.1)$	0.63	0.63	[0.61, 0.65]
ϕ_π	$\Gamma(0.5, 0.1)$	0.46	0.47	[0.44, 0.48]
ϕ_y	$\Gamma(0.5, 0.1)$	0.55	0.57	[0.54, 0.61]
γ_b	$\Gamma(0.005, 0.001)$	0.0048	0.0049	[0.0046, 0.0050]
γ_{by}	$\Gamma(0.1, 0.05)$	0.12	0.13	[0.11, 0.14]
ρ^a	$B(0.6, 0.2)$	0.93	0.93	[0.91, 0.96]
ρ^c	$B(0.6, 0.2)$	0.27	0.21	[0.16, 0.29]
ρ^i	$B(0.6, 0.2)$	0.21	0.17	[0.12, 0.23]
ρ^g	$B(0.6, 0.2)$	0.54	0.52	[0.49, 0.56]
ρ^τ	$B(0.6, 0.2)$	0.61	0.59	[0.55, 0.63]
ρ^θ	$B(0.6, 0.2)$	0.033	0.046	[0.011, 0.075]
ρ^w	$B(0.6, 0.2)$	0.49	0.45	[0.36, 0.52]
σ^a	$\Gamma^{-1}(0.05, \infty)$	0.016	0.017	[0.011, 0.023]
σ^c	$\Gamma^{-1}(0.05, \infty)$	0.35	0.35	[0.29, 0.39]
σ^i	$\Gamma^{-1}(0.05, \infty)$	0.16	0.15	[0.13, 0.18]
σ^g	$\Gamma^{-1}(0.05, \infty)$	0.058	0.058	[0.050, 0.064]
σ^τ	$\Gamma^{-1}(0.05, \infty)$	0.061	0.062	[0.054, 0.071]
σ^θ	$\Gamma^{-1}(0.05, \infty)$	0.26	0.25	[0.20, 0.30]
σ^w	$\Gamma^{-1}(0.05, \infty)$	0.022	0.038	[0.012, 0.065]
σ^m	$\Gamma^{-1}(0.05, \infty)$	0.0092	0.0097	[0.0084, 0.011]

注：(1) $B(\mu,\sigma)$、$\Gamma(\mu,\sigma)$、$N(\mu,\sigma)$ 和 $\Gamma^{-1}(\mu,\sigma)$ 分别表示均值为 μ、方差为 σ 的 Beta 分布、Gamma 分布、正态分布和逆 Gamma 分布。(2) 体制 2 代表主动的财政政策和被动的货币政策组合。

为清楚地比较两种体制下的估计结果，表 6-9 列出了两种体制下模型中一些共同的行为参数的事后估计结果（这里我们主要从参数估计的事后众数和事后均值两方面来比较，详细的参数事后分布区间见表6-7和表6-8）。

表6-9　　　　　　　　两种体制下行为参数事后估计结果的比较

参数	事后众数的估计值		事后均值的估计值	
	体制1	体制2	体制1	体制2
$1-q$	0.0086	0.0073	0.0062	0.0069
dep	0.027	0.023	0.028	0.023
ε	1.19	1.23	1.32	1.24
α	0.43	0.51	0.44	0.51
d	0.46	0.69	0.39	0.69
γ	0.33	0.16	0.31	0.18
h	2.75	3.76	2.56	3.67
ϕ_m	0.93	0.63	0.93	0.63
ϕ_y	0.34	0.55	0.40	0.47
γ_{by}	0.049	0.12	0.050	0.13
ρ^a	0.69	0.93	0.73	0.93
ρ^c	0.53	0.27	0.67	0.21
ρ^i	0.51	0.21	0.49	0.17
ρ^g	0.36	0.54	0.33	0.52
ρ^τ	0.30	0.61	0.22	0.59
ρ^θ	0.76	0.033	0.84	0.046
ρ^w	0.75	0.49	0.83	0.45
σ^a	0.11	0.016	0.10	0.017
σ^c	0.073	0.35	0.072	0.35
σ^i	0.33	0.16	0.38	0.15
σ^g	0.054	0.058	0.057	0.058
σ^τ	0.069	0.061	0.070	0.062
σ^θ	0.10	0.26	0.33	0.25
σ^w	0.023	0.022	0.045	0.038
σ^m	0.0059	0.0092	0.0061	0.0097

注：体制1代表主动的货币政策和被动的财政政策组合，体制2代表主动的财政政策和被动的货币政策组合。

从表 6-9 可以得出以下结论：(1) 从死亡概率的估计结果来看，两种体制下模型中推算出的从事生产活动的有效时间均在 30 年以上，都比较偏高，二者相差 5 年左右。(2) 资本折旧率折成年率在体制 1 的估计值为 11% 左右，在体制 2 下的估计值为 9% 左右，二者的估计值基本在 10% 附近。(3) 劳动力供给弹性值在两种体制下的估计值均大于 1，且比较接近。(4) 生产函数中产出关于资本的弹性在体制 1 下的估计值在 45% 左右，体制 2 的估计值在 50% 左右，两者相差 5% 左右。(5) 厂商调整价格的平均期限在体制 1 的估计值偏低，不到 2 个季度，而体制 2 的估计结果基本适中，为 3.3 个季度左右。虽然在体制 1 下厂商调价的频率比体制 2 快，但厂商调价时盯住前期通胀率的权重在体制 1 的估计值在 0.3 左右，明显高于体制 2 的估计值（不到 0.2），因此，两种体制下名义刚性到底哪个强很难断定。(6) 两种体制下存在的实际刚性比较接近。(7) 货币政策的惯性在体制 1 下的估计结果比体制 2 强。(8) 从货币政策规则和财政政策规则的估计结果来看，货币政策和财政政策均对产出的变化进行反映，但在体制 2 下政策调整的力度要比体制 1 强。(9) 对于外部冲击，总需求冲击、投资冲击、价格加成率冲击和工资加成率冲击在体制 1 下不仅持续性比体制 2 强，且冲击强度也比较大；生产率冲击、政府支出冲击和税收冲击的持续性和强度在体制 2 下均比体制 1 要强；货币冲击的强度在两种体制的估计结果基本相当，但在体制 1 下的持续性要比体制 2 强。

再来看两种体制下政策规则中参数 γ_b 和 ϕ_π 的估计结果，从表 6-10 中可以看出，在体制 1 下，货币政策规则中名义利率关于通胀率的弹性在 2 左右，明显大于 1，税收规则中税收关于债务水平的弹性在 0.15 左右；而在体制 2，货币政策规则中名义利率关于通胀率的弹性小于 1，在 0.5 左右，税收规则中税收关于债务水平的弹性非常小，小于 0.005。因此，两种体制都有可能存在，那么，两种体制到底谁占优呢？

表 6-10　　　　　　　两种体制下政策规则事后估计结果的比较

参数	事后众数的估计值		事后均值的估计值	
	体制 1	体制 2	体制 1	体制 2
ϕ_π	2.02	0.46	2.15	0.47
γ_b	0.13	0.0048	0.16	0.0049

注：体制 1 代表主动的货币政策和被动的财政政策组合，体制 2 代表主动的财政政策和被动的货币政策组合。

为进一步比较两种体制到底谁占优,我们对这两个模型进行 Bayes 比较。首先计算体制 2 模型关于体制 1 模型的 Bayes 因子,即

$$B_{21} = \frac{p(Y|M_2)}{p(Y|M_1)} = e^{(530.08-527)} = 21.76$$

对照表 5-1 给出的 Bayes 因子判断值可以得出,体制 2 模型得到较强的支持,但并不能完全拒绝体制 1 模型。Bayes 因子方法是一种模型比较的方法,为进一步验证上面的结论,我们再采用计算两个模型的事后概率方法来比较两个模型,两种体制下模型的事后概率计算结果见表 6-11。

表 6-11 两种体制下模型的事后概率

先验概率		事后概率	
体制 1	体制 2	体制 1	体制 2
0.95	0.05	0.48	0.52
0.9	0.1	0.31	0.69
0.8	0.2	0.19	0.81
0.7	0.3	0.13	0.87
0.6	0.4	0.10	0.90
0.5	0.5	0.084	0.916
0.4	0.6	0.071	0.929
0.3	0.7	0.062	0.938
0.2	0.8	0.054	0.946
0.1	0.9	0.049	0.951

注:体制 1 代表主动的货币政策和被动的财政政策组合,体制 2 代表主动的财政政策和被动的货币政策组合。

从表 6-11 可以看出,随着对体制 1 模型先验概率的下降和对体制 2 模型先验概率的上升,体制 1 模型的事后概率迅速下降,而体制 2 模型的事后概率却迅速上升。如果我们最初对两种体制下的模型没有偏好,即对体制 1 和体制 2 下的模型先验概率均为 50%,那么从事后概率的估计值来看,体制 1 模型的事后概率仅为 8.4%,而体

制2模型的事后概率则达到91.6%。即使我们先验地非常偏好体制1模型，给出其先验概率为95%，而体制2模型的先验概率仅为5%，但从计算的事后概率来看，体制1模型的事后概率也只有48%，而体制2模型的事后概率却为52%。因此，两种体制比较，实际数据更支持体制2。

基于以上实证检验，我们断定，我国的政策体制主要表现为主动的财政政策和被动的货币政策组合体制，这种体制实际上是物价水平的财政决定理论的充分体现。因此在这种体制下，主动的财政政策在通过相机抉择的税收和支出手段调控经济的同时，由于被动的货币政策的支持，政府的实际债务水平得到了稳定，从而保证了实体经济及物价的稳定。

第四节　物价水平决定机制对经济的影响及有关情景分析

无论是否存在铸币税，上一节对我国的实证研究表明，财政政策对我国的物价水平的确定起着重要作用。如果不考虑铸币税，根据前面的 Bayes 估计结果，我们断定我国的政策体制体现为主动的财政政策与被动的货币政策组合（即体制2），在这种体制下，我们下面将对几种经济冲击对实体经济及物价的影响进行模拟分析，从而了解该体制的主要特性。同时为比较起见，我们也在体制1（即主动的货币政策和被动的财政政策组合）对几种经济冲击对实体经济及物价的影响进行模拟分析，这样我们就可以进一步清楚地分析和比较两种体制的优缺点。

一、税收增加对经济的影响

由前面可知，2004—2008年，我国的财政政策呈现出略微偏紧的状态，财政收入的增长快于财政支出的增长，基本赤字快速下降，尤其是在2007年财政赤字转化为财政盈余。针对该情况，下面比较两种体制下财政收支改善对经济的影响。具体来说，假设政府支出保持原来的水平，而税收受到一个冲击，使税收比原来的水平增加1个百分点，在两种体制下的模拟结果见图6-2。

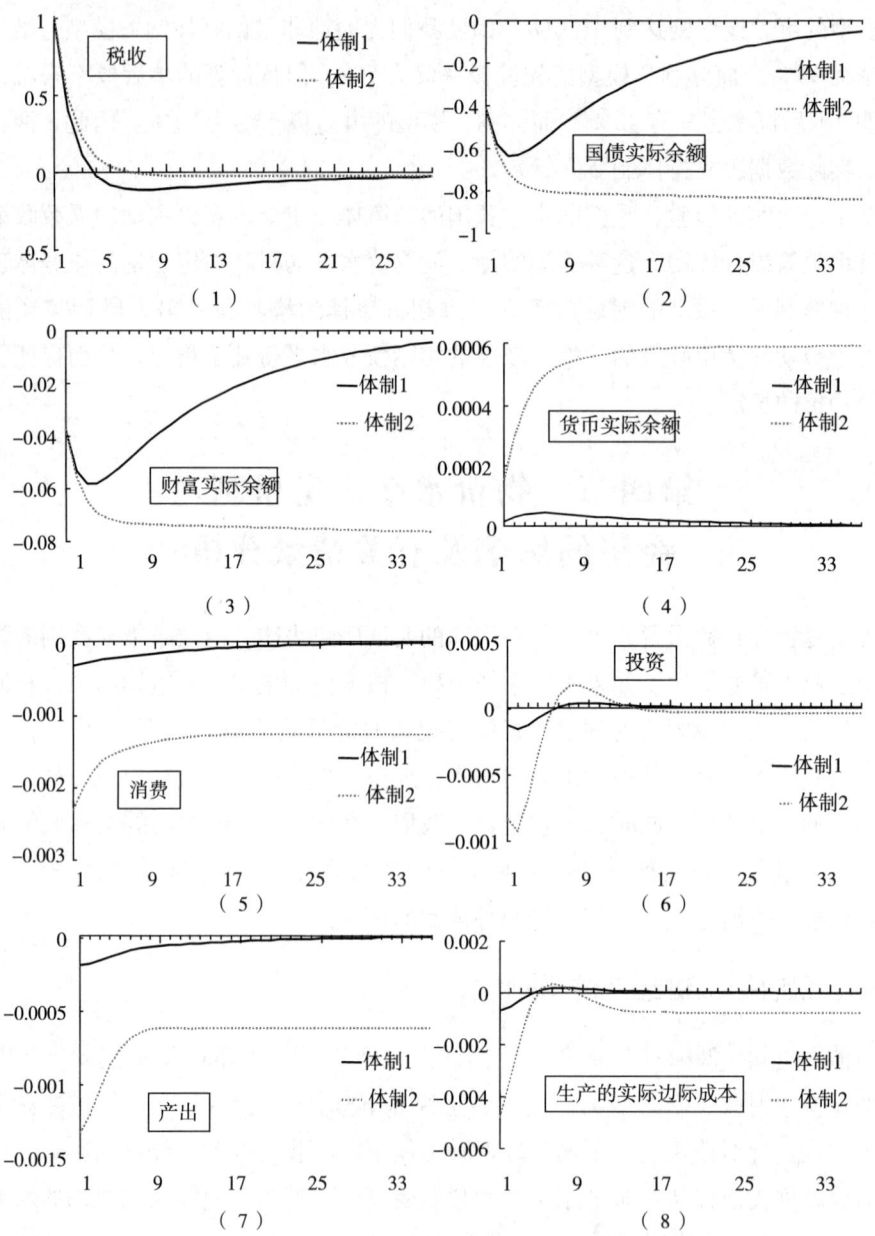

图 6-2 税收增加对经济的影响

注：横轴单位为季度，纵轴单位为百分比。体制1对应主动的货币政策和被动的财政政策组合，体制2对应主动的财政政策和被动的货币政策组合。

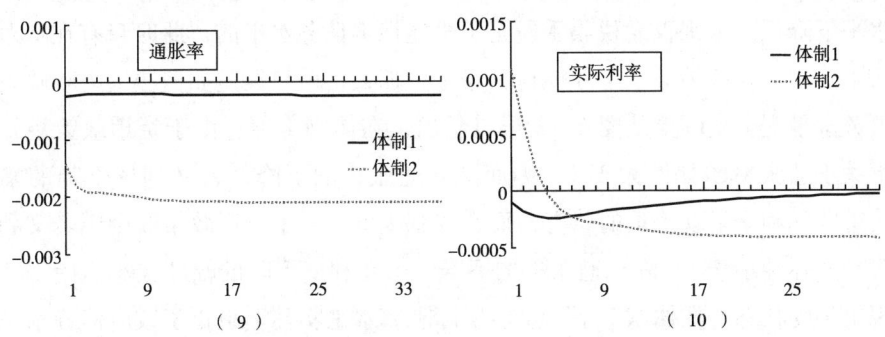

图 6-2 税收增加对经济的影响（续）

注：横轴单位为季度，纵轴单位为百分比，体制 1 对应主动的货币政策和被动的财政政策组合，体制 2 对应主动的财政政策和被动的货币政策组合。

由于我们采用的模型体现了交迭世代模型的特征，因而在每个时期，居民是由不同时代的人组成，这样提高税收对不同时代的居民将具有不同的影响，具有分配效应。对于年轻一代的居民，在理性预期的前提下，他们针对目前税收的提高，预期政府将来可能减税，从而在考虑跨期替代效应后，他们的消费行为可能受到的影响很小，即会出现 Barro（1974）的李嘉图等价效应（Ricardian-Equivalence Effects）；而对于年长一代的居民，即使他们预期政府将来可能减税，但由于继续生存的概率逐步减小，因而他们预期未来享受减税带来的好处的效应逐步减小，从而目前税收的提高将会使他们的消费下降。从加总结果来看，当期税收的提高，将使消费出现下降的趋势。

提高税收对投资需求也产生了影响，使投资产生了下降的趋势；随着消费需求和投资需求的下降，总需求开始下降，从而使产出也出现了下降的趋势。总需求的下降使劳动力需求和资本需求下降，从而对生产要素的价格（工资和资本收益率）产生下降的压力，这样生产的实际边际成本开始下降，这无疑对通胀率产生向下的压力。

比较两种体制，从图 6-2 我们可以看出，提高税收对经济的影响具有不同的特征。

在主动的货币政策和被动的财政政策组合（即体制 1）下，当期税收的提高使政府债务水平产生了下降的趋势，由于税收对债务水平有足够的弹性，因而随着政府债务水平的下降，未来税收将会进一步下降，这样最终政府就可以通过足够的税收稳定其债务规模，使其恢复到原先的水平。可是在主动的财政政策和被动的货币政策组合（即体制 2）下，由于税收对债务水平的弹性非常小，从而在当期税收的提高使政府债务水平下降后，未来仅靠税收手段是不可能稳定债务水平的，此时只有在货币政策的支持下，未来政府债务水平才能得到稳定。那么货币政策是如何协助财政政策稳定政府债务水平呢？实际上从图 6-2 可以看出，在体制 1 下，由于货币政策规则中名义利率关于通胀率的弹性大于 1，因而随着通胀率的下降，名义利率下降的幅度更大，使得实际利率呈现出负的状态；而在体制 2 下，由于货币政策规则中名义利率关于通胀率的弹性小于 1，随着通胀率的下降，名义利率下降的幅度较小，使得实际利率呈现出正的状态。在体制 2 下，正的实际利率水平实际上阻止了政府债务水平的进一步下降，从而使政府债务水平稳定在一定的水平。

虽然在两种体制下，政府债务水平都得到了稳定，但我们从图 6-2 可以看出，政府债务水平最终不是在同一个水准上。在体制 1 下，政府债务规模最终恢复到原先的水平，而在体制 2 下，政府债务规模最终下降到一个新的平台上。

模型中假设居民持有的金融财富包括货币和政府债券，虽然随着名义利率的下降，居民对货币的需求有所上升，但由于居民对政府债券的需求下降幅度较大，因而总的来看，居民的财富实际余额仍然呈现下降的趋势。同样我们比较两种体制可以看出，居民的财富实际余额最终不是在同一个水准上。在体制 1 下，居民的财富实际余额最终恢复到原先的水平，而在体制 2 下，居民的财富实际余额最终下降到一个新的平台上。

在交迭世代模型中，财富效应是一个不可忽视的因素，而从上面的分析中可以看出，两种体制下居民的财富实际余额最终达到的平台不同，因而财富效应在两种体制的体现也不尽相同。在体制 1 下，财富效应对消费和产出的影响是暂时的，最终随着财富实际余额逐渐恢复到原先的水平，消费和产出也将恢复到初始的状态；而在体制 2 下，财富效应对消费和产出的影响却是永久的，随着财富实际余额最终下降到一个新的平台，消费和产出不会恢复到初始的状态，其将下降到一个新的平台。相应地，生产的实际边际成本及通胀率在体制 2 下也将最终下降到一个新的平台。

总结以上两种体制的模拟结果可以看出，虽然税收仅仅受到一个暂时的冲击，但该冲击在两种体制下产生的影响却是不完全相同的。在主动的货币政策和被动的财政政策组合的体制下，该暂时性冲击对实体经济和物价的影响是暂时的，而在主动的财政政策和被动的货币政策组合的体制下，该暂时性冲击对实体经济和物价的影响却是永久的。

基于以上模拟，我们再回过头来考虑 2004—2007 年的实际情况。前面的 Bayes

估计结果已经表明,我国的政策体制主要表现为主动的财政政策和被动的货币政策组合,因此在这种体制下,由于自2004年以来我国的财政收入相对财政支出来说具有明显加快的趋势,因而这种财政收支的改善,特别是财政赤字规模的减小势必对抑制这一轮经济过热产生不可忽视的作用。当然在这一轮经济周期中,我国也采取了其他的相关经济紧缩政策,但毋庸置疑,在此期间稳健而较偏紧的财政政策对抑制经济过热及稳定物价也起到了很重要的作用。

二、提高利率对经济的影响

在2004—2007年这一轮经济周期中,我国除了采用稳健而较偏紧的财政政策外,中央银行也采用了偏紧的货币政策,特别是在此期间中央银行数次提高了名义利率。针对这种实际情况,我们下面设计一种情景模拟来分析和比较两种体制下提高名义利率对经济的影响。具体来说,假设中央银行在原来的基础上将名义利率提高1个百分点,采用上面介绍的模型在两种体制下对这种冲击进行模拟,模拟结果见图6-3。

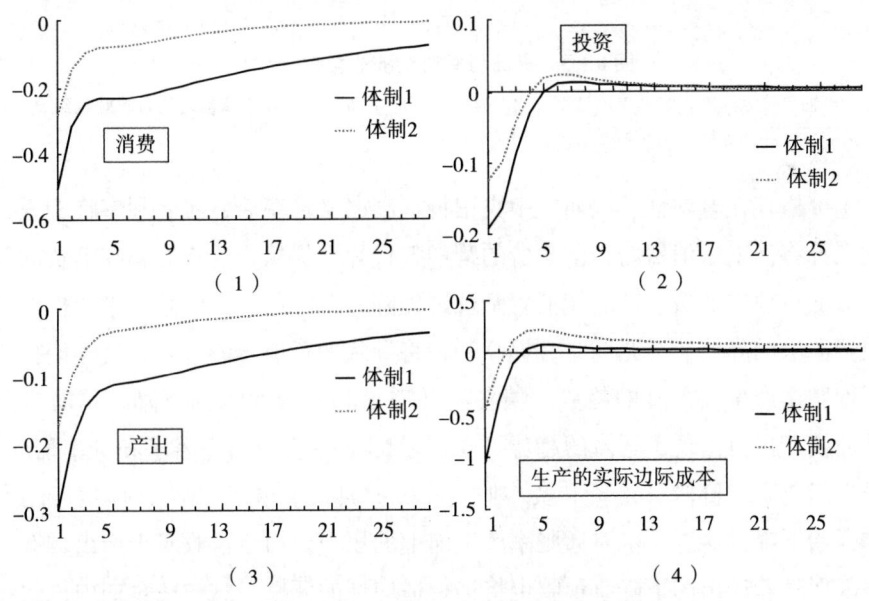

图6-3 提高利率对经济的影响

注:横轴单位为季度,纵轴单位为百分比。体制1对应主动的货币政策和被动的财政政策组合,体制2对应主动的财政政策和被动的货币政策组合。

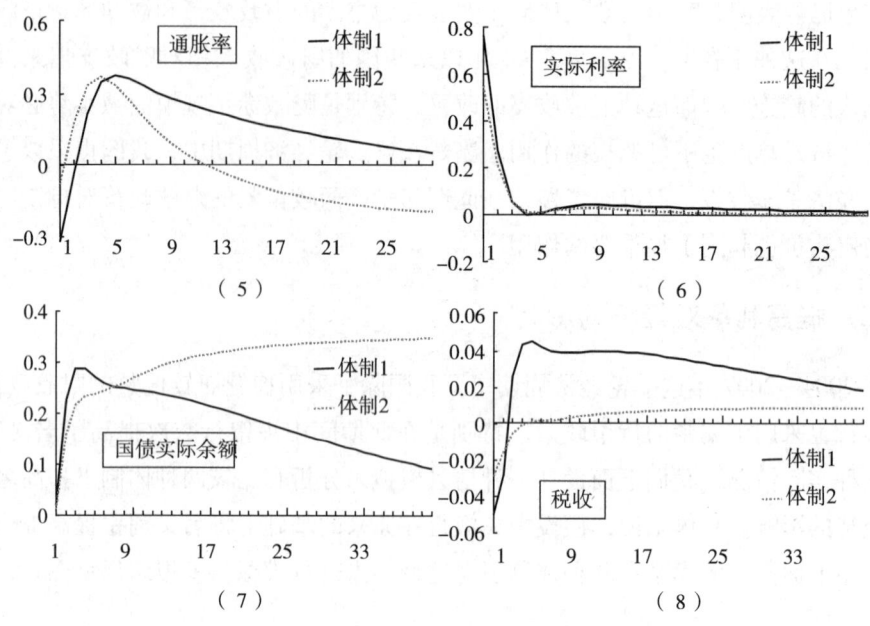

图 6-3 提高利率对经济的影响（续）

注：横轴单位为季度，纵轴单位为百分比。体制 1 对应主动的货币政策和被动的财政政策组合，体制 2 对应主动的财政政策和被动的货币政策组合。

由于价格存在着粘性，因而在中央银行提高名义利率后，实际利率将上升，实际利率的上升将使未来消费与目前消费的跨期替代弹性提高，这样居民在消费的跨期决策时将降低目前的消费，从而使消费呈现出先降后升的趋势，但总的来看提高利率将导致消费需求的降低。与此同时，提高利率将导致融资成本的上升，这样使投资需求受到了抑制，产生了下降的趋势。随着消费需求和投资需求的下降，总需求开始下降，从而使产出也出现了下降的趋势。总需求的下降使劳动力需求和资本需求下降，从而对生产要素的价格（工资和资本收益率）产生下降的压力，这样生产的实际边际成本开始下降，这进一步对通胀率产生向下的压力。由于税收对于产出具有一定的弹性，因而随着产出的下降，税收也将进行适应性的调整，这样在短期内税收将呈现下降的趋势。名义利率的提高将使政府债务的利息负担加重，加之短期内税收下降的影响，政府为维持政府支出的原有水平势必将增加债券的发行规模，这样将使政府的债务水平上升。

比较两种体制，从图中我们可以看出，提高名义利率对经济的影响具有不同的特征。

由于在主动的货币政策和被动的财政政策组合（即体制1）下，货币政策规则中名义利率关于通胀率的弹性大于1，而在主动的财政政策和被动的货币政策组合（即体制2）下该弹性小于1，因而两种体制相比较而言，实际利率在体制1下上升的幅度要高于在体制2下上升的幅度，这也意味着政府债务的利息负担在体制1下要比在体制2下严重。

虽然在体制1下政府债务的利息负担相对来说比较严重，但在该体制下由于税收对债务水平有足够的弹性，因而随着政府债务水平的上升，未来税收将会上升，这样最终政府就可以通过足够的税收稳定其债务规模，使其恢复到原先的水平。可是在体制2下，由于税收对债务水平的变化缺乏弹性，从而面对政府债务水平的上升，未来仅靠税收手段是不可能稳定债务水平的，此时只有在货币政策的支持下，未来政府债务水平才能得到稳定。货币政策协助财政政策稳定政府债务水平的主要手段是使实际利率保持在较低的水平。尽管在两种体制下，政府债务水平都得到了稳定，但我们从图6-3可以看出，政府债务水平最终不是在同一个水准上。在体制1下，政府债务规模最终恢复到原先的水平，而在体制2下，政府债务规模最终上升到一个新的平台上。相应地，居民的财富实际余额在体制1下将最终恢复到原先的水平，而在体制2下，居民的财富实际余额最终将上升到一个新的平台上。由于两种体制下居民的财富实际余额最终达到的平台不同，因而财富效应在两种体制的体现也不尽相同。在体制1下，财富效应对经济的影响是暂时的，而在体制2下，财富效应对经济的影响却是永久的。特别需要注意的是，中央银行本意是通过提高利率使经济降温，但因政府债务水平上升带来的正的财富效应却会产生一定的抵消作用，而且这种抵消作用在体制2具有更强的持续性，因而在体制2下提高利率对抑制通胀率的效果是非常弱的。

基于该模拟再来考虑2004—2007年的实际情况。虽然中央银行在此间数次提高了名义利率，但在主动的财政政策和被动的货币政策组合体制下，提高利率使经济降温的效应会受到财富效应抵消作用的影响，且这种抵消作用的影响在稳定物价方面表现得尤为突出。产生这种情况的根本原因是该体制本质上体现了物价水平的财政决定理论，在该体制下货币政策和财政政策在稳定经济的角色方面进行了适当的换位，即货币政策客观上充当了稳定政府债务水平的角色，而财政政策在此支持下通过相机抉择的拟周期调控措施，充当了稳定经济的角色。

三、扩大政府支出及降低税收对经济的影响

在2007年金融风暴的影响下，我国为防止经济下滑采取了扩张性的财政政策，针对这种情况，我们下面设计一种情景模拟来分析和比较两种体制下扩大政府支出及降低税收对经济的影响。具体来说，假设在原来的基础上政府支出增加1个百分点，同时税收降低1个百分点，采用上面介绍的模型在两种体制下对这种冲击进行模拟，模拟结果见图6-4。

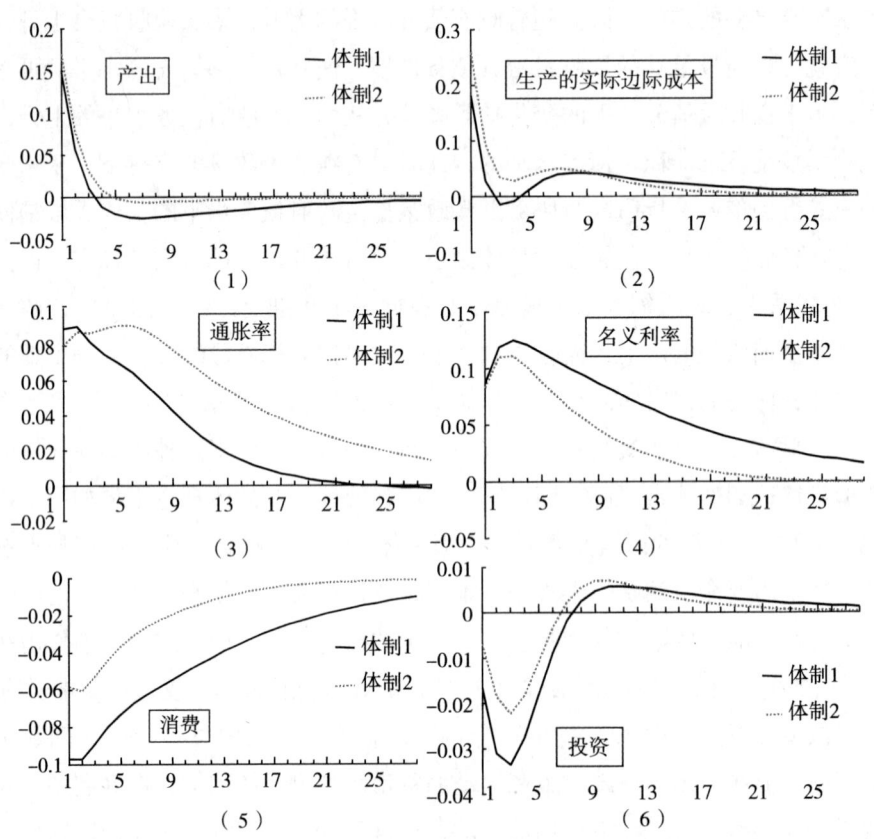

图6-4 扩大政府支出及降低税收对经济的影响

注：横轴单位为季度，纵轴单位为百分比。体制1对应主动的货币政策和被动的财政政策组合，体制2对应主动的财政政策和被动的货币政策组合。

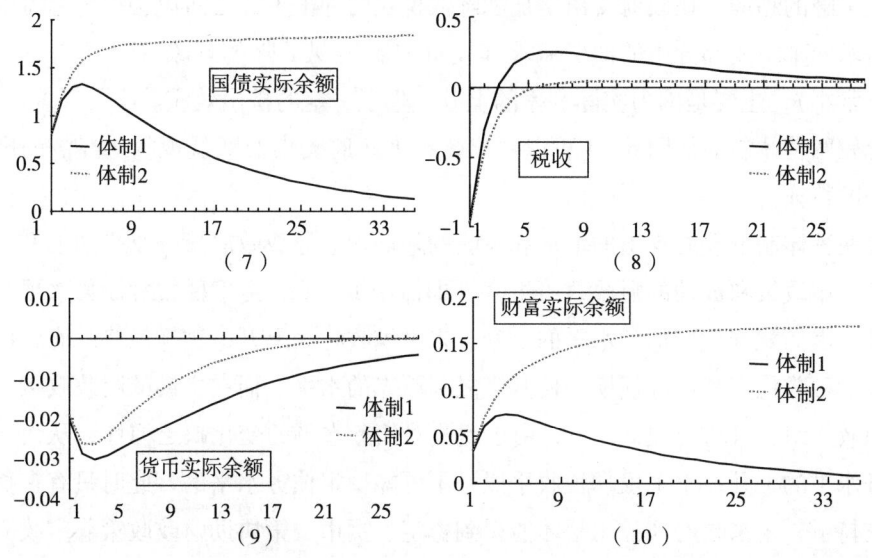

图 6-4 扩大政府支出及降低税收对经济的影响（续）

注：横轴单位为季度，纵轴单位为百分比。体制 1 对应主动的货币政策和被动的财政政策组合，体制 2 对应主动的财政政策和被动的货币政策组合。

从图 6-4 可以看出，随着政府支出的增加和税收的降低，总需求将增加，从而使产出增加。总需求的增加使劳动力需求和资本需求上升，从而对生产要素的价格（工资和资本收益率）产生上升的压力，这样生产的实际边际成本开始上升，这进一步对通胀率产生向上的压力。面对产出的增加和通胀率的上升，中央银行将提高名义利率。政府支出的增加、税收的降低及名义利率的上升，将会导致政府债务水平的上升。虽然随着名义利率的上升，居民对货币的需求有所下降，但由于居民对政府债券的需求上升幅度较大，因而总的来看，居民的财富实际余额呈现上升的趋势。居民的消费不仅受到财富效应的影响，而且还受到跨期替代效应的影响。在价格存在粘性的条件下，随着名义利率的上升，实际利率将上升，实际利率的上升将使未来消费与目前消费的跨期替代弹性提高，这样居民在消费的跨期决策时将降低目前的消费。尽管财富效应对居民的消费有正的影响，但跨期替代效应却对消费有负的影响，从图 6-4 可以看出两者影响的最终结果是跨期替代效应占主导作用，因而消费呈现出下降的趋势。与此同时，利率的上升将导致融资成本的上升，这样使投资需求受到了抑制，产生了下降的趋势。在政府支出增加和降低税收的冲击下，之所以会产生总需求上升而总需求两个组成部分中的消费需求和投资需求出现下降的现象（虽然二者下降的幅度非常小），主要是因为实际利率的上升产生了一定的挤出效应。

比较两种体制，从图6-4可以看出，扩大政府支出及降低税收对经济的影响具有不同的特征。

在两种体制下政府支出的增加和税收的降低均会导致政府债务水平的上升，但在主动的货币政策和被动的财政政策组合（即体制1）下，由于税收对债务水平有足够的弹性，因而随着政府债务水平的上升，未来税收将会上升，这样最终政府就可以通过足够的税收稳定其债务规模，使其恢复到原先的水平。而在主动的财政政策和被动的货币政策组合（即体制2）下，由于税收对债务水平的变化缺乏弹性，从而面对政府债务水平的上升，未来仅靠税收手段是不可能稳定债务水平的，此时只有在货币政策的支持下，未来政府债务水平才能得到稳定。货币政策协助财政政策稳定政府债务水平的主要手段是使实际利率保持在较低的水平。尽管在两种体制下，政府债务水平都得到了稳定，但我们从图6-4可以看出，政府债务水平最终不是在同一个水准上。在体制1下，政府债务规模最终恢复到原先的水平，而在体制2下，政府债务规模最终上升到一个新的平台上。相应地，居民的财富实际余额在体制1下将最终恢复到原先的水平，而在体制2下，居民的财富实际余额最终将上升到一个新的平台上。由于两种体制下居民的财富实际余额最终达到的平台不同，因而财富效应在两种体制的体现也不尽相同。在体制1下，财富效应对经济的影响是暂时的，而在体制2下，财富效应对经济的影响却是永久的，特别地，在体制2下这种扩张性财政政策导致的通胀率上升具有更强的持续性。因此，这种政策对抑制通货紧缩具有较好的效果。

总结以上情景分析可以看出，无论是在哪种体制，要使经济稳定，一个关键因素是必须保证政府部门的跨期预算等式得到满足，这样才能保证政府的债务水平得到稳定。在两种体制下，保证政府债务水平稳定的机制是不同的。

在主动的货币政策和被动的财政政策组合体制下，政府在财政税收、政府支出及发债规模方面充分考虑了政府的跨期预算约束，这样财政部门完全可以通过自身的收支调节手段使其债务水平得到充分的支持，从而保证了政府债务水平的稳定。在这种情况下，财政政策在稳定经济方面的作用是一种隐性和间接的作用，其首要任务客观上说是稳定其债务水平，在此支持下，货币政策使用其各种调控手段，充分发挥其调控经济的主动作用,从而充当了稳定经济的重要角色。

在主动的财政政策和被动的货币政策组合体制下,政府支出、税收和债务水平的选择具有相对的任意性,这样财政部门并不能完全通过自身的收支调节手段使其债务水平得到充分的支持,而是必须依靠货币政策的帮助来维持其债务水平的稳定。在这种情况下,货币政策的作用客观上来说是被动地协助财政政策维持政府的债务水平,在此支持下,财政政策充分发挥其相机抉择的拟周期调控经济作用,从而在稳定经济方面起到一种显性和直接的作用。

无论是哪种体制,都需要货币政策与财政政策的协调和配合,才能使经济最终得到稳定。在实践中,我们应针对货币政策与财政政策在两种体制充当的角色来制定相应的措施,这样才能使政策措施充分发挥其应尽的职责,并使效用真正到位。

第五节 我国物价水平波动的根源分析

对于宏观调控者而言,要使物价达到期望的调控水平,不仅要关注物价水平的确定,从而把握物价的运行平台,而且要关注物价水平的波动,从而把握物价运行路径的变化情况,这样才能使物价平稳地达到预期的调控水平。另外,物价水平的波动是与社会福利函数息息相关的,通过考察物价水平的波动情况并找出影响物价水平波动的根源,可为经济政策的选择及比较提供依据。

针对我国而言,伴随着经济发展模式的转变及经济政策和制度的不断调整,影响我国物价水平波动的因素更多,影响的机制也更为复杂。故此,对我国物价水平的波动进行分析,判断和识别我国物价水平波动的根源,对经济政策制定、经济结构的调整均具有重要意义。基于以上考虑,本节进一步对影响我国物价水平波动的各种经济冲击进行有效的识别,找出影响我国物价水平波动的主要因素,进而为稳定物价水平的政策决策提供有力的支持。

在前面实证采用的 OLG 模型中,我们已经从理论上对各种外部冲击进行了识别并根据实际数据进行了估计。模型中包括的外部冲击主要有 8 项,分别是生产率冲击 (ε_t^a)、总需求冲击 (ε_t^c)、投资冲击 (ε_t^i)、价格加成率冲击 (ε_t^p)、工资加成率冲击 (ε_t^w)、政府支出冲击 (ε_t^g)、税收冲击 (ε_t^τ) 及货币冲击 ε_t^m。为了讨论的方便,我们对这些冲击进行重新分类,分为供给冲击、需求冲击、货币冲击和财政冲击四类。供给冲击包括生产率冲击以及价格和工资加成率冲击三项（ε_t^a、ε_t^θ、ε_t^w），其中，生产率冲击是反映实体经济方面的供给冲击，而价格和工资加成率冲击分别反映了由价格和工资粘性导致的中间产品成本或劳动力成本的名义成本冲击。需求冲击包括影响消费和投资的冲击，在上面的模型我们分别称之为总需求冲击（ε_t^c）和投资冲击（ε_t^i），虽然政府支出冲击也属于需求冲击，但此处我们在下面对比货币政策和财政政策对物价水平波动的影响，我们把它化为财政冲击。财政冲击包括政府支出冲击（ε_t^g）和税收冲击（ε_t^τ）。货币冲击 ε_t^m 单列为一项。按照前面介绍的误差分解分析方法，表 6 – 12 是两种体制下物价水平波动的影响因素分析结果。

表 6 – 12　　　　　　　物价水平波动的影响因素分析　　　　　　单位：%

	供给冲击		需求冲击		货币冲击		财政冲击	
	体制 1	体制 2	体制 1	体制 2	体制 1	体制 2	体制 1	体制 2
1 个季度	41.51	41.53	40.34	40.14	9.22	5.11	8.93	13.22
4 个季度	40.23	39.71	41.27	39.86	9.54	5.18	8.96	15.25
8 个季度	40.14	38.61	41.67	40.46	9.45	5.21	8.75	15.71
12 个季度	39.86	38.32	41.23	40.55	10.19	5.21	8.72	15.91
20 个季度	39.76	38.24	41.27	40.55	10.27	5.22	8.71	15.98
40 个季度	39.56	38.29	41.48	40.61	10.31	5.21	8.66	15.89
长期	39.12	38.38	41.75	40.71	10.55	5.20	8.58	15.71

注：体制 1 代表主动的货币政策和被动的财政政策组合，体制 2 代表主动的财政政策和被动的货币政策组合。

由表 6 – 12 可以看出，无论在长期还是在短期，在两种体制下需求冲击和供给冲击都是影响物价水平波动的最显著两个因素，虽然两种体制下需求冲击和供给冲击对物价水平波动的影响有差异，但差异不是很大，需求冲击和供给冲击对物价水平波动的贡献率均在 40% 左右，二者相加对物价水平波动的贡献率在 80% 左右，而其他冲击对物价水平波动的影响并不是主要因素。

在供给冲击中，由于生产率变化对经济的影响是缓慢进行的，因而短期内成本冲击是影响物价水平波动的最重要供给冲击，但随着时间的推移，生产率变化对物价水平的影响也将显现出来，从而在长期生产率冲击也是影响物价水平波动的一个重要供给冲击。成本冲击是垄断竞争条件下价格或工资粘性的最鲜明体现，上面结果表明，价格或工资粘性对我国物价水平波动具有很强的影响，我国物价水平总体变化基本上在短期内表现为成本推动型的特征,这一点和新凯恩斯学派的结论基本一致,从而稳定物价水平的关键是消除或减弱价格或工资粘性产生的影响,完全依靠短期的需求管理政策不能根本解决物价水平的波动问题,应配合相应的供给管理政策协同达到稳定物价的目的。

虽然货币冲击和财政冲击两者并不是影响物价水平波动的主要因素,但在两种体制下,这两种冲击对物价水平波动的影响还是有明显的差异。体制1是物价水平货币决定理论的充分体现,体制2是物价水平财政决定理论的充分体现。尽管在体制1下,物价水平主要由货币政策来确定,但财政政策的变化仍然会对物价水平的波动产生影响,从表6-12可以看出,货币冲击对物价水平波动的影响幅度比财政冲击的影响幅度略高,并没有显著的差异,故此在体制1下,货币政策和财政政策的变化对物价水平波动的影响幅度大体相当。而在体制2下,不仅物价水平由财政政策来确定,而且财政政策的变化也对物价水平波动的影响明显占主导作用,财政冲击对物价水平波动的影响幅度是货币冲击影响幅度的3倍左右。前面我们已经通过实证得出,我国的政策体制主要表现体制2,即主动的财政政策和被动的货币政策组合体制,结合上面的分析我们进一步得出,在这种体制下,财政政策的相对任意性不仅对物价水平的确定产生了重要影响,而且也对物价水平的波动也产生了重要影响,因而稳定物价要从消除或减弱财政政策的相对任意性着手。

第六节 不同政策组合的比较及最优政策组合

尽管货币政策和财政政策在政策工具、调控目标、调控方式及传导机制方面存在着较大的差异,二者在稳定物价中也扮演着不同的角色,但在广义政府的框架下,中央银行和财政部门均是广义政府的一部分,因此这两个部门均应以社会福利目标函数为其目标函数。为此,在广义政府的框架下我们先来看目标函数的选择形式。

对于典型经济人模型,由于经济主体是同质的,因而通常以典型经济主体的效用函数作为社会福利函数选择的基础,按照 Woodford(2003)的分析框架,社会福利函数中有关目标变量及其权重的选择都是能够确定的。但是,这样选择社会福利函数会受到以下因素的影响。首先,典型经济人模型考虑的不确定性是有限的而并非全面的,未考虑到的不确定性可能会对社会福利函数的选择产生影响。其次,如果经济主体是异质的，那么在社会福利函数的选择中如何考虑和权衡不同经济主体的福利是一个非常难解决的问题。以前面使用的 OLG 模型为例，在每期由众多不同时代出生的经济主体构成，社会福利函数怎么样对这些异质性经济主体的福利目标进行加权处理关系到福利分析的结果。基于以上考虑，我们对目标函数的选择考虑以下几个方面：

从总量指标来看，广义政府部门在使用其调控工具调控经济时需要关注的两个重要指标是产出和通胀率的稳定，虽然货币政策和财政政策使用的调控工具、对这两个总量指标关注的权重及调控时它们的社会分工和侧重点有所不同，但这两个总量指标都是它们需要关注的两个重要方面，因此，广义政府部门的目标函数（即损失函数）必须考虑产出和通胀率的变化。同时，为避免政府部门发债时的 Ponzi 策略，财政政策需要考虑的另一个重要方面是政府债务水平的稳定，而且在政府采用相机抉择的财政政策方式下，这一方面的考虑显得尤为重要，故此广义政府部门的损失函数必须考虑政府债务水平的变化。另外，政府在发行债务时，债券市场的供求变化势必对名义利率产生影响，而货币政策也需要考虑利率的波动对市场及经济预期的影响，因而广义政府部门的目标函数必须考虑利率的波动对经济产生的影响。

基于以上分析，广义政府部门的损失函数选择为以下形式：

$$L = E_t \sum_{j=0}^{\infty} \beta^j L_{t+j}, L_t = \lambda (y_t - y^*)^2 + (\pi_t - \pi^*)^2 + \mu (i_t - i_{t-1})^2 + \nu (b_t - b^*)^2$$

式中，β 是贴现因子，y_t 是产出，π_t 是通胀率，i_t 是名义利率，b_t 是政府部门的实际债务水平，y^*、π^* 和 b^* 分别是产出、通胀率及政府实际债务水平的目标值，λ、μ 和 ν 分别是广义政府关于产出、利率变化和实际债务等变量相对于通胀率选择的相对权重。前面章节的分析表明，决策部门追求的目标与社会福利目标存在的差异将会对社会福利水平产生影响，即会导致静态偏差，为避免静态偏差，这里在广义政府的分析框架下将目标值选为模型的稳态值，$y^* = y^{ss}$，$\pi^* = \pi^{ss}$，$b^* = b^{ss}$，变量 y^{ss}、π^{ss} 和 b^{ss} 分别是产出、通胀率及政府实际债务水平的稳态值。

假设利率 i_t 和税收 τ_t 分别作为货币政策和财政政策的控制变量，广义政府的目标就是在前面估计的 OLG 模型约束下，通过选择政策工具组合（利率 i_t 和税收 τ_t）使上述损失函数达到最小值。

采用前面介绍的方法，我们考虑以下几种决策方式：①完全承诺的货币政策和财政政策规则，即将利率 i_t 和税收 τ_t 作为广义政府的工具，求解 Ramsey 最优政策。②相机抉择的货币政策和财政政策。③不完全承诺的政策规则，该规则处在相机抉择和完全承诺的政策规则两种极端情况之间,决策者一方面可能会改变原来的决策,另一方面也可能会保持原来的决策,并且决策是否改变是一个随机过程。④简单政策规则。

在简单政策规则中,货币政策和财政政策分别采用下面的形式:

$$(1+i_t) = (1+i^{ss})^{1-\phi_m}\left[(1+i_{t-1})^{\phi_m}\left(\frac{1+\pi_t}{1+\pi^{ss}}\right)^{(1-\phi_m)\phi_\pi}\left(\frac{y_t}{y^{ss}}\right)^{(1-\phi_m)\phi_y}\right]$$

$$\tau_t = \tau^{ss}\left[\left(\frac{b_{t-1}}{b^{ss}}\right)^{\gamma_b}\left(\frac{y_t}{y^{ss}}\right)^{\gamma_{by}}\right]$$

式中,i_t 是名义利率,π_t 是通胀率,y_t 是产出,τ_t 是税收,b_t 是实际债务水平,i^{ss}、r^{ss}、π^{ss}、y^{ss}、τ^{ss} 和 b^{ss} 分别是稳态时的名义利率、实际利率、通胀率、产出、税收和实际债务水平。前面实证结果表明,稳定物价有两种体制,分别对应主动的货币政策和被动的财政政策组合(体制1)及被动的货币政策和主动的财政政策组合(体制2),体制1要求 $\gamma_b > (b^{ss}/\tau^{ss})r^{ss}$ 且 $\phi_\pi > 1$,体制2要求 $\gamma_b < (b^{ss}/\tau^{ss})r^{ss}$ 且 $\phi_\pi < 1$。在这两种体制下,下面探讨最优的政策组合形式,即通过选择以上形式的简单政策规则使广义政府的目标值达到最优。

不同政策决策模式下的优化结果依赖于损失函数中关于各目标的权重(λ,1,μ,ν),这里,我们着重考察其他目标相对于通胀率的权重对损失函数的影响。为比较不同决策方式对福利的影响,在完全承诺的最优规则、不完全承诺的最优规则、相机抉择及最优的简单政策规则(包括体制1和体制2)等决策方式下得到的损失函数分别记为 L_{FC}、L_{LC}、L_{DIS}、L_{SIM1} 和 L_{SIM2},由于完全承诺的规则是所有决策方式中的最优规则,为此下面计算其他决策方式相对于完全承诺规则的损失率,即

$$ls_r = 100\left(\frac{L_r}{L_{FC}}-1\right), r = LC, DIS, SIM1, SIM2$$

式中,ls 表示损失率。

先考虑一种情形,即保持损失函数中关于利率变化和债务水平的相对权重不变($\mu=0.1$,$\nu=0.1$),而改变产出相对于通胀率的权重参数 λ,使其从 $\lambda=0.1$ 变到 $\lambda=10$,即广义政府的偏好从非常关注产出的稳定到非常关注通胀率的稳定。另外,在随机模拟中,假设经济同时受到生产率冲击(ε_t^a)、总需求冲击(ε_t^c)、投资冲击(ε_t^i)、价格加成率冲击(ε_t^θ)、工资加成率冲击(ε_t^w)、政府支出冲击(ε_t^g)、税收冲击(ε_t^τ)及货币冲击 ε_t^m 等冲击的影响,这些冲击的方差由前面的估计结果给出。表6-13是在不同产出的相对权重下的计算结果。

表 6-13　　产出的相对权重对损失率的影响　　单位：%

λ	ls_{DIS}	ls_{LC}	ls_{SIM1}	ls_{SIM2}
1/10	636.43	615.48	13.88	42.61
1/9	630.35	608.28	13.44	39.56
1/8	625.33	601.66	10.14	34.75
1/7	621.85	595.85	13.58	28.05
1/6	620.65	591.29	14.50	27.60
1/5	623.02	588.70	11.98	26.76
1/4	631.44	589.55	16.37	21.85
1/3	651.43	597.12	19.83	20.61
1/2	698.55	621.09	26.41	19.56
1	844.60	706.82	26.16	18.41
2	1118.58	874.79	32.09	15.10
3	1375.87	1030.59	23.56	17.30
4	1623.97	1177.32	28.90	18.40
5	1866.54	1317.40	65.23	19.08
6	2105.60	1452.34	74.24	19.55
7	2342.39	1583.18	90.74	19.92
8	2577.70	1710.65	130.63	20.21
9	2812.08	1835.26	137.54	20.46
10	3045.92	1957.42	181.70	22.97

注：ls_{DIS}、ls_{LC}、ls_{SIM1} 和 ls_{SIM2} 分别为相机抉择、不完全承诺规则（重新优化的概率为0.3）和简单规则（包括体制1和体制2）的相对损失率，$\mu=0.1$，$\nu=0.1$。

从表6-3可以看出，在所有的决策方式中，相机抉择的政策使福利损失最大，不完全承诺的政策规则一方面通过规则的约束提高了决策部门的声誉，使福利损失有所降低，但另一方面由于存在重新优化的可能性（这里假设重新优化的概率为0.3），即仍然部分带有相机抉择的属性，因此不完全承诺的政策规则相比较相机抉择的政策有较大的改进，但还是对福利损失有很大影响，如果继续降低重新优化的概率，则福利损失将会继续减小，当重新优化的概率趋近于0时，不完全承诺的政策规则将趋近于完全承诺的政策规则。两种简单形式的规则表现出不同的特征，当广义政府比较关

第六章 关于我国物价水平决定机制的实证研究

注通胀率的稳定时，即产出的相对权重较低时，此时采用主动的货币政策和被动的财政政策组合（体制1）比较有优势，它使福利损失下降的幅度比较大，但当广义政府比较关注产出的稳定时，即产出的相对权重较高时，此时采用被动的货币政策和主动的财政政策组合（体制2）比较有优势，它使福利损失下降的幅度比较大，特别的，在广义政府只关心产出的稳定时，采用体制1的规则形式并不能取得很好的稳定效果，而此时采用体制2的规则形式能够取得很好的稳定效果。虽然两种形式的最优简单规则不能达到完全承诺的最优政策规则，但在一定的条件下其可以向最优结果逼近。从这里可以得出，不完全承诺的政策规则和简单规则都是介于相机抉择和完全承诺的政策规则之间的规则，简单规则虽保证了政策的时间一致性从而提高了决策者的声誉，但并没有利用所有信息；而不完全承诺的政策规则虽然利用了所有信息，但其仍然含有相机抉择的特性，这样对决策者的声誉会产生影响。如果充分利用信息资源或者减少政策决策的时间不一致特性，那么均可达到趋近最优政策的结果。

以上讨论了产出的相对权重变化对福利水平的影响，我们可以进一步针对利率变化的相对权重和债务水平的相对权重这两方面的变化对福利水平的影响进行模拟计算。表6-14是在保持产出和债务水平的相对权重不变（$\lambda=1$，$\nu=0.1$）而改变利率变化的权重参数μ的情况下计算出的福利损失率，表6-15是在保持产出和利率变化的相对权重不变（$\lambda=1$，$\mu=0.1$）而改变债务水平的权重参数ν的情况下计算出的福利损失率。从表6-14和表6-15可以看出，权重参数μ和ν的变化对福利损失率有影响，但这两个权重参数对福利损失率的影响不是起决定性作用的参数，而真正影响福利损失率的参数是产出的相对权重λ。在表6-14和表6-15中产出和通胀率的权重和表6-13中的权重是相同的，因而得到的结论与表6-13有类似的地方，即在产出的相对权重选择较高时，采用被动的货币政策和主动的财政政策组合（体制2）比较有优势，它使福利损失下降的幅度比较大。

表6-14　　　　　利率变化的相对权重对损失率的影响　　　　　单位：%

μ	ls_{DIS}	ls_{LC}	ls_{SIM1}	ls_{SIM2}
(1/10)*0.1	935.36	734.11	81.95	24.31
(1/9)*0.1	930.27	733.61	81.93	24.07
(1/8)*0.1	924.71	732.99	81.21	27.33
(1/7)*0.1	918.58	732.18	80.75	23.50

续表

μ	ls_{DIS}	ls_{LC}	ls_{SIM1}	ls_{SIM2}
(1/6)*0.1	911.72	731.12	80.27	26.67
(1/5)*0.1	903.91	729.68	79.40	22.75
(1/4)*0.1	894.76	727.62	78.76	22.23
(1/3)*0.1	883.55	724.46	77.73	21.52
(1/2)*0.1	868.67	719.01	76.02	20.48
1*0.1	844.60	706.82	72.73	18.41
2*0.1	820.53	691.05	74.65	19.03
3*0.1	805.86	680.31	66.25	14.23
4*0.1	795.09	672.11	64.38	15.93
5*0.1	786.50	665.46	63.18	14.87
6*0.1	779.35	659.86	61.66	13.98
7*0.1	773.21	655.02	60.14	13.22
8*0.1	767.83	650.77	59.05	12.54
9*0.1	763.04	646.96	66.10	9.27
10*0.1	758.72	643.52	65.44	11.43

注：ls_{DIS}、ls_{LC}、ls_{SIM1} 和 ls_{SIM2} 分别为相机抉择、不完全承诺规则（重新优化的概率为0.3）和简单规则（包括体制1和体制2）的相对损失率，$\lambda=1$，$\nu=0.1$。

表6-15　　　　债务水平的相对权重对损失率的影响　　　　单位：%

ν	ls_{DIS}	ls_{LC}	ls_{SIM1}	ls_{SIM2}
(1/10)*0.1	844.74	706.94	86.58	12.74
(1/9)*0.1	844.72	706.93	68.64	6.00
(1/8)*0.1	844.71	706.91	89.13	6.62
(1/7)*0.1	844.69	706.90	73.11	7.35
(1/6)*0.1	844.68	706.89	74.70	8.21
(1/5)*0.1	844.66	706.87	85.62	2.23
(1/4)*0.1	844.65	706.86	68.33	10.70
(1/3)*0.1	844.63	706.85	84.41	12.72
(1/2)*0.1	844.62	706.83	74.43	12.26
1*0.1	844.60	706.82	72.73	18.41

第六章 关于我国物价水平决定机制的实证研究

续表

v	ls_{DIS}	ls_{LC}	ls_{SIM1}	ls_{SIM2}
2 * 0.1	844.59	706.82	77.05	27.01
3 * 0.1	844.59	706.81	80.36	30.74
4 * 0.1	844.59	706.81	84.57	33.86
5 * 0.1	844.59	706.81	76.45	39.43
6 * 0.1	779.35	706.81	93.59	42.61
7 * 0.1	773.21	706.81	112.69	45.88
8 * 0.1	767.83	706.81	116.39	29.20
9 * 0.1	763.04	706.81	104.71	29.84
10 * 0.1	758.72	706.81	106.13	30.25

注：ls_{DIS}、ls_{LC}、ls_{SIM1} 和 ls_{SIM2} 分别为相机抉择、不完全承诺规则（重新优化的概率为0.3）和简单规则（包括体制1和体制2）的相对损失率，$\lambda = 1$，$\mu = 0.1$。

以上讨论了不同的决策方式对福利水平的影响，由于损失函数包括产出、通胀率、利率变化及债务等几个方面的稳定，因而福利水平的损失率是对于这几个方面指标稳定的总体反映，但仅有总体反映情况还不够，我们还需要分别了解决策方式对各个指标稳定效果的影响，为此，在前面的基础上我们可以进一步分别考察决策方式对各个指标的影响。

考虑以下关系式：

$$E_0\left((1-\beta)\sum_{t=0}^{\infty}\beta^t L_t\right) \to E[L_t] = \lambda Var(y_t) + Var(\pi_t) + \mu Var(i_t - i_{t-1}) + \nu Var(b_t)$$

我们可以通过计算有关产出、通胀率、利率变化和债务等变量的无条件方差来考察决策方式对各个指标的影响。前面模拟已经得到，权重参数 μ 和 ν 对福利水平的影响不是起决定性作用的参数，而真正影响福利水平的参数是产出的相对权重 λ，基于此结论，在下面的模拟中保持权重参数 μ 和 ν 不变而着重考虑权重 λ 的影响。我们可以绘制通胀率和产出方差的有效性前沿曲线（Efficiency Frontier Curve）来考察决策方式对产出和通胀率方差的影响，图6－5是不同决策方式下的有效性前沿曲线。

从图6－5可以看出，随着产出相对权重的增加，产出的波动性将减小，而通胀率的波动性将增加。几种决策方式比较，在完全承诺的政策规则下得到的损失函数最小，在相机抉择的政策下得到的损失函数最大，在不完全承诺的政策规则和最优的简

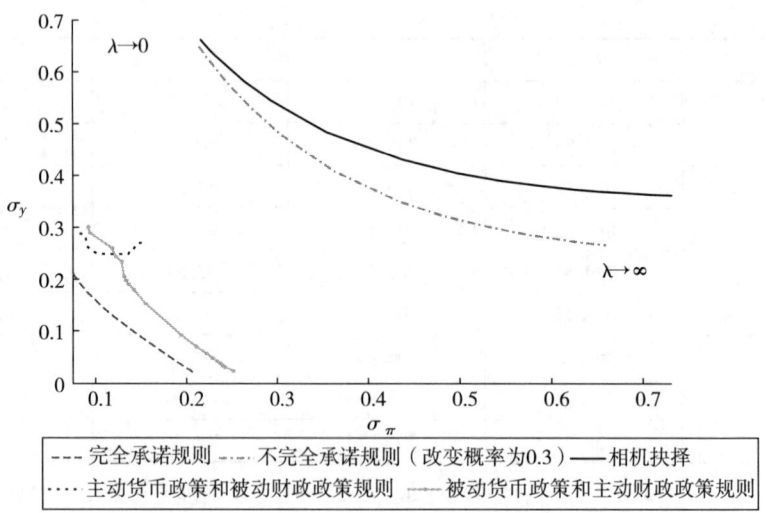

注：σ_π和σ_y分别表示通胀率和产出的标准差。

图6-5 不同决策方式下的有效性前沿曲线比较

单政策规则下得到的损失函数介于二者之间。并且，两种形式的简单规则表现出的特性与前面的模拟结果类似，即产出的相对权重较低时，此时采用主动的货币政策和被动的财政政策组合（体制1）比较有优势，它使福利损失下降的幅度比较大，但当广义政府比较关注产出的稳定时，即产出的相对权重较高时，此时采用被动的货币政策和主动的财政政策组合（体制2）比较有优势，它使福利损失下降的幅度比较大。因此，完全承诺的政策规则是最优的选择，相机抉择的政策是最差的选择，尽管两种形式的最优简单政策规则与完全承诺的政策规则还有差距，但其比相机抉择的政策要好，其向完全承诺的政策规则更加靠近。另外，从以上计算结果来看，为使福利水平达到最大，应综合考虑通胀率和产出两方面的稳定，过多地偏重一方面的稳定是达不到稳定效果的。

第七节 体制转换对我国物价水平的影响

前面对我国的实证结论均是在同一体制下得到的结论，众所周知，近二十年来我国无论是货币政策还是财政政策，在政策决策、操作甚至体制上均有很大变化，它们二者之间的相互关系也不是一成不变的,这些政策变化也许对物价水平的决定机制产生了根本性影响,也许没有产生根本影响。因此下面将进一步研究我国物价水平的确定是否会受到体制转换的影响。

在前面的实证中,我们将主动的货币政策和被动的财政政策组合称之为体制1,而将主动的财政政策和被动的货币政策组合称之为体制2,这两种政策组合尽管各有自身的特点及政策之间的分工,但都是能够确定物价水平的稳定政策组合。基于此,假设经济中存在两种体制($s_t = 1$,2),体制1表示主动的货币政策和被动的财政政策组合(AM/PF 组合),在状态2时采用被动的货币政策和主动的财政政策组合(PM/AF 组合),即

$$s_t = \begin{cases} 1, AM/PF \text{ 组合} \\ 2, PM/AF \text{ 组合} \end{cases}$$

这两种体制不是固定不变的而是随机变化的,两种体制的变换通过状态转移矩阵 $P = \begin{bmatrix} p_{11} & p_{12} \\ p_{21} & p_{22} \end{bmatrix}$ 来刻画,其中 p_{ij} 表示由本期状态 i 向下一期状态 j 变化的转移概率,即

$$p_{ij} = P[s_{t+1} = j | s_t = i], i,j = 1,2 \quad \sum_{j=1}^{2} p_{ij} = 1, i = 1,2$$

根据体制变化,税收规则和货币政策规则采用下面的形式:

$$\hat{\tau}_t = \gamma_b(s_t)\hat{b}_{t-1} + \gamma_{by}(s_t)\hat{y}_t + \hat{z}_t^\tau, \hat{z}_t^\tau = \rho^\tau(s_t)\hat{z}_{t-1}^\tau + \varepsilon_t^\tau(s_t)$$

$$\hat{i}_t = \phi_m(s_t)\hat{i}_{t-1} + (1 - \phi_m(s_t))[\phi_\pi(s_t)\hat{\pi}_t + \phi_y(s_t)\hat{y}_t] + \varepsilon_t^m(s_t)$$

式中,

$$\gamma_b(s_t) = \begin{cases} \gamma_b(1), s_t = 1 \\ \gamma_b(2), s_t = 2 \end{cases}, \gamma_{by}(s_t) = \begin{cases} \gamma_{by}(1), s_t = 1 \\ \gamma_{by}(2), s_t = 2 \end{cases}, \rho^\tau(s_t) = \begin{cases} \rho^\tau(1), s_t = 1 \\ \rho^\tau(2), s_t = 2 \end{cases}$$

$$\phi_m(s_t) = \begin{cases} \phi_m(1), s_t = 1 \\ \phi_m(2), s_t = 2 \end{cases}, \phi_\pi(s_t) = \begin{cases} \phi_\pi(1), s_t = 1 \\ \phi_\pi(2), s_t = 2 \end{cases}, \phi_y(s_t) = \begin{cases} \phi_y(1), s_t = 1 \\ \phi_y(2), s_t = 2 \end{cases}$$

前面章节的理论和实证研究结果告诉我们,不同体制下的政策组合不仅会对物价水平产生影响,而且也会对物价水平的波动产生影响,不同体制下的经济波动情况不完全相同,考虑到该因素,假设模型中受到的货币冲击和财政冲击也将随体制转换而

变化，即

$$\varepsilon_t^\tau(s_t) \sim N(0,\sigma^\tau(s_t)), \sigma^\tau(s_t) = \begin{cases} \sigma^\tau(1), s_t = 1 \\ \sigma^\tau(2), s_t = 2 \end{cases}$$

$$\varepsilon_t^g(s_t) \sim N(0,\sigma^g(s_t)), \sigma^g(s_t) = \begin{cases} \sigma^g(1), s_t = 1 \\ \sigma^g(2), s_t = 2 \end{cases}$$

$$\varepsilon_t^m(s_t) \sim N(0,\sigma^m(s_t)), \sigma^m(s_t) = \begin{cases} \sigma^m(1), s_t = 1 \\ \sigma^m(2), s_t = 2 \end{cases}$$

由前面模型可得到，体制 1 要求 $\gamma_b(1) > (b^{ss}/\tau^{ss})r^{ss}$ 且 $\phi_\pi(1) > 1$，体制 2 要求 $\gamma_b(2) < (b^{ss}/\tau^{ss})r^{ss}$ 且 $\phi_\pi(2) < 1$，这里 b^{ss}、τ^{ss} 和 r^{ss} 分别是稳态时的实际政府债务、实际税收和实际利率。另外，前面实证结果表明，在体制 2 下，主动的财政政策通常表现为财政政策的相对任意性并对货币政策的实施产生重要影响，为识别两种体制可增加以下识别条件，即假设体制 2 下的政策波动性较强，即 $\sigma^\tau(2) \geqslant \sigma^\tau(1)$，$\sigma^g(2) \geqslant \sigma^g(1)$，$\sigma^m(2) \geqslant \sigma^m(1)$。利用前面章节介绍的关于随机体制转换模型的估计方法，采用 Bayes 技术得到估计结果如表 6-16 所示（这里为节省篇幅和与前面单体制模型比较的方便，表中仅列出估计的事后众数）。

表 6-16　　体制转换模型和单体制模型估计结果的比较（事后众数）

参数	先验分布	多体制转换模型	单一体制模型	
			体制 1	体制 2
$1-q$	Γ (0.01, 0.005)	0.0011	0.0086	0.0073
dep	N (0.025, 0.005)	0.032	0.027	0.023
ε	Γ (1, 0.25)	1.53	1.19	1.23
α	N (0.45, 0.05)	0.41	0.43	0.51
d	B (0.7, 0.15)	0.92	0.46	0.69
γ	B (0.3, 0.1)	0.01	0.33	0.16
h	Γ (4, 1)	4.02	2.75	3.76
ρ^a	B (0.6, 0.2)	0.88	0.69	0.93
ρ^c	B (0.6, 0.2)	0.92	0.53	0.27
ρ^i	B (0.6, 0.2)	0.77	0.51	0.21
ρ^g	B (0.6, 0.2)	0.37	0.36	0.54

续表

参数	先验分布	多体制转换模型	单一体制模型	
			体制1	体制2
ρ^θ	B (0.6, 0.2)	0.53	0.76	0.033
ρ^w	B (0.6, 0.2)	0.46	0.75	0.49
σ^a	Γ^{-1} (0.05, ∞)	0.025	0.11	0.016
σ^c	Γ^{-1} (0.05, ∞)	0.27	0.073	0.35
σ^i	Γ^{-1} (0.05, ∞)	0.071	0.33	0.16
σ^θ	Γ^{-1} (0.05, ∞)	0.87	0.10	0.26
σ^w	Γ^{-1} (0.05, ∞)	0.012	0.023	0.022
$\phi_m(1)$	B (0.7, 0.1)	0.95	0.93	
$\phi_m(2)$	B (0.7, 0.1)	0.091		0.63
$\phi_\pi(1)$	Γ (1.5, 0.3)	2.62	2.02	
$\phi_\pi(2)$	Γ (0.5, 0.1)	0.0061		0.46
$\phi_y(1)$	Γ (0.5, 0.1)	0.35	0.34	
$\phi_y(2)$	Γ (0.5, 0.1)	1.22		0.55
$\gamma_b(1)$	Γ (0.15, 0.05)	0.086	0.13	
$\gamma_b(2)$	Γ (0.005, 0.001)	0.00021		0.0048
$\gamma_{by}(1)$	Γ (0.1, 0.05)	0.0012	0.049	
$\gamma_{by}(2)$	Γ (0.1, 0.05)	0.0051		0.12
$\rho^\tau(1)$	B (0.6, 0.2)	0.76	0.30	
$\rho^\tau(2)$	B (0.6, 0.2)	0.41		0.61
$\sigma^m(1)$	Γ^{-1} (0.05, ∞)	0.0056	0.0059	
$\sigma^m(2)$	Γ^{-1} (0.05, ∞)	0.12		0.0092
$\sigma^\tau(1)$	Γ^{-1} (0.05, ∞)	0.0058	0.069	
$\sigma^\tau(2)$	Γ^{-1} (0.05, ∞)	0.059		0.061
$\sigma^g(1)$	Γ^{-1} (0.05, ∞)	0.0026	0.054	
$\sigma^g(2)$	Γ^{-1} (0.05, ∞)	0.043		0.058
p_{12}	B (0.05, 0.01)	0.11	0	
p_{21}	B (0.25, 0.1)	0.14		0

注：$B(\mu,\sigma)$、$\Gamma(\mu,\sigma)$、$N(\mu,\sigma)$和$\Gamma^{-1}(\mu,\sigma)$分别表示均值为μ，方差为σ的Beta分布、Gamma分布、正态分布和逆Gamma分布。

从表 6-16 可以看出,由于体制转换对预期会产生影响,因而在对状态转移矩阵和行为参数进行联合估计时,体制转换模型的估计结果与单体制模型的估计结果不完全相同。对于不随体制转换而变化的参数,大部分估计结果或者与体制 1 的估计结果接近,或者与体制 2 的估计结果接近,但也有某些参数的估计结果与两种单体制估计结果相差较大,这充分说明随机体制转换模型与不变体制模型无论在理论上还是在统计估计结果上具有不同的特性。从状态转移概率估计结果来看,即使假设由体制 1 转换为体制 2 的先验概率非常低和由体制 2 转换为体制 1 的先验概率非常高(p_{12} 较低和 p_{21} 较高),即事前较偏向于体制 1,但从事后估计结果来看,从一种体制向另一种体制转换的概率较为相当,只是 p_{12} 略微低于 p_{21},这说明在我国关于物价水平的两种决定机制都有可能存在,两种体制相互转换的可能性也存在,从状态转移概率可以计算出体制 1 持续的平均期限大约为 9 个季度,体制 2 持续的平均期限大约为 7 个季度,二者平均持续期限略有差异。另外,从货币政策规则和税收规则的估计结果可以看出,货币政策的惯性和税收冲击的持续性在体制 1 下的估计值远远高于体制 2 的估计值,说明体制 1 下的货币政策持续性和财政政策冲击的持续性较强,但从波动性来看,体制 2 下的冲击波动性幅度远远高于体制 1 的波动幅度,这也印证了前面有关主动的财政政策导致的相对任意性会导致政策及经济波动性增强的结论。

由以上估计结果,可进一步计算出每种体制的事后平均概率,下面通过滤波概率和平滑概率两个指标来反映,其中,t 期的滤波概率主要根据 t 期得到的信息来计算,而 t 期的平滑概率则是根据整个样本期的信息来计算。由于模型中仅有两种体制,因而通过计算一种体制的事后平均概率也就能够得到另一种体制的事后平均概率,图 6-6 绘制了体制 1 的滤波概率和平滑概率。

从图 6-6 可以看出,无论是滤波概率还是平滑概率,在任何时期体制 1 的事后平均概率都低于体制 2 的事后平均概率,体制 1 均不占主导地位,由此可以初步推测,包含两种体制的体制转换模型可能与单体制模型(体制 2 模型)在可观测的样本数据范围内是等价的。为验证该结论,计算随机体制转换模型关于体制 2 模型的 Bayes 因子,即

$$B_{21} = \frac{p(Y|\text{体制转换模型})}{p(Y|\text{体制 2 模型})} = e^{(530.27-530.08)} = 1.21$$

对照表 5-1 给出的 Bayes 因子判断值可以得出,体制转换模型和前面得到的体制 2 模型基本上不是相互排斥的。前面单体制模型的实证结果得出,两种体制比较,实际

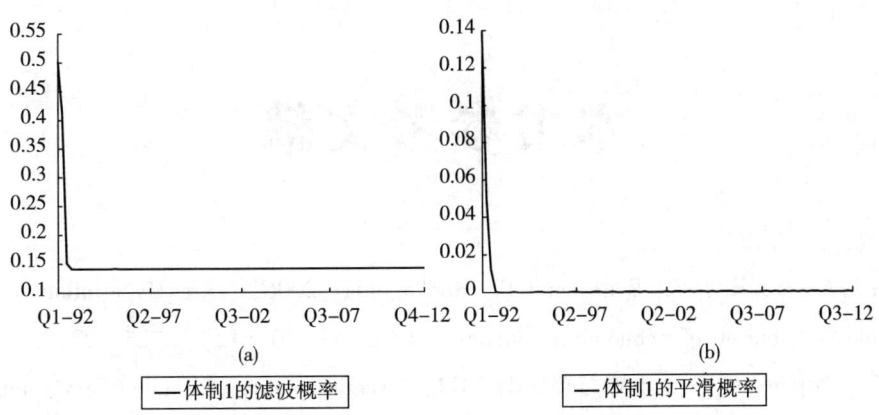

图 6-6　体制 1 的滤波概率和平滑概率图

数据更支持体制 2 模型，这里也从另一方面验证了这一结论。

无论是单体制模型还是随机体制转换模型，根据实际数据的估计和检验结果可以断定，我国的政策体制主要表现为主动的财政政策和被动的货币政策组合体制，在这种体制下，财政政策的相对任意性不仅对物价水平的确定产生了重要影响，而且对物价水平的波动也产生了重要影响，因而稳定物价要从消除或减弱财政政策的相对任意性着手，并且，要从该体制向主动的货币政策和被动的财政政策组合体制转变还需要很长时间。

本书参考文献

[1] Adam, K., G. Evans and S. Honkapohja, 2006, "Are Hyperinflation Paths Learnable?", Journal of Economic Dynamics and Control, 30 (12), 2725 - 2748.

[2] Adjemian, S. and M. Juillard, 2011, "Accuracy of the Extended Path Simulation Method in a New Keynesian Model with Zero Lower Bound on the Nominal Interest Rate", Dynare mimeo.

[3] Adjemian, S. and M. Juillard, 2013, "Stochastic Extended Path Method", Dynare mimeo.

[4] Afonso, A., 2002, "Disturbing the Fiscal Theory of the Price Level: Can it fit the EU - 15", ISEG - UTL Working Paper 1/2002/DE/CISEP.

[5] Afonso, A., 2005, "Ricardian Fiscal Regimes in the European Union", European Central Bank Working Paper No. 558.

[6] Aikman, D., 2003, "Money, Wealth and Overlapping Generations", Mimeo, University of Warwick.

[7] Aiyagari, S. and M. Gertler, 1985, "The Backing of Government Bonds and Monetarism", Journal of Monetary Economics, 16 (1), 19 - 44.

[8] Aiyagari, S., A. Marcet, T. Sargent and J. Seppala, 2002, "Optimal Taxation without State - Contingent Debt", Journal of Political Economy, 110 (6), 1220 - 1254.

[9] Alesina, A. and, R. Perotti, 1997, "Fiscal Adjustments in OECD Countries: Composition and Macroeconomic Effects", IMF Staff Papers, 44.

[10] Allais, M., 1947, Economie et intérêt, Imprimerie Nationale, Paris, second edition, Clément Juglar, Paris, 1998.

[11] Alstadheim, R. and D. Henderson, 2004, "Price - level Determinacy, Lower Bounds on the Nominal Interest Rate, and Liquidity Traps", Board of Governors of the Fed-

eral Reserve System, International Finance Discussion Papers 795.

［12］Alvarez, F., P. Kehoe, and P. Neumeyer, 2004, "The Time Consistency of Optimal Monetary and Fiscal Policies", Econometrica, 72 (2), 541–567.

［13］Amano, R., S. Ambler, and N. Rebei, 2006, "The Macroeconomic Effects of Non–Zero Trend Inflation", Bank of Canada Working Paper, 2006–34.

［14］Andrés, J., F. Ballabriga and J. Vallés, 2000, "Monetary Policy and Exchange Rate Behaviour in the Fiscal Theory of the Price Level", Banco de Espanha, Documento de Trabajo 0004.

［15］Anderson, G., 1999, "The Anderson–Moore Algorithm: A MATLAB Implementation", Mimeo, Board of Governors of the Federal Reserve System.

［16］Anderson, G., 2008, "Solving Linear Rational Expectations Models: A Horse Race", Computational Economics, 31 (2), 95–113.

［17］Anderson, G., 2010, "A Reliable and Computationally Efficient Algorithm for Imposing the Saddle Point Property in Dynamic Models", Journal of Economic Dynamics and Control, 34, 472–489.

［18］Anderson, G., A. Levin and E. Swanson, 2006, "Higher–Order Perturbation Solutions to Dynamic Discrete–Time Rational Expectations Models", Federal Reserve Bank of San Francisco Working Paper Series 2006–01.

［19］Anderson, G. and G. Moore, 1983, "An Efficient Procedure for Solving Linear Prefect Foresight Models", Mimeo, Board of Governors of the Federal Reserve System.

［20］Anderson, G. and G. Moore, 1985, "A Linear Algebraic Procedure for Solving Linear Perfect Foresight Models", Economics Letters, 17 (3), 247–252.

［21］Andreasen, M., 2012, "On the Effects of Rare Disasters and Uncertainty Shocks for Risk Premia in Non–Linear DSGE Models", Review of Economic Dynamics, 15 (3), 295–316.

［22］Andreasen, M., J. Fernández–Villaverde and J. Rubio–Ramírez, 2013, "The Pruned State–Space System for Non–Linear DSGE Models: Theory and Empirical Applications", CREATES Research Paper 2013–12.

［23］Andrés, J. and R. Doménech, 2005a, "Fiscal Rules and Macroeconomic Stability", International Economics Institute Working Papers No. 0501, University of Valencia.

[24] Andrés, J. and R. Doménech, 2005b, "Automatic Stabilizers, Fiscal Rules and Macroeconomic Stability", International Economics Institute Working Papers No. 0502, University of Valencia.

[25] Annicchiarico, B. and G. Marini, 2003a, "Fiscal Policy and Price Stability", CeFiMS, Discussion Paper No. 33.

[26] Annicchiarico, B. and G. Marini, 2003b, "Government Deficits, Consumption and the Price Level", CeFiMS, Discussion Paper No. 34.

[27] Annicchiarico, B., N. Giammarioli and A. Piergallini, 2006, "Fiscal Policy in a Monetary Economy with Capital and Finite Lifetime", European Central Bank Working No. 661.

[28] Arce, O., 2004, "The Fiscal Theory of the Price Level under a Price – Invariant Nominal Money Supply Rule: What Went Wrong?", Manuscript, Bank of Spain.

[29] Arce, O., 2005, "The Fiscal Theory of the Price Level: A Narrow Theory for Non – Fiat Money", Bank of Spain Working Paper No. 0501.

[30] Artis, M. and J. Onorante, 2006, "The Economic Importance of Fiscal Rules", CEPR Discussion Paper series No. 5684.

[31] Aruoba, S., J. Fernandez – Villaverde and J. Rubio – Ramirez, 2006, "Comparing Solution Methods for Dynamic Equilibrium Economies", Journal of Economic Dynamics and Control, 30 (12), 2477 – 2508.

[32] Ascari, G. 2004, "Staggered Prices and Trend Inflation: Some Nuisances", Review of Economic Dynamics, 7, 642 – 667.

[33] Ascari, G. and N. Rankin, 2004, "Perpetual Youth and Endogenous Labour Supply: A Problem and a Possible Solution", European Central Bank Working Paper No. 346.

[34] Ascari, G. and T. Ropele, 2009, "Trend Inflation, Taylor Principle, and Indeterminacy", Journal of Money, Credit, and Banking, 41 (8), 1557 – 1584.

[35] Backus, D. and J. Driffill, 1985, "Inflation and Reputation", American Economic Review, 75 (3), 530 – 538.

［36］Baele, L., G. Bekaert, S. Cho, K. Inghelbrecht and A. Moreno, 2011, "Macroeconomic Regimes", NBER Working Paper No 17090.

［37］Ballabriga, F. and C. Martinez – Mongay, 2005, "Sustainability of EU Public Finances", European Commission, Economic Papers No. 225.

［38］Barro, R., 1974, "Are Government Bonds Net Wealth?", Journal of Political Economy, 82 (6), 1095 – 1117.

［39］Barro, R., 1979, "On the Determination of the Public Debt", Journal of Political Economy, 87 (5), 940 – 971.

［40］Bassetto, M., 2002, "A Game – theoretic View of the Fiscal Theory of the Price Level", Econometrica, 70 (6), 2167 – 2195.

［41］Bassetto, M., 2005, "Equilibrium and Government Commitment", Journal of Economic Theory, 124 (1), 79 – 105.

［42］Batini, N., P. Levine and J. Pearlman, 2009, "Monetary and Fiscal Rules in an Emerging Small Open Economy", IMF Working Papers 22.

［43］Begg, D. and B. Haque, 1984, "A Nominal Interest Rate Rule and Price Level Indeterminacy Reconsidered", Greek Economic Review 6 (1), 31 – 46.

［44］Beltratti, A., S. Margarita and P. Terna, 1996, Neural Networks for Economic and Financial Modeling, International Thompson Computer Press.

［45］Benhabib, J., 2009, "A Note on Regime Switching, Monetary Policy, and Multiple quilibria", NBER Working Paper No. 14770.

［46］Benhabib, J., S. Schmitt – Grohé, and M. Uribe, 2001a, "The perils of Taylor Rules", Journal of Economic Theory, 96 (1), 40 – 69.

［47］Benhabib, J., S. Schmitt – Grohé, and M. Uribe, 2001b, "Monetary Policy and Multiple Equilibria", American Economic Review, 91 (1), 167 – 186.

［48］Benhabib, J., S. Schmitt – Grohé, and M. Uribe, 2002, "Avoiding Liquidity Traps", Journal of Political Economy, 110 (3), 535 – 563.

［49］Benigno, P. and M. Woodford, 2003a, "Optimal Monetary and Fiscal Policy: A Linear – Quadratic Approach", in NBER Macroeconomics Annual 2003. MIT Press, Cambridge, MA, 271 – 332.

[50] Benigno, P. and M. Woodford, 2003b, "Optimal Targeting Rules for Monetary and Fiscal Policy", Board of Governors of the Federal Reserve System, International Finance Discussion Papers No. 806.

[51] Benigno, P. and M. Woodford, 2006, "Optimal Inflation Targeting Under Alternative Fiscal Regimes", NBER Working Paper No. 12158.

[52] Bénassy, J-P., 2000, "Price Level Determinacy under a Pure Interest Rate Peg", Review of Economic Dynamics, 3 (1), 194–211.

[53] Bénassy, J-P., 2005, "Interest Rate Rules, Price Determinacy and the Value of Money in a Non-Ricardian World", Review of Economic Dynamics 8 (6), 651–667.

[54] Bénassy, J-P., 2007, "Ricardian Equivalence and the Intertemporal Keynesian Multiplier", Economics Letters, 94 (2), 118–123.

[55] Berg, C. and L. Jonung, 1999, "Pioneering Price Level Targeting: The Swedish Experience 1931–1937", Journal of Monetary Economics, 43 (3), 525–551.

[56] Berger, H. and U. Woitek, 2005, "Does Conservatism Matter? a Time–Series Approach to Central Bank Behavior", Economic Journal, 115 (505), 745–766.

[57] Bergin, P., 2000, "Fiscal Solvency and Price level Determination in a Monetary Union", Journal of Monetary Economics, 45 (1), 37–53.

[58] Bianchi, F., 2010, "Regime Switches, Agents' Beliefs, and Post–World War II US Macroeconomic Dynamics", Working Paper 12–04, Duke University.

[59] Bianchi, F., Ilut, C. and M. Schneider, 2012, "Business Cycles and Asset Prices: The Role of Volatility Shocks under Ambiguity Aversion", Duke University–Stanford University, Working Paper.

[60] Bianchi, F. and L. Melosi, 2012a, "Constrained Discretion and Central Bank Transparency", Duke University, Working Paper.

[61] Bianchi, F. and L. Melosi, 2012b, "Modeling the Evolution of Public Expectations and Uncertainty in General Equilibrium", Duke University, Working Paper.

[62] Bianchi, F. and L. Melosi, 2013, "Dormant Shocks and Fiscal Virtue", 2013 NBER Macroeconomics Annual, forthcoming.

[63] Binder, M. and M. Pesaran, 1995, "Multivariate Rational Expectations Models

and Macroeconometric Modelling: A Review and Some New Results", In M. Pesaran and M. Wickens (eds.), Handbook of Applied Econometrics: Macroeconomics, 139 - 187, Oxford, Blackwell.

[64] Binder M. and M. Pesaran, 1997, "Multivariate Linear Rational Expectations Models: Characterization of the Nature of the Solutions and Their Fully Recursive Computation", Econometric Theory, 13 (6), 877 - 888.

[65] Blake, A. and T. Kirsanova, 2006, "Monetary and Fiscal Policy Interactions: Optimal Delegation and the Value of Leadership", mimeo.

[66] Blake, A. and T. Kirsanova, 2010, "Discretionary Policy and Multiple Equilibria in lq re models", manuscript, University of Exeter.

[67] Blake, A. and F. Zampolli, 2006, "Optimal Monetary Policy in Markov - Switching Models with Rational Expectations Agents", Bank ofEngland Working Paper No. 298.

[68] Blanchard, O., 1985, "Debt, Deficits, and Finite Horizons", Journal of Political Economy, 93 (2), 223 - 247.

[69] Blanchard, O., 2004, "Fiscal Dominance and Inflation Targeting: Lessons fromBrazil", NBER Working Paper No. 10389.

[70] Blanchard, O. and C. Kahn, 1980, "The Solution of Linear Difference Models under Rational Expectations", Econometrica, 48 (4), 1305 - 1311.

[71] Blanchard, O. and R. Perotti, 2002, "An Empirical Characterization of the Dynamic Effects of Changes in Government Spending and Taxes on Output", Quarterly Journal of Economics, 117 (4), 1329 - 1368.

[72] Bohn, H., 1998, "The Behavior ofU. S. Public Debt and Deficits", Quarterly Journal of Economics, 113 (3), 949 - 964.

[73] Bohn, H., 2005, "The Sustainability of Fiscal Policy in the United States", CESifo Working Paper No. 1446.

[74] Brock, A., 1990, "Overlapping Generations Models with Money and Transactions Costs", Handbook of Monetary Economics, vol. 1, ed. by B. Friedman and F. Hahn, North - Holland, 263 - 295.

[75] Buiter, W., 1998, "The Young Person's Guide to Neutrality, Price Level Indeterminacy, Interest Rate Pegs and Fiscal Theories of the Price Level", CEPR Discussion Paper 1799.

[76] Buiter, W., 1999, "The Fallacy of the Fiscal Theory of the Price Level", NBER Working Paper No. 7302.

[77] Buiter, W., 2001, "The Fallacy of the Fiscal Theory of the Price Level, Again", Bank of England Working Paper No. 141.

[78] Buiter, W., 2002, "The Fiscal Theory of the Price Level: A Critique", The Economic Journal, 112, 459 – 480.

[79] Buiter, W., 2003, "Ten Commandments for a Fiscal Rule in the EMU", Oxford Review of Economic Policy, 19 (1), 84 – 99.

[80] Buiter, W., 2004, "The Elusive Welfare Economics of Price Stability as a Monetary Policy Objective: Should New Keynesian Central Bankers Pursue Price Stability? NBER Working Paper No. 10848.

[81] Bullard, J. and K. Mitra, 2002, "Learning About Monetary Policy Rules", Journal of Monetary Economics, 49 (6), 1105 – 1129.

[82] Bullard, J. and K. Mitra, 2007, "Determinacy, Learnability and Monetary Policy Inertia", Journal of Money, Credit and Banking, 39 (5), 1177 – 1212.

[83] Burnside, C., M. Eichenbaum and S. Rebello, 2001, "Prospective Deficits and the Asian Currency Crisis", Journal of Political Economy, 109 (6) 1155 – 1197.

[84] Burstein, A. and C. Hellwig, 2008, "Welfare Costs of Inflation in a Menu Cost Model", The American Economic Review, 98 (2), 438 – 443.

[85] Canzoneri, M. and B. Diba, 2005, "Interest Rate Rules and Price Determinacy: the Role of Transactions Services of Bonds", Journal of Monetary Economics, 52 (2), 329 – 343.

[86] Canzoneri, M., R. Cumby and B. Diba, 2001a, "Is the Price Level Determined by the Needs of Fiscal Solvency?", American Economic Review, 91 (5), 1221 – 1238.

[87] Canzoneri, M., R. Cumby and B. Diba, 2001b, "Fiscal Discipline and Ex-

change Rate Regimes", The Economic Journal, 111 (474), 667 – 690.

[88] Canzoneri, M., R. Cumby and B. Diba, 2008, "Monetary Aggregates and Liquidity in a Neo – Wicksellian Framework", Journal of Money, Credit and Banking, 40 (8), 1667 – 1698.

[89] Canzoneri, M., R. Cumby and B. Diba, 2011, "The Interaction Between Monetary and Fiscal Policy", in B. Friedman and M. Woodford ed., Handbook of Monetary Economics, Vol. 3, Elsevier, 935 – 1055.

[90] Canzoneri, M., R. Cumby, B. Diba and D. Lopez – Salido, 2006, "Monetary and Fiscal Policy Coordination when Bonds Provide Transactions Services", mimeo.

[91] Carlstrom, C. and T. Fuerst, 2000, "The Fiscal Theory of the Price Level", Federal Reserve Bank of Cleveland Economic Review, 36 (1), 22 – 32.

[92] Carlstrom, C. and T. Fuerst, 2001, "Real Indeterminacy in Monetary Models with Nominal Interest Rate Distortions", Review of Economic Dynamics, 4 (4), 767 – 789.

[93] Carlstrom, C. and T. Fuerst, 2004, "Learning and the Central Bank," Journal of Monetary Economics, 51 (2), 327 – 338.

[94] Chadha, J., 2010, "Policy Rules Under the Monetary and the Fiscal Theories of the Price – Level, School of Economics Discussion Papers, KDPE 1013, University of Kent.

[95] Chadha, J. and C. Nolan, 2004, "Optimal Simple Rules for the Conduct of Monetary and Fiscal Policy", Working Paper CDMA04/06.

[96] Chadha, J. and C. Nolan, 2007, "Interest Rate Bounds and Fiscal Policy", Economics Letters, 84 (1), 9 – 15.

[97] Chadha, J., L. Corrado and S. Holly, 2008, "Reconnecting Money to Inflation: The Role of the External Finance Premium", Cambridge Working Papers in Economics 0852, University of Cambridge.

[98] Champ, B. and S. Freeman, 1994, Modeling Monetary Economies, New York, John Wiley.

[99] Chari, V. and P. Kehoe, 1990, "Sustainable Plans", Journal of Political Economy, 98 (4), 783 – 802.

[100] Cho, S., 2012, "Characterizing Markov – Switching Rational Expectations Models", WorkingPaper, School of Economics, Yonsei University.

[101] Cho, S. and B. McCallum, 2009, "Another Weakness of 'Determinacy' as a Selection Criterion for Rational Expectations Models" Economics Letters (1), 104, 17 – 19.

[102] Cho, S. and B. McCallum, 2012, "Refining Linear Rational Expectations Models and Equilibria", NBER Working Paper No. 18348.

[103] Cho, S. and A. Moreno, 2011, "The Forward Method as a Solution Refinement in Rational Expectations Models", Journal of Economic Dynamics and Control, 35 (3), 257 – 272.

[104] Christiano, L. and T. Fitzgerald, 2000, "Understanding the Fiscal Theory of the Price Level", NBER Working Paper No. 7668.

[105] Chugh, S., 2006, "Optimal Fiscal and Monetary Policy with Sticky Wages and Sticky Prices", Review of Economic Dynamics, 9 (6), 683 – 714.

[106] Clarida, R., J. Gali and M. Gertler, 2000, "Monetary Policy Rules and Macroeconomic Stability: Evidence and Some Theory", Quarterly Journal of Economics, 115 (1), 147 – 180.

[107] Cochrane, J., 1998, "A Frictionless View of U. S. Inflation", NBER Macroeconomics Annual 13, 323 – 384.

[108] Cochrane, J., 1999, "Money as Stock: Price Level Determination with no Money Demand", NBER Working Paper No. 7498.

[109] Cochrane, J., 2001, "Long Term Debt and Optimal Policy in the Fiscal Theory of the Price Level", Econometrica (1), 69, 69 – 116.

[110] Cochrane, J., 2005, "Money as Stock", Journal of Monetary Economics, 52 (2), 501 – 528.

[111] Cochrane, J., 2007, "Inflation Determination with Taylor Rules: a Critical Review", NBER Working Paper No. 13409.

[112] Cochrane, J., 2009, "Fiscal Theory, and Fiscal and Monetary Policy in the Financial Crisis", mimeo.

[113] Cogley, T. and A. Sbordone, 2008, "Trend Inflation, Indexation and Inflation Persistence in the New Keynesian Phillips Curve", American Economic Review, 98 (5), 2101 – 2126.

[114] Collard, F. and H. Dellas, 2005, "Tax Distortions and the Case for Price Stability", Journal of Monetary Economics, 52 (1), 249 – 273.

[115] Collard, F. and M. Juillard, 2001, "Accuracy of Stochastic Pertubation Methods: The Case of Asset Pricing Models", Journal of Economic Dynamics and Control, 25 (6 – 7), 979 – 999.

[116] Collard, F. and M. Juillard, 2001, "A Highter – Order Taylor Expansion Approach to Simulation of Stochastic Forward – Looking Models with an Application to a Nonlinear Phillips Curve Model", Computational Economics, 17 (2), 125 – 139.

[117] Correia, I., J. Nicolini and P. Teles, 2008, "Optimal Fiscal and Monetary Policy: Equivalence Results", Journal of Political Economy, 168 (1), 141 – 170.

[118] Corsetti, G. and N. Roubini, 1993, "The Design of Optimal Fiscal Rules for Europe After1992", Adjustment and Growth in the European Monetary Union, ed. by Torres, F. and F. Giavazzi, Cambridge University Press.

[119] Costa, O., M. Fragoso and R. Marques, 2005, Discrete – Time Markov Jump Linear Systems, Springer.

[120] Creel, J., P. Monperrus – Véroni and F. Saraceno, 2005, "Discretionary Policy Interactions and the Fiscal Theory of the Price Level: A SVAR Analysis on French Data", OFCE Working Paper No. 2005 – 12.

[121] Creel, J. and H. Bihan, 2006, "Using Structural Balance Data to Test the Fiscal Theory of the Price Level: Some International Evidence", Journal of Macroeconomics, 28, 338 – 360.

[122] Creel, J. and H. Sterdyniak, 2001, "La Théorie Budgetaire du Niveau des Prix: un Bilan Critique", Revue d' Economie Politique, 6, 909 – 940.

[123] Creel, J. and H. Sterdyniak, 2002, "The Fiscal Theory of the Price Level and Sluggish Inflation: how Important Shall the Wealth Effect Be?", OFCE Working Paper No. 2002 – 1.

［124］Currie, D. and P. Levine, 1993, Rules, Reputation and Macroeconomic Policy Coordination, Cambridge University Press.

［125］Cushing, M. , 1999, "The Indeterminacy of Prices under Interest Rate Pegging: the Non – Ricardian Case", Journal of Monetary Economics, 44 (1), 131 – 148.

［126］Daniel, B. , 2001, "The Fiscal Theory of the Price Level in an Open Economy", Journal of Monetary Economics, 48 (2), 293 – 308.

［127］Daniel, B. , 2007, "The Fiscal Theory of the Price Level and Initial Government Debt", Review of Economic Dynamics, 10 (1), 193 – 206.

［128］Davig, T. and T. Doh, 2008, "Monetary Policy Regime Shifts and Inflation Persistence", Research Working Paper 08 – 16, Federal Reserve Bank of Kansas City.

［129］Davig, T. and E. Leeper, 2005, Fluctuating Macro Policies and the Fiscal Theory, NBER Working Paper No. 11212.

［130］Davig, T. and E. Leeper, 2007, "Generalizing the Taylor Principle", American Economic Review. 97 (3), 607 – 635.

［131］Davig, T. and E. Leeper, 2009, "Monetary Policy – Fiscal Policy and Fiscal Stimulus", NBER Working Paper No. 15133.

［132］Davig, T. , E. Leeper and H. Chung, 2004, "Monetary and Fiscal Policy Switching," NBER Working Paper No. 10362.

［133］Davig, T. , E. Leeper and T. Walker, 2010, "Unfunded Liabilities and Uncertain Fiscal Financing", Journal of Monetary Economics, 57 (5), 600 – 619.

［134］Davig, T. , E. Leeper and T. Walker, 2011, "Inflation and the Fiscal Limit", European Economic Review, 55 (1) 31 – 47.

［135］Debortoli, D. and R. Nunes, 2010, "Fiscal Policy under Loose Commitment", Journal of Economic Theory, 145 (3), 1005 – 1032.

［136］Debortoli, D. and R. Nunes, 2011, "Monetary Regime Switches and Unstable Objectives", International Finance Discussion Papers 1036, Board of Governors of the Federal Reserve System.

［137］Debrun, X. and C. Wyplosz, 1999, "Onze gouvernments et une Banque centrale", Revue d'Economie Politique, 3, 387 – 420.

［138］Dennis, R. , 2004, "Inferring Policy Objectives from Economic Outcomes", Oxford Bulletin of Economics and Statistics, 66 (1), 735 – 764.

［139］Dennis, R. , 2007, "Optimal Policy in Rational Expectations Models: New Solution Algorithms", Macroeconomic Dynamics, 11 (1), 31 – 55.

［140］Dennis, R. and T. Kirsanova, 2010, "Expectations Traps and Coordination Failures: Selecting among Multiple Discretionary Equilibria", Working Paper2010 – 02, Federal Reserve Bank of San Francisco.

［141］Den Haan, J. and A. Marcet, 1994, "Accuracy in Simulations", Review of Economic Studies, 61, 3 – 17.

［142］Den Haan, J. and J. De Wind, 2012, "Nonlinear and Stable Perturbation – Based Approximations", Journal of Economic Dynamics and Control, 36 (10), 1477 – 1497.

［143］Diamond, P. , 1965, "National Debt in a Neoclassical Debt Model", Journal of Political Economy, 55 (6), 1126 – 1150.

［144］Dixit, A. and L. Lambertini, 2003, "Symbiosis of Monetary and Fiscal Policies in a Monetary Union", Journal of International Economics, 60 (2), 235 – 247.

［145］Duffy, J. and P. McNelis, 2001, "Approximating and Simulating the Stochastic Growth Model: Parameterized Expectations, Neural Networks, and the Genetic Algorithm", Journal of Economic Dynamics and Control, 25 (9), 1273 – 1303.

［146］Dupor, B. , 2000, "Exchange Rates and the Fiscal Theory of the Price Level", Journal of Monetary Economics, 45 (3), 613 – 630.

［147］EC , 2004, Public Finances in EMU – 2004, European Economy No. 3/2004.

［148］Eggertsson, G. , 2006, "Fiscal Multipliers and Policy Coordination", Federal Reserve Bank of New York Staff Reports, No. 241.

［149］Eggertsson, G. and M. Woodford, 2004, "Optimal Monetary and Fiscal Policy in a Liquidity Trap", Manuscript, Princeton University.

［150］Evans, G. and S. Honkapohja, 2001, "Learning and Expectations in Macroeconomics", Princeton University Press.

［151］ Evans, G. and S. Honkapohja, 2003, "Expectations and the Stability Problem for Optimal Monetary Policies", Review of Economic Studies, 70 (4), 807–824.

［152］ Evans, G. and S. Honkapohja, 2007, "Policy Interaction, Learning and the Fiscal Theory of Prices", Macroeconomic Dynamics, 11 (2), 665–690.

［153］ Evers, M., 2010, "A Self–Consistent Perturbation Procedure For Solving Dynamic Stochastic General Equilibrium Models", Mimeo, Institute für Internationale Wirtschaftspolitik, Bonn University.

［154］ Fair, R. and J. Taylor, 1983, "Solution and Maximum Likelihood Estimation of Dynamic Nonlinear Rational Expectations Models", Econometrica, 51 (4), 1169–1186.

［155］ Farmer, R., D. Waggoner and T. Zha, 2009, "Understanding Markov–Switching Rational Expectations Models", Journal of Economic Theory, 144 (5), 1849–1867.

［156］ Farmer, R., D. Waggoner and T. Zha, 2011, "Minimal State Variable Solutions to Markov–Switching Rational Expectations Models", Journal of Economic Dynamics and Control, 35 (12), 2150–2166.

［157］ Fan, J. and P. Minford, 2009, "Can the Fiscal Theory of the Price Level explain UK inflation in the 1970s?", Cardiff Economics Working Papers E2009/26.

［158］ Fanizza, D. and L. Söderling, 2006, "Fiscal Determinants of Inflation: A Primer for the Middle East and North Africa", IMF Working Paper WP/06/216.

［159］ Favero, C., 2002, "How do Monetary and Fiscal Authorities Behave?", CEPR Discussion Paper No. 3426.

［160］ Favero, C. and F. Giavazzi, 2004, "Inflation Targeting and Debt: Lessons from Brazil", NBER Working Paper No. 10390.

［161］ Favero, C. and T. Monacelli, 2003, "Monetary–Fiscal Mix and Inflation Performance: Evidence from the U. S.", IGIER–Università Bocconi, Working Paper No. 234.

［162］ Favero, C. and T. Monacelli, 2005, "Fiscal Policy Rules and Regime (In) Stability: Evidence from the U. S.", IGIER Working Paper No. 282.

［163］ Fernández–Villaverde, J., P. Guerrón–Quintana, J. Rubio–Ramírez and

M. Uribe, 2011, "Risk Matters: The Real Effects of Volatility Shocks", American Economic Review, 101 (6), 2530 – 2561.

[164] Ferrero, A., 2005, " Fiscal and Monetary Rules for a Currency Union", mimeo, New York University.

[165] Fialho, M. and M. Portugal, 2005, Monetary and Fiscal Policy Interactions in Brazil: An application of the Fiscal Theory of the Price Level, UFRGS Working Paper.

[166] Foerster, A., J. Rubio – Ramirez, D. Waggoner and T. Zha, 2013, "Perturbation Methods for Markov – Switching DSGE Models", Research Working Paper 13 – 01, Federal Reserve Bank of Kansas City.

[167] Friedman, M., 1969, The Optimum Quantity of Money and Other Essays, Chicago, Aldine Publishing Company.

[168] Friedman, M. and A. Schwartz, 1963, "Money and Business Cycles", Review of Economics and Statistics, 45 (1), 32 – 64.

[169] Galí, J., 2008, Monetary Policy, Inflation, and the Business Cycle: An Introduction to the New Keynesian Framework, Princeton University Press.

[170] Galí, J. and R. Perotti, 2003, "Fiscal Policy and Monetary Integration in Europe", Economic Policy, 18 (37), 533 – 572.

[171] Galí, J. and T. Monacelli, 2005, "Optimal Fiscal Policy in a Monetary Union", Proceedings Journal, Federal Reserve Bank of San Francisco.

[172] Gagnon, J., 1990, "Solving the Stochastic Growth Model by Deterministic Extended Path", Journal of Business and Economic Statistics, 8 (1): 35 – 36.

[173] Gaspar, J. and K. Judd, 1997, "Solving Large – Scale Rational – Expectations Models", Macroeconomic Dynamics, 1 (1), 45 – 75.

[174] Giannoni, M. and M. Woodford, 2010, "Optimal Target Criteria for Stabilization Policy", NBER Working Paper 15757.

[175] Gomme, P. and P. Klein, 2011, "Second – Order Approximation of Dynamic Models without the Use of Tensors", Journal of Economic Dynamics and Control, 35 (4), 604 – 615.

[176] Goodfriend, M. and R. King, 2001, "The Case for Price Stability", NBER

Working Paper No. 8423.

[177] Gordon, D., and E. Leeper, 2005, "The Price Level, the Quantity Theory of Money, and the Fiscal Theory of the Price Level", Manuscript, Indiana University.

[178] Guo, J. and S. Harrision, 2004, "Balanced – Budget Rules and Macroeconomic Stability", Journal of Economic Theory, 119 (2), 357 –363.

[179] von Hagen, J., A. Hallet, and R. Strauch, 2001, "Budgetary Consolidation in EMU", European Commission, Economic Papers No. 148.

[180] Hamilton, J., 1989, "A New Approach to the Economic Analysis of Nonstationary Time Series and the Business Cycle", Econometrica, 57 (2), 357 –384.

[181] Hamilton, J., 1994, Time Series Analysis, Princeton University Press.

[182] Heer, B. and A. Maußner, 2009, Dynamic General Equilibrium Modeling: Computational Methods and Applications, Second Edition, Springer – Verlag.

[183] Hornik, K., M. Stinchcombe and H. White, 1989, "Multilayer Feedforward Networks are Universal Approximations", Neural Networks, 2, 359 –366.

[184] Horvath, M., 2008a, "Simple Monetary – Fiscal Targeting Rules", Center for Dynamic Macroeconomic Analysis Working Paper No. 1.

[185] Horvath, M., 2008b, "The Effects of Government Spending Shocks on Consumption under Optimal Stabilization", Center for Dynamic Macroeconomic Analysis Working Paper No. 5.

[186] Ireland, P., 2001, "The Real Balance Effect", NBER Working Paper No. 8136.

[187] Imrohoroglu, A. and E. Prescott, 1991, "Seigniorage as a Tax: A Quantitative Evaluation", Journal of Money, Credit and Banking, 23 (2), 462 –475.

[188] Janssen, N., C. Nolan and R. Thomas, 2002, "Money, Debt and Prices in the UK 1705 –1996", Economica, 69, 461 –479.

[189] Jeffreys, H., 1961, Theory of Probability, 3rd edition, Clarendon Press, Oxford.

[190] Judd, K., 1992, "Projection Methods for Solving Aggregate Growth Models", Journal of Economic Theory, 58 (2), 410 –452.

[191] Judd, K., 1998, "Numerical Methods in Economics", MIT Press, Cambridge, MA.

[192] Judd, K. and S. - M. Guu, 1997, "Asymptotic Methods for Aggregate Growth Models", Journal of Economic Dynamics and Control, 21 (6), 1025 - 1042.

[193] Juillard, M., 1996, "Dynare: a Program for the Resolution and Simulation of Dynamic Models with Forward Variables through the use of a Relaxation Algorithm", CEPREMAP Working Papers 9602, CEPREMAP.

[194] Juillard, M., 1999, "The Dynamical Analysis of Forward - Looking Models", Analyses in Macroeconomic Modelling (ed.) A. Hallett and P. McAdam, KAP, Chapter 9, 207 - 224.

[195] Juillard, M., P. Karam, D. Laxton and P. Pesenti, 2006, "Welfare - based Monetary Policy Rules in an Estimated DSGE Model of the US Economy", European Central Bank Working Paper Series, No. 613.

[196] Juillard, M., D. Laxton, P. McAdam and H. Pioro, 1999, "Solution Methods and Non - Linear Forward - Looking Models", Analyses in Macroeconomic Modelling (ed.) A. Hallett and P. McAdam, KAP, Chapter 1, 3 - 29.

[197] Juillard, M. and O. Kamenik, 2004, "Solving Stochastic Dynamic Equilibrium Models: a k - Order Perturbation Approach", Dynare Mimeo.

[198] Juillard, M. and F. Pelgrin, 2007, Computing Optimal Policy in a Timeless - Perspective: An Application to a Small - Open Economy, Bank of Canada Working Paper 2007 - 32.

[199] Kamenik, O., 2005, "Solving DSGE Models: A New Algorithm for the Sylvester Equation", Computational Economics, 25 (1), 167 - 187.

[200] Kell, M., 2001, "An Assessment of Fiscal Rules in the United Kingdom", IMF Working Paper No. 91.

[201] Kendrick, D., P. Mercado and H. Amman, 2006, Computational Economics, Princeton University Press.

[202] Kim, C. - J., 1994, "Dynamic Linear Models with Markov - switching", Journal of Econometrics, 60 (1 - 2), 1 - 22.

[203] Kim, C. - J. and C. Nelson, 1999a, "Has The U. S. Economy Become More Stable? A Bayesian Approach Based on A Markov - Switching Model of The Business Cycle", The Review of Economics and Statistics, 81 (4), 608 - 616.

[204] Kim, C. - J. and C. Nelson, 1999b, "State - Space Models with Regime Switching: Classical and Gibbs - Sampling Approaches with Applications", MIT Press, Cambridge, MA.

[205] Kim, J., S. Kim, E. Schaumburg and C. Sims, 2008, "Calculating and Using Second - Order Accurate Solutions of Discrete Time Dynamic Equilibrium Models", Journal of Economic Dynamics and Control, 32 (11), 3397 - 3414.

[206] Kim, S., 2003, "Structural Shocks and the Fiscal Theory of the Price Level", Macroeconomic Dynamics, 7 (2), 759 - 782.

[207] King, R. and C. Plosser, 1985, "Money, Deficits and Inflation", Carnegie - Rochester Conference Series on Public Policy, 22, 147 - 196.

[208] King, R. and M. Watson, 1998, "The Solution of Singular Linear Difference Systems under Rational Expectations", International Economic Review, 39 (4), 1015 - 1026.

[209] King, R. and M. Watson, 2002, "System Reduction and Solution Algorithms for Singular Linear Difference Systems under Rational Expectations", Computational Economics, 20 (1 - 2), 57 - 86.

[210] Kirsanova, T. and S. Wren - Lewis, 2006, "Optimal Fiscal Feedback on Debt in an Economy with Nominal Rigidities", CDMA Conference Papers 2006, CDMC06/09.

[211] Kirsanova, T. and S. Wren - Lewis, 2007, "Optimal Fiscal Feedback on Debt in an Economy with Nominal Rigidities", Federal Reserve Bank of Atlanta Working Paper No. 26.

[212] Kirsanova, T., M. Satchi, D. Vines and S. Wren - Lewis, 2005, "Inflation Persistence, Fiscal Constraints and Non Cooperative Authorities: Stabilization Policy in a Monetary Union", mimeo.

[213] Klein, P., 2000, "Using the Generalized Schur form to Solve a Multivariate Linear Rational Expectations Model", Journal of Economic Dynamics and Control, 24 (10),

1405 – 1423.

［214］Klein, P. , P. Krusell and J. Rios – Rull, 2008, "Time Consistent Public Policy", Review of Economic Studies, 75, 789 – 808.

［215］Kocherlakota, N. and C. Phelan, 1999, "Explaining the Fiscal Theory of the Price Level", Quarterly Review, Federal Reserve Bank of Minneapolis, 23 (4), 14 – 23.

［216］Kollmann, R. , J. Kim and S. Kim, 2011, "Solving the Multi – Country Real Business Cycle Model Using a Perturbation Method", Journal of Economic Dynamics and Control, 35 (2), 203 – 206.

［217］Kumhof, M. , and I. Yakadina, 2007, "Politically Optimal Fiscal Policy", IMF Working Paper No. 68.

［218］Kumhof, M. , R. Nunes, I. Yakadina, 2008, "Simple Monetary Rules Under Fiscal Dominance", FED International Finance Discussion Papers No. 937.

［219］Lambertini, L. , 2006, "Monetary – Fiscal Interactions with a Conservative Central Bank", Scottish Journal of Political Economy, 53 (1), 90 – 128.

［220］Lan, H. and A. Meyer – Gohde, 2011, "Solving DSGE Models with a Nonlinear Moving Average", SFB 649 Discussion Paper 2011 – 087.

［221］Lan, H. and A. Meyer – Gohde, 2012, "Existence and Uniqueness of Perturbation Solutions to DSGE Models", Dynare Working Paper No. 14.

［222］Lan, H. and A. Meyer – Gohde, 2013a, "Decomposing Risk in Dynamic Stochastic General Equilibrium", SFB 649 Discussion Paper 2013 – 022.

［223］Lan, H. and A. Meyer – Gohde, 2013b, "Pruning in Perturbation DSGE Models Guidance from Nonlinear Moving Average Approximations", SFB 649 Discussion Paper 2013 – 024.

［224］Leeper, E. , 1991, "Equilibria under Active and Passive Monetary Policies", Journal of Monetary Economics, 27 (1), 129 – 147.

［225］Leeper, E. , 1993, "The Policy Tango: Toward a Holistic View of Monetary and Fiscal Effects", Federal Reserve Bank of Atlanta Economic Review, 78 (4), 1 – 27.

［226］Leeper, E. , 2003, "Fiscal Policy and Inflation: Pondering the Imponderables", Journal of Investment Management, 1 (2), 44 – 59.

[227] Leeper, E. and J. Roush, 2003, "Putting 'M' Back in Monetary Policy", Journal of Money, Credit, and Banking, 35 (6), 1217 – 1256.

[228] Leeper, E. and T. Yun, 2005, "Monetary – fiscal Policy Interactions and the Price Level: Background and Beyond, Manuscript", Indiana University.

[229] Leeper, E. and T. Zha, 2003, "Modest Policy Interventions", Journal of Monetary Economics, 50 (8), 1673 – 1700.

[230] Leith, C. and S. Wren – Lewis, 2006, "Fiscal Sustainability in a New Keynesian Model", World Economy & Finance Research Program Working Paper Series, WEF 0006.

[231] Leith, C., and L. von Thadden, 2008, "Monetary and Fiscal Policy Interactions in a New Keynesian Model with Capital Accumulation and Non – Ricardian Consumers", Journal of Economic Theory, 140 (1), 279 – 313.

[232] Linnemann, L. and A. Schabert, 2009, "Fiscal Rules and the Irrelevance of the Taylor Principle", mimeo.

[233] Lim, G. and P. McNelis, 2008, Computational Macroeconomics for Open E-conomy, MIT Press, Cambridge, MA.

[234] Liu, Z., D. Waggoner, and T. Zha, 2009, "Asymmetric Expectation Effects of Regime Shifts in Monetary Policy", Review of Economic Dynamics, 12 (2), 284 – 303.

[235] Liu, Z., D. Waggoner and T. Zha, 2011, "Sources of Macroeconomic Fluctuations: A Regime – Switching DSGE Approach", Quantitative Economics, 2 (2), 251 – 301.

[236] Ljungqvist, L. and T. Sargent, 2004, Recursive Macroeconomic Theory, The MIT Press.

[237] Loisel, O., 2009, "Bubble – free Policy Feedback Rules", Journal of Economic Theory, 144 (4), 1521 – 1559.

[238] Lombardo, G., 2010, "On Approximating DSGE Models by Series Expansions", European Central Bank Working Paper No. 1264.

[239] Lombardo, G. and A. Sutherland, 2004, "Monetary and Fiscal Interactions in Open Economies", Journal of Macroeconomics, 26, 319 – 348.

[240] Lombardo, G. and A. Sutherland, 2007, "Computing Second – Order – Accurate Solutions for Rational Expectation Models Using Linear Solution Methods", Journal of Economic Dynamics and Control, 31 (2), 515 – 530.

[241] Love, D., 2009, "Accuracy of Deterministic Extended – path Solution Methods for Dynamic Stochastic Optimization Problems in Macroeconomics", Working Papers 0907, Department of Economics, Brock University.

[242] Loyo, E., 1999, "Tight Money Paradox on the Loose: a Fiscalist Hyperinflation", Harvard University, mimeo.

[243] Lubik, T. and F. Schorfheide, 2004, "Testing for Indeterminacy: An Application to U. S. Monetary Policy", American Economic Review, 94 (1), 190 – 217.

[244] Lucas, R., 2000, "Inflation and Welfare", Econometrica, 68 (2), 247 – 274.

[245] Marattin, L. and M. Marzo, 2008, "A (Un) Pleasant Arithmetic of Fiscal Policy: the Case of Italian Public Debt", MPRA Series Paper No. 6880, University of Munich, Germany.

[246] Marattin, L. and M. Marzo, 2009, "Fiscal Rules in a Highly Distorted Economy", MPRA Paper Series No. 11039, University of Munich, Germany.

[247] Marcet, A. and R. Marimon, 2009, "Recursive Contracts", Universitat Pompeu Fabra. Working Paper.

[248] McCallum, B., 1983, "The Role of Overlapping Generations Models in Monetary Economics", Carnegie – Rochester Conference Series, 18, 9 – 44.

[249] McCallum, B., 2001, "Indeterminacy, Bubbles, and the Fiscal Theory of Price Level Determination", Journal of Monetary Economics, 47 (1), 19 – 30.

[250] McCallum, B., 2003a, "Is the Fiscal Theory of the Price Level Learnable?", Scottish Journal of Political Economy, 50 (2), 634 – 649.

[251] McCallum, B., 2003b, "Multiple – Solution Indeterminacies in Monetary Policy Analysis", Journal of Monetary Economics, 50 (6), 1153 – 1175.

[252] McCallum, B., 2007, "E – stability vis – à – vis Determinacy Results for a Broad Class of Linear Rational Expectations Models", Journal of Economic Dynamics and

Control, 31, 1376 – 1391.

[253] McCallum, B., 2009, "Inflation Determination with Taylor Rules: Is New – Keynesian Analysis Critically Flawed?", Journal of Monetary Economics, 56 (6), 1101 – 1108.

[254] McCallum, B., 2012, "Determinacy, Learnability, Plausibility, and the Role of Money in New Keynesian Models", NBER Working Paper 18215.

[255] McCallum, B. and E. Nelson, 2006, "Monetary and Fiscal Theories of the Price level: the Irreconcilable Differences", NBER Working Paper No. 12089.

[256] McNelis, P., 2005, "Neural Networks in Finance: Gaining Predictive Edge in the Market", Elsevier Academic Press, Burlington, MA.

[257] Mélitz, J., 2000, "Some Cross – Country Evidence about Fiscal Policy Behaviour and Consequences for EMU", European Economy, Reports and Studies 2, 3 – 21.

[258] Meyer – Gohde, A., 2010, "Linear Rational – Expectations Models with Lagged Expectations: A Synthetic Method", Journal of Economic Dynamics and Control, 34 (5), 984 – 1002.

[259] Michel, P., L. Thadden and J. Vidal, 2006, "Debt Stabilizing Fiscal Rules", European Central Bank Working Paper Series, No. 576.

[260] Michael, S., 2011, "The Fiscal Theory of the Price Level and the Backing Theory of Money", MPRA Paper No. 32502.

[261] Moreira, T., G. Souza and C. Almeida, 2007, "Fiscal Theory of the Price Level and the Interaction of Monetary and Fiscal Policies: the Brazilian Case", Brazilian Review of Econometrics, 27 (1), 85 – 106.

[262] Muscatelli, V. and P. Tirelle, 2005, "The Interaction of Fiscal and Monetary Policies: Some Evidence using Structural Econometric Models", mimeo.

[263] Muth, J., 1961, "Rational Expectations and the Theory of Price Movements", Econometrica, 29 (2), 315 – 335.

[264] Nakajima, T. and H. Polemarchakis, 2005, "Money and Prices Under Uncertainty", Review of Economic Studies, 72, 223 – 246.

[265] Niepelt, D., 2004, "The Fiscal Myth of the Price Level", The Quarterly Jour-

nal of Economics, 119 (1): 277 – 300.

[266] Pappa, E., 2004, "The Unbearable Tightness of Being in a Monetary Union: Fiscal Restrictions and Regional Stability", mimeo.

[267] Patinkin, D., 1965, "Money, Interest, and Prices: An Integration of Monetary and Value Theory", 2nd eds., Harper & Row, New York.

[268] Pauletto, G., 1997, "Computational Solution of Large – scale Macroeconometric Models", Kluwer Academic Publishers, Dordrecht, Netherlands.

[269] Perez, J. and P. Hiebert, 2004 "Identifying Endogenous Fiscal Policies Rules for Macroeconomic Models", Journal of Policy Modeling, 26, 1073 – 1089.

[270] Perotti, R., 2004, "Estimating the Effects of Fiscal Policy in OECD Countries", Manuscript, IGIER – Universita' Bocconi.

[271] Persson, M., T. Persson and L. Svensson, 1987, "Time Consistency of Fiscal and Monetary Policy", Econometrica, 55 (4), 1419 – 1431.

[272] Persson, M., T. Persson and L. Svensson, 2006, "Time Consistency of Fiscal and Monetary Policy: A Solution", Econometrica, 74, 193 – 212.

[273] Pogorelec, S., 2006, "Fiscal and Monetary Policy in the Enlarged European Union", European Central Bank Working Paper No. 655.

[274] Polito, V. and M. Wickens, 2005, "Measuring Fiscal Sustainability", Working Paper CDMA05/03.

[275] Railavo, J., 2004, "Stability Consequences of Fiscal Policy Rules", Bank of Finland Discussion Papers 1.

[276] Railavo, J., 2005, "Essays on Macroeconomic Effects of Fiscal Policy Rules", Bank of Finland Studies, E33.

[277] Ramey, V., 2008, "Identifying Government Spending Shocks: It's All in the Timing", mimeo.

[278] Ratto, M., W. Roeger and J. Veld, 2006, "Fiscal Policy in an Estimated Open – Economy Model for the Euro Area", European Commission Economic Papers, No. 266.

[279] Resende, C., 2007, "Cross – Country Estimates of the Degree of Fiscal Domi-

nance and Central Bank Independence", Bank of Canada Working Paper 2007 – 36.

［280］Resende, C. and N. Rebei, 2008, "The Welfare Implications of Fiscal Dominance", Bank of Canada Working Paper 2008 – 28.

［281］Roberds, W. , 1987, "Models of Policy under Stochastic Replanning", International Economic Review, 28 (3), 731 – 755.

［282］Rocha, F. and E. Silva, 2004, "Teoria Fiscal do Nível de Preços: um Teste Para a Economia Brasileira no Período 1966/2000", Pesquisa e Planejamento Economico, 34 (3), 419 – 435.

［283］Rogoff, K. , 1985, "The Optimal Degree if Commitment to an Intermediate Monetary Target", Quarterly Journal of Economics, 100 (4), 1169 – 1189.

［284］Ruge – Murcia, F. , 2012, "Estimating Nonlinear DSGE Models by the Simulated Method of Moments", Journal of Economic Dynamics and Control, 36 (6), 914 – 938.

［285］Sala, L. , 2004, "The Fiscal Theory of the Price Level: Identifying Restrictions and Empirical Evidence", IGIER Working Paper 257.

［286］Sargent, T. , 1979, Macroeconomic Theory, Academic Press, New York, NY.

［287］Sargent, T. and N. Wallace, 1981, "Some Unpleasant Monetarist Arithmetic", Quarterly Review, Federal Reserve Bank of Minneapolis, 5 (3), 1 – 17.

［288］Sargent, T. , 1987, Dynamic Macroeconomic Theory, Harvard University Press.

［289］Sargent, T. , 1993, Bounded Rationality in Macroeconomics, Oxford University Press, Oxford, UK.

［290］Schaumburg, E. and A. Tambalotti, 2007, "An Investigation of the Gains from Commitment in Monetary Policy", Journal of Monetary Economics, 54 (2), 302 – 324.

［291］Schmitt – Grohé, S. and M. Uribe, 2000, "Price Level and Determinacy and Monetary Policy under a Balanced – Budget Requirement", Journal of Monetary Economics, 45 (1), 211 – 246.

［292］Schmitt – Grohe, S. and M. Uribe, 2004a, "Optimal Fiscal and Monetary Policy under Imperfect Competition", Journal of Macroeconomics, 26 (2), 183 – 209.

［293］Schmitt – Grohe, S. and M. Uribe, 2004b, "Optimal Fiscal and Monetary Policy under Sticky Prices", Journal of Economic Theory, 114 (2), 198 - 230.

[294] Schmitt - Grohe, S. and M. Uribe, 2004c, "Solving Dynamic General Equilibrium Models Using a Second - Order Approximation to the Policy Function," Journal of Economic Dynamics and Control, 28 (4), 755 - 775.

[295] Schmitt - Grohé, S. and M. Uribe, 2005, "Optimal Fiscal and Monetary Policy in a Medium - Scale Macroeconomic Model: Expanded Version", NBER Working Paper No. 11417.

[296] Schmitt - Grohe, S. and M. Uribe, 2006a, "Optimal Simple and Implementable Monetary and Fiscal Rules: Expanded Version", NBER Working Paper 12402.

[297] Schmitt - Grohe S. and M. Uribe, 2006b, "Optimal Fiscal and Monetary Policy in a Medium - Scale Macroeconomic Model", European Central Bank Working Paper No. 612.

[298] Schmitt - Grohé, S. and M. Uribe, 2007, "Optimal Simple and Implementable Monetary and Fiscal Rules", Journal of Monetary Economics, 54 (8), 1702 - 1725.

[299] Shabert, A., 2004, "Interactions of Monetary and Fiscal Policy via Open Market Operations", The Economic Journal, 114, 186 - 206.

[300] Sims, C., 1994, "A Simple Model for the Study of the Determination of the Price Level and the Interaction of Monetary and Fiscal Policy", Economic Theory, 4, 381 - 399.

[301] Sims, C., 1997, "Fiscal Foundations of Price Stability in Open Economies", unpublished Working Paper, Yale University.

[302] Sims, C., 1999, "The Precarious Fiscal Foundations of EMU", De Economist 147, December, 415 - 436.

[303] Sims, C., 2001, "Fiscal Consequences forMexico of Adopting the Dollar", Journal of Money, Credit, and Banking, 33 (2), 617 - 625.

[304] Sims, C., 2002, "Solving Linear Rational Expectations Models", Computational Economics, 20 (1 - 2), 1 - 20.

[305] Sims, C., 2011 "Stepping on a Rake: The Role of Fiscal Policy in the Inflation of the1970's", European Economic review, 55 (1) 48 - 56.

[306] Sims, C. and T. Zha, 2006, "Were there Regime Switches in US Monetary Policy?", American Economic Review, 96 (1), 54 – 81.

[307] Sirakaya, S., S. Turnovsky and M. Alemdar, 2006, "Feedback Approximation of the Stochastic Growth Model by Generic Neural Networks", Computational Economics, 27 (2), 185 – 206.

[308] Siu, H., 2004, "Optimal Fiscal and Monetary Policy with Sticky Prices", Journal of Monetary Economics, 51 (6), 575 – 607.

[309] Samuelson, P., 1958, "An Exact Consumption – loan Model of Interest with or without the Social Contrivance of money", Journal of Political Economy 66, 467 – 482.

[310] Söderlind, P., 1999, "Solution and Estimation of RE Macromodels with Optimal Policy", European Economic Review, 43 (4), 813 – 823.

[311] Stockman, D., 2001, "Balanced – Budget Rules: Welfare Loss and Optimal Policies", Review of Economic Dynamics, 4 (3), 438 – 459.

[312] Svensson, L., 1999a, "Price Level Targeting vs. Inflation Targeting", Journal of Money, Credit and Banking, 31 (2), 277 – 295.

[313] Svensson, L., 1999b, "How Should Monetary Policy Be Conducted in an Era of Price Stability?", in Federal Reserve Bank of Kansas City, New Challenges for Monetary Policy.

[314] Svensson, L., 2003, "The Inflation Forecast and the Loss Function", Central Banking, Monetary Theory and Practice: Essays in Honour of Charles Goodhart, Volume I, ed. by P. Mizen, Edward Elgar, 135 – 152.

[315] Svensson, L. and N. Williams, 2007, "Monetary Policy with Model Uncertainty: Distribution Forecast Targeting", Discussion Paper 6331, CEPR.

[316] Tanner, E. and A. Ramos, 2002, "Fiscal Sustainability and Monetary versus Fiscal Dominance: Evidence from Brazil, 1991 – 2000", IMF Working Paper No. 02/5.

[317] Taylor, J., 1993, "Discretion versus Policy Rules in Practice", Carnegie – Rochester Conference Series on Public Policy, 39, 195 – 214.

[318] Taylor, J., 1999, Monetary Policy Rules, Chicago University Press.

[319] Taylor, J. and H. Ulig, 1990, "Solving Nonlinear Stochastic Growth Models:

A Comparison of Alternative Solution Methods", Journal of Busyness Economics and Statistics, 8 (1), 1-17.

[320] Thams, A., 2007, "The Relevance of the Fiscal Theory of the Price Level Revisited", MPRA Paper No. 1645.

[321] Theil, H., 1958, Economic Forecasts and Policy, Amsterdam, North-Holland.

[322] Tinbergen, J., 1952, On the Theory of Economic Policy, Amsterdam, North-Holland.

[323] Traum, N. and S.-C. S. Yang, 2011, "Monetary and Fiscal Policy Interactions in the Post-WarU. S.", European Economic Review, 55 (1), 140-164.

[324] Uhlig, H., 1995, "A Toolkit for Analyzing Nonlinear Dynamic Stochastic Models Easily", Discussion Paper 97, Tilburg University, Center for Economic Research.

[325] Van Binsbergen, H., J. Fernandez-Villaverde, R. Koijen and J. Rubio-Ramirez, 2012, "The Term Structure of Interest Rates in a DSGE Model with Recursive Preferences", Journal of Monetary Economics, 59 (7), 634-648.

[326] Wallace, N., 1980, "The Overlapping-Generations Models of Fiat Money", Models of Monetary Economies, ed. by J. H. Kareken and N. Wallace, Federal Reserve Bank of Minneapolis.

[327] Wallace, N., 1983, "A Legal Restrictions Theory of the Demand for 'Money' and the Role of Monetary Policy", Federal Reserve Bank of Minneapolis Quarterly Review, Winter, 1-7.

[328] Walsh, C., 2009, Monetary Theory and Policy, MIT Press, Cambridge, MA, third edition.

[329] Weil, P., 1987, "Permanent Budget Deficits and Inflation", Journal of Monetary Economics, 20 (3), 393-410.

[330] Weil, P. 1989, "Overlapping Families of Infinitely-Lived Agents", Journal of Public Economics, 38, 183-198.

[331] Weil, P., 1991, "Is Money Net Wealth?", International Economic Review, 32 (1), 37-53.

[332] Weil, P., 2003, "Reflections on the Fiscal Theory of the Price Level", Manuscript, ECARES.

[333] Wicksell, K., 1898, Geldzins und Guterpreise, Jena. English translation: Interest and Prices, 1936, Reprinted 1965, Kelley, New York.

[334] Woodford, M., 1994, "Monetary Policy and Price – Level Determinacy in a Cash – in – Advance Economy", Economic Theory, 4, 345 – 380.

[335] Woodford, M., 1995, "Price – Level Determinacy Without Control of a Monetary Aggregate", Carnegie – Rochester Conference Series on Public Policy 43, 1 – 46.

[336] Woodford, M., 1996, Control of the Public Debt: a Requirement for Price Stability?, NBER Working Paper No. 5684.

[337] Woodford, M., 1998a, "Doing Without Money: Controlling Inflation in a Post – Monetary World", NBER Working Paper No. 6168.

[338] Woodford, M., 1998b, "Comment on John Cochrane, A Frictionless View of U. S. Inflation", NBER Macroeconomics Annual 13, 400 – 428.

[339] Woodford, M., 1999, "Inflation Stabilization and Welfare", NBER Working Paper, No. 8071.

[340] Woodford, M., 2001, "Fiscal Requirements for Price Stability", Journal of Money, Credit and Banking, 33 (3), 669 – 728.

[341] Woodford, M., 2003a, "Comment on 'Multiple – Solution Indeterminacies in Monetary Policy Analysis'", Journal of Monetary Economics, 50 (6), 1177 – 1188.

[342] Woodford, M., 2003b, Interest and Prices: Foundations of a Theory of Monetary Policy, Princeton University Press.

[343] Zagaglia, P., 2002, "Matlab Implementation of the AIM Algorithm: A Beginner's Guide", Tech. rept. 169. Universita' Politecnica delle Marche (I), Dipartimento di Economia.

[344] Zagaglia, P., 2005, "Solving Rational – Expectations Models through the Anderson – Moore Algorithm: An Introduction to the Matlab Implementation", Computational Economics, 26 (1), 91 – 106.

[345] Zampolli, F., 2006, "Optimal Monetary Policy in a Regime Switching Econo-

my: The Response to Abrupt Shifts in Exchange Rate Dynamics", Journal of Economic Dynamics and Control, 30 (8), 1527 – 1567.

［346］Zanna, L., 2003, "Interest Rate Rules and Multiple Equilibria in the Small Open Economy", Federal Reserve Board IFDP No. 785.

［347］刘斌：《我国DSGE模型的开发及在货币政策分析中的应用》，载《金融研究》，2008（10），1 – 21。

［348］刘斌：《物价水平的财政决定理论与实证研究》，载《金融研究》，2009（8），35 – 51。

［349］刘斌：《动态随机一般均衡模型及其应用》，北京，中国金融出版社，2010。